보통의
깨달음

THE LEAP

추천의 말

"이제 깨달음이 정확하게 무엇인지 알아야 할 때가 왔다. 『보통의 깨달음』은 읽기 쉬운 책이며, 이미 한참 전에 나왔어야 하는 아주 중요한 책이다. 오랫동안 미스터리였던 깨달음을 스티브 테일러가 사랑하고 걱정하는 마음으로 완벽하게 파헤쳤다."

— 로버트 K. C. 포먼(전 뉴욕 시립대학교 종교학과 교수)

"『보통의 깨달음』에서 스티브 테일러는 영적 깨어남에 대한 급진적인 접근법을 선택했다. 이 책에 따르면 영적 깨어남은 생각보다 흔한 일이고, 종교적 전통들과 별도로 일어나며, 인간 진화에 중요한 역할을 한다. 이 책은 도발적인 성명으로 가득하다. 동의할 수 있는 것도 있고 없는 것도 있을 테지만, 이 책이 하는 말을 잊어버릴 수는 없을 것이다. 이 책으로 스티브 테일러는 다시 한번 뛰어난 영성서 작가이자 영적 지도자로 우뚝 섰다. 명쾌하기 그지없는 이 책이 많은 생각과 지혜를 끌어낼 것이다."

— 스탠리 크리프너(세이브룩 대학교 심리학과 교수)

THE LEAP

: The Psychology of Spiritual Awakening

by Steve Taylor

Foreword by Eckhart Tolle

보통의
깨달음

스티브 테일러
추미란 옮김

THE LEAP

『보통의 깨달음』을 독자들에게 소개하며

에크하르트 톨레

우리는 '인간 존재(human being)'다. 이 두 단어는 우리가 특정 생물
종에 속함을 보여 준다. 그런데 좀 더 깊이 들어가 보면, 이 말은
우리 정체성을 이루는 두 가지 성격을 하나씩 드러낸다.

먼저 '인간(human)'은 형태 수준에서 우리가 누구인지 말해 준다.
그러니까 우리 몸과 마음을 말해 준다. 우리 형태의 이 두 측면은
조건화된 자아와 관계가 있다. 이 자아는 유전, 환경, 그리고
과학적으로 아직 규명되지 못한 요소들에 의해 조건화된다.

반면 '존재(being)'는 형태 없고 조건화되지 않은 영원한
의식으로서의 우리 본질을 말해 준다. 인간 그리고 존재, 이 형태와
본질은 대양과 그 표면의 파도가 그렇듯 궁극적으로 서로 연결되어
있다. 파도는 대양과 또 다른 파도들로부터도 떼려야 뗄 수 없는
관계다. 다만 서로 분리된 것처럼 보일 수는 있을 것이다.

이 '존재', 다른 말로 '순수 의식'은 모든 생명의 보편 원천(혹은
신)으로부터 나왔다. 마치 빛이 태양으로부터 터져 나오듯
그렇게 터져 나왔다. 하지만 태양과 달리 이 원천은 우리가 사는
시공간에는 없는 듯하다. 보이지 않으므로 상상할 수 없고, 묘사도
할 수 없다. 하지만 우리의 의식은 이 원천에서 나왔고, 지금도
나오고 있으며, 따라서 이 원천과 결코 떨어질 수 없다. 태양빛이
태양과 떨어질 수 없는 것과 같다. 사실 이 원천은 우리가 사는
시공간 차원의 우주 전체에 스며 있고 퍼져 있다. 이 원천이 배후의
지성으로 작용해 물리 우주의 진화를 이끈다. 그러므로 인간 존재를
포함한 이 우주는 먼 과거에만 창조된 것이 아니라 지금도 창조되고
있다. 이른바 과정 중에 있는 것이다. 이 책을 이해하고 큰 도움을
받으려면 이런 기본적 전제들을 알아야 한다. 스티브 테일러에
따르면 진화는 옛날 일이기도 하고 미래의 일이기도 하기 때문이다.

나아가, 테일러도 설명하듯이, 이 세상의 주류 문화가 믿고 있는
것과 달리 이 진화의 과정에는 분명 방향과 목적이 있다. 하지만
그 방향이 구체적으로 어디로 향할지는 지금으로서는 상상하기
어렵다. 우리가 말할 수 있는 것은 이 진화의 과정 그 배후의
원동력이 바로 우리의 '의식', 더 정확하게 말하면 '우리 의식의
성장'이라는 것뿐이다. 우리가 사는 물리적 우주는 (무의식에서

벗어나) 좀 더 의식적이 되는 방향으로 성장하고 싶어 한다. 그리고
우리 삶의 주요 목적이 그런 우주적 목적과 함께하게 될 것이다.
물론 더 높은 관점에서 보면 존재하는 모든 것들은 이미 다 그
목적과 함께하고 있다. 지금 그 목적에 반하는 것처럼 보이는 것은
단지 우리가 아직까지는 무의식적으로만 그 목적과 함께하고 있기
때문이다. 우주의 그 목적과 의식적으로도 함께하는 때가 되면 그때
비로소 진화적인 큰 도약 하나가 완수될 것이다.

그렇다면 진화의 현재 단계에 있는 인간 존재에게 '좀 더
의식적으로 된다는 것' 즉 '깨어난다는 것'은 과연 무슨 의미일까?
간단명료하게 말하면 더 이상 자신의 생각에서 '자신의 정체성을
찾지 않게 되는 것'이다. 머릿속에서 끊임없이 이어지는 강박적인
생각들, 그 목소리가 '내'가 아님을 알 때 '나'는 깨닫기 시작한다.
그때 의식이 새로운 차원으로 들어가면서 순간을 살고, 알아차리고,
깨어난다. 생각에 빠지지 않고 생각을 넘어선 것이다. 그러면
생각에 이용당하지 않고 오히려 생각을 이용할 수 있다. 머릿속
수다, 생각, 피상적 느낌 등에서 정체성을 찾다가 이제는 내면에
살아 있는 존재, 의식 그 자체에서 정체성을 찾게 된다. 다시 말해
'인간' 그 배후에 있는 '존재'를 깨닫는다. 조건화된 인격을 초월하고
조건화 없는 의식 그 자체로서의 본질적인 정체성을 깨닫는다.
그럼 "네가 세상의 빛이다."라고 했던 예수의 말이 사실임을 스스로

증명하게 될 것이다.

이 책은 깨어남에 대한 개념을 정리해 주고, 그 의식적 전환을 직접 경험한 사람들에 대한 흥미로운 이야기들을 들려준다. 머릿속 산만한 생각과 개념들을 극복한 후 스스로 깨닫지 않는 한 깨달음의 의미를 진정으로 이해할 수는 없지만, 깨달음 개념들은 제대로 이용될 경우 깨달음을 위한 지표로서 매우 유용하다. '깨달은 상태'와 같은 개념들을 확정된 것으로 믿지만 않는다면 말이다. 그런 의미에서 이 책은 이미 깨달음의 과정을 지나온 사람 혹은 그 어떤 위기, 상실, 정신적 격변의 시기를 거친 후 깨달을 준비가 된 사람들에게 실질적으로 큰 도움이 될 것이다. 특히 의식 전환 초기 단계에서 동반되곤 하는 혼란에 잘 대처하고 싶고 자신에게 벌어지고 있는 일을 이해하고자 하는 사람에게 유용하다. 이 책을 통해 자신이 이미 깨달은 바 있음을 알게 될 사람도 있을 테고, 그동안 잘 몰랐지만 자신이 조금씩 깨달아 왔음을 알게 될 사람도 있을 것이다.

인류가 머지않은 미래에 거대한 문제에 봉착하게 될 것이 거의 확실해 보인다. 아직 깨어나지 못한 의식의 그 이기성이 자초해 온 문제들 말이다. 아직까지 우리 대다수는 그 이기성에 집착하고 있다. 하지만 그렇다고 인류가 깨어날 일은 앞으로도 없을 거라고

단정해서는 안 된다. 오히려 그 반대일 것이다. 우리가 현재
경험하고 있는 위기와 앞으로 오게 될 큰 격변의 시기가 의식의
집단적 전환에 촉매로 작용할 것이다. 스티브 테일러의 말을
빌리면 "지금처럼 문제들이 심각해지기 전부터 이미 진화적 도약은
시작되었다. 그리고 이 문제들 때문에 도약은 더 강력해져 왔고,
지금도 더 강력해지고 있다."

'문제'란 모든 진화에 없어서는 안 되는 것으로, 인간으로 치면
피와 살 같다. 식물부터 동물과 인간에 이르기까지 모든 생명체는
문제에 직면한 후 도전을 거듭하면서 진화해 왔고, 지금도
진화하고 있다. 안전한 곳에만 있을 때 영적 깨달음은 일어나지
않는다. 물론 우리의 에고는 다른 주장을 할 것이다. 하지만 어떤
사람을 만나기만 하면, 어떤 곳에 가고 어떤 물건을 갖기만 하면
만족하고 행복할 거라고 믿고 있다면 실망만 거듭하게 될 것이다.
세상을 향해 "나를 행복하게 해 줘!"라고 말하지 말라. 그것은
불가능한 요구이고 끝없는 좌절을 자초하는 일이다. 그보다는 좀
더 알아차리는 데 세상을 이용하자. 삶이 던져 주는 모든 문제나
장애가 있기에 현재에 살 수 있고, 깨어날 수 있고, 최소한 현재의
상태를 심화할 수 있다. 우리가 직면하는 개인적이고 집단적인
수많은 도전들은 '나'에 의해서든 타인에 의해서든 인간의 무의식이
만들어 낸 것들이다. 우리의 행복이나 자기실현을 가로막는

것처럼 보이는 것들은 모두 활짝 열린 대문 같은 것이다. 그 문만 넘으면 현재의 이 순간으로 들어올 수 있다! 이제 문제가 생기면 다르게 반응하자. 그리고 어떤 일이 일어나는지 보자. 우리의 삶은 우리에게 일어나는 일이 아니라 그 일에 우리가 어떻게 반응하느냐에 따라 달라진다. 미디어나 정치권이 조장하는 집단 무의식에 선동되거나 기여하지 않는 것이 무엇보다도 중요하다. 우리가 만나는 모든 사람, 직면하게 되는 모든 문제에, 심지어 페이스북 포스팅에도 무의식이 아닌 의식의 빛을 전달하자!

삶은 우리에게 언제나 필요한 것만 준다. 그리고 지금은 이 책을 주고 있다. 삶이 우리에게 이 책을 안내자 삼고 친구 삼아 어려운 시대를 잘 살아 내라고 말하는 듯하다. 곳곳에 포진해 있는 통찰들, 스티브 테일러의 강점인 직설적이고 솔직하고 간명한 언어가 돋보이는 책이다. 나는 이 책이 어떤 기적을 일으켜 미디어와 정치권에 있는 사람들조차 바꿀 것 같다는 느낌이 든다.

차례

예전에 나는 깨닫는 것이 특별한 일이라고 생각했다. 기꺼이 은둔자가 되어 혼자 조용히 수십 년 동안 하루에 몇 시간이고 명상을 해야 얻을 수 있는 극도로 드문 존재 상태라서, 실질적으로 거의 불가능한 일이라고 믿었다. 그리고 인류의 역사를 통틀어 극소수만이 깨달았고, 그렇게 깨달은 사람은 내면이 늘 평화롭고 세상이나 우주와 언제나 합일되어 있으며, 다른 동료 인간들에게는 오직 조건 없는 사랑과 지지만을 보낸다고 생각했다. 물론 그런 사람은 한 번도 만나 보지 못했고, 또 만나리란 기대도 하지 않았다.(최소한 이 생에서는 못 만난다 생각했다.) 그러니 나 자신이 깨달은 사람일 거라고는 더더욱 꿈에도 생각하지 못했다.

내가 생각하는 깨달음은 항상 불교나 힌두교 같은 동양적인 것이었다. 깨달음이라는 말을 들으면 승복을 입은 삭발 승려나 꽃과 신봉자에 둘러싸인 수염 긴 구루의 이미지가 떠올랐다. 이 시대에도 깨달은 사람이 있다면 분명 인도나 티베트나 중국에 있을 것 같았다. 결국 『우파니샤드』나 『도덕경』 같은, 세상에서 가장 심오한 경전들을 배출했고 지구상에서 가장 위대하고 순수한 영적 전통들이 살아 숨 쉬는 곳들이 바로 그 나라들이니까 말이다.

그런 의미에서 내가 태어난 서양-유럽 문화를 보면 황량한 모래사막을 보는 듯했다. 물론 즐겨 읽던 기독교 신비주의 서적들을 보면 유럽에도 분명 깨달은 사람들(최소한 깨달음을 일견한 사람들)이 있었다. 하지만 기독교는 깨달음을 위한 틀로 작용하는 개념들과 믿음 그 자체에 대한 이야기 속으로 함몰되어 버렸다. 멀리 갈 것 없이 서양 문화가 말하는 행복 패러다임만 봐도, 결국 공부 열심히 해서 안정된 직장을 잡은 다음 비싼 집을 장만하고 안락한 물건들에 둘러싸여 좋아하는 텔레비전 프로를 보는 것이 최고의 행복이라고 말한다. 그러니 깨닫고 싶거나 깨달은 사람을 만나려면 동양으로 가야 했다.

하지만 내가 틀렸다. 이 책을 통해 나는 영적 깨달음이 결코 드문 일이 아님을 분명히 밝히고 싶다. 그리고 깨달음은 동양의 현자들만이 아니라 동서양 할 것 없이 우리 사회 각계각층의 언뜻 평범해 보이는 사람들 누구에게나 일어날 수 있는 일임을 증명하고 싶다. 깨달음을 연구하는 심리학자로서, 그리고 이미 깨달은 보통 사람들을 수없이 만나 보고 내가 알게 된 사실이 그렇다.

석박사 논문을 비롯해 여러 연구 논문을 쓰는 동안 나는 더 높고, 더 확장되고, 더 조화로운 존재 상태로 전환한 사람들을 많이 만났다. 처음에 석사 논문을 쓸 때는 인생에서 격동의 시기나 큰 사건을 겪은 후 그런 전환을 경험한 사람들을 찾았다. 그리고 그런 사람을 찾는 일이 얼마나 쉬운지 알고 놀라지 않을 수 없었다. 논문이 발표되자 유사한 경험을 한 사람들이 자꾸 연락해 왔다. 나는 연구 범위를 넓혀 격동의 시기나 큰 사건들을 겪지 않고도 깨달은 사람들을 찾았다. 다시 말해, 수십 년 동안 연구나 수행을 해 오면서 꾸준히 깨달은 사람들은 물론, 소수이긴 하지만 아무런 수행이나 노력 없이 자연스럽게 깨달은 사람들(태어날 때부터 깨달은 사람들)도 만나 본 것이다.

내가 인터뷰한 대부분이 영적 지도자이기는커녕 그 어떤 종교적·영적 믿음도 갖고 있지 않던 보통 사람들이었다. 보통의 직업을 가진, 수행이라곤 해 본 적도 없는 사람들이었다.(그랬기 때문에 그들은 처음에 자신에게 일어난 일로 매우 혼란스러웠다고 한다.) 이런 경험들이 크게 작용해 나는 깨달음을 영적·종교적 전통과 별개의 것으로 보기 시작했다. 깨달음의 상태를 그 어떤 특정한 마음/정신 상태로만 보기 시작한 것이다. 이 상태가 영적·종교적 전통 내에서 그들의 언어로 해석될 수 있지만, 꼭 그 전통들에 포함되어야 하는 것은 아니다.

역사는 깨달음이 영적·종교적 전통 안에 있는 사람들에게만 일어난다고 말해 왔고, 그랬기 때문에 우리는 깨달음을 그 전통들의 언어에 의해 해석할 수밖에 없었다. 불교 승려가 깨달았다면 그 깨달음을 보리(bodhi, 앎·깨달음)라고 했고, 힌두교도가 깨달았다면 목샤(moksha, 자유·해방) 혹은 삼매(samadhi, 적멸·적정·영원하게 지속되는 하나임 상태)라고 했다. 수피교도가 깨달았다면 바까(baqa, 신 안에 거주)라고 했고, 기독교도가 깨달았다면 신격화(deification) 혹은 신과의 합일이 일어났다고 했다. 하지만 전환은 이 전통들 밖에서도 일어나며, 내 연구에 따르면 주로 전통들 밖에서 일어난다. 그러므로 반드시 영적·종교적 용어로만 해석할 필요는 없다.

각각의 전통마다 깨달음에 이르는 전환을 설명하고 해석하는 강조점이 다 다르다. 같은 풍경을 각자 다른 지점에서 바라보듯이, 깨달음에 대한 여러 특징들을 취사, 선택 혹은 확장해 말하고 있는 것이다. 그러므로 그 전환이 그런 전통들 밖에서 일어날 경우, 즉 영적·종교적 배경이 없는 사람에게 일어나 미리 준비된 해석의 틀이 없을 경우, 그것은 오히려 온전한 그 전체 풍경, 그 본래의 민낯을 마주하는 것과 같다.

나는 그 전환의 특징, 전환이 일어나는 여러 방식, 그리고 전환이 일어나는 이유에 대해 심리학적으로 규정하는 일을 꾸준히 해왔다. 깨달음의 원인이나 동기로는 어떤 것이 있을까? 왜 누구는 깨닫고, 누구는 깨닫지 못하는가? 깨달은 사람의 심리는 정확히 어떻게 변하는가? 깨달은 사람의 세상은 보통 사람의 그것과 정말 그렇게 다를까? 다르다면 어떻게 다를까? 깨달은 사람은 어떤 가치와 목표를 소중하게 생각하며 어떤 인간관계를 영위하게 되는가? 깨달음은 인류의 진화, 구체적으로는 인류 의식의 진화에 어떤 의미를 갖는가?

이것들이 이 책을 통해 내가 논의하려는 큰 주제들이다. 깨달음 개념은 언제나 커다란 혼란을 동반해 왔다. 서로 다른 전통의, 서로 다른 사람들이, 서로 다른 방식으로 해석해 놓았기 때문이다. 이 책을 통해 그런 혼란들을 부분적으로나마 없애 보려 한다. 사람들은 영적 깨달음, 해탈 같은 용어들을 각자 다르게 해석한다. 백 명의 영적 지도자에게 정의해 보라고 하면 모르긴 몰라도 백 가지 다른 대답이 나올 것이다. 해탈을 열망하는 사람은 많지만 이런 혼란 때문에 자신이 어디로 가고 있는지, 어디로 가야 하는지 정확히 모르는 사람이 대부분이다. 나는 깨달음의 성질을 규명하고, 깨달은 상태의 삶이 정확하게 어떤지 살펴보는 것으로 이런 혼란들을 해결해 보려 한다.

이 책의 접근법

이 책은 심리학자로서 한 연구 외에도 다른 몇 가지 나의 개인적으로 중요한 공부들이 그 기반이 되었다. 나는 열아홉 살 때부터 전 세계의 영적 전통들을 공부해 왔다. 그 전통들 사이의 서로 다른 해석과 접근 방식들을 폭넓게 이해했고, 그 전통들이 깨달은 상태를 어떻게 설명하는지, 그 상태를 계발하기 위해 어떤 길들을 추천하는지 보았다. 나는 개인적으로 특정 전통을 고집하지는 않는다. 인도의 베단타, 요가, 탄트라, 중국의 도가에 친밀감을 느끼지만 불교, 기독교, 유대교, 수피즘에 대한 존경심도 깊은 편이다.

　그리고 내가 개인적으로 깨달음을 경험했다는 것도 이 책을 쓰게 된 중요한 이유 중 하나다. 그런 경험이 있었기에 나는 깨달음의 상태에 대해 탐구할 수밖에 없었고, 그런 경험이 없었다면 이 모든 연구가 나에게 개인적으로 아무 의미도 없었을 것이다. 깨달은 상태는 내가 생각했던 것보다 훨씬 더 흔한 상태였고, 그것을 발견하는 과정에서 나는 깨달음이 나의 가장 가까운 곳, 즉 내 안에서도 일어났음을 알게 되었다. 이 책이 내 자서전은 아니지만, 그 과정도 잘 설명해 줄 것이다. 깨달음은 저 세상 끝 어딘가에 사는 극소수에게만 일어나는 것이라고 믿었던 내가, 그 일이 실제로 나에게도 일어났음을 깨닫게 된 것이다.

　나는 깨달은 상태를 특이한 뇌 활동의 결과로 보지는 않는다. 심리학자인 나는 뇌 활동에 관심을 가져 본 적도, 우리가 하는 특정 경험들을 신경 활동과 연관시켜 연구해 본 적도 없다. 영적 경험을 뇌의 특정 부분의 활동이 커지거나 줄어든 결과라고 설명하는 과학자들이 있지만, 그런 설명이 나는 적절해 보이지 않는다. 내 입장에서 그것은 어떤 나라 자체가 아닌 그 나라의 지도를 공부하는 것처럼 보인다.

　사실 특정한 뇌 활동 때문에 영적 경험이 생긴다는 가정은 의심스럽기 그지없다. 먼저 뇌가 모든 의식적 경험의 원천이라고 보는 것 자체가 문제의 소지가 있다. 철학에서는 뇌라고 하는 질척한 물질 덩어리가 어떻게 이 풍성하고 주관적이며 놀랍기 그지없는 경험들을 일으키는지 설명하기 어렵다고 보고, 이를 "의식의 난제"라고 부른다.(어떤 철학자는 그 과정을 물이 와인으로 변하는 것에 비유할 만하다고 말한다.1)

사실 원인과 결과를 정반대로 놓고 보아도 똑같이 타당해질 수 있다. 그러니까 깨달음 경험과 관계하는 특정한 뇌 상태가 그 경험에 의해 만들어진다고 할 수도 있는 것이다. 시골길을 걷는데 갑자기 곰 한 마리가 튀어나오면 아드레날린이 분출되고 두려움과 스트레스에 관여하는 뇌 부분이 활발하게 움직인다. 그 곰을 보는 경험은 분명 우리 뇌 신경의 특별한 상태와 연관이 있다. 하지만 그 특별한 뇌 신경 상태가 곰의 이미지를 만들어 내지는 않는다. 깨달음 상태는 그 자체로 하나의 경험으로 존재할 뿐, 단순한 신경 활동으로 설명될 수 없고 그렇게 폄하될 수도 없다.

이와 유사하게 깨달음이 자기 망상인 경우도 거의 없다고 나는 생각한다. 자칭 영적 지도자나 구루라는 사람들 중에는 물론 자신이 깨달았다는 망상 속에 빠져 있는 이들도 있다. 하지만 내가 만나 본 수많은 깨달은 사람들을 보고 판단컨대 그런 구루들은 극히 예외에 속한다. 내가 인터뷰한 사람들은 대부분 자신들의 새로운 경험과 새로운 정체성을 진솔하게 묘사했고, 나는 그들의 통찰력과 진정성에 깊은 인상을 받았다. 이들은 현실에서 망상 속으로 도망친 것이 아니라 더 강렬하고 확장된 현실 속으로 들어갔다. 이들은 더 진실한 목적을 갖고 더 진실한 관계 속에서 모두가 연결되어 있음을 더 잘 감지하며, 기능적으로도 고도로 잘 움직이는 상태에서 살고 있다. 깨닫고 나면 대개 삶의 방식이 크게 바뀌고 그 과정에서 주변 사람들의 이해를 받지 못하는 경우가 많은데, 이것만 봐도 이들의 깨달음이 단지 생각만은 아님을 알 수 있다.(주변 사람들의 이해를 받지 못하는 상태를 왜 굳이 억지로 만들어 내겠는가?) 깨달음에 뒤따르는 혼란은 망상에 빠진 사람이 보이는 징후가 아니다. 자기 망상 속으로 도망쳐 편하게 살고 싶다면 그런 고충들을 구태여 겪을 필요가 없을 테니까 말이다.

그런데도 깨달았다고 주장하는 사람 중에는 거짓말을 하는 사람도 분명 있다. 그렇게 주장하는 것이 자기 망상이나 나르시시즘 때문일 수도 있고, 더 직설적으로 말하면 나약한 신봉자들을 이용하고 착취해 부와 권력을 얻고 욕망을 채우고 싶기 때문일 수도 있다. 사실 이 책을 비롯한 내 연구들의 목적 중 하나가 깨어남 상태의 특성들을 명확히 규명해 가짜 깨달음과 진짜 깨달음을 구분하는 지표들을 제시하는 것이다. 영적 지도자들에 대한 규제가 없기 때문에, 자칭 구루라고 하는 자기 망상에 빠진 사람들이 나약한 신봉자들의 삶을 파괴하는 문제들이 심심찮게 일어난다. 깨어난다는 것이 실제로 어떤 의미인지 명확하게 알고 있다면, 그런 망상에 빠진 사람 혹은 사기꾼 지도자를 좀 더 쉽게 알아볼 수 있을 것이다.

이 책의 성격

이 책은 일종의 속편인데, 일반적인 속편들과 달리 나의 이전 책 중 두 권이 두 가지 의미에서 각각 그 전편에 해당한다는 것이 좀 특이하다고 할 수 있겠다.

나의 전작들 중 하나인 『잠에서 깨어나기(*Waking From Sleep*)』는 일시적 깨달음이나 의식 고양 상태에 대한 연구서다. 나 또한 늘 그런 상태를 경험했기 때문에 몇 년 동안 그런 비슷한 상태를 경험하는 사람들의 이야기를 모았다. 그리고 『잠에서 깨어나기』에서 그런 경험들을 분석하며 그 성격과 상황들을 살펴보고, 그런 경험들이 야기하는 행동이나 활동들은 물론, 그런 경험들이 일어날 때 배후에서 벌어지는 심리적·존재론적 변화 과정도 살펴보았다.(여기서 '심리적'이란 우리 정신과 관계한다는 것이며, '존재론적'이란 우리 존재 전체와 관계한다는 것이다.) 그리고 그런 경험이 삶의 에너지를 강화하고 진정시키는 것과 관계한다고 결론 내렸다. 이 책도 그와 유사한 시도인데, 다만 이번에는 영원히 혹은 완전히 깨달은 상태를 다룬다.

그리고 이 책의 원제인 '도약(The Leap)'이 암시하듯, 나의 초창기 책 『자아폭발-타락(*The Fall*)』의 속편이기도 하다. 『자아폭발-타락』은 인류학, 고고학 그리고 역사에 초점이 맞춰져 있는 책으로, 인간 존재는 원래 자연적으로 깨어 있었음을 말하고 있다. 당시 인간은 주변 세상과 그 신성함을 생생하게 경험했고, 자연 및 전 우주와 강하게 연결되어 있었다. 『자아폭발-타락』에 따르면 초창기 인간들은 세상과의 분리를 몰랐고, 자신을 포함한 모든 것들에 강력한 영적 힘이 퍼져 있음을 감지했다. 그런데 지금으로부터 약 6000년 전 전락(Fall, 저자의 책 『The Fall』이 '자아폭발-타락'이란 제목으로 한국에 이미 출판되었지만 이 책에서는 타락 대신 전락이라 번역했다. — 옮긴이)이 일어났다. 이것은 존재의 전환, 새로운 자아의 도래를 의미했으며, 인간은 강해진 개성과 분리를 감지하게 되었다. 인간은 그때 처음으로 자신을 자연, 공동체, 심지어 자신의 몸 자체로부터도 분리시키기 시작했다. 그리고 처음으로 자신만의 정신적 공간 속에서 개인적인 존재로서의 자신을 경험하기 시작했다. 그때부터 그 다른 쪽, 즉 '바깥'에 나머지 세상이 존재하기 시작했다.

이 전환이 바깥세상에 부른 파급 효과는 여러모로 파괴적이었다. 무엇보다 야만성, 억압, 갈등이 급증했다. 계급 사회가 등장했고 집단들 사이 끝없는 전쟁이 이어졌다. 곧이어 여성과 성에 대한 억압이 생겼고, 사회는 죄책감으로 물들었다. 내면의 존재론적 수준에서 보면 이 모든 것은 초창기 인류가 경험했고, 원주민들이 보유했으며, 일부는 현재도 보유하고 있는 자연적인 영성의 상실을 의미했다. 우리 조상들은 더 이상 자연의 신성함과 그 살아 있음을 느끼지 못하게 되었다. 우주와의 연결도, 만물에 스며 있는 영적인 힘도 감지하지 못하게 되었다. 우리는 세상으로부터 분리되었고, 세상은 그렇게 탈영성화했다. 그렇게 우리는 조화로운 자연 상태

에서 벗어나 불안과 부조화의 상태로 '떨어졌다.(fell)'

영적 깨달음은 어떤 의미에서 이 과정을 되돌리는 것이다. 분리와 이원화의 병적 과정을 되돌리고, 초창기 인류가 갖고 있던 조화와 연결에 대한 감지 능력을 되살리는 것이다. 그런데 영적 깨달음은 그와 동시에 새로운 존재 상태로의 '도약(Leap)'도 수반한다. 재난을 불러왔지만 우리 조상들이 전락 과정에서 계발했던 개성의 느낌이 나쁘기만 했던 것은 아니다. 덕분에 인간은 명민한 지성을 계발했고, 그것이 기술의 진보와 세상에 대한 이성적인 이해를 가능하게 했다. 지금 우리가 다시 영적 깨달음으로의 도약을 감행한다면 우리는 이런 이점들을 그대로 보유할 수 있다. 그러니까 전락 이전 사람들이 갖고 있던 영적 알아차림 능력을 '전락한' 시대의 논리적 지성과 통합하는 '초전락(trans-Fall)' 상태에 도달할 수 있는 것이다.

나는 도약에 개인적이고 집단적인 의미를 둘 다 부여한다. 개인적인 수준에서 도약이란 보통의 존재 상태에서 좀 더 확장적이고 고도로 기능하는 깨어난 상태로의 전환을 뜻한다. 그리고 집단적인 수준에서 도약이란 수천 년 전 인간들이 심리적 전환을 집단적으로 경험했던 것처럼, 현대에도 깨어남으로 향하는 집단적 움직임이 일어나고 있음을 뜻한다. 나는 그런 움직임이 현재 세계적으로 인류 전체에서 일어나고 있다고 믿는다. 그런 의미에서 '도약'은 영적 깨달음의 집단적 과정을 뜻하기도 한다.

이 책의 구성

이 책은 깨달음 단계들을 대략 그대로 따라간다. 먼저 깨어나기 전 일반적인 상태를 살펴볼 것이다. 그 과정에서 우리는 역사를 통틀어 거의 모든 문화가 이 한계 가득한 상태로부터 확장적이고 강렬한 알아차림으로 나아갈 수 있음을 인지했다는 사실을 알게 될 것이다. 그리고 서로 다른 문화권이 깨달음을 어떻게 다르게 인식했는지도 살펴보려 한다.

그다음, 깨어나는 과정을 살펴본다. 나는 사람이 영원히 깨어나는 데에는 세 가지 방식이 있다고 말할 것이다. 먼저 아주 극소수이긴 하지만, 태어나기를 깨닫고 태어난 사람들이 있다. 이런 사람들의 경우 특별한 노력이나 사건이 없이도 자연스럽게 깨달은 상태에 도달한다. 그리고 오랜 세월 명상, 요가 같은 영적 수행에 몰입하거나 영적인 길, 전통, 혹은 라이프스타일을 추구해 온 결과 긴 시간에 걸쳐 단계적으로 깨닫게 되는 사람들이 있다. 그리고 마지막으로 갑자기 극적으로 깨닫게 되는 사람들이 있다.(깨달은 사람 중에는 이런 사람들이 대다수를 차지한다.) 이런 깨달음은 주로 강한 심리적 격동의 시기를 겪은 후에 일어난다. 이런 형태가 가장 흔하기 때문에, 갑작스럽고 극적인 깨달음을 살펴보는 데 좀 더 많은 지면을 할애하고 사례들도 충분히 살펴볼 것이다.

그러고 나서 깨달음 후 찾아올 수 있는 여파와 곤란한 문제들을 살펴보려 한다. 특히 갑작스럽고 극적으로 깨닫게 되면 영적 위기라 할 만한 단계가 찾아올 수 있다. 다행히 가벼운 정신적 혼란 정도만 찾아오는 경우도 있다. 이럴 경우 내면의 평화 혹은 충만함을 얻거나 모든 것이 그대로 좋다는 강렬한 느낌을 받지만, 그런 상태를 설명할 적절한 틀을 갖고 있지 못할 때에는 조금 어리둥절할 수도 있다. 그럼 영적 전통이나 수행법들에 자연스럽게 끌리게 되고 그곳에서 자신의 영적 변화에 대한 답을 찾을 수 있다. 하지만 그렇지 않은 극단적인 경우도 있다. 다시 말해, 돌연한 깨달음이 주는 혼란이 너무 커서 정신적 문제를 야기할 수 있고, 그럴 경우 깨달음을 정신적 장애로 오인할 수도 있다. 심지어 원인을 알 수 없는 통증이나 불면증 같은 육체적 문제도 일어난다. 이제 막 깨달은 사람이 자신에게 일어나고 있는 일을 이해하지 못하고 그 과정에 적당한 지지를 받지 못할 경우, 조현병 진단을 받기도 한다. 사실 나는 정신적으로 아프다는 진단을 받고 많은 용량의 약을 복용하게 된 사람들 상당수가 실은 영적 깨달음의 과정을 겪었거나 겪고 있다고 믿고 있다.

그다음에는 내 연구 결과들을 토대로 깨어난 상태의 특성들을 알아보고, 일반적인 잠자는 상태와 어떻게 다른지 살펴볼 것이다. 이런 차이들은 대체로 정신의 변화, 경험의 변화로 나타난다. 깨어난 사람들은 대체로 고도로 잘 기능하는 상태를 경험한다. 따라서 보통 상태에 그랬던 것보다 삶이 더 충만해지고, 더 많은 의미로 가득하고, 더 짜릿해진다. 그런 내면의 전환이 대개 삶의 대대적인 변화로 이어진다. 새로운 일이나 취미를 시작하고 새로운 사람들을 만난다. 그리고 개인적인 욕망을 충족시키며 삶을 즐기거나 시간만 죽이기보다는, 뚜렷한 목적을 갖고 삶의 의미를 추구하고 세상에 긍정적으로 공헌하고 싶어 한다.

깨어난 상태의 특징들을 논의한 다음에는 깨어난 상태와 아이들의 특징들을 비교해 볼 것이다. 깨어남은 곧 (최소한 몇 가지 점에서) 어린아이로 돌아간다는 뜻일까? 그래서 예수가 천국으로 들어가려면 어린아이가 되어야 한다고 했던 걸까?[2]

그리고 마지막으로, 깨어남의 집단적 측면을 살펴볼 것이다. 사실 나는 진화론적 도약을 논하고 있기 때문에 진화론적 담론의 도움을 받아야 내가 말하고자 하는 도약을 가장 잘 이해할 수 있다. 그런 의미에서 이 장에서는 집단적 도약이 이미 시작되었다는 증거들을 살펴볼 것이고, 우리가 현재 깨어난 상태로 알고 있는 바로 그것이 지구상 인류 의식 진화의 다음 단계임을 밝힐 것이다. 인간의 일반적인 상태가 영장류를 포함한 동물들의 의식보다 상위 상태인 것처럼, 깨어난 상태도 현재의 일반적인 인간의 상태보다 상위 상태다. 다시 말해, 깨어난 사람들은 다른 많은 사람들 속에 (그리고 인류 전체에 집단적으로) 잠재하고 있는 상태를 먼저 경험하고 있는 것이다. 그런 경험은 시간이 흐름에 따라 더 흔해질 것이고, 그러다 보면 언젠가는 그런 경험이 일반적이 되는 날이 올 것이다. 인류가 지구의 생명 유지 기능을 완전히 파괴해 자멸하지 않는다면, 이 깨어남 상태가 결국에는 인간 존재의 일반적인 상태가 될 것이다.

세상의 문제가 거대해질 때면 집단적 도약이 특히 빨리 이루어진다. 이미 시작된 이 전환을 촉진하려면 깨어나고자 하는 우리 개인들이 의식적으로 노력하는 것이 무엇보다 중요하다. 즉, 우리 개인의 진화가 인류 전체의 진화에 공헌하게 될 것이다.

이 책의 용어

이 책의 주제인 '그 상태'를 설명하는 데 어떤 용어를 써야 할지 오랫동안 고민해 보았다. 처음에는 '깨달음(enlightenment)'이라는 말을 고려해 보았지만, 나는 이 말이 늘 조금 불편했다. 원래 불교 용어 보리(bodhi)에서 나온 말인데, 그 번역이 부정확하다는 게 그 한 이유다. 19세기 불교 경전 번역가들이 보리를 깨달음이라고 번역했다. 하지만 보리는 팔리어 동사 부드흐(budh)에서 나온 말로 사실은 '깨어난다(to awaken)'라는 뜻이다. 그러므로 보리를 직역하면 '깨어남(awakening)'에 더 가깝다. 게다가 사람들은 깨달음을 모든 문제와 잘못이 사라져 축복만 넘치는 편안한 상태로 보고, 따라서 완벽하게 긍정적인 용어로 보는 경향이 있다. 이것은 내가 인터뷰했던 사람들 대다수가 깨달음 후에도 이런저런 문제들을 겪었음을 고려할 때 적절하지 않은 듯하다.

그래서 나는 『잠에서 깨어나기』에서 선택했던 용어를 계속 사용하기로 했다. 『잠에서 깨어나기』에서는 "*깨어나는 경험*"과 "*잠*" 같은 말들이 나온다. 여기서 '깨어나기(awakening)'는 보통의 존재 상태에서 더 높은 상태로의 전환을 뜻한다. 그리고 '깨어남(wakefulness)'은 그 더 높은 상태 자체를 뜻한다. 내가 볼 때 깨어남이라는 용어는 깨달음처럼 무조건 긍정적이지만은 않은 것 같다. 깨어남은 더 넓고 더 깊고 더 열린 알아차림을 암시하지만, 그것이 꼭 그 즉시 문제없는 상태를 뜻하지는 않는다.

때로 깨달음이라 쓰기도 하지만 나는 기본적으로 깨어남이라는 용어를 선호한다. 이미 말했듯이 깨어남은 기본적으로 하나의 존재 상태며, 그런 존재 상태는 영적 혹은 종교적 전통들의 문맥 밖에서도 일어난다. 나는 '영적(spiritual)'이라는 말 또한 사람들이 깨어남의 상태를 난해하고 비범하고 비현실적인 것으로 생각하게 만든다고 의심한다. 깨어남은 사실 그 반대로 매우 자연스럽고 정상적인 것이다.

고기능 상태, 확장된 존재 상태, 최적 존재 상태 같은 심리학적으로 좀 더 타당한 용어들도 생각해 보지 않은 것은 아니다. 하지만 이런 용어들은 너무 임상적이다. 어쨌든 언어의 기본 기능은 개념을 설명하고 그 의미를 전달하는 것이다. 그러므로 조어보다는

기존의 익숙한 용어를 사용하는 것이 대부분 더 낫다. 깨어나기와 깨어남이라는 용어들 둘 다 완벽하지 않고, 완벽할 수도 없다. 이 것들이 말하는 상태가 결국은 언어를 초월한 상태가 아닌가? 우리가 쓰는 일반적인 언어는 일반적인 알아차림 상태를 설명하는 데 적절하도록 만들어진 것이다. 주체와 객체라는 이원성이 사라지고, 과거와 미래라는 구분이 무의미해지는, 혹은 현재와 하나가 되는 상태를 설명하는 언어는 아니다. 용어는 단지 길잡이일 뿐이다. 그리고 당신이 일시적이나마 깨어난 상태를 경험했다면 내가 쓰는 용어들이 어떤 현실을 지시하는지 이미 잘 알 것이다.

1장

잠에 빠지다

깨어나길 염원하다

깨어남, 깨어나기 같은 용어를 쓸 때 어디로부터 깨어나는지를 아는 것이 무엇보다 중요하다. 다시 말해 깨어날 때 우리가 초월하게 되는 '일반적인' 존재 상태를 이해해야 한다.

깨어남은 기본적으로 잠에서 깨어남을 시사하는데, 이는 내가 깨달음보다는 깨어남이라는 용어를 선택한 또 다른 이유이기도 하다. 잠을 자는 상태란 알아차림이 제한적이며 불화와 괴로움이 있는 상태를 말한다. 우리는 이 상태에 너무 익숙해서 이 상태가 자연스럽고 정상이라고 여기고 당연하게 생각한다. 하지만 사실 이 상태가 일탈이고 심지어 병적이다. 우리는 제정신을 거의 경험해 보지 못하기 때문에 제정신이 뭔지 헷갈리는 일종의 정신 착란 상태에 살고 있다.

이 장에서는 이 수면 상태의 주요 특징들을 알아보려 한다. 나의 이전 책들에서 이미 논의한 바 있으므로 여기서는 자세히 들어가지는 않는다. 다만 이해를 돕기 위해 수면 상태의 특징을 네 범주로 나눠 설명해 보겠다. 뒤의 12장과 13장에서는 이 똑같은 범주들을 이용해 깨어남 상태를 설명할 것이다.

수면 상태의 특징들은 그 변이의 폭이 크다는 것을 먼저 염두에 두길 바란다. 깨어남의 정도가 다르듯이 수면의 정도도 사람마다 다르다. 남들보다 더 잠들어 있는 사람이 있고, 남들보다 더 깨어 있는 사람이 있다.

수면 상태의 내면(정서)적 특징들

잠자고 있는 상태에서는 특히 어떤 내면의 경험들을 하게 될까? 다시 말해 이 상태에서 산다는 것은 어떤 느낌일까? 이때 우리는 주로 *분리와 단절*을 느끼고 경험한다.

분리와 단절

내 책 『자아폭발-타락』과 『잠에서 깨어나기』에서 이미 말했듯이 선사시대 사람들(그리고 후대에 우리가 원주민이라고 부르는 사람들)은 현대의 우리와는 매우 다른 방식으로 세상을 경험했다. 그중에서도 가장 큰 차이점은 세상과의 분리를 거의 느끼지 않았다는 점이다. 이들은 자연과 땅, 그리고 지구의 거의 모든 것과 하나인 듯 느꼈기 때문에, 개인으로서의 자기 자신도 현재의 우리와는 다르게 보았다. 즉 그들의 땅과 그들이 속한 공동체 전체까지 포함하는 확장된 정체성을 갖고 있었다. 탐욕스런 유럽 사람들이 자연을 오직 부를 위한 약탈 대상으로만 취급하는 모습을 보고 아메리카의 원주민들이 그렇게 겁에 질렸던 것도 부분적으로 바로 그런 이유에서였다. 원주민들은 감정적으로 자연과 강력하게 연결되어 있다고 느끼므로 자연이 그들의 일부와도 같고, 따라서 자연을 해치는 것이 자신을 해치는 것과 같다고 생각했다.

수천 년 전 우리 조상들이 겪었던 심리적 집단 전환은 바로 그런 연결을 더 이상 느끼지 못할 때 일어났다.(바로 그때 인간은 수면 상태에 '빠졌다.') 그리고 그때 고도로 개인적인 자아에 대한 느낌이 일어났다. 그때부터 인간은 에고를 경험하기 시작했다. 에고는 자신만의 정신적 공간 속에 갇혀 바깥세상을 내다봤다. 인간이 처음으로 자연 세상과 분리된 자신을 경험하게 된 것이다. 자연의 일부로서 자연 속에 사는 존재가 아닌 어쩐지 그 자연 *밖에서* 사는 존재 말이다.

이 새롭게 등장한 자아가 고립, 분리, 외로움 같은 느낌을 불러왔다. 그리고 이원성이 생겨났다. 이 우리의 조상들은 자신들이 '여기에' 있는 반면 나머지 세상은 '저기 바깥에' 있다고 느꼈다. 그리고 자신이 전체에서 부서져 나온 파편 같다는 느낌도 있었는데, 이 느낌이 상실감과 불완전하다는 느낌을 동반했다. 다른 사람들도 '저 바깥'에 존재했다. 이제 공동체 의식과 공감 능력이 약해진 인간은 다른 존재들과 소원해지게 된다. 그리고 전체 집단의 안녕보다 각자만의 개인적인 필요와 욕구가 우선시되기 시작했다.

심지어 우리 몸에 관해서도 분리의 느낌이 엄습했다. 몸을 우리 존재에 통합된 한 부분으로 보기보다 우리 자아(에고)가 하나의 개체로서 어쩌다 갇혀 버린 공간으로 보기 시작했다. 그러므로 몸은 우리와 *다른* 어떤 것이었다. 우리를 데리고 다니는 운송 수단이지만 실제로 우리 일부는 아닌 것이다. 동시에 인간은 자신 그 *고유의 존재*, 우리의 본질 혹은 영혼으로부터도 분리되었다. 그리고 에고라는 작고 제한된 것에서만 자신의 정체성을 찾았다. 동시에 도시가 생겨나기 시작했는데, 도시가 부각되며 커질수록 나머지 땅들로부터 분리되기 시작했다. 그리고 그 시민들도 같은 방식으로 나머지 땅과의 연결 고리를 잃게 되었고, 자신들을 도시 거주자로만 보게 되었다. 그렇게 우리는 우리 존재 전체의 광활함과 그 넓게 퍼져 나가는 빛과 이별했다.

머릿속 수다

수면 상태의 가장 기묘한 특징이 바로 머릿속 수다이다. 수면 상태의 우리 머릿속은 끝없는 이미지, 기억, 기대, 생각, 조각 정보들로 시끄럽다. 외부의 어떤 것에 주의를 집중하지 않으면 여지없이 이런 것들이 계속해서 머릿속을 오락가락한다. 여기서도 우리는 이런 현상을 당연하게 생각하므로 이것이 실제로 얼마나 이상한 일인지 잘 이해하지 못한다. 주의를 내면으로 향할 때마다 우리는 왜 이런 원치도 않는 제멋대로의 머릿속 수다를 지켜봐야 하는 걸까? 이것은 강해진 자아의 기벽처럼 보이는데, 우리의 자기 반추 능력이 과거를 회상하고 미래를 기대하며 서로 다른 시나리오를 상상하는 능력과 만날 때 생겨나는 듯하다. 그리고 이 기벽은 우리 에고가 느끼는 소외감, 갑갑함과 연관이 있는 듯하다. 이 두 느낌이 낳는 불안감이 잠시도 가만히 있지 못하는 머릿속 수다로 이어지는 것이다.

관념

에고의 소외감이 강력하고 머릿속 수다가 거의 쉴 새 없이 이어지기 때문에 우리는 대부분의 시간을 관념 속에서 살아간다. 즉 세상 안에서 살기보다 우리 머릿속에서 살아간다. 세상은 머릿속 수다라는 안개와 이런저런 개념의 필터를 통해 희미하게 인식할 뿐이다. 우리 감각과 지각의 세상을 진정으로 경험하며 알아차리기보다 "어딘가 다른 곳"(elsewhereness, 나의 다른 책 『조화로움-불안과 충동을 다스리는 여덟 가지 방법』 참조)에서 살아간다.

『조화로움』에서 나는 우리가 세 가지 다른 방식으로 집중하며 살아간다고 했는데 추상화, 몰두, 알아차림이 그것이다.(abstraction, absorption, awareness로 저자는 이것을 3A라 부른다. — 옮긴이) 추상화는 물론 우리 생각에 집중하는 것이다. 몰두는 외부 활동이나 오락에 집중하는 것이다. 그리고 알아차림은 순간순간 우리의 경험, 주변, 인식, 감각에 온전히 집중하는 것이다.

내가 일하는 대학이나 외부에서 강의를 하고 워크숍을 열 때면 나는 종종 참가자들에게 하루에 보통 이 세 방식으로 각각 얼마만큼의 시간을 보내는지 묻곤 한다. 그럼 거의 모든 사람이 알아차림 상태에서는 최소한의 시간을 보낸다고 대답한다. 보통은 직장일, 가정일을 하거나 취미·오락 활동을 하며 몰두 상태에서 대부분의 시간(평균 60퍼센트)을 보낸다. 그리고 추상화 상태에서 두 번째로 많은 시간(약 30퍼센트)을 보내고, 알아차림 상태에서는 단 10퍼센트의 시간만을 보낸다.

불안과 불만

수면 상태에서 내면의 정신적 기운을 긍정적으로 보기는 어렵다. 그것은 창문이 없어 빛이 들어오지 않는 작은 방 같다. 어둡고 축축하며 억압적이다.

끝없는 머릿속 수다가 내면에서 동요와 소란을 일으키고, 그 부정적인 목소리는 대체로 부정적인 정서와 기분을 불러일으킨다. 그리고 세상에서 단절된 에고가 소외감과 '무언가 빠진 듯한' 결핍의 느낌을 야기한다. 마지막으로 그곳은 좁디좁아서 편협함과 옹졸함의 느낌이 도사리고 있다. 자아가 우리 존재 전체의 넓디넓은 공간으로부터 단절된 채 그 찬란한 빛까지 모두 잃고, 에고의 작디작은 공간에 갇혀 버렸기 때문이다.

수면 상태에서는 두려움도 있다. 분리되어 있다는 것은 곧 다치기 쉽고 위험하다는 뜻이다. 세상과 타인이 '나'를 위협하고 있다는 뜻이다. 그런 위협은 두려운 나머지 미래의 시나리오를 반복 상상하는 머릿속 수다에 의해 가중된다. 보통은 죽음에 대한 기본적인 두려움도 깔려 있는데, 이 두려움은 미처 의식조차 못 할 수도 있다. 죽음은 우리가 성취한 것 혹은 축적해 온 것 그리고 우리 자체까지, 모든 것이 끝이라고 말하며 우리를 위협한다. 또 삶이 부조리하고 무의미하다고 느끼게 하므로 우리는 우리 자신의 죽음에 대해 가능한 한 생각하지 않으려 한다.

수면 상태의 지각(감각)적 특징: 옅어진 지각

선사시대 사람들과 그 이후의 원주민들이 세상을 경험하는 방식에서 보이는 또 다른 주요 특징이 있다. 바로 이들은 주변 세상을 강렬하게 지각(감각)했다는 것이다. 이들은 자연을 살아 있는 생명체로 감지했고, 그 안에 영적인 힘이 퍼져 있다고 보았다. 이 영적인 힘에 서로 모르는 다른 사람들이 서로 다른 이름들을 지어 주었다. 북미 원주민 호피족은 그것을 마사우(maasauu)라고 불렀고 라코타족은 와칸-탕카(wakan-tanka)라고 했으며 포니족은 티라바(tirawa)라고 했다. 일본의 아이누족은 라무트(ramut, 영적 에너지), 뉴기니의 원주민들은 이무누(imunu, 보편 영혼)라고 불렀다. 아프리카의 누에르족은 크워트(kwoth), 음부티족은 페포(pepo)라고 불렀다. 이 개념들은 영적·신비주의 전통들이 말하는 영적인 힘과 놀랍도록 유사하다. 인도 『우파니샤드』 전통 속 브라흐만 개념이 그 한 예다. 이 영적인 힘을 알았기에 원주민들은 자연을 존경했고 유럽인들의 자연 착취에 경악했던 것이다. 원주민들은 자신이 자연 세상과 친족이라고 느꼈다. 자연 세상이 영적으로 *살아 있고* 따라서 신성하다고 느꼈다.

우리는 자연에 대한 이런 강렬한 지각을 왜 더 이상 하지 못하게 된 걸까? 그리고 세상 속 영적인 힘을 어떻게 더 이상 알아차리지 못하게 된 걸까? 어쩌다 자연 세상은 이제 더 이상 신성하지도 아름답지도 않고, 일상적일 뿐이며 살아 있지도 않게 된 걸까?

부분적으로는 관념 상태에서 더 많이 살게 되었기 때문이다. 그래서 직접적이고 즉각적인 세상 경험이 줄어들게 되었다. 그런데 자연에 대한 생생한 경험을 더 이상 못 하게 된 것은 에너지 때문이기도 하다. 우리의 강력한 에고와 머릿속 수다가 끊임없이 에너지를 대량으로 써 버린 결과, 자연을 지각하는 데 쓸 에너지가 거의 남아 있지 않는 것이다. 그런 에너지 자동 보존 방식 탓에 전락이 일어났을 때 우리의 지각 방식이 바뀌어 버렸다. 그래야 강력한 새 에고가 자기 마음대로 더 많은 에너지를 쓸 수 있을 테니까. 그렇게 우리는 주변 세상으로 향한 주위를 거둬들였다. 주변 세상 지각으로 에너지를 '낭비하지' 않기 위해서.

그 결과 세상은 우리에게 무생물의 장소가 되었다. 우리에게는 이제 강도, 바위도, 지구 그 자체도 살아 있는 존재가 아니다. 우리는 나무나 다른 식물들이 생명체임을 감지하지 못하고, 곤충이나 다른 동물들이 의식을 가진 존재임을 보지 못한다. 세상은 물질로 가득해졌다. 그리고 그 물질을 우리는 자유롭게 이용하고 마음대로 오용해도 된다고 여기게 되었다. 우리는 세상과 그 세상 속 모든 것에 퍼져 있는 영적인 힘을 알아차리지 못하게 되었다.

모든 것에 그 영적인 힘이 스며 있고 그래서 모든 것이 서로 연결되어 있다고 보는 대신, 우리는 분리를 자각하기 시작했다. 이제 세상은 서로 구별되는 물질 덩어리와 그것들 사이에 펼쳐져 있는 빈 공간으로 구성된다. 그 결과 우리는 원주민들과 달리 세상 속의 의미와 조화를 지각하지 못하게 되었고, 그 안에서 집 같은 편안함을 느끼지도 못하게 되었다. 우리에게 세상은 기껏해야 중립적인, 그러나 대부분은 적대적인 장소가 되었다. 삶은 출생과 죽음 사이에 놓여 있는 백지가 되었다. 그러한 백지를 우리는 직업을 찾고 어떤 의미를 찾으며 우리만의 노력으로 채워 나가야 한다.

1장 잠에 빠지다

수면 상태의 관념(인식)적 특징들

수면 상태에는 지각적 특징만이 아니라 관념적 특징들도 있다. 다시 말해 수면 상태에 있을 때 우리는 세상에 대해 그리고 우리 자신의 정체성과 우리가 살고 있는 장소에 대해 특정 관점들을 갖게 된다.

자기중심적 관점

편협한 관점은 수면 상태의 가장 큰 관념적 특징들 중 하나다. 수면 상태일 때 인간은 자기만의 문제와 걱정으로 가득한 개인적인 세상 속으로 빠져든다. 다른 사람의 문제나 사회적·세계적 문제에는 그다지 관심 두지 않는다. 예를 들어 환경 문제는 이들이 이해하기에는 너무 추상적이고 모호하다. 세계적 부의 불평등이나 기근은 물론 심지어 자신이 속한 나라에 만연한 불평등, 가난, 혹은 억압과 착취조차 딱히 걱정하지 않는다. 일반적으로 시야가 좁아지기 때문에 환경이 파괴되어 자신이 사는 고장에 홍수가 잦아졌다든지 자신이나 가족이 착취나 억압을 당했을 때처럼, 자신에게 직접적인 영향을 주는 일만 걱정한다. 그런 경우가 아닌 문제들은 이들이 이해하기엔 너무 거창하고, 그보다는 개인적인 욕구나 욕망이 더 시급한 문제다.

집단 정체성

수면 상태의 인간은 정체성과 소속감을 반드시 갖고 싶어 한다. 종교, 인종, 국가 등 뭐든 단체를 만들고 그 단체에 소속되고 싶은 충동을 강하게 느낀다. 자신을 기독교도, 이슬람교도, 크로아티아인, 세르비아인, 영국인, 스코틀랜드인, 웨일스인, 공화주의자, 민주주의자, 사회주의자 등으로 규정하기를 좋아한다. 최소한 맨체스터 유나이티드 혹은 LA 레이커스 팬이라도 되어야 한다. 그래야 자신을 다른 집단에 속한 사람들과 다른 존재로 볼 수 있고, 그래야 이해관계가 상충할 경우 그들과 쉽게 싸울 수 있다. 그들은 자신이 속한 집단의 힘과 영향력을 확장하는 데 도움이 되려고 한다. 그래서, 예를 들면 포교 사업과 같은 일을 벌인다. 나라가 영토를 확장하거나 국가 대표팀이 우승을 하는 등 자신이 속한 집단이 번영하면 자랑스러워한다.

이런 정체성과 소속감에 대한 욕구는 자신이 분리된 탓에 약해지고 상처 받기 쉬워졌다고 느끼기 때문에 생긴다. 우리는 우리만의 정신적 공간 속에서, 압도적으로 크고 복잡한 '저 바깥' 세상을 보며 외롭다고 느낀다. 위협을 느끼므로 지지가 필요하다. 피난처가 필요하다. 그래서 우리를 보호해 줄 것 같은 더 큰 무언가에 소속되고 싶어 한다.

앞으로 보게 되겠지만 깨어남 상태에 다다르면 이것들과 정반대의 관점들을 갖게 된다. 깨어난 사람들은 집단 정체성을 거의 갖지 않거나 전혀 갖지 않는다. 종교적·민족적·국가적 구별이 피상적이고 무의미해진다. 그리고 자신을 사회가 부여하는 정체성이 필요 없는 순수하고 특별한 존재로 본다. 그 결과 자신이 속한 집단의 사람들을 우위에 두지 않고 모든 사람을 동등하게 대우한다. 자신의 국가나 민족이 자랑스럽다고 느끼지도 않는다. 동족이나 '외국인'이나 모두 똑같이 나와 연결되어 있다고 느낄 뿐이다.

수면 상태의 행동적 특징들

수면 상태는 너무 많은 불화와 불만족을 일으키기 때문에, 그런 정신적 괴로움에서 벗어나고픈 노력이 우리 일생을 지배한다고 해도 과언이 아니다.

그런 노력에는 크게 두 가지가 있다. 첫째, 우리는 외부적인 것에 주의를 집중하여 내면의 불화에서 벗어나려 한다. 지난 반세기 동안 텔레비전이 폭발적 인기를 끌게 된 것도 부분적으로 그런 이유에서다. 텔레비전 시청은 관심을 밖으로 돌리며 내면의 불화로부터 도망치는 데 아주 효과적이다. 둘째, 우리는 무언가를 끊임없이 채우면서 분리의 근본 감정을 극복하려 한다. 우리는 소유물이나 돈을 축적하는 것으로, 그리고 성취하고 성공하고 위상을 높이고 권력을 얻는 것으로 자신을 좀 더 중요한 사람으로 만들고 싶어 한다.

앞에서도 언급했던, 분리 후 느끼게 되는 유약함과 나약함도 우리 행동에 큰 영향을 준다. 이런 느낌이 소속감과 정체성에 대한 욕구는 물론 *받아들여지고 싶다는* 강한 욕구를 만들어 낸다. 그래서 진정으로 하고 싶은 일보다 주변에서 하길 바라는 일을 해서라도 사회에 받아들여지고 싶어 한다. 그 결과 오직 사회에 받아들여지기 위해서, 위험하게도 진짜 자신이 원하는 것은 억누르며 진정성 없는 삶을 살아가기도 한다.

사람들은 자신이 나약하다고 느낄 때 약간의 무시나 모욕에도 민감하게 반응한다. 근본적으로 불안하기 때문에 다른 사람들이 '나'를 대하는 방식에서 그들의 의도와 상관없이 쉽게 상처 받고 모욕감을 느끼는 것이다. 이런 상처가 내면에서 오랫동안 곪게 되면 원한과 적의가 생겨나고, 이것이 또 개인 혹은 집단 간의 갈등으로 이어진다.

지금까지 우리가 일상적으로 살아가는 수면 상태의 특징에 대해 알아보았다. 수면 상태란 분리와 불화의 상태로, 그 속에서 우리는 우리만의 정신적 공간 속에 빠져 마구잡이식의 머릿속 수다와 집단 연대를 꼼짝없이 경험하게 된다. 그리고 개인적인 걱정들에 압도당하고, 주의 돌리기와 물질 축적을 통해 그런 불화에서 도망치고자 하는 욕망에 짓눌린다.

일시적 깨어남

수면 상태는 우리에게 엄청난 권력을 휘두르고 있다. 유년기를 제외하면 수면 상태에 있는 것 외에는 다른 존재 방식을 한 번도 경험하지 못하는 사람들도 있다. 이들은 인생의 모든 순간을 수면 상태에서 자신이 그렇게 자고 있음을 알지도 못한 채 보낸다. 따라서 깨어나는 것이 가능하다는 것조차 모른다. 감옥에 있다는 것을 모르기 때문에 탈옥은 꿈도 꾸지 않는 죄수들처럼.

그런데 가끔이긴 하지만 우리 대부분은 분명 짧은 순간이나마 깨어나곤 한다. 알아차림의 한계를 넘어갈 때 우리는 강렬한 현실을 일견한다. 『잠에서 깨어나기』에서 나는 사고처럼 다가오는 그런 일시적 깨어남에 대해 논한 바 있다. 이 책에서 나는 깨어나는 경험을 "현실의 더 깊은(혹은 더 높은) 수준을 알아차리고, 조화와 의미를 지각하여, 세상으로부터 분리되었다는 그 일반적인 느낌을 초월하는, 모든 것이 명확하게 드러나고 기쁨이 넘치는 경험"[1]으로 정의했다.

우리는 보통의 존재 상태, 더 정확하게 말하면 우리 보통의 자아 체계를 일시적으로 초월할 때 깨어남을 경험한다. 에고, 경계, 자동 인식이 강하게 작용하는 우리 보통의 자아 체계가 작은 텐트가 강풍에 날려 가듯 사라져 버리는 때가 있다. 보통 긴장이 완전히 풀리고 고요가 찾아올 때, 머릿속 수다가 멈췄을 때, 즉 내면에 더 높은 수준의 에너지가 생겨나 우리의 지각 능력에 영향을 주며 세상을 좀 더 생생하게 지각할 수 있을 때 그렇다. 그래서 자연과 함께할 때나 명상할 때나 예술 작품을 감상할 때, 혹은 그 외 마음을 고요하게 하는 다른 차분한 활동을 할 때 깨어나는 경험을 하게 된다.

반대로 스트레스를 크게 받거나 심리적 격동이 있을 때 그 결과로 우리 보통의 자아 체계가 일시적으로 사라져 버릴 수도 있다. 사실 내가 연구한 바에 따르면 (그 어떤 상실, 실패, 이혼, 가족 친지의 사망 등에 뒤따르는) 강한 심리적 격변 후 깨어나는 경우가 가장 흔하다.(자연과의 접촉, 명상, 예술 작품 감상이 직접적인 원인이 되는 경우도 많기는 하지만 전자가 조금 더 많다.) 스트레스와 심리적 격동은 마치 지진처럼 기존의 자아 구조를 깨고 보다 크고 강렬한 존재 상태를 펼쳐 보여 준다.

깨어나는 경험에는 여러 강도가 있고, 각각의 강도에 따라 그 성격도 다르다. 저강도로 깨어나는 경우 알아차림 능력이 고양되어 주변이 더 생생해지고 아름다워지고 실재처럼 느껴진다. 중강도로 깨어나는 경우 주변과 '내'가 강하게 연결되어 있다는 느낌을 받는다. 이때 다른 사람들(다른 생명체 포함)과의 단절도 사라지기 때문에 그들로 향한 사랑이나 자비심을 강하게 느낀다. 그리고 모든 것에 스며 있는 빛나는 영적 에너지가 보이기 때문에 모든 것이 기본적으로 하나라고 느낀다. 고강도로 깨어나는 경우 모든 물질이 우주의 본질, 그 순수 의식의 대양 혹은 축복 가득한 광채 속으로 녹아 들어간다. 그리고 그 순수 의식이 우리 존재의 본질이라고 느끼므로 어떤 의미에서 우리 자체가 우주가 된다.

강도가 낮은 깨어남일수록 더 흔하다. 모르긴 몰라도 사람들은 대부분 저강도 깨어남 경험 정도는 한 번쯤 다 해 볼 것이다. 하지만 고강도 깨어남은 아주 소수만 경험한다.

그런데 이런 깨어남 경험은 경험이라는 말이 시사하듯이 일시적이다. 몇 초, 몇 시간 지속되고 심지어 며칠 동안 지속될 수도 있지만, 어느 시점이 되면 보통의 자아 체계가 다시 살아나 재구축되고 우리는 일반적인 존재 상태로 돌아간다. 자아 체계는 마술 형판혹은 틀을 갖고 있어서 언제나 복구 가능하다. 아니면 잘려져 나갔지만 뿌리는 튼튼한 나무와 같아서 언제든 다시 자랄 수 있다.

그런데 영구적 깨어남의 경우 옛 자아의 구조가 영원히 사라지므로 복구되지 않는다. 구조만이 아니라 형판 자체도 사라지기 때문에 다시 제작될 수 없다. 나무라면 그 뿌리까지 뽑혀 나간다. 그리고 그 자리에, 더 확장적이고 더 강렬한 알아차림이 가능한 고기능의 새 자아 체계가 들어선다. 이것은 매우 근본적인 전환이라서 당사자는 다시 태어난 것 같고, 같은 몸 안에서 다른 사람으로 새 삶을 시작하는 것 같다.

많은 면에서 영구적 깨어남 상태는 일시적 깨어남 경험의 좀더 안정적이고 지속적인 변형이라고 할 수 있고, 그 기본 특성들도 비슷하다. 둘 사이의 유일한 주요 차이점이라고 하면, 영구적 깨어남의 경우 (집단 정체성 상실, 강력한 이타적 경향, 물질이나 위상에 대한 흥미 상실 같은) 관념적·행동적 특성들이 드러난다는 것일 텐데, 일시적 깨어남의 경우에도 이런 특성들이 없는 것이 아니라 너무 짧은 기간의 경험이라 이런 특성들이 드러날 기회가 없다고 보는 쪽이 더 맞을 것이다.

그러므로 나는 영구적 깨어남을 세상에 대한 비전과 세상과의 관계가 자신의 주관적인 경험, 정체성, 생각과 함께 극적으로 바뀌는 고기능 상태라고 거칠게나마 정의하고 싶다. 이런 전환이 자신이 안녕하다는 느낌, 모든 것이 명확해졌다는 느낌, 모든 것이 연결되어 있다는 느낌을 부른다. 이 사람은 세상에서 벌어지는 일을 더 강렬하게 알아차리고 더 넓고 세계적인 관점을 가진다. 인류 전체를 포용하는 공감 능력을 계발하며 집단 정체성의 필요성을 거의 느끼지 못한다.

이런 상태로 살아가는 것이 실제로 가능한지 의심이 들지도 모르겠다. 영구적으로 깨어나면 일상적으로 해야 할 일들을 못 하게 되지 않을까? 엑스터시와 하나임 상태에 살면서 생계를 위해 돈을 벌고 요리를 하고 청구서를 지불하는 일에 과연 집중할 수 있을까?

하지만 꼭 기억하기 바란다. 이 상태로 살아도 자신의 경험을 통제할 수 있다. 영구적으로 깨어났다고 해서 모든 순간 축복 가득한 '하나임의 대양' 속을 속절없이 헤엄만 치고 있지는 않다. 깨어 났어도 여전히 필요하다면 실용적인 일들에 집중할 수 있다. 여전 히 결정을 내리고 계획을 짜며 삶을 설계한다. 그러는 동안에도 항 상 그 저변에는 온전하다는 느낌, 안녕하다는 느낌, 연결되어 있다 는 느낌이 깔려 있어서 언제든 마음만 먹으면 그 느낌으로 돌아갈 수 있다.

깨어남 상태는 다양한 면에서 고기능이 가능한 상태다. 세상 을 더 풍성하게 인식하고 더 강렬하게 알아차리며, 덧붙여 더 이상 불완전함이나 단절을 느끼지 않는다. 불화와 불안을 야기하는 머 릿속 수다, 그 시끄러운 공격에서 벗어난다. 온전해졌다고 느끼고 기본적으로 탄탄한 현실에 발을 디디고 있다고 느낀다. 더 이상 자 신만의 걱정거리나 욕망에 압도당하지 않는다. 자비심이 대단히 커지고 이타주의와 자기희생 능력도 월등해진다. 그리고 앞의 정 의에서 언급했듯이 더 많이 포용하는 관점을 갖게 되며, 집단 정체 성이 더 이상 필요 없게 된다. 즉 모든 문화적·민족적 차이를 초월 하므로 모든 존재에 똑같은 자비심을 보여 준다.

일시적 깨어남 경험이 그렇듯 영구적 깨어남도 그 정도와 양 상에 따라 여러 모습으로 나타날 수 있다. 상당히 낮은 수준의 그 다지 강렬하지 않은 깨어남을 겪는 사람들도 있다. 예를 들어, 이 들은 원하지 않아도 여전히 머릿속 수다의 방해를 받을 수 있고, 또 그 자아를 자기 자신과 동일시할 수도 있다. 때로는 자기중심적인 욕망과 야망에 사로잡히기도 한다. 하지만 동시에 풍성한 지각 경험을 끊임없이 하게 되고, 단절보다는 세상과의 연결과 참여의 느낌을 지속적으로 받는다. 집단 정체성도 거의 의식하지 않을 것이고, 개인적인 문제보다 사회적·세계적 문제가 더 중요하다고 생각하는 더 큰 관점을 갖게 된다. 물론 더 높은 수준에서 깨어난 사람은 원치 않는 머릿속 수다가 주는 방해를 거의 받지 않고, 세상과 단순히 연결되어 있다는 느낌에서 나아가 세상과 합일되어 있다는 느낌을 받게 될 것이다. 일시적 깨어남과 마찬가지로 여기서도 더 강렬하고 더 깊은 깨어남일수록 더 드물게 나타난다.

앞으로 영구적 깨어남으로의 전환이 점진적 혹은 돌연히 일어날 수 있음을 좀 더 자세히 살펴볼 것이다. 점진적 깨어남의 경우 수면 상태에서 깨어남 상태로 가는 여정에 많은 단계가 있고 그 과정에 다양한 굴곡들이 존재한다. 그 과정에서 우리는 자신이 조금 깨어났다거나, 어느 정도 깨어났다거나, 고도로 깨어났다고 말할 수 있다. 돌연한 깨어남은 중간 단계 없이 수면 상태에서 깨어남 상태로 극적으로 바뀐다는 점에서 조금 다르다. 하지만 여기서조차 깨어남의 단계적 차이들은 존재한다. 즉 깨어남 그 강도의 높낮이가 존재한다.

일반 의식에서 깨어난 의식으로 가는 여정은 산등성이로 이어지는 길 같은 것이다.(산등성이로 이어지는 길은 물론 다양하다.) 점진적인 깨어남의 경우 그 길이 더디고 안정적이며 모든 지점을 통과한다. 하지만 돌연한 깨어남의 경우 마치 순간 이동을 하듯 그 한참 먼 길을 극적으로 건너뛰어 버린다. 하지만 그럴 때조차 도달하는 지점은 여전히 다양하다. 헬리콥터가 태워다 주는 곳이 늘 꼭 같은 곳일 필요는 없다.

2장

다양한 문화에서

묻히는 깨어남

전락의 시기, 수면 상태가 도래했을 때 사람들은 대부분 그 상태를 정상으로 받아들였다. 뭔가 불편하고 답답했지만 그 이유를 알지 못했고, 그런 심리적 불안을 줄이거나 그것으로부터 도망치는 데에만 최선을 다했다.

그런데 다양한 문화권에서 극소수였지만 그런 수면 상태를 받아들이지 않고 잠들기를 거부한 사람들이 있었다. 이들은 수면 상태가 오히려 일탈이며, 수면 상태의 세상에 대한 비전이 부자연스럽도록 제한적임을 감지했다. 그리고 세상이 다시 신성하고 영적이 되는, 좀 더 확장적이고 강렬한 존재 상태를 경험하는 것이 가능하다고 느꼈다. 다른 대다수 사람들과 달리 이들은 일시적/영구적으로 깨어나는 것이 가능하다고 느꼈던 것이다. 그리고 돌연한 깨어남의 순간들을 경험했고 금식, 수면 박탈, 명상, 향정신성 물질 복용 등 깨어남을 야기하는 특정 활동이나 수행법들을 계발하기 시작했다. 이 사람들은 깨어난 상태를 영원히 지속할 수 있다고 생각하고, 수행법과 생활 양식 지침서 같은 자기계발 체계들을 하나씩 만들어 냈다. 바로 그렇게 만들어진 것들이 우리가 지금 영적 전통이라고 알고 있는 것들이다. 아시아 전역에서 도가, 불교, 베단타 등의 전통들이 만들어졌고, 중동과 유럽에서는 수피즘, 카발라, 기독교 신비주의가 만들어졌다.

같은 풍경이라도 전망대에 따라 다르게 보인다. 보는 사람이 어떤 특성을 중점적으로 보느냐에 따라 또 다르게 보인다. 마찬가지로 깨어난 사람들도 각자 깨어남 상태를 조금씩 다른 방식으로 보았다. 각자가 속한 전통과 그 세계관에 따라 깨어남의 의미와 그 계발 방법에 대한 조금씩 다른 해석들이 생겨난 것이다.

이 장에서는 세계 주요 영적 전통들이 깨어남을 어떤 방식으로 설명하고 있는지 살펴보고, 그 저변에 존재하는 공통점을 찾아내려 한다. 깨어남을 영적 혹은 종교적 전통들 밖에 있는 하나의 심리 상태로 보는 것이 이 책의 목적 중 하나지만, 이 장에서는 깨어남의 상태가 영적·종교적 용어로 어떻게 해석되는지 살펴볼 것이다. 그 해석들 사이의 공통점을 찾아내면 기본적으로 심리적이고 존재론적인 깨어남 상태에 대한 가장 중요한 특징들을 볼 수 있기 때문이다.

인도 전통에서 보는 깨어남

　'전락 이후 세상'의 모든 문화들 중에서 인도는 깨어남 상태에 대해 가장 깊이 이해했고, 그 상태에 도달하기 위한 가장 세련된 자기계발 체계들을 만들어 낸 나라다. (일단 불교를 제외한) 힌두교 전통에서 보면 『우파니샤드』, 『바가바드기타』 같은 경전들과 요가, 탄트라 같은 전통들이 그들이 깨어남을 얼마나 잘 이해하고 있었는지 말해 준다. 예를 들어 요가 철학은 일시적인 깨어남 경험과 영구적 깨어남 상태를 명확하게 구분했다. 일시적인 경우, 깨어남은 사비칼파 사마디(savikalpa samadhi) 혹은 니르비칼파 사마디(nirvikalpa samadhi)로 나타난다. 사마디는 직역하면 '엑스터시'이고 사비칼파 사마디는 직역하면 '특정 형태에 묶인 엑스터시'다. 이말은 세상을 영성의 현현으로 보며, 우리가 전체의 부분이고 따라서 세상 모든 것과 하나임을 깨달았다는 뜻이다. 그런데 니르비칼파 사마디에서는 형태의 세상 자체가 순수한 영성의 바닷속으로 사라져 버린다. 이때 우리는 그 순수한 영성의 바다가 우주의 궁극적 실체라고 느낀다.(이것은 앞 장에서 설명했던 고강도 깨어남 경험과 동일하다.) 사비칼파 사마디에서와 같은 하나임을 느끼지만, 자아 개념이 없다는 것이 다르다. 여기서는 세상과 하나가 되는 것이 아니라 실제로 세상 그 자체가 된다.

　그런데 지속적인 사마디 상태에서 영원히 머무는 것도 가능한

2장　다양한 문화에서

데, 이것은 사하자 사마디(sahaja samadhi)라고 부른다. 이 상태라면 엑스터시가 일상 속에 통합된다. 이때 우리는 온전히 정상적인 인간처럼 일하고, 먹고, 사람들을 만나고, 필요할 때 생각도 하며 살 수 있는데, 다른 사람에게도 완전히 정상으로 보인다. 하지만 내면으로 들어가 보면 두려움도, 욕망도, 단절의 느낌도 없다. 내면의 고요와 평화가 지속되고 온전하다고 느낀다. 『우파니샤드』 철학이 말하듯 아트만(atman)이라는 개인적인 자아가 우주에 퍼져 있는 영적인 힘인 브라흐만(brahman)과 하나가 된 것이다. 이때 자신과 세상의 진정한 본성이 사치타난다(satchitananda, 존재—의식—지복)임을 알아차린다. 지복(기쁨)은 브라흐만의 본성이고, 따라서 브라흐만과의 합일은 그 지복의 경험을 뜻한다.

그러므로 힌두교 영성은 합일에 초점이 맞춰져 있다고 하겠다. 요가라는 어휘 자체도 합일로 번역될 수 있다. 이 전통에서 깨어남이란 주체와 객체, 개인과 세상이라는 이원성을 초월하는 것이다. 그리고 우리 존재가 원래는 우주와 하나임을 깨닫는 것이다. 우리 존재가 원래는 파괴될 수 없이 영원한, 지복이 넘치는 영적 에너지이고 광채가 넘치는 순수 의식임을 깨닫는 것이다. 이 에너지가 바로 존재하는 다른 모든 것들, 나아가 우주 그 자체의 본질이기도 하다. 이것을 경험할 때 우리는 슬픔과 죽음 너머로 나아간다.

불교 개념들에서 말하는 깨어남

불교는 힌두교 영성에 뿌리를 두지만 합일을 강조하지는 않는다. 그보다는 무아와 평정심의 계발을 강조한다. 붓다가 형이상학적 혹은 철학적 주제들에 대한 논의를 꺼렸기 때문에 초기 불교(소승 불교)가 말하는 깨어남을 정확하게 정의하기가 쉽지는 않다.(한 경전에서 붓다는 독이 든 화살을 맞고도 화살을 뽑을 생각은 않고 그 화살이 어디서 왔는지, 누가 쐈는지, 어떤 계급에 속한 사람이 쐈는지만 고심하는 사람을 예로 든다. 다시 말해, 중요한 것은 화살을 뽑는 것 즉 인간의 고통을 없애는 것인데, 철학적이고 형이상학적인 문제는 그것을 방해한다는 뜻이다.) 니르바나(Nirvana)는 직역하면 삶의 불을 '끈다'라는 뜻으로, 개인으로서 더이상 존재하지 않으며, 윤회의 굴레에 빠지게 하는 모든 갈망에서 벗어났다는 뜻이다. 다시 말해 고통스러울 수밖에 없는 세상으로 다시 태어나지 않으므로 고통에서 자유로운, 이른바 꺼진 상태다. 아니면 존재하기를 멈춘 것이 아니라 분리된 개체로서 존재하기를 멈춘 것뿐이라고 좀 더 신비주의적으로 해석할 수도 있다. 전체 우주와 하나가 되면 분리된 자아는 꺼지게 된다.

그런데 붓다는 '뱀의 비유'(『맛지마 니까야*Majjihima Nikaya*』 22 뱀의 비유경을 말하며, 여기에 4향4과四向四果 즉 깨어남의 네 단계 설법이 나온다. — 옮긴이)에서 깨어남의 과정에 대해 자세히 들어간다. 자기중심성과 욕망이 줄어들고 초탈과 평정심이 늘어나는 서로 다른 네 단계의 깨어남 상태를 설명한다. 우리는 가장 높은 수준의 깨어남 (아라한, 완전히 깨달은 존재 상태)에 도달할 때까지, 즉 완전한 평정심을 얻고 에고를 온전히 버릴 때까지 계속 욕망과 혐오를 버려 나가야 한다. 그 수준에 도달하면 우리는 과거도 미래도 없는 순수한 존재 상태에서 살고 새 카르마를 전혀 만들지 않기에 다시 태어날 일도 없다. 부적절한 행동도 하지 않는다. 깨어나지 못한 사람은 도덕을 지키고 덕을 베풀기 위해 (계율을 지키며) 의식적인 노력을 해야 하지만, 완전히 깨어난 사람은 노력하지 않아도 도덕적으로 행동하게 된다.

초기 불교에서 벗어나면 깨어남에 대한 좀 더 직접적인 설명이 가능해진다. 대승 불교 전통에서 깨어남은 모든 것의 '근본 실체'를 인식하는 것이고, 모든 것이 기본적으로 하나임을 알아차리는 것으로, 사마디와 비슷한 느낌이다. 이 근본 실체는 브라흐만과 유사한 다르마카야(dharmakaya, 法身) 개념으로 이어진다. 대승 불교에서는 브라흐만의 경우처럼 세상은 다르마카야에서 나오고, 모든 것이 이 다르마카야 안에서 하나로 존재한다. 일본의 저명한 불교학자 D. T. 스즈키(D. T. Suzuki)에 따르면 깨달음은 우리 안에서 다르마카야를 깨닫는 것이고 그 "모든 것을 포용하는 사랑과 모든 것을 아는 지성"[1]을 경험하는 것이다.

중국과 일본의 선불교를 포함한 모든 대승 불교 전통에서는 깨어남을 광석 안의 금처럼 우리 안에 이미 항상 존재하는 자연적인 상태로 본다. 다시 말해 깨어남은 우리의 진정한 본성을 폭로하는 과정이다. 모든 존재 안에는 불성이 있으니까 말이다. 불성은 변형의 힘을 갖고 있으며 능동적이다. 그러므로 깨어나기란, 최소한 부분적으로는, 이 변형의 힘이 스스로 드러나도록 허락하는 과정이다.

도가에서 보는 깨어남

현대에도 그 심오함을 잃지 않는 고대의 영적·철학적 전통들이 동시 발생적으로 거의 같은 시기에 서로 독립적으로 생겨났음은 신기한 일이 아닐 수 없다. 붓다와 파탄잘리(요가의 기본 가르침인 『요가 수트라』의 저자 혹은 편찬자) 같은 인물들이 인도에서 그 가르침을 펼치던 때와 거의 같은 시기에 먼 서양의 고대 그리스에서는 헤라클레이토스, 플라톤 같은 인물들이 서양 철학의 근간을 수립했다. 그와 거의 같은 시기에 인도의 북동쪽, 중국의 성인들도 깨어남 상태를 개념화하여 그 상태에 도달하기 위한 수행법들을 계발했고, 그 심오한 가르침들을 펼쳐 나갔다.

고대 중국에서는 편재하는 영적인 법칙을 도(道)라고 불렀다. 도는 보통 '길' 혹은 '법칙'으로 번역되는데, 우주의 근본 정수 혹은 우주의 모든 것을 만든 것이고, 동시에 그 우주 안에서 흐르는 영적인 힘을 뜻하기도 한다. 이 도가 우주의 균형과 질서를 유지한다. 그렇다면 분명 도는 브라흐만, 다르마카야와 비슷한 개념이다.

도(道) 개념을 둘러싸고 발전한 영적·철학적 전통인 도가(道家)에서는 명(明, Ming) 개념이 깨어남 개념에 가장 가깝다. 도가에서 성인으로 추앙받는 장자는 명 개념을 이용해, 이원성과 분리가 없는 도의 진정한 본성을 깨닫고 그와 하나가 되는 상태를 설명했다. 개인으로서 더 이상 존재하지 않을 때까지 '자신을 비울 때' 하나임을 경험한다.(여기서도 세상과의 극명한 분리를 초월할 것을 말하고 하나임을 말한다는 점에서, 힌두교와 그 궤를 같이한다.) 장자는 "비우라. 그럼 된다. 거울 같은 마음으로 모든 것을 있는 그대로 비출 때 성인이 된다."[2]고 주장했다. 명 상태일 때 마음은 텅 비고 그만큼 절대 고요를 경험한다. 그리고 이 상태가 되면 도의 즉흥적인 표현이 곧 삶이 된다. 우리의 의지는 버리고 '무위(無爲, actionless activity)' 상태에서 살게 된다.

불교에서처럼 도가의 깨어남 개념도 평정심을 강조한다. 도와 합일할 때 긍정적인 사건도, 부정적인 사건도 우리에게 영향을 주지 않는다. 우리는 방해 없는 평화롭고 안정적인 자족 상태에 있게 된다. 그리고 죽음에 대한 두려움도 사라진다. '나'와 '너', '나'와 '세상' 같은 구분은 물론 삶과 죽음 사이의 구분도 더 이상 아무런 의미가 없기 때문이다.

도가 철학 최고 경전인 『도덕경』(『우파니샤드』와 함께 영성 분야에서 내가 가장 아끼는 문헌)은 깨어남이 즉흥성, 열린 마음, 유년기의 사심 없는 의식을 되찾게 되는 것이라며 좀 더 일반적인 의미로 설명한다. 이것은 "어린아이처럼 되어야"[3] 천국에 들어갈 수 있다는 예수의 충고와 놀랍도록 유사하다. 『도덕경』도 "아이의 상태로 돌아가라."고 충고하고 "내면에서 도의 특성을 풍부하게 갖고 있는" 사람은 "아이와 같다."라고도 말한다.[4]

유일신 종교에서 보는 깨어남

도가, 불교, 힌두교 전통에서는 깨어남 개념이 그 중심을 차지하지만, 유대교, 기독교, 이슬람교로 대표되는 아브라함 종교들은 좀 다르다.

『자아폭발-타락』에서 나는 유일신 종교의 발전이 에고-분리 체계로의 적극적인 이동을 시사한다고 말한 바 있다. 그 책의 집필을 위한 연구 차원에서 인류학 서적들을 읽기 시작했는데, 그때 초기 인류 혹은 원주민들 대부분이 우리가 현재 알고 있는 신에 대한 개념을 거의 갖고 있지 않았음을 알고 적잖이 놀랐다.(예를 들어 사회인류학자 게르하르트 렌스키Gerhard Lenski의 통계에 따르면 사냥과 채집으로 살아가는 현대의 집단들 중 오직 4퍼센트만이 인간의 도덕성과 관련 있는, 창조자 '신'에 대한 개념을 갖고 있다고 한다.[5]) '전락하지 않은' 사람들은 세상을 내려다보며 통제하는 신을 믿지 않는다. 대신에 세상 모든 것에 스며 있는 영적인 힘이나 에너지를 믿으며 자연 현상과 상호 작용하는 개별적 영혼들의 존재를 믿는다. 신처럼 이 영혼들도 자연 현상을 바꿀 수 있다. 즉 병을 야기하고 비를 내리고 바람의 방향을 바꿀 수 있다. 하지만 이 영혼들이 신 같은 의인화된 개체로 받아들여지지는 않는다. 그보다는 오히려 거의 안개와도 같은 추상적인 힘이나 권력 같은 것이다.

의인화한 개인적 존재로서의 신에 대한 개념은 강화된 에고 의식의 결과다. 그리고 세상이 얼마나 비영성화했는지를 보여 주는 분명한 지표다. 자연 세상은 이제 초기 인간들에게 그랬던 것처럼 신성하지 않다. 이제 교회나 사원 같은 구체적인 장소와 사제 같은 구체적인 인물들만 성스럽다. 이제 '신성함'은 이 세상 안에 있는 것이 아니라 이 세상과 동떨어진 저 세상의 것이 되었다. 이러한 신에 대한 개념은 전락 후 인간 존재가 느끼게 된 고독과 불편함에 대한 반응 혹은 대답이었다. 세상을 내려다보며 그 속의 사건들을 통제하는 신을 믿는 것은 분리와 불안에 대한 심리적 보상 효과를 노린 것이었다. 그런 신을 믿을 때 세상은 정돈되어 보이고 좀 더 호의적이 되었다. 그리고 신이 우리를 안전하게 보호해 줄 것 같았다. 게다가 신이 항상 거기서 우리를 내려다보고 있다고 믿자 에고의 단절감 혹은 외로움이 줄어들었다.

이런 믿음과 함께 사후 세계 개념도 심리적으로 중요했다. (고대 그리스나 로마의 다신교와 달리) 특히 유일신 종교의 경우 인간은 죽고 나면 삶을 힘들게 했던 그 모든 고통에서 벗어나 완벽한 축복과 평화 속에서 살게 될 거라고, 원하는 것은 모두 충족되는 아름답고 영원한 천국에서 살게 될 거라고 말한다. 이런 사후 개념이 전락 후 인간의 삶을 가득 메웠던 고통(심리적 고통만이 아니라 끝없는 전쟁, 억압, 잔인함의 분출로 인한 사회적 고통까지 포함)에 대한 일종의 위로로 작용했다.

이런 이유로 유일신 종교들에서는 초월적인 요소들을 거의 찾아볼 수 없다. 이 종교들은 강화된 에고와 그것의 심리적·사회적 파장에 대한 방어기제였다. 그리고 지금도 여전히 그렇다. 현대 기독교, 이슬람교, 유대교는 변형적이라기보다 관념적인 쪽에 가깝다. 즉 자아의 변형보다는 믿음과 계율을 주로 설파한다.

그런데 이 문화들 안에서도 수면 상태에서 벗어날 수 있음을 감지한 사람들이 있었다. 신비주의자들이라고 불린 이들은 개인적인 깨어남 경험에 비추어 유일신 종교들의 가르침을 일부 급진적으로 재해석했다. 위로의 종교에서 변형의 영적 체계를 구현해 낸 사람들이 바로 이 신비주의자들이다.

그렇다면 유대교, 기독교, 이슬람 같은 유일신 종교에서 말하는 깨어남도 사람들을 그 종교 너머로 데리고 갔다고 말할 수 있겠다. 깨어나면 특정 종교 전통에서 자신의 정체성을 찾거나 그곳에 속하고 싶은 생각이 들지 않는다. 그보다는 종교나 민족을 넘어서 모든 존재에게 연민과 자비를 느끼기 시작한다. 그 결과 특정 종교에 속해 있다고 해도 보통 초교파적이 되어 모든 신념 체계에 열린 자세를 유지한다. 그리고 모든 종교와 영적 전통들을 같은 목적지로 이어지는 다른 길 혹은 같은 풍경을 다른 지점에서 보는 것으로 여긴다. 이른바 종교적이라는 보통의 사람들과 달리 이들은 자신이 속한 전통이 믿는 것만을 '진리'로 간주하지 않고, 다른 관점에 대항해 자신의 믿음을 방어하려 하지도 않는다.

역사적으로 깨어난 사람들이 자신이 속했던 기존 종교와 사이가 좋지 않았던 것은 부분적으로 바로 이런 이유 때문이었다. 기존 종교 지도자들은 그 종교의 가르침에 대해 신비주의자들이 내리는 빼어난 해석들을 잘 이해할 수 없었고, 따라서 신성 모독을 논하곤 했다. 기존 종교 지도자들은 신을 다른 차원에서 세상을 내려다보는 개인적 존재라고 보는 반면, 신비주의자들은 신을 세상에 편재하는, 더할 수 없이 강력하고 밝은 에너지로 보았다. 게다가 신이 자신들과 분리되어 있지 않다고까지 했다. 신이 그들 존재의 본질이고, 그 결과 어떻게 보면 그들 자신도 신이 되는 것이다.

이런 통찰이 종교 권력과 마찰을 일으켰고, 이단으로 고발되었다. 예를 들어 9세기 수피 신비주의자 만수르 알-할라즈(Mansur Al-Hallaj)는 곧잘 무아지경에 들어 "내가 진리다."라고 선언하곤 했다. 알-할라즈는 신과 합일 상태를 묘사하는 영적인 시를 쓰기도 했다. 다음이 그 일부다.

포도주가 순수한 물에 섞이듯
당신의 영혼이 내 영혼에 섞입니다.
당신을 만지는 것이 무엇이든 나도 만집니다.
모든 곳에서 당신이 바로 나입니다.[6]

그 결과 알-할라즈는 11년 감옥살이 끝에 처형당했다. 14세기 위대한 기독교 신비주의자 마이스터 에크하르트(Meister Eckhart)도 이단 재판이 시작되기 전 자연사하지 않았다면 처형되었을 것이다.

유대교에서 보는 깨어남

유대교에는 '카발라'라는 신비주의 전통이 있다. 힌두교와 도가의 주장처럼 카발라도 신성 혹은 아인 소프(En Sof, 직역하면 무한·끝없음)와의 합일이 그 궁극적인 목적이다. 카발라의 주요 경전 『조하르(Zohar)』는 그런 합일을 데베쿠트(Devekut)라고 하며(직역하면 '신성과 친밀한 소통에 이르렀다.'는 뜻) 그것이 정신적 텅 빔, 고요, 엑스터시와 경외감이 지배하는 상태라고 설명한다. 그것은 바로 에고를 초월해 사고가 정지되고, 조화를 알아차리고, 우주의 하나임과 그 우주와 우리가 합일됨을 알아차리는 상태다.

『조하르』에 따르면 우주와 그 안의 모든 것에는 반투명의 빛이 스며들어 있다.(사실 '조하르'를 직역하면 '화려함', '광명'이라는 뜻이다.) 이 광명이 세상의 기본 실체지만 우리의 일반적이고 제한적인 의식 상태(즉 수면 상태)가 그 실체와의 만남을 부인하고 있다. 그 실체를 경험하려면 우리 의식을 확장하고 강화해야 한다. 다시 말해 깨어나야 한다. 카발라 경전들은 그렇게 깨어나는 데 필요한 다양한 명상 수행법들을 추천한다. 기도, 주문, 상징 시각화, 히브리 알파벳 문자 사색, 우주 불가사의 시각화/숙고하기 등이 그것들이다. 그리고 무차별적인 기쁨을 느끼는 자세를 계발하라고 권하는데, 그때 신성이 우리를 통해 흐를 수 있다고 한다.(반대로 슬픔과 우울감 등은 신성과의 연결을 차단한다.)[7]

카발라에 따르면 깨어날 때 강한 이타주의도 생겨난다. 이것은 힌두교, 도가 혹은 기독교 전통들이 그리 강조하는 점은 아니다.(물론 불교에서는 해탈 후 윤회의 고리를 떠나지 않고 다른 사람들의 깨달음을 돕기 위해 다시 이 세상으로 돌아오는 보살의 개념이 있기는 하다.) 카발라의 궁극적 목적은 개인적이기보다는 집단적인 변형 쪽에 가깝다. 개인이 깨어나면 주변 전체를 밝히는 것처럼 인류 전체에도 영향을 준다. 다시 말해 한 사람 한 사람의 깨어남이 '티쿤 올람(Tikkun Olam)', 즉 '세상의 치유'를 촉진한다. 『조하르』에서 기도의 목적은 신과의 합일에 다가가는 것만이 아니라 이 세상에 기쁨과 평화를 부르는 것이기도 하다. 이 기쁨과 평화가 세상에 '내려가' 그것에 열려 있는 모든 존재에게 퍼져 나간다.

유대교 신비주의의 한 형태가 16세기 폴란드에서 하시디 전통으로 정착되기도 했다. 하시디즘에 따르면 신은 인간 영혼을 포함한 모든 곳에 존재한다.(여기서 신은 '영혼 중의 영혼'이다.) 수면 상태에 있는 우리는 내면의 그 신과 소원해져 있다. 즉 단절과 망각 상태에서 산다. 하지만 강력한 기도, 명상, 몰두 같은 수련을 통해 그 신성의 존재를 깨울 수 있다. 이런 수련을 통해 우리는 시공간을 초월하여 신 안으로 흡수되고 나아가 우주와 하나가 된다.

기독교 전통에서 보는 깨어남

위대한 영성가 이블린 언더힐(Evelyn Underhill)은 기독교 신비주의를 설하며 깨어남의 다섯 단계를 규정했다. 그 첫 단계는 자아가 깨어나는 단계이고, 이 신비한 경험이 의식을 고양하면 세상에 스며들어 있는 신성한 에너지를 알아차리게 된다. 이렇게 한번 깨어남을 맛보게 되면 일반적인 의식 상태가 얼마나 제한적인지 통렬하게 깨닫게 되므로, 두 번째 단계인 정화 단계로 나가게 된다. 정화 단계란 자아를 거부하고 신성과 재결합하는 삶을 추구하는 것으로 일반적인 의식 상태의 한계를 초월하려고 노력하는 단계다. 그러다 보면 자연스럽게 세 번째 단계, 즉 광명의 단계에 이른다. 이 단계에서는 다시 의식이 고양되는데 이번에는 의식 상태가 더 강렬해지고 더 안정적이다. 그리고 모든 곳에 편재하는 신성의 존재를 알게 되고 내면으로부터 기쁨 혹은 엑스터시를 느끼게 된다.[8]

이 단계에서 마감하는 신비주의자들도 있지만, 언더힐에 따르면 네 번째 단계인 '영혼의 어두움 밤' 단계로 나아가는 사람들도 있다. 이것은 절망과 적막함의 단계로 당사자는 신성으로부터 버림받아, 마이스터 에크하르트의 말을 빌리자면 마치 "그와 나 사이에 벽이 세워진 것 같다."[9]고 한다. 이때 우리는 영성이 메마르고 자기 혐오감에 시달린다. 하지만 이 어두운 밤은 사실 고급 정화 단계로 영혼이 신성과의 합일을 경험하기 위해 그 자신을 온전히 비우려 애쓰는 과정이다.

이 어두운 밤의 나날에서 벗어난다면 이 수행자는 신비주의자를 위한 길 그 마지막 단계, 즉 신과의 합일 혹은 신성화 단계에 도달한다. 이때 이 사람은 (앞의 단계에서처럼) 세상 속에 있는 신을 단지 보기만 하는 것이 아니라 실제로 그와 하나가 된다. 영혼이 실체의 근본(혹은 에크하르트가 말한 삼위일체 신을 넘어선 그 배후의 신성=Godhead)과 하나가 되고 온 우주와 하나가 된다. 그곳에는 '나'로 나타나는 분리가 사라지고 온 세상이 곧 이 신비주의자가 된다.

신과의 합일은 카발라와 하시디즘뿐만 아니라 기독교 신비주의 전통에도 중요한 개념이다. 13세기 기독교 신비주의 경전 『신과의 합일(On Cleaving to God)』을 보면 심지어 용어들도 『조하르』와 같은 용어를 쓴다. 『신과의 합일』에 따르면 우리는 신을 사랑하는 것을 통해 "우리 자신을" 그에게로 "부어서" 그 속에 섞일 수 있다. 신에 대한 우리의 사랑이 우리를 신으로 바꿔 준다는 뜻이다. 마이스터 에크하르트도 사랑으로 우리가 어떻게 "신 속으로 들어가고" "신을 있는 그대로 알게" 되는지 설명했다.[10] 16세기 스페인 신비주의자 십자가의 요한도 비슷한 의미로 신과의 "영적 혼인" 상태라는 말을 썼는데 이때 우리는 "빛과 천국의 음악으로 가득한 어두운 침묵" 속에서 산다.[11]

이 기독교(그리고 유대교) 신비주의자들의 경우 하나임을 감지하는 일시적 경험에 대해서는 (물론 설명은 하지만) 그렇게 강조하지는 않는다. 그보다는 지속적이고 안정된 존재 상태로서의 깨어남을 더 강조한다. 다시 말해 힌두교의 사하자 사마디와 유사한 상태를 말하고 있는 것인데, 이 상태에서는 신성과 지속적으로 합일된 채 일상을 살아간다. 이블린 언더힐은 15세기의 성녀 제노아의 캐더린과 16세기의 성녀 아빌라의 테레사를 그 예로 드는데, 이 둘 모두 신성과 "결코 단절되지 않은 의식" 속에서 자신이 속한 사회의 일상생활도 더할 수 없이 활발하고 생산적으로 해냈다. 17세기 프랑스 신비주의자 복녀 강생의 마리아는 이런 영원한 명상 상태에 대해 다음과 같은 훌륭한 설명을 남겼다.

"내 영혼이 그 중심, 즉 신의 중심에서 살았다. (······) 읽고 쓰고 일하는 등 원하는 것은 다 할 수 있다. 그럼에도 불구하고 신은 기본적으로 항상 그곳에 있고 내 영원은 신과의 합일을 절대 끊어내지 않는다."[12]

수피즘에서 보는 깨어남

이슬람 신비주의 전통인 수피즘도 신과의 일시적 합일, 나아

2장 다양한 문화에서

가 영원한 합일을 그 목적으로 한다. 보통 '소멸'로 번역되는 파나(fana)가 일시적 깨어남을 뜻하는 수피 용어인데, 이 상태에서는 기존 정체성이 사라지고 세상과 하나가 되며 신성한 광채와 그 하나임 외에 아무것도 남지 않는다. 그렇다면 파나는 힌두교의 니르비칼파 사마디와 유사한 개념이다. 그리고 힌두교에 '지속되는 깨어남' 상태의 사하자 사마디가 있다면, 수피즘에서는 파나의 변형인 '신 안에 거주한다.'는 뜻의 바까(baqa)가 있다. 이 상태에 이른 사람은 계속 일상을 살아가지만 개인성이 신 안에 흡수되기 때문에 자신과 세상 속에서 늘 그 신의 존재를 감지한다.

바까 상태에 도달한 신비주의자는 더 이상 자신만의 의지를 갖지 않게 되지만, 그 대신 신 안에서 신을 통해 엑스터시 상태에 살게 된다. 더 이상 자신의 삶을 계획하거나 도모하지 않는다. 이는 도를 알며 살 때 자연스럽게 영위하게 되는 무위의 상태와 매우 유사하다. 삶이 신성의 힘에 의해 자연스럽고 즉흥적으로 펼쳐지는 것이다. 불교에서처럼 욕망과 야망이 절대적으로 부재하고 찬사든 무례함이든 타인의 행동에 조금도 흔들리지 않는 것이다.

수피즘도 이타주의와 집단 깨어남을 유대교 신비주의만큼 강조한다. 이것은 깨어나기 위해서는 세상을 등져 카르마를 더 이상 만들지 말아야 하고, 다시 태어나지 않아도 되면 좋다고 말하는 소승 불교와 다른 점이다. 수피즘은 카발라처럼 깨어난 사람이라면 자신이 아는 것을 남과 공유할 책임이 있고, 세상의 시공간에 나타날 책임이 있다고 말한다. 이들의 깨어남이 인류 전체의 깨어남에 공헌하기 때문이다.

영적 전통들이 말하는 깨어남 상태의 주요 특징들

수많은 사람들이 서로 다른 문화와 시간을 살아갔음에도 똑같은 통찰을 얻었다는 사실은 참으로 놀랍기 그지없다. 이들은 모두 일반적인 존재 상태, 즉 제한적이고 구속 가득한 상태를 초월하여 좀 더 확장적이고 강렬한 상태를 계발해 냈다. 수많은 서로 다른 체계나 전통들이 서로 독립적으로 일반적 수면 상태에서 벗어날 방법들을 계발해 냈다는 것도 놀랍기 그지없다. 마치 '전락' 약 3~4000년 후 무언가가 인간 의식을 집단적으로 자극한 듯하다. 다시 말해 당시 깨어나고자 하는 집단적 충동이 있었던 것 같다.(『자아폭발-타락』에서 나는 이 시기를 "첫 번째 물결"이라 불렀다.)

서로 다른 영적 전통들이 말하는 깨어남 상태에 대한 개념들(그리고 깨어남의 과정)이 너무도 유사해서 마치 그 어떤 기본적인 상태를 조금씩 다른 방식으로 해석하고 조직하는 것처럼 보인다. 앞에서 비유했던 것처럼 같은 풍경을 다른 지점들에서 보고 있는 것 같다. 예를 들어 유대교, 기독교, 수피즘이 신이나 근본 실체로 묘사하는 편재하는 영적 힘은, 도가가 도라고 말하고 힌두교가 브라흐만이라고 말하는 보편적 힘과 본질적으로 같다.(유대교 개념인 아인 소프는 사실상 힌두교의 브라만흐만과 동일하다.) 이 세상에 편재하는 영적인 힘은 앞 장에서 살펴본 원주민 문화들에서 보여지는 영적인 힘과 기본적으로 같다.

하지만 각각의 전통들이 이 영적인 힘을 떠올리는 구체적인 모습들에는 약간의 차이가 있다. 예를 들어 도가는 우리가 맞춰 살아가야 하는 흐르는 힘으로 역동적으로 설명하는 반면, 힌두교가 말하는 브라흐만은 좀 더 정적이고 중립적이다. 그 힘과 함께 조화롭게 살아가기보다 그것과의 합일을 목표로 삼는다. 하지만 전반적으로 보면 그 유사함이 차이점보다 놀랍도록 더 크다. 모든 전통에서 이 힘은 모든 공간에서 모든 것 사이에 퍼져 있는 것으로 묘사된다. 세상의 모든 현상에 기저를 이루고 있기에, 세상의 현상이 그것으로부터 나오고 그것의 현현인 것처럼 보인다. 이 영적인 힘이 모든 것을 하나로 묶고 하나로 만든다. 이 힘들은 또 하나같이 (베단타 전통의 사치타난다, 즉 존재—의식—지복처럼) 광채와 축복의 성질을 갖고 있다. 『우파니샤드』와 『바가바드기타』에서 브라흐만은 종종 태양에 비유된다. 예를 들어 『바가바드기타』는 "지고한 신(Supreme Spirit)의 그 화려한 광채는 하늘에 갑자기 천 개의 태양이 떠오르는 것과 같다."[13]고 말한다. '조하르'가 '화려함' 혹은 '광채'로 번역됨은 이미 말한 바 있다. 그리고 『조하르』에서도 실제로 우주가 반투명의 빛으로 되어 있다고 설명한다. 기독교 신비주의에서 말하는 "내면의 빛"이나 힌두교에서 말하는 "아트만의 빛"에서도 알 수 있듯이 이 광채는 깨어난 내면 자아의 특징이기도 하다. 우주의 본질이 바로 우리 존재의 본질이므로 이것은 물론 당연한 이치다. (흥미롭게도 깨어난 사람들은 빛을 방출한다. 그들은 밝은 기운을 방출하는데 이것은 다른 사람들도 감지하고 흡수할 수 있다. 깨어난 사람을 만나 본 많은 사람이 그런 빛에 대해 보고했다. 예를 들어 영국의 시인이자 작가인 에드워드 카펜터Edward Carpenter도 깨어난 시인 월트 휘트먼을 방문했을 때 그를 보자마자 즉시 "그 안에 존재하는 어떤 빛나는 힘, 태양 같은 거대하고 자비로운 빛의 방출과 포용성"[14]을 느꼈다고 했다. 마찬가지로 인도의 성자 라마나 마하리시를 만난 영국의 영성 철학자 폴 브런튼Paul Brunton도 "이 신비하고 조금의 동요도 없는 남자로부터 텔레파시 같은 광채가 파문을 이루며 번져 나왔다."[15]라고 했다.)

영적인 힘과 마찬가지로 영적 전통들은 깨어남에 대해서도 조금씩 서로 다른 방식으로 보고 (사하자 사마디, 열반, 명, 데베쿠트, 신과의 합일, 바까 등) 본질적으로 같은 상태를 조금씩 다르게 해석한다. 하지만 그렇게 강조점은 서로 조금씩 달라도 같은 내용이 거듭됨을 볼 수 있다. 그리고 서로 다른 전통들 모두에서 거듭되는 내용이라면, 깨어난 상태 그 자체에 대한 해석이 이루어지기 전의 특징을 말하는 것이라고 볼 수 있다. 다시 풍경의 비유로 돌아가 보자. 각자 다른 전망대에서 본 어떤 호수에 대한 묘사가 모두 같다면, 그 설명이 그 호수가 가진 진짜 특징이라고 가정할 수 있다. 어떤 산이 자주색이라고 말한 사람이 한 사람뿐이라면 그 말을 의심할 수 있겠지만, 모두가 그렇다고 말하면 그 말을 믿어도 될 것이다.

그렇다면 영적 전통들이 공통적으로 말하는 깨어남 상태의 주요 특징들로는 어떤 것이 있을까?

가장 중요한 특징 혹은 주제는 **합일**이다. 깨어났다는 말은 곧 분리를 넘어 연결되고 합일되는 상태에 이르렀다는 뜻이다. 그것이 브라흐만이든 도든 신이든, 중요한 것은 우주의 영적인 본질과 연결된다는 점이다. 그리고 이때 우리 가장 깊은 곳과도 연결된다. 우주의 본질은 곧 우리 자신의 본질이기도 하니까.

이 연결(영적 본질 및 우리 자신과의 연결)에 가장 큰 장애는 우리의 에고다. 에고는 그 모든 욕망, 야망, 집착으로 우리를 강하게 압도한다. 우리는 에고라는 우리만의 정신적 공간, 그 경계 안에 갇혀 세상과 분리되어 있다. 그러므로 우리는 이 에고를 약화시키고 그 강한 경계선을 무너뜨려 분리를 극복하고 영성과 연결되어야 한다.(전통적으로 이 과정을 자기 소멸 혹은 자기 무화라고 한다.) 자석처럼 우리를 끌어당기는 그 편협한 자아의 정체성에서 벗어나 넓고 더 깊은 존재의 일부가 되어야 한다.

모든 영적 전통이 강조하는 깨어남 상태 그 두 번째 중요한 특징은 **내면의 고요함 혹은 텅 빔 상태**다. 깨어난 사람은 머릿속 정신없는 수다를 듣지 않아도 되고 격동하는 감정과 욕망의 공격을 받지 않아도 된다. 내면이 평온하고, 순수해진 의식은 고요한 호수처럼 잔잔하게 흘러간다.

사실 내면의 고요함을 계발하는 것이 깨어남 과정에 필수라는 데 모든 전통들이 동의한다. 깨어나고 싶다면 마음을 느긋하고 고요하게 하고, 의식을 흐리게 하는 생각과 감정의 층들을 벗겨 내는 연습을 해야 한다. 그런 의미에서 정기적으로 명상을 하는 것이 무엇보다 중요하다. 명상을 통해 우리의 생각이 우리가 아님을 깨닫고 생각 너머, 우리 존재의 더 깊고 넓은 층들과 접촉할 수 있다. 마이스터 에크하르트는 우리를 괴롭히는 것이 "마음속 생각의 폭풍"이라고 했고, "신이 우리 영혼에 말을 걸려면 그 영혼이 평화롭고 평안해야 한다."[16]고 했다. 마찬가지로 『마이트리 우파니샤드』도 "마음이 고요할 때 (……) 마음 그 훨씬 너머의 세계, 그 가장 높은 끝으로 들어갈 수 있다."[17]고 했다.

모든 전통들이 말하는 깨어남 상태의 세 번째 특징은 **자족감**(self-sufficiency)이다. 깨어난 사람은 세속적 성공, 소유, 야망에 관심이 없고 비난, 모욕, 칭찬에 흔들리지 않는다. 타인의 인정도 필요 없다. 이미 그 자체로 온전하다고 느끼기 때문에 성공, 지위, 부 등을 추가할 필요가 없다. 이 점을 불교의 『반야심경』은 다음과 같이 분명히 밝히고 있다. "깨달은 사람은 개인적 성취에 무관심하고 자기 정당화를 할 필요가 없기 때문에 모욕을 느끼거나 화를 낼 일이 없다."[18] 『바가바드기타』도 깨어난 사람이라면 "기쁠 때나 슬플 때나 한결같고 금과 돌과 흙을 똑같이 보고 칭찬을 듣든 비난을 듣든 늘 평화롭다."[19]라고 말한다.

　다른 사람들이 자신에 대해 어떻게 생각하는지 개의치 않는다고 해서, 다른 사람들의 생각을 무시한다는 것은 아니다. 오히려 이들은 자기 이익을 추구하지 않고 모두가 하나라고 느끼기 때문에 수준 높은 **이타심과 자비심**을 보여 주는데, 이것이 모든 전통이 말하는 깨어남 상태의 네 번째 특징이기도 하다. 우주의 본질과 그 자신의 본질에 동시에 연결되어 있기에 깨어난 사람은 다른 인간 존재와도 강하게 연결되어 있다고 느낀다. 따라서 공감 능력이 좋고 남을 이해할 줄 안다. 다른 사람의 고통, 좌절, 괴로움을 쉽게 감지하므로 그들의 고통을 줄이고 정신 계발을 돕고자 하는 이타주의적 충동이 일어난다. 자신만의 야망이나 욕망이 더 이상 중요하지 않기에 다른 사람에게 봉사하고 자비와 친절을 베풀고자 하는 마음이 크다. 이런 이타주의 정신을 7세기 불교 승려 샨티데바는 이렇게 천명했다. "모든 살아 있는 존재가 깨달음으로 향해 나아갈 수 있게 그들의 고통을 없애고 싶다. (……) 다른 존재의 안녕을 걱정하는 것이 그 어떤 의례 의식보다 나에게 이롭다."[20]

　이런 연민의 태도가 나오는 것은 모든 존재에 영성이 스며 있고, 따라서 모든 존재가 곧 자신임을 기본적으로 잘 알고 있기 때문이다. 그러므로 다른 사람이 고통받으면 나도 고통받는다. 16세기 유대교 신비주의자 모세 코르도베로(Moses Cordovero)도 이렇게 말했다. "누구의 죄든 그것은 그 사람만이 아니라 다른 사람들 안에 들어 있는 그의 부분에도 상처를 낸다." 그러므로 "다른 사람들이 실제로는 곧 나이므로"[21] 다른 사람을 사랑해야 한다.

영적 전통들이 말하는 깨어남 상태의 특징 그 다섯 번째는 첫 번째 특징인 합일에서 파생된 것으로, **개인적 방편**(수단과 방법)**을 포기**하는 것이다. 다시 말해 깨어나면 자신만의 삶, 야망이나 계획을 추구해야 한다는 생각이 들지 않는다. 대신에 자신보다 더 큰 무언가를 드러내는 삶을 살게 된다. 그 더 큰 힘이 우리 삶을 통해 흐르게 된다. 이것을 도가에서는 무위의 삶이라고 한다. 도가 우리의 천성임을 알고 우리가 하는 모든 일이 그 도의 자연스러운 표현이 되는 삶이다. 유일신 종교 내 신비주의자들은 개인적인 의지를 포기하고 신에 의한 삶을 살아가므로, 신이 그들을 통해 살아갈 수 있다. 예를 들어 카발라에서는 개인의 의지가, 세상에 퍼져 있고 세상을 초월하는 아인 소프(무한, 끝없음), 그 신성의 원칙과 하나가 될 때까지 "거듭 향상되어야만 한다."고 말한다. 개인적인 의지가 신의 의지와 하나가 될 때, 우리는 신의 의지를 드러내는 에이전트가 된다. 이때 변형을 부르는 강력한 에너지가 우리를 통해 흘러나오기 시작하고 그것이 세상을 치유할 수 있다.

마지막으로 깨어남 상태에 대한 분명하면서도, 어떤 의미에서 매우 당연한 특징들이 두 개 더 있다. 첫째, 깨어날 때 **세상에 대한 더 강렬하고 온전한 이해**가 가능해진다. 일반 의식 상태에서 우리가 인식하는 세상은 실재의 제한적인 그림자일 뿐이다. 그리스 철학자 플라톤이 말했듯 우리는 동굴 속에 앉아 진짜 세상은 등진 채 동굴 벽에 비친 그 그림자만 응시하고 있을 뿐이다. 그림자 세상은 의미 없고 지루하지만, 진짜 세상은 의미와 조화로 빛난다. 분리가 아닌 합일된 세상이 진짜 세상이다. 인도 베단타 철학에서는 마야(maya, 환영)가 벗겨질 때, 이원성과 분리의 환영이 가득한 세상 바로 그 자리에 합일된 세상이 그 모습을 드러낸다고 한다. 11세기 수피 신비주의자 알 가잘리(Al-Ghazali)에 따르면 그것은 "꿈에서 깨어난 것과 같다. 이 상태와 비교하면 일상 의식 상태는 꿈을 꾸는 상태와 같다!"22

깨어남 상태에 대한 마지막이자 어쩌면 당연한 특성으로, 영적 전통들은 **깊은 행복감**을 말한다. 깨어난다는 것은 불안과 두려움에서 벗어난다는 뜻이고, 더할 수 없는 평온함과 축복을 느끼는 것임에 모든 전통들이 동의하고 있다. 불교에서 보리(bodhi)란 고통의 끝을 뜻한다. 도가에서 명(ming)이란 즉흥적이고 편안한 무위의 삶을 의미한다. 인도 베단타 철학에서 환희(bliss)란 사치타난다(존재─의식─지복) 같은 우리 본래 의식의 성질 중의 하나다. 브라흐만의 본질은 기쁨이다. "브라흐만은 기쁨이다. 기쁨으로부터 모든 존재가 나왔기 때문이고, 기쁨에 의해 살아가기 때문이고, 기쁨으로 모두 돌아갈 것이기 때문이다."23 그러므로 자아를 깨닫는다는 것은 직역하면 깨어서 축복 상태로 들어가는 것이다. 유대교의 데베쿠트와 수피즘의 바까도 기쁨과 행복의 상태를 뜻한다.

영원의 심리학

영적 전통들 사이에 이렇게나 유사점이 많다는 것은 대단히 흥미로운 일이다. 모든 종교들이 수많은 분파와 갈등을 낳아 왔다는 점을 고려하면 더욱 그렇다. 유대교, 이슬람교, 기독교, 불교, 힌두교의 신비주의자들은 각자가 속한 종교보다 다른 종교의 신비주의자들과 공통점을 더 많이 느낀다.(나의 절친이기도 한 기독교 사제도 자신은 뼛속까지 기독교도인 사람보다 불교 스님들과 대화할 때 훨씬 더 편하다고 말한다.) 신비주의자들은 모든 전통을 막론하고 깨어나고자 하는 공통의 목표를 갖고 있다. 반면 모든 주류 종교인의 목적은 위로와 심리적 위안을 제공하고 받는 것이다. 의학적으로 말하면 신비주의자들은 치유하려 하고(즉 수면 상태에서 벗어나려 하고), 주류 종교인들은 증상만 완화하려 한다.

깨어난 상태에 대한 설명들은 임사 체험 상태에 대한 설명들과 비슷하다. (심장 마비 같은) 의학적 위급 상황에서 잠시 '죽음'을 체험하는 사람들이 있다. 이 사람들은 몸과 뇌는 죽은 상태지만 의식은 또렷하게 살아 있음을 경험한다. 그리고 몸에서 영혼이 빠져나가거나, 어둠에서 빛으로 나가거나, '현명한' 존재 혹은 죽은 가족을 만나는 등의 경험을 한다. 그런데 그 경험들은 문화에 따라 조금씩 다른 방식으로 드러난다. 예를 들어 힌두 문화권 사람의 경우 임사 체험 시 크리슈나 신을 만났다고 하기도 하고, 기독교도의 경우 천국으로 가 예수를 만났다고 하기도 한다.

깨어남 상태도 마찬가지다. 깨어난 사람이 어떤 영적·종교적 전통에서 살아왔느냐에 따라 깨어남 상태도 조금씩 다르게 해석된다. 세계 영적 전통들(종교들)의 공통점들을 설명하며 "영원의 철학(perennial philosophy)"이라는 말을 쓰기도 한다. 그런데 어쩌면 (철학자 켄 윌버Ken Wilber가 제안하듯) "영원의 심리학(perennial psychology)"이 더 적합하지 않을까. 결국 깨어남 상태는 (철학이라는 단어가 시사하듯) 세상에 대한 사고방식이라기보다는 세상에 대한 경험 방식에 가까우니까 말이다. 깨어남 상태는 모든 문화의 인간 존재가 경험해 왔고 이론상 모든 인간 존재가 경험할 수 있는 그 어떤 존재 상태다.[24]

지금까지 서로 다른 영적 전통들이 말하는 깨어남 상태의 주요 특징들을 살펴보았는데, 이것으로 깨어나면 드러나는 주요 심리적 양상들이 어느 정도 분명해졌기를 바란다. 이 양상들을 다음 장들에서 살펴볼, 영적 전통에서 벗어난 일반적인 깨어남 상태의 특징들과 비교해 보는 것도 매우 흥미로울 것이다. 결국은 본질적으로 같은 경험임을 알게 될 테니까 말이다.

하지만 그 전에 먼저 깨어남의 과정과 어떻게 깨어나게 되는지부터 살펴보려 한다.

자연적 깨어남

깨어난 예술가

사람들은 크게 세 가지 방식으로 깨어난다. 첫째, 일상에서 자연스럽게 깨어난다. 둘째, 오랜 시간 단계적으로 깨어난다. 이 경우는 꾸준한 영적 수련의 결과로서 일어난다. 예를 들어 불교 스님이나 기독교 사제들은 계율, 명상, 묵언수행, 은거 등을 통해 점진적으로 깨어날 수 있다. 특정 전통을 따르지 않아도 하루에 두 번 명상과 요가를 꾸준히 하는 사람도 점진적으로 깨어날 수 있다. 셋째, 돌연 극적으로 깨어난다. 보통 심리적 격변이 심할 때 극적으로 깨어난다.

　　이어지는 두 장에서는 이 세 가지 방식 중 그 첫 번째, 자연적 깨어남에 대해 살펴보려 한다. 하지만 그 전에 사람이 깨어날 때 정확하게 어떤 일이 일어나는지부터 분명히 알아야 할 것이다. 수면 상태에서 깨어남 상태로 전환되는 과정에서 구체적으로 보통 어떤 일이 일어날까?

깨어난 상태의 자아 체계

깨어남 과정을 이해하기 위해 중요하게 알아야 할 것이 하나 있다. 바로 *자아 체계(self-system)*다. 자아 체계란 크게 보면 마음/정신(mind)과 같은 개념이다. 이 자아 체계가 우리가 생각하는 우리 자신을 구성하고 만들어 낸다. 다시 말해 이 자아 체계에 기억, 믿음, 개념, 자세, 집착 등으로 이루어지는 우리의 정체성이 들어 있다. 집중, 정보 처리, 인식과 같은 심리적 기능들을 전담하는 것도 바로 이 자아 체계다.

이 자아 체계는 우리 존재의 한 측면일 뿐 우리 존재 자체는 아니다. 자아 체계는 우리 영혼/본질의 열려 있는 공간 그 내부에서 살아간다. 그리고 우리의 영혼/본질은 우주의 영혼/본질/실체가 유입된 것이다. 인도『우파니샤드』용어를 빌리면 우리의 이 영혼/본질이 바로 아트만, 즉 편재하는 영적 에너지 브라흐만에서 나온 개인적인 영적 자아다. 이 영혼/자아는 빛나는 지복 상태에 있고, 우리는 자아 체계가 둔화되고 그 경계가 풀리는 고요의 순간 그것을 경험할 수 있다.

하지만 우리 자아 체계는 보통 그 경계를 강하게 유지한다. 마치 성벽에 둘러싸여 스스로 자급자족하고 있는(있다고 믿는) 도시처럼, 우리 존재의 나머지(그리고 우리 바깥의 우주)로부터 격리되어 있다. 이 자아 체계 속 가장 두드러지는 요소가 바로 에고다. 에고는 우리 정체성의 중심이고 우리 개인성을 대변하는, 자아의 두뇌 부분에 해당한다. 이 에고가 생각의 끝없는 연상 작용을 야기한다. 에고는 강력하고 활발하기 때문에 자아 체계 내 에너지를 대거 소모한다. 심지어 우리 존재 전체의 에너지를 끌어다 쓰기도 한다.

1장에서 살펴본 수면 상태의 그 모든 특징들, 즉 단절, 결핍, 불만, 불화, 자동 인식, 편협하고 자기중심적인 관점, 물질적이고 이기적인 가치 추구 등을 만들어 내는 것이 바로 이 높은 성벽을 쌓고 머릿속 수다를 주관하는 자아 체계다.

깨어남 상태도 일종의 자아 체계를 갖는데, 이는 수면 상태의 자아 체계와 매우 다르다. 깨어남 상태에서 자아 체계는 좀 더 미세하며 나대지 않는다. 벽이 매우 낮고 투명하다.(아예 없을 때도 있다.) 그래서 이 자아 체계는 우리 존재의 나머지와 분리되어 있지 않다. 도시에 대한 비유로 돌아가 보자면, 자연과 매우 잘 통합되어 있는 친환경 도시와 같아서, 어디서 그 도시가 끝나고 어디서 자연이 시작되는지 알 수 없다. 그 결과 이 자아 체계는 항상 우리 나머지 더 큰 존재로부터 오는 에너지로 꽉 차 있다. 그 빛나는 영적 에너지가 (그것이 자연스럽게 포함하는 행복의 느낌과 함께) 자연 속 신선한 공기처럼 우리 존재에 퍼져 나가므로 우리는 늘 활기에 넘친다.

깨어남 상태의 자아 체계도 정체성을 갖고 있고, 중심 두뇌 부분도 갖고 있다. 하지만 이것들도 수면 상태와 달리 매우 온화하고 두드러지지 않으며 덜 활동적이다. 끝없이 조잘대는 일도 없고, 에너지를 써 버리지도 않는다. 다시 도시의 비유로 돌아가자면, 수면 상태에서 자아 체계의 에고는 도시의 중심에 어마어마한 궁전과 정부 청사를 가진 황제 같다. 이 에고 황제는 반은 미치광이라서 항상 들떠 있고 혼잣말을 한다. 그리고 백성들에게 돌아가야 할 자원과 부를 갈취한다. 그러나 깨어남 상태에서 자아 체계에는 황제는 없고 행정가/실행가만 있다. 이 행정가는 권력 행사 없이 자기 할 일만 묵묵히 한다.

그러므로 깨어남이란 정상적인 자아 체계에서는 감지하기 어려운 미세하고 가변적인 자아 체계(너무 미세하고 가변적이라 종종 깨어나면 자아가 완전히 사라진다는 오해를 사기도 한다.)로의 전환을 뜻한다.

앞에서 깨어나는 데에는 크게 세 가지 방식이 있다고 했는데, 자아 체계의 전환도 그 각각의 방식에 따라서 다르게 이루어진다. 영적 수행법이나 특정한 길을 따라가며 점진적으로 깨어날 경우, 기존 자아 체계의 강한 장벽과 강력한 에고가 천천히 사라지고 그 자리에 새로운 자아 체계가 조금씩 들어선다. 하지만 앞으로 보게 될 테지만, 때로는 그런 자아 체계의 전환이 갑자기 극적으로 일어나기도 한다. 보통은 심리적 격동의 시기를 심하게 겪을 경우 기존의 자아 체계가 갑자기 무너지고 마치 애벌레가 나비가 되듯 그 자리에 새로운 자아가 등장한다.

그리고 마지막으로 아주 소수지만 점진적인 전환도 갑작스런 전환도 없이 깨달은 사람들이 있다. 이들에게는 깨어난 자아 체계가 처음부터 일상이고 자연스럽다. 이런 사람들부터 먼저 살펴보자.

자연적인 깨어남

수면 상태는 대부분의 사람에게 정상 상태다. 어린아이들의 경우 깨어남 상태의 특징들을 일부 자연스럽게 보여 주기는 하지만(이 점은 뒤에 다시 살펴볼 것이다.) 성인이 되면 대부분 제한적인 존재 상태, 즉 덜 강렬한 인식 상태로 들어간다. 수면 상태를 직감하고 깨어나고 싶은 충동을 느낀다면(즉 더 강렬하고 더 확장된 알아차림을 원한다면) 노력을 해야 한다. 수면 상태를 유발하는 과정들과 심리적 구조를 되돌리며 깨어남을 촉진하는 수행을 하고 생활 습관을 따라야 한다. 그런데 소수지만 결코 잠든 적이 없기에 깨어날 필요도 없는 사람들이 있다.

깨어난 사람들 중에 자연스럽게 깨어난 경우가 가장 드문 편이다. 어떤 사건이 있었던 것도, 특정 수련을 했던 것도 아닌데 그냥 깨어난 것이다. 다른 사람들처럼 이들도 유년기에서 성년으로 접어들면서 심리적 변화를 겪지만 그 과정이 남다르다. 이들은 앞에서 설명했던 분리와 개인성이 두드러지지 않고, 벽이 없거나 있다고 해도 매우 낮고 유연한 자아 체계를 계발한다. 그 결과 세상 및 다른 존재들과 상호 연결되어 있음을 감지한다. 생각은 하지만 생각 과정이 들쑥날쑥하지 않고 혼란스럽지도 않다. 다른 사람들보다 마음이 고요하고, 생각에 빠져들지도 않고, 자기 생각이 자기 자신이라고 믿지도 않는다. 이들은 생각하는 마음과 일상의 긍정적이고 부정적인 모든 사건들에 휘둘리지 않은 채 안정적으로 그 모든 것들을 지켜보는 어떤 존재를 감지하고, 그 존재가 진정한 자신이라고 생각한다. 월트 휘트먼은 이렇게 말했다. "일상의 게임 그 안과 밖 (……) 그 번거로움을 멀찍이 서서 보고 놀라워하는 내가 있다."[1]

자연적으로 깨어난 사람들은 대부분 우리가 성인이 되면서 갖게 되는 자동적이고 익숙한 인식 능력을 계발하지 않는 듯하다. 그들의 약한 에고 센터가 에너지를 덜 소비하기 때문에 에너지를 보존하기 위해 인식을 자동적으로 할 필요도 없는 것이다. 그러므로 이들은 유년기의 생생하고 신선한 인식 능력을 그대로 보존한다. 이들에게 세상은 여전히 아름답고 강력한 존재이고, 삶은 여전히 경이롭고 놀랍기 그지없다.

그렇다고 이들을 그냥 아이 상태로 남은 어른으로 보아서는 안 된다. 보통 다른 성인들처럼 논리적·추상적 사고가 가능하고 심리적으로 성숙하기 때문이다. 또 주의 집중과 분산이 가능하고, 자기중심적이거나 비이성적인 욕망을 통제하거나 무시할 수 있고, 일을 계획하고 조직할 수 있으며, 때로는 결단도 내리는 등 다른 성인들과 같은 능력을 보유한다. 다른 사람들이 그런 성인의 능력을 계발하며 유년기에 가졌던 합일의 느낌과 고양된 알아차림 능력을 잃어버린 반면, 이들은 그런 어린아이의 깨어남 상태도 그대로 보존한다.

깨어난 예술가

자연스럽게 깨어난 사람들은 대부분 영적 분야에서 두각을 나타내지 않는다. 다시 말해, 보통 영적 지도자가 되지는 않는다. 자신의 특별한 상태를 이해하려고 여러 가르침들을 연구해 자신이 깨어난 사람임을 알게 된다면, 자신의 경험과 심오하게 공명하는 영적 가르침이나 전통에 친밀함을 느낄 수는 있다. 하지만 보통은 구체적인 영적인 길을 따르거나 특정 전통에 소속되지는 않는다. 최소한 초기에는, 영적 전통들에 대해 전혀 모르는 경우도 많다.

깨어난 사람이 이렇듯 영적 전통들과 소원하다는 것이 이상하게 들릴 수 있지만, 원래 영적 전통들의 주요 목적이 영적 깨어남을 촉진하는 것이다. 이미 깨어났다면 굳이 그 길을 따를 필요는 없다. 붓다는 뗏목의 비유에서 이 점을 잘 설파했다. 붓다는 묻는다. "뗏목을 타고 호수 건너편에 도달했는데도 뗏목을 머리에 이고 계속 걸어가야겠는가?" 당연히 그럴 필요는 없다. 뗏목은 호숫가에 두고 갈 것이다. 일단 깨어났다면 붓다의 가르침도 더 이상 필요하지 않다. 같은 의미에서 자연스럽게 깨어난 사람도 깨어남을 돕는 영적 수행법이 필요 없다.

자연스럽게 깨어난 사람은 영적 지도자보다는 창조적인 예술가가 되기 쉽다. 영적 깨어남과 창조 활동, 특히 시와 그림은 서로 밀접한 관계가 있다. 그러니까 깨어난 상태를 표현하는 데에는 시적 혹은 시각적 방식이 적합한 것이다. 내가 전에도 (나의 시집 『의미 *The Meaning*』의 후기에서) 말한 적이 있지만 시는 영적 경험의 날숨 같은 것이다. 깨어난 사람은 자신의 통찰을 표현하고 자신의 경험을 묘사하고 싶은 충동을 느끼는데, 그럴 때면 종종 시의 형태를 빌린다. 반드시 시일 필요는 없지만 글 자체가 시적이 된다. 산문은 깨어난 상태를 묘사하기에는 너무 제한적이고 일상적이다. 결국 일상 언어는 주체와 객체, 서로 다른 시제와 같은 이원성에 기초하고, 그 모든 것이 깨어남 상태에서는 중요하지 않을 뿐만 아니라 심지어 망상이 된다. 하지만 시는 그런 한계에서 비교적 자유롭다. 시는 유연하고 암시적이므로 정상 의식 너머에서 일어나는 통찰과 경험을 전달할 수 있다. 『우파니샤드』, 『바가바드기타』, 『도덕경』과 같은 세상에서 가장 위대한 경전들이 대부분 운문으로 쓰인 것이 바로 그러한 이유다.

그러므로 먼저 문학 분야에서 자연스럽게 깨어난 사람 두 명의 예를 들어 보려 한다.

월트 휘트먼

내가 알기로 캐나다인 정신과 의사 리처드 M. 버크(Richard M. Bucke)가 깨어남 상태를 심리학적으로 연구한 최초의 학자다. 리처드 버크는 그 연구를 1901년에 『우주적 의식: 인간 정신 진화에 대한 연구(*Cosmic Consciousness: A Study in the Evolution of the Human Mind*)』라는 책으로 발표했다. 이 책에서 버크는 깨달았다는 붓다, 모세, 예수, 단테 같은 역사적 인물들과 18세기 스웨덴 철학자 에마누엘 스베덴보리(Emanuel Swedenborg) 외 자신이 개인적으로 깨달았다고 믿었던 동시대 사람들 36명을 소개했다. 그리고 우주적 의식의 주요 특징들이 기쁨, 삶의 의미와 목적을 깨달음, 생생하게 살아 있는 우주 및 불사의 감지, 죽음에 대한 두려움이 사라짐, 죄 개념의 부재 등이라고 규정했다. 또 빛도 강조했다. 버크에 따르면, 우주적 의식이란 "불꽃 혹은 장밋빛 구름 속으로 함몰해 들어가는" 경험으로 묘사될 수 있다. 아니면 "마음이 그런 구름 혹은 연무로 가득 찬 느낌"[2]이라고 한다.

버크는 우주적 의식에도 붓다가 말한 해탈의 수준들이나 이블

3장 자연적 깨어남

깨어난 예술가

린 언더힐이 말한 신비주의 길의 단계들처럼 여러 단계가 있다고 했다.(나 또한 깨어남에는 여러 단계가 있다고 생각한다.) 우주적으로 의식적인 삶을 산 사람들 중에는 "보통의 인간성 그 훨씬 너머로 올라간 사람"도 있고 그 훨씬 너머로 나아가 거의 "신"이 된 사람도 있다.[3] 버크는 우주적 의식으로 깨어날 때 처음에는 약간의 혼란이 일어날 수 있음도 잘 인지했다. 그런 새로운 상태를 이해하기 힘들어 자신이 뭔가 착각하고 있는 건 아닌가, 심지어 미친 건 아닌가 생각할 수 있다. 하지만 버크는 그런 의심 기간이 단지 일시적이라고 했다. 그 새로운 상태가 이전에 몰랐던 진리를 대거 알려 주기 때문이다. 이들은 이제 더 확장된 세상을 더 강렬하게 알아차리게 된다. 그림자처럼 왜곡된 세상이 아니라 진짜 세상을 보게 되는 것이다.

흥미롭게도 버크는 기존의 영적 전통들이 언급하지 않은 특징들을 몇 개 더 추가했다. 예를 들어 삼사십 대에 우주적 의식이 시작되므로 깨어남에는 나이가 중요한 요소라고 믿었다. 그리고 우주적 의식은 여자보다 남자에게 더 잘 일어난다고 믿었는데, 이는 논란의 소지가 많고 실은 잘못된 생각이다. 그는 우주적 의식이 "매력이 강한 사람을 만든다."고도 했고, "외모에 변화나 변신"을 부른다고도 했다.[4]

버크는 두 가지 이유에서 우주적 의식에 매료되었다. 첫째, 그 자신이 35세에 강력한 일시적 깨어남을 경험했다. 그날 저녁, 시강독 모임 후 마차를 타고 집으로 오던 중이었는데, 그의 말을 그대로 전하면 "미칠 것 같은 기쁨이 몰아쳤고, 동시에 혹은 그 즉시 설명 불가한 지적인 깨달음이 있었으며" 바로 그때 "우주가 물질이 아니라 살아 있음을, 인간의 영혼이 불사(不死)함을" 깨달았다고 한다.5

둘째, 버크는 미국 시인 월트 휘트먼에 고무되어 있었다. 그의 시를 무척 좋아했고, 후에는 그를 직접 만나 강한 영향을 받기도 했다. 버크는 휘트먼을 우주적 의식의 한 예로 자신의 책에 포함시켰을 뿐만 아니라 그를 "우주적 의식의 가장 큰 예"라며 칭송했다.(그러니까 붓다, 모세, 예수 위에 휘트먼을 앉힌 셈) 버크에 따르면 휘트먼은 그 자신의 신비한 의식을 일상 인격에 그 어떤 압도나 "압제 없이" 잘 통합할 수 있었다.6 다른 수도승이나 은둔자들처럼 속세를 떠나 모든 집착을 끊고 살지 않고, 온전히 보통의 방식으로 보통의 사람들과 일상적으로 교류할 수 있었다는 뜻이다.

휘트먼의 초년기는 잘 알려져 있지 않으므로 그가 정확히 언제 깨어났는지는 알 수 없다. 깨어남을 야기했을 특정 사건들도 없었던 것으로 추정된다. 앞으로 보게 되겠지만 갑자기 깨어날 경우 보통은 심리적 격변의 시기를 겪은 것이 그 원인인 경우가 많은데, 휘트먼이 초년기에 그런 시기를 겪었다는 증거는 없다. 그렇다고 오랜 시간 꾸준히 수련해서 혹은 특정 영적 전통을 따라서 깨어난 것 같지도 않다. 젊은 휘트먼이 살았던 당시의 미국에서는 동양의 영적 전통이나 수행법들이 거의 알려져 있지 않았다. 휘트먼은 1819년에 태어났다. 말년에는 인도 철학에 심취하기도 했지만 그 지식이 넓거나 깊었던 것은 아니다.(동시대를 살았던 헨리 데이비드 소로 우가 휘트먼의 시 「풀잎Leaves of Grass」에 감명을 받고 "동양적으로 아름답다." 고 말한 바 있다. 그래서 소로우는 휘트먼에게 동양 서적들을 읽었냐고 물었는데, 휘트먼은 "아니요. 한 수 가르쳐 주시죠."라고 했다.7)

휘트먼의 깨어남은 완전히 자생적이고 즉흥적이었으며, 그에 게는 더할 수 없이 자연스러운 상태였다고 봐야 할 것 같다.

휘트먼은 고양된 알아차림 속에서 살았다. 그에게 세상은 놀 랍도록 실재했으며 아름답고 매력적인 곳이었다. 다음은 버크의 말이다

"휘트먼은 혼자 느긋느긋 야외를 걷는 일을 제일 좋아한다. 걸 으면서 잔디도 보고, 나무도 보고, 꽃도 본다. 빛의 움직임과 변화 무쌍한 하늘도 관찰하고, 새소리, 귀뚜라미 소리, 청개구리 소리도 듣는다. 그리고 그 외의 수백 가지 자연의 소리를 듣는다. 이런 일 이 그에게는 다른 보통 사람들보다 백만 배 더 큰 기쁨을 주었다."8

그런 뛰어난 알아차림 능력으로 휘트먼은 생생하게 살아 있는 세상의 신성함을 감지했다. 모든 물질과 생명체에 퍼져 있는 영적 인 힘과 그 빛과 그 조화로움도 감지했다. 그에게는 자신의 존재와 몸을 포함한 온 세상이 신성했다. 「나 자신의 노래(Song of Myself)」 에서 휘트먼은 이렇게 썼다.

나는 안과 밖이 신성하다, 난 내가 닿는 것은 무엇이든지 신성하
게 만들고……

(……)

나는 24시간, 매시간, 매 순간 신을 본다.
남자와 여자의 얼굴에서, 거울 속 내 얼굴에서 신을 본다.[9]

　알아차림 능력이 고양될 때 모든 것이 생생하게 살아 있음을
강하게 감지하게 되고, 그럼 무엇보다 바로 지금 이 순간을 집약
적으로 살게 된다. 순간의 경험, 즉 주변에 대한 알아차림과 인식
및 감각 모두가 매우 강력해지기 때문에 그것들에 온통 집중할 수
밖에 없다. 존재하는 것은 현재뿐이며, 오직 현재에만 살 수 있음
을 깨달을 때 과거와 미래는 전혀 중요하지 않게 된다. 그 결과 시
간이라는 개념 전체가 무의미해진다. 이제 삶은 더 이상 앞과 뒤가
있는 길이 아니다. 대신에 순서도 이동도 없는 널찍한 파노라마 전
경이 된다. 휘트먼의 말을 빌리면 "과거와 현재가 시들어 버렸다—
나는 그것들을 채웠다가 비웠다."[10] 그리고 휘트먼은 현재 순간을
자신이 얼마나 강렬하게 경험하는지 묘사한다.

　말하기 좋아하는 사람들이 시작과 끝을 말하는 소리를 듣는다.
하지만 나는 시작과 끝을 말하지 않는다.
지금 있는 것 이상의 시작은 결코 없었고,

지금 있는 것 이상의 젊음이나 늙음도 없었다.

지금 있는 것 이상의 완벽함은 결코 없을 것이며,

지금 있는 것 이상의 천국도 지옥도 없다.[11]

휘트먼은 모든 것에 영적인 힘이 스며 있음을 알았고 그것은 그 어떤 분리된 독립적 현상이 없었음을 의미한다. 휘트먼에게는 모든 것이 더 큰 합일체의 일부였다. 예를 들어 그의 시 「밤의 해변에서 혼자(On the Beach at Night, Alone)」하나만 보아도 그가 모든 것을 "광활한 닮음(vast similitude)"의 일부로 이해했음을 알 수 있다. 태양, 행성, 인간 존재, 동물들, 식물들, 미래 그리고 과거의 모든 것, 그리고 공간의 모든 것이 본질적으로 하나이고 같은 것이다.

이 광활한 닮음이 그 전부를 엮는다. 언제나 그래 왔듯,

영원히 단단하게 붙들어 품는다.[12]

휘트먼은 자신도 이 "광활한 닮음"의 하나임을 감지했다. 그리고 삶을 나누던 다른 사람들과 강한 연결을 느꼈다. 사실 그는 자신이 바로 그들이라고 느꼈다. 그리고 이렇게 썼다. "나는 늙었고 젊다. 바보인 만큼 현명하다." 그리고 "이 세상의 모든 남자가 나의 형제이고 (……) 모든 여자가 내 누이이고 애인이다."라고 했다.[13]

버크가 휘트먼을 "우주적 의식"으로 인식했다면 심리학자 에

이브러햄 매슬로우(Abraham Maslow)는 휘트먼을 "자아를 실현한 사람"으로 추앙했다.(매슬로우에 따르면 마하트마 간디, 20세기 작가 올더스 헉슬리, 초기 심리학자 윌리엄 제임스도 자아를 실현한 사람들이다.) 매슬로우의 자아실현도 거칠게 보면 깨어남과 같은 개념이다. 매슬로우는 자아실현에 성공한 사람들이 대체로 부정적인 생각/느낌에서 자유롭고 다른 사람들보다 덜 물질적이고 덜 자기중심적(따라서 더 이타적)이라고 했다. 그리고 평화와 고독을 열망하며 공공을 위한 임무/의무를 감지하며 (자기 자신은 물론) 모든 현상과 강하게 연결되어 있다고 느낀다. 그리고 매슬로우에 따르면 무엇보다 모든 일에 감탄하고 감사한다. 그의 말을 빌리면 자기실현을 한 사람들은 "기뻐하고 감탄하고 놀라워하며 심지어 황홀감에 취한 듯 다른 사람들에게는 당연하기 그지없는 기본적인 것들에 진심으로 순진하게 거듭 감사하고 감동하는 멋진 능력을 갖고 있다."[14]

분명 월트 휘트먼도 그랬다. 기적이라는 말을 들으면 우리는 보통 불치병이 치료되거나 물이 와인으로 변하는 범상치 않은 일을 상상한다. 그런데 깨어난 상태라면 기적을 찾기 위해 일상 밖을 기웃거릴 필요가 없다. 기적은 주변에 널렸으니까. 주변에서 매일 기적 같은 신기한 일이 일어난다. 휘트먼은 이렇게 썼다.

누가 가장 많은 기적을 일으켰는가?
나로 말할 것 같으면 기적밖에 알지 못한다.

휘트먼은 자신이 영원히 죽지 않을 것이 멋지다고 했지만, "내 시력도 그만큼 멋지고 내 어머니의 자궁에서 수정된 방식도 그만큼 멋지다."라고도 했다. 그런데 휘트먼에게 기적 중의 기적은 바로 그 자신이었다. "(내가) 보고 듣고 느끼는 것들이 기적이고 나의 모든 부분, 모든 끝이 기적이다."15

삶을 기쁘게 즐겼다고 해서 휘트먼이 죽음을 무시한 것은 결코 아니다. 오히려 그 반대로, 예를 들어 「나 자신의 노래」 첫 페이지부터 전체 시 내내 죽음이 거듭거듭 등장한다.(휘트먼은 태어나는 것, 바로 그만큼 "죽는 것도 행운이다."라고 썼다.) 휘트먼은 죽음이 우리 존재의 끝이 아니라 사실상 일종의 자유이며 더 충만되고 더 축복 가득한 상태로의 전환임을 매우 강하게 감지했다. 동료 시인 윌리엄 워즈워스(William Wordsworth)가 "불사의 암시(intimations of immortality)"를 감지했다면 휘트먼은 그의 주변 모든 곳에서 "거룩한 죽음의 속삭임"을 들었다. 짧고 아름다운 시 「죽어가는 사람에게(To One Shortly to Die)」에서 휘트먼은 죽어 가는 친구를 마지막으로 방문한 모습을 묘사했다. 침대를 둘러싼 가족 친지들이 모두 흐느끼고 있었지만, 친구의 몸에 손을 올려 본 휘트먼은 친구가 고통을 초월하기 위해 몸을 떠날 준비를 하고 있음을 감지했다. 슬퍼할 때가 아니라 기뻐할 때였던 것이다.

강한 상념이 그대를 채우며 확신을 부른다. 그대는 웃는다,

내가 그대가 아프다는 것을 잊듯이 그대도 그렇다.

그대는 약이 필요 없고 흐느끼는 친구들을 개의치 않는다,

내가 그대 곁에 있다.

나는 다른 사람들을 물리친다. 동정은 필요 없으니까,

나는 그대를 동정하지 않는다. 나는 그대를 축하한다.[16]

휘트먼의 깨어남 상태에 대한 묘사가 참으로 아름답고 심오하므로, 나도 리처드 버크처럼 이 "선량한 회색 시인(great, gray poet)"을 보통 사람은 도달하기 어려운 고강도 깨어남에 이른 사람으로 보고 싶다. 휘트먼에게는 깨어난 사람이 갖는 순수하고 강렬한 특징들이 엿보인다. 예를 들어「나 자신의 노래」가 나는 시가 아닌 시의 형태로 쓰여진 위대한 영성서처럼 느껴진다. 나에게 특히 이 시는 인류 역사에서 가장 심오하고 강력한 경전이라 할 만한『우파니샤드』,『도덕경』과 어깨를 나란히 한다. 사실 이 두 경전들도 감탄을 불러일으키지만, 휘트먼의 작품은 인간의 삶 전체를 포용하고 일상 속 순간에 쏟아지는 영적인 힘을 보여 준다는 점에서 심지어 더 강력하다.『우파니샤드』는 모든 것에 영성이 깃들어 있고 우리가 우주와 하나이고 영혼이 불사라고 말하는데, 휘트먼은 그러함을 직접 *보여 준다.* 브라흐만은 기술자, 군인, 선원, 심지어 매춘부까지 가릴 것 없이 모든 사람을 통해 빛나지만, 휘트먼은 그 브라흐만을 어떻게 만나는지 묘사한다. 휘트먼은 섹스, 우정, 일,

3장 자연적 깨어남

전쟁, 질병까지 포함하는 인간 삶의 모든 것과 그 배후를 가득 메우는 강력한 신성과 성스러움을 거대한 캔버스 위에 함께 그려 놓았다.

그럼에도 휘트먼의 시에서 받는 전반적인 인상은 『우파니샤드』와 매우 유사하다. 둘 다 마음속 깊은 곳에서 솟아 나오는 기쁨과 빛나는 영성의 눈부신 광채로 넘치기 때문이다. 『우파니샤드』처럼 휘트먼도 삶은 부조리하고 무의미해 보이지만(수면 상태에서 보면 그렇다.) 실은 경이로움과 기적으로 가득하다고 말한다. 온 우주가 지각을 동반한 축복과 조화로움에 흠뻑 젖어 있다. 왜 그런지 온전히 이해하고 설명할 수 없다 하더라도 말이다. 「나 자신의 노래」 끝에서 휘트먼은 이렇게 쓰고 있다.

오 내 형제와 누이들이여? 보이는가?
이것은 혼돈도 아니고 죽음도 아니다. 이것은 형태요, 합일이요, 계획이다. 그리고 영원한 삶이다. 이것은 행복이다.[17]

D. H. 로렌스

영국의 작가 D. H. 로렌스(D. H. Lawrence)는 휘트먼이 여전히 생존해 있던 1885년에 태어났고, 휘트먼을 "미국의 가장 위대하고 유일한 스승이자 첫째가는 스승이다."[18]라며 추앙했다. 로렌스는 휘트먼을 세상에 대한 자신의 심화된 비전을 공유하는, 동류의 영혼을 가진 사람으로 인식했다. 나는 내 책 『어둠 밖으로(Out of the Darkness)』에서 깨어난 로렌스에 대해 간략히 논의한 바 있는데, 여기서 좀 더 자세히 살펴보려 한다.

로렌스의 삶은 휘트먼의 삶에 비해 잘 알려져 있는 편이므로 어떻게 보면 로렌스가 자연적 깨어남의 더 분명한 예라고 할 수 있다. 살아생전 그의 작품이 널리 알려지거나 비평가나 다른 작가들로부터 대단한 존경을 받은 것은 아니지만, 로렌스는 1950~60년대 뒤늦게나마 명망을 얻었다. 그리고 20세기 가장 유명한 작가의 반열에 올랐고 셀 수도 없이 많은 사람이 그의 삶과 작품들을 연구했다. 휘트먼처럼 로렌스도 특별한 사건이 있어서 깨어난 것도, 영적 전통이나 수행법을 따랐기 때문에 점진적으로 깨어난 것도 아니었다. 로렌스는 말년에 동양 철학을 알게 되었고 특히 힌두교 영성에 매료되었다. 예를 들어 카슈미르 샤이비즘(Kashmir Shaivism, 인도 탄트라 전통의 한 형태)에 감탄하며 서양 심리학을 "얕고 모호한 것"으로 만들어 버리는 "진정한 심리학"이라고 칭송했다.[19] 하지만 그가 자신의 자연적 깨어남을 표출하기 시작했던 청년기에는 분명 동양의 영성에 대해 전혀 알지 못했다.

로렌스는 이십 대 초기부터 시와 소설들을 발표하기 시작했다. 그 처음부터 로렌스의 작품들은 뛰어난 알아차림 능력, 그리고 동물을 포함한 자연 세상과의 연결에 대한 강한 지각을 드러냈다. 로렌스의 친구들은 그의 뛰어난 감수성과 각성 수준에 놀란 나머지 그를 거의 다른 종의 인간처럼 묘사했다. 로렌스의 절친이자 문학 비평가였던 존 미들턴 머리(John Middleton Murry)는 로렌스를 "육감"이 뛰어난 사람이라 표현하기도 했다. 또 올더스 헉슬리는 로렌스를 이렇게 묘사했다. "다른 질서(another order)"에 사는 듯한 사람, "감수성이 뛰어나고 대단히 의식적이며 가장 뛰어나다는 사람들조차 느끼지 못하는 것들을 느낄 수 있는 (……) 보통 사람들과는 다른, 더 밝고 더 강렬한 우주, 혹은 그런 세상에 거주하는 사람이다."[20]

로렌스는 44세에 죽었지만 그 짧은 생애 동안 놀랍도록 다작한 작가다. 픽션, 여행, 심리학, 철학, 문학 비평 같은 다양한 장르에서 45권의 책을 저술한 것은 물론 화가로서도 수백 작품을 남겼다.(생전에 1929년 런던에서 있었던 유일한 전시회는 안타깝게도 경찰에 의해 저지되었다. 알려진 바에 따르면 내용이 외설적이란 게 그 이유였다.) 물론 로렌스는 영문학사에서 가장 아름다운 소설이라는 『무지개』와 『사랑에 빠진 여인들』로 가장 유명하다. 하지만 깨어난 상태에 대한 경험은 그의 시들에서 가장 분명하게 표현되었다.

로렌스는 시에서 신이라는 단어를 자주 쓰는데 여기서 신은 일반 종교의 아버지 같은 신 개념과는 거리가 멀다. 그의 신은 우주에 퍼져 있는 영적인 힘이자 브라흐만이다. 그에게 세상은 신성하고 영성으로 찬란하게 빛난다. 「신의 이름(Name the Gods)」에서 로렌스는 밀을 베는 한 남자의 모습에서 "신의 몸이 흔들리는 소리"21를 듣는다고 했고, "나는 항상 신을 보느니"라고 했다. 또 다른 시에서는 이렇게도 썼다.

신은 없다
양귀비꽃과 날아다니는 물고기가 있을 뿐,
노래하는 남자와 태양 아래서 머리를 빗는 여인이 있을 뿐.
사랑스러운 것들에 신이 있다.22

로렌스는 주변에서 늘 영적인 힘을 보았고 그 자신의 안에서도 보았다. "그 존재가 있어 공기가 이렇게나 고요하고 사랑스럽다." "그 존재가 내 가슴 한쪽을 부드럽게 만지고 내 심장을 어루만진다."23 로렌스는 그 신성한 힘과 하나임을 느끼는 것만이 진정한 자아실현임을 잘 알았다. 그의 가장 아름다운 시 중 하나인 「평화(Pax)」에서 로렌스는 이렇게 썼다.

중요한 것은 오직 살아 있는 신과 하나가 되는 것
생명의 신이 사는 집에서 일개 창조물이 되는 것.

의자에서 졸고 있는 고양이처럼
평화롭게, 평화 안에서
중요한 것은 그 집의 주인과, 안주인과 하나가 되는 것

집에서, 생명의 집에서,

난로가에서 자는 것. 그리고 불꽃 앞에서 하품을 하는 것.[24]

로렌스는 세상을 영적인 힘이 편재하는 곳으로 봤기 때문에 그에게 무생물 따위는 없었다. 모든 것, 심지어 바위, 구름, 별이라도 모두 눈부시게 살아 있었고 지각을 가진 존재였다. 휘트먼처럼 로렌스도 수면 상태의 강한 특징인 분리의 느낌에서 벗어나 있었다. (인간을 포함한) 다른 창조물들, 그 존재 속으로 들어가 그 세상을 그들처럼 경험할 수 있었다는 뜻이다. 로렌스는 인간뿐만 아니라 동물의 내면까지 설득력 있게 묘사할 수 있는 능력을 갖고 있었는데, 이는 작가로서 그가 가진 가장 고무적인 능력이기도 했다. 때로 다른 존재에 대한 공감 능력과 그 연결성이 매우 강해서 마치 그가 실제로 그 다른 존재가 된 것 같았다. 헉슬리는 "나무, 데이지 꽃, 부서지는 파도, 심지어 신비한 달에 이르기까지, 로렌스는 그것들로 사는 것이 개인적으로 어떤 느낌인지 잘 아는 것 같았다." 라고 했다.[25]

자연적인 깨어남은 물론 모든 깨어남은 정적이지 않다. 어느 날 깨어났다고 해서 나머지 생애 동안 그 같은 상태를 유지하지는 않는다. 깨어남도 진화한다. 더 깊어지고 더 강렬해질 수 있다. 깨어남 상태의 다양한 측면들이 펼쳐지고, 다양한 성격들이 강해지거나 약해질 수 있다. 깨어남은 여정의 끝이 아니라 또 다른 여정의 시작으로 마치 다른 길로 접어든 것 같다. 낮은 길에서 높은 길로 옮겨 갔다고 해도 좋다. 길이 달라지는 만큼 풍경도 달라지지만 그 위에서 계속 걸어 앞으로 나아가야 한다는 점은 똑같다.

로렌스는 처음부터 깨어난 사람이었지만 죽기 몇 년 전부터 특히 더 강렬하게 깨어 있었다. 『어둠 밖으로』에서 나는 죽음이 임박했음을 감지한 것이 로렌스를 더 깨어나게 했을 거라고 했다. 로렌스는 허약 체질을 타고났고, 성인이 되어서도 최소 세 번 죽을 뻔한 적이 있다. 먼저 26세에 극심한 폐렴으로 죽을 뻔했고, 두 번째로 1차 대전 직후 수백만의 생명을 앗아 갔던 1919년 스페인 독감에 걸려 죽을 뻔했다. 마지막으로 멕시코에 체류 중인 1925년, 말라리아, 장티푸스, 그리고 폐렴을 심하게 앓았다. 당시 그는 결핵이 심해졌는데, 결국 그 결핵이 원인이 되어 5년 뒤 사망하게 된다. 하지만 그렇게 조금씩 죽어 가던 마지막 몇 년 동안 로렌스는 그 어느 때보다 깨어나게 되고, 그때의 느낌들을 심오한 시들로 남기게 된다.(이 시들은 그의 사후에 『로렌스 마지막 시들 Last Poems』로 출판된다.)

이 시들 중 임박한 죽음을 흔들림 없이 받아들이는 자신을 묘사한 시들은 특히 감동적이다. 로렌스는 휘트먼처럼 죽음이 끝이 아니라 새로운 여정의 시작이며 하나의 전환임을 직감했기에 죽음을 두려워하지 않았다. 「반가운 죽음(Gladness of Death)」에서 로렌스는 죽음을 "기묘한 기쁨, 후에 오는 즐거움"으로 가득한 "위대한 모험"으로 묘사한다.[26]

다른 깨어난 예술가들

19세기 자연주의 작가 리처드 제프리스(Richard Jefferies)도 고도로 깨어난 자연 상태에 있었던 잘 알려지지 않은 작가 중 한 명이다. 그의 자서전 『내 마음속 이야기(*The Story of My Heart*)』를 보면 깨어난 강렬한 상태에 그의 세상이 어땠는지 놀랍도록 잘 묘사되어 있다. 제프리스는 "눈앞에 펼쳐진 온 우주로부터 내면의 심원한 의미들이 느껴지고 모종의 열망이 나를 가득 채우자, 나는 더 이상 열여덟 살이 아니었다."[27]라고 했다. 그를 둘러싼 모든 것이 그 의미 속으로 (로렌스와 휘트먼에게 그랬던 것처럼) "타들어 갔고" 세상은 이상하고 기적 같은 곳으로 변했다.

이 글을 쓰고 있는 지금 (……) 이 모든 공기, 갈아 놓은 땅으로 쏟아지는 저 바깥의 햇살, 먼 하늘, 그것을 가득 채운 정기, 그리고 더 먼 우주 공간이 영혼의 비밀, 영혼의 삶, 모든 경험 밖의 것들로 가득하다. 지금 내가 이 순간 이렇게 글을 쓰며 존재한다는 사실이 너무도 기적 같아서, 너무도 신기해서 (……) 언제나 무한한 삶 그 극단에서 살았노라고 존재 이상의 무엇이 존재한다고 주저 없이 말하겠다.[28]

영국 시인 윌리엄 워즈워스도 자연적으로 깨어난 사람이었다.

자연 세상의 살아 있음과 그 아름다움을 강하게 감지했기에 그는 낭만주의 시인의 전형적인 면모를 보여 주었고, 19세기 가장 영향력 있는 시인이 되었다. 그는 대부분의 생을 영국에서 가장 아름답다는 레이크 지방에서 살았다. 덕분에 그의 시는 그 지방의 장엄하고 경이로운 경치에 대한 자세한 묘사로 가득하다. 특히 자연에 속속들이 스며 있는 영적인 힘을 자주 묘사했는데, 그 일부는 (그가 결코 읽은 적 없는) 『우파니샤드』의 편재하는 브라흐만에 대한 묘사와 매우 흡사하다. 「틴턴 수도원 몇 마일 위에서 적은 시(Lines Written a Few Miles above Tintern Abbey)」를 한번 보자.

> 그리고 나는 느꼈다.
> 드높은 사고(thoughts)의 기쁨으로
> 내 마음 설레게 하는 존재를
> 한층 더 깊이 침투되어 있는
> 어떤 존재에 대한 숭고한 의식을,
> 그 존재의 집은 노을빛이며,
> 둥근 대양이며 살아 있는 공기이며,
> 푸른 하늘이며 인간의 마음속에 있다.
> 모든 생각하는 것들을, 모든 사고의 대상들을
> 추진시키고, 모든 사물 속을 흐르는
> 운동과 정신.[29]

3장 자연적 깨어남

내가 휘트먼의 「거룩한 죽음의 속삭임(Whispers of Heavenly Death)」과 비교하곤 하는 워즈워스의 또 다른 시 「불사의 암시(Intimations of Immortality)」에서 워즈워스는, 아이들이 어떻게 그 신선하고 강렬한 인식 능력으로 세상을 "찬란함과 새로운 꿈으로, 천상의 빛으로 다가오는 곳"으로 보는지 묘사했다. 하지만 성인이 되면 우리는 유년의 그 "천상"을 떠난다. 그리고 "감옥의 그림자가 덮이기 시작하고" 유년기의 빛나던 비전은 "일상의 빛 속으로" 사라진다.30 이것은 자연적 깨어남 상태가 나이가 들면서 어떻게 수면 상태로 바뀌는지 잘 보여 준다. 하지만 워즈워스 자신은 그 잠에 빠지는 과정을 겪지 않았던 듯하다. 워즈워스는 75세 때조차 「그토록 타당하고, 그토록 달콤하고, 게다가 그토록 세심한(So Fair, So Sweet, Withal So Sensitive)」 같은 시에서 패랭이꽃에 감동하고 "순수 공감 속에서 자연과 대화하는"31 능력을 보여 주었다.

워즈워스와 거의 동시대를 살았던 윌리엄 블레이크(William Blake)도 그 삶에 대해 거의 알려진 게 없지만, 자연적으로 깨어난 사람이었던 것 같다. 그의 시에서 블레이크는 "야생 꽃에서 천국"을 보고 "한 시간 안에 영원"을 볼 수 있다고 썼다.32 그리고 그는 모든 것의 살아 있음을 매우 민감하게 알아챘고, 그의 한 친구가 밝힌 것에 따르면 나무토막의 옹이들만 보면서 몇 시간을 보낼 수 있었다고 한다. 이것은 또 다른 19세기 영국 시인 퍼시 셸리(Percy Shelley)도 마찬가지였다. 셸리는 자신의 시에서 워즈워스의 그것과 같은 고양된 알아차림 능력과 온 세상에 편재하는 영적인 힘을 말했다. 그의 유명한 시 「지적인 아름다움에 대한 찬미(Hymn to Intellectual Beauty)」에서 셸리는 그 영적인 힘이 "그 어떤 보이지 않는 힘의 놀라운 그림자"이며, "보이지는 않지만 우리 사이를 흘러 다닌다."라고 묘사했다.[33]

이 외에도 다른 수많은 깨어난 시인과 작가들이 있다. 사실 이들에 대해서 말하는 데만도 책 한 권이 필요할 정도다.(언젠가 그런 책을 쓸지도!) 미국 문학만 봐도 랄프 왈도 에머슨, 헨리 데이비드 소로우, 에밀리 디킨슨, E. E. 커밍스, 헨리 밀러, 로빈슨 제퍼스 등이 깨어난 상태에 익숙한 사람들이다. 유럽 문학에도 많은 깨어난 사람이 있는데, 독일 시인 라이너 마리아 릴케와 소설가 헤르만 헤세, 그리고 프랑스 낭만주의 시인 알퐁스 드 라마르틴이 대표적이다.

자연적으로 깨어난 상태였던 화가들도 많다. 낭만주의는 시 분야만큼이나 시각 예술에서도 두각을 나타냈다. 존 컨스터블, 윌리엄 터너, 카스퍼 데이비드 프리드리히 같은 유럽 화가들, 토머스 콜, 조지 이네스 같은 미국 화가들은 분명 수면 상태의 기능적이고 자동적인 인식에서 벗어나 더 강렬하고 고양된 능력으로 자연 세상을 인식했고, 그것들과 강하게 연결되어 있음을 느꼈음에 틀림없다. 워즈워스와 휘트먼이 자신들의 영적인 비전을 문학적 기교로 표현해 냈다면, 이 화가들은 그들이 느낀 경이로움과 초월성을 그림을 통해 기술적으로 표현해 내는 능력을 갖고 있었다. 시만큼이나 시각 예술도 깨어남 상태를 잘 표현할 수 있는 좋은 도구이고, 이는 19세기 내내 클로드 모네, 카미유 피사로, 르누아르, 빈센트 반 고흐 같은 표현주의 화가들의 작품에서도 확인할 수 있다. 이들의 그림은 강렬한 아름다움과 생생함으로 가득하다. 주장하건대 추상미술과 개념미술이 대두되기 전, 자연주의와 표현주의가 주류였던 20세기 초까지만 해도 당대 위대한 예술가들 대부분이 깨어남 상태를 표현하고자 했던 것 같다.

물론 이 시인과 화가들 중 일부는 단지 일시적으로만 깨어났을 수도 있다. 어쩌면 일부는 깨어남 상태에 지속적으로 머물렀다기보다 깨어남 경험을 정기적으로 했다고 말하는 편이 더 나을 것이다.(특히 셸리, 반 고흐 같은 경우) 그럼에도 이들은 모두 깨어남이 영적 수행이나 전통의 도움 없이도 자연스럽게 일어날 수 있음을 보여 준다. 이 장에서 내가 언급한 사람들 대부분이 동양의 영적 전통은커녕 서양의 신비주의 전통에 대해서도 거의 아는 게 없었기 때문이다. 그리고 자신을 깨어나거나 깨달은 사람으로 보지도 않았을 것이다. 이들은 깨어남이 다양한 방식으로 표현될 수 있고, 기본적으로 그 어떤 특정 전통이나 가르침이 아닌, 인간 본성에 속하는 심리적 혹은 존재론적 상태임을 잘 말해 준다.

4장

자연적 깨어남

융단폭탄 애닮의 과정

휘트먼과 로렌스는 상당히 수월하게 깨어났던 것 같다. 깨어남이 자연적이었고, 그 발전과 표출에도 큰 문제가 없었던 듯하다. 반면 이 장에서는 자연적으로 깨어났지만 적절한 자기 이해와 사회적 받아들임이 부재했던 탓에 곤란함을 겪어야 했던 사람들의 이야기를 살펴보려 한다.

영적 혹은 종교적 전통 안에서 깨어날 경우 그런 상태를 이해하는 데 도움을 주는 적절한 틀을 (이미 그런 경험을 한 다른 사람들의 조언과 함께) 쉽게 얻을 수 있다. 하지만 그런 도움을 받을 수 없는 상태에서 자연적으로 깨어난 사람들은 혼란을 겪으며 많은 의구심이 생길 수도 있다. 전에 없던 여러 충동들에 위협을 느껴 그것들을 억압하려 들지도 모른다. 그러다 보면 그런 내면으로부터의 깨

4장 자연적 깨어남

어남을 온전히 이해하고 받아들이는 데 몇 년이 걸릴 수도 있다.

　세상에 대한 영적 이해를 지지하지 않는 문화에서 나고 자란 사람이라면 자연스럽게 깨어날 경우 여러 문제에 직면할 위험이 특히 더 크다. 자신이 속한 문화가 지지하는 가치가 깨어난 상태에서 느끼는 충동들과 부딪힐 것이다. 사람은 누구나 자신이 나고 자란 문화를 흡수하므로 자연적으로 깨어난 사람들이 자신이 길들었던 문화에서 벗어나 진정한 삶을 살기 시작하는 데 몇 년이 걸릴 수도 있다. 예를 들어 물질과 욕망을 추구하는 삶에서 벗어나 단출하고 고독한 삶을 살고 싶다는 충동이 강하게 들 수 있지만, 그런 충동에 확신이 들 정도로 자주적이 되려면 몇 년이 걸리기도 한다. 그리고 그때까지 깨어난 자아가 스스로를 표출할 수 없으므로 강한 좌절감에 시달린다.

피스 필그림

　20세기에 깨어난 사람 중 그 이력이 가장 놀랍고 특이한, 순례자이자 사회활동가인 자칭 '피스 필그림(Peace Pilgrim)'이 그런 경우다. 피스 필그림은 1908년 밀드레드 노먼이라는 이름으로 태어났다. 조숙했고 호기심이 많았을 뿐 다분히 평범한 유년기를 보냈는데, 십 대가 되자 깊은 존재론적 질문들을 던지기 시작했다. 16세에 신의 본성에 대해 숙고했고, 신은 그 어떤 존재가 아니라 "인간의 이해 너머에" 있는 모든 것이라고 결론 내렸다. 그리고 사랑, 친절, 진리의 특성을 지닌 하나의 힘으로서의 "신과 접촉했다." 그때의 일을 그녀는 이렇게 묘사했다.

"신은 창조적 힘이자 고취의 힘이고 보편 지성이며 늘 편재하는 영혼처럼 다가왔어요. 그 신은 우주의 모든 것을 하나로 묶고 모든 것에 생명력을 주지요. 신이 우리를 하나로 만들어요. 내가 어디를 가든 그곳에 신이 있어요."[1]

말년에 자신의 인생을 돌아보던 피스 필그림은 처음부터 "자신의 순례길 준비 차원"의 일들이 많이 일어났음을 알게 되었다. 고등학교 때 친구들에 휩쓸려 담배를 피우고 술을 마실 수도 있었지만, 그녀는 거부했다. 친구들이 조롱하고 따돌렸으나 그녀는 당당하게 자기 생각을 피력했다.

"인생은 선택의 연속이고 너희들의 선택은 아무도 막을 수 없어. 하지만 나도 내 선택을 할 권리가 있어. 그리고 나는 자유를 선택했어."[2]

늘 평화로운 관계를 원했다는 것도 미래에 그녀가 따르게 될 길의 전조였다. 사람들과 불화하거나 누가 자신을 적대시하는 것 같아도 필그림은 결코 분개하는 일 없이 늘 먼저 손을 내밀었다.

그럼에도 피스 필그림은 30세까지 상당히 일반적인 삶을 살았다. 25세에 결혼해 물질적인 방식의, 일반적인 미국적 가치들 속에서 살았다. 필그림은 말했다.

"나는 돈과 물질이 마음의 평화와 행복을 보장해 준다고 배웠죠. 그래서 그렇게 살려고 했어요."[3] 하지만 그녀는 곧 물질적인 삶이 무의미하며 그녀가 살아야 할 삶이 아님을 깨닫기 시작했다. 그런데 어떤 삶이 진정으로 자신이 살아야 하는 삶인지 몰랐기 때문에 혼란스러웠다.

일상에서 느끼는 답답함이 점점 더 커졌다. 특히 "굶고 있는 형제자매들이 많은데 자신이 너무 많이 갖고 있는 것 같아"[4] 불편했다. 좀 더 의미 있는 삶을 살고 싶다는 열망이 깊었다. 그러던 30세 즈음의 어느 날 필그림은 밤새도록 숲속을 걸으며 필사적으로 기도하다가 마침내 모든 것이 선명해지는 걸 느꼈다. 그때의 일을 그녀는 이렇게 회상한다.

"기꺼이 그러고 싶었어요. 조금도 주저 없이 내 삶을 내놓고 싶었어요. 내 삶을 봉사하는 데 바치고 싶었어요. 나는 신에게 '제발 저를 이용하소서!'라고 기도했어요. 그리고 대단한 평화가 나를 감쌌어요. (……) 그렇게 내 인생의 두 번째 장이 열렸지요. 나는 내가 줄 수 있는 것을 주기 시작했고, 지금의 이 멋진 새 세상으로 들어왔어요."[5]

이 경험을 어떤 논문에서는 피스 필그림이 영적인 자아로 다시 태어난 변형의 순간으로 해석하기도 한다.[6] 그런데 이 경험 전에 특정 사건이 있었던 것이 아니고, (대부분의 돌연한 깨어남의 경우처림) 특정 촉발제가 있었던 것도 아니다. 그리고 영적 수행의 결과도 아니었다. 드디어 깨어난 것 같지만 그녀는 이미 내면에서 깨어나 있었다. 그날 그 순간에 그녀는 자신이 속한 문화가 중요하게 생각하는 가치들과 충돌했기 때문에 몇 년 동안 억압했던, 자신이 깨어났다는 사실을 마침내 받아들였던 것이다. 그런 억압이 야기했던 혼란과 좌절이 결국 너무 참을 수 없어 굴복하는 것 외에는 다른 선택의 여지가 없었다. 깨어난 내면의 분출 욕구가 점점 더 커졌던 것이다.

그때부터 필그림은 진실한 새 삶을 살았다. 내면의 강력하고 영적인 힘을 알아차렸고, 그 힘이 다른 사람들 내면에도 있음을 알았다. 그렇게 다른 모든 사람들과 강력한 연대를 느꼈으므로 인류 전체에 봉사하는 삶을 열망했다. 그녀는 노인들과 정신적으로 문제가 있는 사람들에게 봉사하는 삶을 살았으며, 여성 평화 자유 국제 연맹 같은 평화 기관에서 자원봉사자로 일했다.(평화 활동을 시작하면서 2차 대전 출전 경력이 있는 남편과 헤어지게 된다.) 필그림은 또 지극히 간소한 인생을 살기 시작했다. 채식주의자가 되었고, 물질을 거의 소유하지 않은 채 적은 수입 안에서 살았다. 식이요법과 운동을 통해 몸을 정화하기, 부정적인 생각을 삼가며 마음을 정화하기, 물질에 대한 집착 끊기, 소외의 느낌 단절하기, 부정적인 감정이나 반응 삼가기 등 개인적인 영적 원칙들을 정해 놓고 일상에서 지켜나갔다.

그런 라이프스타일이 그녀의 본래적인 깨어남을 심화하고 강화했다. 필그림이 쓴 소책자 『내면의 평화로 향한 발걸음(Steps Toward Inner Peace)』을 보면 그녀는 머지않아 강력한 경험을 하나 더 하게 된다. 그 일은 어느 날 아침 산책 도중 일어났다.

갑자기 매우 행복했다. 그 어느 때보다 행복했다. 몸이 가벼워져 시공간을 초월한 것 같았다. (……) 모든 꽃, 덤불, 나무들이 후광을 입고 있었다. 모든 것에서 빛이 뿜어져 나왔고 공기 중에 흩날리는 비처럼 금 부스러기들이 휘날렸다. (……) 모든 인간이 하나라는 것은 그 전에 알고 있었지만 이제 다른 모든 창조물과도 하나임을 알게 되었다. (……) 무엇보다 멋진 건 우리 모두에 스며들어 있고, 우리 모두를 하나로 묶고 우리 모두에게 생명력을 주는 그것과 하나라는 것이었다. 신이라고 부를 그것 말이다. 그때 이후로 그것과 결코 한 번도 떨어져 본 적이 없다.[7]

그 경험 직후인 1953년 1월 1일, 피스 필그림은 순례를 시작한다. 캘리포니아 새해 축하 행사인 로즈 퍼레이드에서 걷다가 이어서 계속 걸었다. 계속 걸어 미국 대륙을 횡단했고, 그해 12월에 뉴욕 유엔 건물에 도착했다. 그리고 그때부터 걷기를 멈추지 않았다. 칫솔 하나, 옷 몇 벌, 빗, 연필만 갖고 필그림은 미국을 여섯 번 도보 횡단했고, 캐나다와 멕시코도 걸었다. 소매가 없는 조끼 같은 윗옷 앞에는 "피스 필그림"이라고 쓰고 뒤에는 "2만 5000마일 평화를 위해 걷다."라고 쓰고 입고 다녔으며, 처음 만났지만 먹을 것과 잘 곳을 주는 사람들에 의지해 걸었다.(물론 자주 야외에서 자기도 했다.) 사실 그녀는 속인들에 의지하는 탁발승 같은 삶을 살았다. 하루에 평균 25마일을 걸었고, 유명해진 후에는 걷다가 종종 연설이나 인터뷰를 하기도 했다.

그렇게 남은 인생 내내(28년) 필그림은 흔들림 없는 내면의 평화 속에서 신성과 끊임없이 소통하며 하나임 속에서 살았다. 그녀가 썼던 대로 "항상 사랑과 평화와 기쁨 같은 모든 좋은 것들에 둘러싸여 살았다. 무언가로부터 끊임없이 보호받는 것 같았다. 안에 굳건한 무언가가 있어서 감당해야 하는 모든 상황을 헤쳐 나가게 했다. (……) 고요했고 평화로웠으며 서두를 것 없었다. 더 이상의 공격도 압박도 없었다."[8]

2장에서 서로 다른 영적 전통들이 공통으로 말하는 편재하는 영적인 힘(그리고 각각의 존재들의 영적 본질)이 종종 밝은 빛으로 묘사된다고 했다. 그런 의미에서 피스 필그림도 "신성의 빛"을 공유했다고 한 것이 흥미롭다. 필그림은 다른 사람들과 함께 있을 때 그들과 연결되어 있는 그녀만의 신성을 느꼈으며, 마치 자신이 "그들을 끌어올리고 신의 빛을 그들에게 가져다주는 것" 같았다고 했다. 그리고 "나는 신의 빛으로 목욕하는 그들을 상상했고 마침내 그들이 신의 빛 속에서 두 팔을 펼쳐 드는 모습을 보았다. 그 순간 나는 그들을 신의 손에 맡겼다"⁹라고 썼다. 이것은 흥미롭게도 카발라의 '티쿤 올람(Tikkun Olam, 세상의 치유)' 개념과 매우 유사하다. 피스 필그림은 실제로 깨달았고, 자신의 깨달음을 다른 사람들과 공유하기 위해 세상 속으로 들어갔던 것이다.

1981년 72세의 피스 필그림은 차를 타고 약속 장소로 가던 중 교통사고로 사망했다. 비극적 최후를 맞은 것 같지만 피스 필그림에게는 그렇지 않았으리라. 휘트먼이나 로렌스처럼 필그림도 죽음을 "더 자유로운 삶으로의 아름다운 전환" 혹은 "삶의 위대한 마지막 모험"¹⁰으로 보았다.

피스 필그림은 깨어남에 그치지 않고 그 깨어남이 시키는 일을 하며 살았다는 점에서도 앞 장에서 보았던 깨어난 예술가들과 유사하다. 그녀의 삶은 이타주의와 사명감 그 자체였고, 그것은 그녀의 남다른 공감 능력과 뛰어난 도덕성과 정의감 덕분이었다. 필그림은 영적 계발을 추구할 때 수동적·자기도취적·도피적이 된다는 생각에 반박하는 영적 활동가의 좋은 예다.

게빈

깨어남에 대해 연구하는 동안 자연적으로 깨어난 사람은 잘 보이지 않았다. 그래서 나는 이런 종류의 깨어남이 가장 드물다고 믿고 있다. 그래도 그런 예가 아주 없지는 않다.

삼십 대 초반의 게빈 와이트는 영성을 주제로 여러 권의 픽션과 논픽션을 쓴 작가다. 어린 게빈은 만화나 동화책보다는 초자연적인 현상에 대한 논픽션 읽기를 좋아했고, 언제부턴가 스스로 유령 이야기를 쓰기 시작했다. 그의 말을 빌리면 그는 늘 "눈으로 볼 수 없는 무언가가 더 있다."고 느꼈다. 게빈은 혼자 있기를 좋아했다. 학교 선생님들은 그를 조용하고 집중력이 좋은 학생으로 기억했다. 다른 아이들과 달리 선생님이 말을 하면 여념 없이 집중하며 보고 들었다.

십 대가 되자 게빈의 부모님은 그가 조금 이상하다고 생각했다. 나쁜 일이 일어나도 절대 화내는 일이 없는 아들이었기 때문이다. 14세 때 레스토랑에서 여종업원이 그의 무릎에 물을 쏟은 적이 있었다. 사람들이 다 법석을 떠는 동안에도 정작 게빈은 조용히 냅킨을 가져다가 자신의 바지를 닦기 시작했다. 그러자 아버지는 놀라서 소리쳤다. "세상에나 이 아이가 어떻게 반응하는지 봤어요?" 17세 때 처음 운전을 시작했을 때도 비슷한 일이 있었다. 게빈은 생애 첫 차를 사자마자 도둑맞았다. 아버지는 도둑에게 단단히 화가 났지만 게빈은 도무지 화가 나지 않았다. "내가 그렇게 덤덤했던 것이 차를 도둑맞았다는 사실보다 아버지를 더 화나게 했던 것 같아요." 게빈이 말했다. "하지만 왜 그렇게 법석을 떨어야 하는지 모르겠더군요. 차를 도둑맞은 것뿐인데요."

게빈의 아버지는 게빈이 혼자 너무 많은 시간을 보낸다고 걱정했다. 다음은 게빈의 말이다.

"나는 침대에 누워 조용히 있기를 좋아했어요. 아버지는 내가 왜 그런지 몰라 답답해하셨고요. 나는 촛불만 켜 놓고 그 불빛을 하염없이 응시했어요. 침대에 누워서는 아무것도 하지 않았죠. 그리고 하늘을 보며 마음이 흘러가는 대로 두는 것도 좋아했어요. 늘 뭔가 응시하고 보고 관찰하고 싶었어요. 우리 집 개들을 산책시키며 나무, 꽃, 별들을 보며 시간을 보냈죠. 우리 집에서는 그런 내가 골칫덩어리였을 거예요."

게빈은 브루스 리의 영화를 사랑하여 쿵푸 수련을 시작했다. 선불교나 도가 같은 동양 철학에도 깊이 빠져들었다. 덕분에 자신의 고독에 대한 열망과 명상적 삶에 대한 충동을 어느 정도 이해하게 되었고, 가족의 걱정에 크게 영향받지 않았다.

그런데 19세가 되었을 때 한차례 좌절과 우울을 겪어야 했다. 게빈은 음악을 업으로 삼고 싶었기에 자신의 방에서 몇 시간이고 노래를 녹음하면서 보냈다. 팝뮤직 전문가로 성공할 수 있을 것 같았다. 자신의 노래를 녹음해서 관계자들에게 보내 봤다. 하지만 긍정적인 피드백이라곤 없었다. 지금의 게빈은 그때 자신이 "극도로 야망에 차 있었다."고 회상한다. 일이 잘 되지 않자 게빈은 엄청난 좌절감을 느끼며 자신을 실패자로 생각하기 시작했다. 슈퍼마켓에서 일해야 했는데, 여전히 자신이 뮤지션으로 성공해야 한다고 생각했기에 그 일을 하는 매 순간이 지옥 같았다. 그의 에고가 깨어나 있던 자아를 압도해 버린 것이다. 그런데 그러던 어느 날 저녁 강력한 변형을 겪게 된다. 그날 게빈은 그 에고와 좌절감에서 완전히 벗어났고, 본연의 그 자연적 깨어남 상태가 예전보다 더 온전한 모습을 드러내기 시작했다.

"낮 12시 즈음 개들과 산책을 하고 있었어요. 날씨가 참 좋았어요. 개들을 풀어 맘껏 뛰어놀게 하고 나는 나무를 하나 바라봤지요. 그런데 그 나무에서 눈을 뗄 수가 없는 거예요. (……) 그 나무는 그때까지 내가 본 그 어떤 것보다 아름다웠어요. 그 나무가 색들을 뿜어내고 있었어요. 게다가 그게 다가 아니었죠. 내가 그 나무와 하나가 됐는데, 그게 어느 정도냐면 내가 사라진 것 같았어요. 이제 존재하는 거라고는 하나로 뭉쳐진 그 어떤 것, 그것 뿐이었어요! 합일을 본 거죠. 나의 야망, 목표들, 두려움들, 불안함 (……) 그리고 나의 정체성까지 사막의 얼음처럼 녹아 없어졌죠. 그 순간 웃음밖에 안 나왔어요."

그날부터 게빈은 내면으로부터 늘 강한 만족, 감사, 세상에 대한 끝없는 경외감을 느꼈고, 그것을 자신의 책으로 표현했다. 때로

4장 자연적 깨어남

에고가 일어나지만 늘 바탕처럼 깔려 있는 깨어남의 강력한 저류에 곧 연결되었다. 예를 들어 머릿속 수다로 정신이 없다 느껴지면 그는 "호흡이나 몸의 움직임에 집중하며 수다가 조용히 머릿속 뒤편으로 사라지는 모습을 지켜봤다. 그렇게 감각을 알아차리고 관찰하면 머릿속 수다는 그 에너지를 잃게 되는 것 같았다."

내가 겪은 자연적 깨어남

나 자신도 자연적으로 깨어난 사람이므로 관련한 경험들을 말하는 데 이보다 더 좋은 지면은 없을 듯하다.

다만 조금 조심스럽기는 하다. 그동안 영적 지도자나 구루들을 많이 만나 오면서 '자신이 깨달았다고 주장하는 사람이라면 깨닫지 않았을 가능성이 높다.'가 나에게는 기본 원칙이 되었기 때문이다. 정말 깨어난 사람들은 대체로 겸손하다. 누군가 "당신은 깨달은 사람임이 틀림없소."라고 말하면 동의할지는 몰라도, 그 점을 널리 알리려 들지는 않는다. 이들은 그 어떤 사명감을 느끼고 자신의 지혜를 나누며 사람들의 정신적 발전을 돕고 싶다는 충동을 느끼지만, 대부분은 사람들의 주목을 받거나 신봉자가 생기지 않게 각별히 노력한다. 반면 자기도취적이고 자기 망상적인 이른바 '지도자'란 사람들은 스스로 무슨 무슨 화신 혹은 구원자라고 떠벌리

며 자신을 과장하고 가능한 한 많은 관심을 받고 신봉자를 늘리려
고 한다.

그런 이유로 나는 깨어난 사람으로서 '커밍아웃' 하기를 주저
하는 편이다. 나는 겸양이 미덕이라 배운 영국 사람이라 자칫 오만
해 보이는 주장은 될 수 있으면 하지 않으려 한다. 그래서 나의 깨
어남에 대해 말하기 전에 먼저 세상에는 여러 종류의 깨어남이 있
고 그 정도도 매우 다양하다는 것, 그리고 나의 깨어남이 그 최고
의 것 혹은 그 순수한 형태라고 주장할 생각은 추호도 없음을 밝혀
두고 싶다. 게다가 그저 겸손하려고 나만의 자연적인 깨달음과 그
경험을 여기서 말하지 않는다는 것도 어쩐지 바보스럽게 느껴진다.

강의나 워크숍에서 특히 심리적 격변과 영적 깨어남 사이의
관계를 논할 때 사람들은 나에게 이렇게 묻곤 한다. "선생님도 그
런 영적인 전환을 경험하셨나요?" 그럼 나는 보통 이렇게 얼버무
린다.

"아뇨. 저에게 그런 돌연한 전환의 순간은 없었어요. 제가 기
억하는 한 저는 늘 영적 감수성이 좋은 사람이었죠. 그건 처음부터
그랬던 것 같아요. 아주 자연스럽게요. 제가 영성에 대해 연구하는
건 다름 아니라 바로 제 안의 그 부분을 이해하고 받아들이기 위해
서고, 그래서 그것이 날개를 활짝 펼 수 있게 하려는 거지요."

십 대 때는 자연적 깨어남 상태에 대한 몰이해로 문제가 생기
기도 했다. 나는 내가 속한 문화에 어울리지 않았다. 내 교육에 가

장 큰 부분을 차지한 것은 사실 축구와 텔레비전이었다. 맨체스터 유나이티드 광팬이었던 아버지 덕분에 나는 축구를 하거나 보는 걸로 어린 시절을 다 보냈다고 해도 과언이 아니다. 우리 집은 종교적인 집은 아니었다. 내 부모는 스스로를 무신론자라고 부르지는 않았지만, 그렇다고 특정 종교에 관심을 갖는 것도 아니었다.(물론 축구가 내 아버지의 종교였다고 할 수는 있다!) 문화적인 영향이 그리 큰 것도 아니었다. 음악은 거의 듣지 않았고 책도 그다지 많이 접할 수 없었으니 지적이고 문화적인 환경은 아니었다. 영화관이나 극장을 갔던 기억도 거의 없지만 불만은 없었다. 아버지나 친구들과 동네에서 축구를 하면서 멋진 시간을 많이 보냈고, 내 부모는 자상하고 사랑 많은 분들이라 나에게 감정적으로 탄탄한 기반을 마련해 주었다. 지금도 그 점에 무척 감사한다.

문제는 16세 즈음 생겼다. 축구에 집착하던 평범한 꼬마가 어느새 자의식 강하고 내성적이며 언제나 심각한 사람이 되어 있었다. 게다가 나는 이제 내가 나고 자란 환경에 적합하지 않은 인간 같다는 생각이 들었다. 불과 몇 달 만에 아주 다른 사람이 되어 버린 것이다.

나는 '자기 앞가림 잘하고' 즐기며 사는 것이 인생에서 가장 중요한 것이라 배웠다. 아버지는 특히 사교적이고 재미있는 사람이 되라고 했다. 그리고 돈을 벌어 좋은 차를 비롯해 다른 좋은 것들을 살 수 있어야 한다고도 했다. 그런데 나는 그런 것들에 전혀 흥미가 없었다. 펍에 가서 맥주를 마시며 친구들과 어울리려고도 해봤지만, 재미가 없고 불편했다. 책을 읽거나 음악을 듣거나 산책을 하며 혼자 시간을 보내는 것이 더 좋았다. 조용한 곳이나 자연에 더 끌렸지만, 내가 살던 도시에는 자연이랄 게 별로 없었다. 밤이 되어 어둠이 내려앉으면 종종 학교 담을 타고 다시 학교로 가 운동장을 배회했다. 사람들과 마주치지 않고 조용히 자연을 즐길 수 있는 곳은 가까운 학교 운동장밖에 없었다. 학교 운동장의 탁 트인 공간과 열린 하늘, 그리고 그 고요가 나를 평온하게 했고, 그러면 어쩐지 비로소 온전해지는 것 같았다. 구름은 마치 살아 있는 듯 손에 잡힐 듯했고, 구름 사이의 검은 공간이 너무 깊고 풍성해서 감탄하곤 했다. 내가 볼 수 있는, 인간의 손이 닿지 않은 유일한 공간이었기에 나에게 하늘은 매우 소중했다.

그럴 때면 나는 경이로움과 행복감에 벅차올랐지만, 동시에 내가 뭔가 잘못된 게 아닐까 생각했다. 왜 배운 대로 기능하지 못하는지 이해할 수 없었다. 나는 말 없는 아이가 되었다. 펍이나 청소년 클럽에서 친구들에 둘러싸여 있을 때도 아무 말도 할 수 없었다. 사람들은 내가 '이상해졌다.'고 생각했다. 부모님은 나를 걱정했다. 나를 철학이나 심리학 같은 '이상한 책'이나 빌려오는 '외톨이'쯤으로 보았다.

다행히 학교 공부는 잘하는 편이었다. 대학을 갈 정도의 점수는 받았기에 고등학교를 졸업하자마자 직업을 정하지는 않아도 되었다. 대학에 가면 나와 비슷한 사람들을 만날 거라고 생각했는데 실망만 했다. 대학에서는 내가 자란 곳보다 더 술 마시고 사교적으로 사는 것이 중요했다. 나의 소외감은 커져만 갔다. 문학을 전공해서 시간 여유가 많았다는 것은 그나마 다행이었다. 그러다 대학 2학년 때 초월 명상(TM)에 대한 대화의 시간이 있다는 알림 광고를 보게 되었다. 당시 나는 명상이 정확히 뭔지 몰랐지만 어쩐지 관심이 갔다. 그렇게 초월 명상을 처음 접한 뒤 나는 바로 그 명상 강의에 등록했고, 나만의 만트라도 받았다. 당시 명상을 규칙적으로 할 정도로 자기 훈련이 잘되어 있지는 않았지만, 곧 명상이 치유와 진정의 효과가 있음을 알게 되었다.

대학 시절, 일상 패턴이라는 게 생겼는데 그 후 오랫동안 그 패턴대로 살았다. 나는 보통 새벽 4~5시까지 깨어 있다가 그날 점심 때(혹은 더 늦게) 일어났다. 모두가 잠들어 거리에 사람이 없을 때 나가 걷는 것을 좋아했다. 그 넓은 공간과 고요를 만끽했다. 나는 나무를 매우 좋아했다. 도시가 잠이 들면 나무가 살아나는 것 같았다. 나무의 지성이 느껴졌고, 나무들이 나와, 그리고 자기들끼리 소통한다고 느꼈다. 대학 2학년 때는 거의 시골이라 할 만한 교외에서 살며 들판, 시골길, 한적한 마을들을 걷거나 자전거를 타며 많은 시간 자연의 치유 능력을 흡입하며 보냈다.

이 시기에 (『잠에서 깨어나기』에서 설명한 대로) 나는 금욕과 정화의 과정을 밟고 있었다. 대학 강의는 더 이상 듣지 않았고 사람들도 만나지 않은 채 가능한 한 최대한 간소하게 살려고 노력했다. 나의 정체성, 나의 안전을 위해 내가 의지했던 모든 것들로부터 자유로워지고 싶었다. 일부러 불편하게 때로는 고통스럽게 살았다. 잠조차 딱딱한 침대에서 잤으며, 샤워도 찬물로 했다. 당시에는 몰랐지만 나는 금욕적인 수행자의 삶을 살았다. 그렇다고 어떤 목적이 있었던 것은 아니다. 단지 본능적으로 그렇게 살아야 할 것 같았다. 지금의 나는 당시 내가 나만의 의지력을 강화하고 자기 수양에 몰입했던 것임을 잘 안다. 당시 나는 인생에서 불필요한 것들을 다 쳐내고 본질에 다다르고자 했다. 그래서 주변의 영향에서 자유로워지고, 진정한 나 자신을 발견하고 싶었다.

그러던 중에도 나는 여전히 소외감을 느꼈고 혼란스러웠다. 내가 정말 누구인지 무슨 일을 해야 하는지 도무지 알 수 없었다. 때로 절망감에 휩싸여 자살을 생각하기도 했다. 수업을 많이 빠지는 바람에 대학은 형편없는 점수로 졸업했다. 그 후에도 하고 싶은 일이 없었고, 미래가 어떻게 펼쳐질지 감도 잡지 못했다. 그 몇 년 동안 나는 실직 수당을 받거나 시간제 잡일을 하며 표류했다. 때로 강력한 행복감(심지어 황홀경)이 밀려오기도 했지만 우울증, 혼란, 불안감이 내 깨어난 자아를 뒤덮고 있었다.

그러다 22세 즈음 마침내 내가 자연적으로 깨어난 상태였음을 이해하기 시작했다. 그 전에 나는 콜린 윌슨(Colin Wilson)의 『아웃사이더』를 읽고 나를 조금씩 이해하기 시작했다. 이 책이 왜 내가 사회에 적응할 수 없었는지 설명해 주었고, 다르다는 것이 사실 긍정적인 것임을 알려 주었다. 이 책은 영성보다 존재론적인 설명에 가까웠지만, 내 소외감과 고립을 이해하게 하는 틀을 하나 제공해 준 것이다. 그러다 나는 기독교와 동양 종교의 신비주의 문헌들을 요약해 놓은 F. C. 해폴드(F. C. Happold)의 『신비주의: 연구 및 고고학(Mysticism: A Study and Anthology)』이라는 책을 만나게 되었다. 이 책의 내용 대부분이 내 심금을 울렸다. 내가 했던 경험들을 책 안에서 고스란히 찾을 수 있었다. 특히 『우파니샤드』 부분에 크게 감동했다. 그 즉시 『우파니샤드』 전 본을 읽었는데 말할 수 없이 큰 위안을 받았다. 긴 방황 끝에 마침내 집으로 돌아온 것 같았다. 특히 모든 것 안에 있는 브라흐만의 존재를 묘사하는 부분에서 세상에 대한 나의 시각을 보았다. 나도 세상에서, 특히 하늘에서 브라흐만을 보았다. 그 후 나는 월트 휘트먼의 「나 자신의 노래」, 로렌스의 『시선(Selected Poems)』을 비롯한 많은 영성 관련 책들을 읽었다. 당시 밴 모리슨(Van Morrison)의 앨범 「인아티큘레이트 스피치 오브 더 하트(Inarticulate Speech of the Heart)」와 「노 구루, 노 메소드, 노 티처(No Guru, No Method, No Teacher)」를 듣고 그의 음악 세계를 알게 된 것도 나에게는 큰 일이었다. 이 음악들은 나의 영적 감수성에 심금을 울리며 강력한 영감을 주었다. 마음 깊숙한 곳에서 알고 있던 영적 풍경들을 열어 보여 주었고, 그때마다 나는 더 할 수 없이 편해졌다.

이제 모든 것이 이해되었다. 나는 내가 깨어났음을 말해 주는 지적인 틀들을 하나씩 알아 나갔다. 더 이상 혼란스럽지 않았다. 방향과 지향점도 생겼다. 드디어 그렇게 그리워하던 집에 돌아온 것 같았고, 나의 상태를 신뢰하고 받아들이기 시작했다. 그러자 나의 상태는 안정되고 심화되었다. 멋진 시간이었다. 행복하고 황홀했다. 내 본질에 닿아 있었으며, 세상과도 소통했다. 가는 곳마다 아름다웠고 놀라웠으며 어디든 영적인 힘(혹은 브라흐만)이 있었다. 자살까지 생각했던 내가 몇 년 만에 살아 있음에 더할 수 없이 감사했다. 내 인생이 어떻게 흘러갈지 여전히 몰랐지만 그건 중요하지 않았다. 아름다운 현재에 살아 있다는 것만이 중요했다. 나는 마침내 나 자신을 이해했고 받아들였다.

하지만 이때부터 다 좋기만 했다고는 말할 수 없을 것 같다. 그런 황홀한 깨어남이 있은 지 약 3년 후 새로운 문제들이 생겨났다. 당시 내 열정이 닿아 있던 것 중 하나가 음악이었고, 내 나이 24세에 친구의 밴드에 베이시스트로 들어가게 되었다. 그리고 우리는 외국으로 나갔다. 그러자 나는 내가 구축해 왔던 틀에서 벗어나기 시작했다. 뮤지션들에게 흔한 방탕한 생활을 시작했고, 담배도 피우고 술도 마셔 댔다. 주변에 온통 그렇게 사는 사람들뿐이었다. 그런 라이프스타일이 내 진정한 자아와 맞지 않음을 잘 알기에 불만이 쌓여 갔다. 여자 친구와 사이도 좋지 않았고, 생계 문제 같은 일상의 요구를 들어주느라 허겁지겁 살았다. 그토록 오랫동안 내 본질에 가 닿으려고 노력했었는데, 다시 그 본질에서 멀어지고 말았다. 나는 또다시 우울증에 빠져 좌절했다.

지금의 나는 당시를 사회 적응 기간으로 보고 있다. 영적으로는 발달했을지 몰라도 삶의 다른 분야에서 나는 아직 어린아이 수준에 불과했다. 감정적 문제나 인간관계에 미숙했고 자기 확신, 자기 성취 능력도 턱없이 부족했다. 수도승이었다면 그런 것들이 문제가 되지 않았겠지만, 현대 세상은 복잡하고 그만큼 개인에게 요구하는 것들이 많다. 나는 이 세상에서 기능하는 법을 배워야 한다고 생각했다. 깨어난 후 아직 사회에 완전히 통합되지 못한 상태였기에 당시 내 존재 자체가 불안했고 쉽게 무너질 수 있었다.

하지만 조금씩 성숙해 가고 많은 부분에서 자기계발을 꾸준히 해 나가면서 내 존재는 사회에 썩 잘 통합해 들어갔다. 깨어난 상태도 안정되고 심화되었다. 좌절감과 우울감도 더 이상 찾아오지 않았다. 30세 즈음 담배를 끊었고, 채식을 시작했다. 명상과 요가도 규칙적으로 했다. 피스 필그림이 그녀 나이 30세에 숲에서 그 강력한 경험을 한 뒤 그랬던 것처럼 내 내면의 자아도 나에게 맞는 조화로운 라이프스타일을 찾아냈던 것이다.[11] 그리고 다시 내 영혼의 집으로 돌아왔다. 그런데 이번에는 그 집의 느낌이 첫 번째와는 좀 달랐다. 처음에 깨어났을 때가 역동적인 각성과 흥분 상태였다면, 이번에는 거기서 한 꺼풀 가라앉은 듯 침착하고 고요하고 더 안정적이었다. 그것은 전에 경험했던, 섹스나 격렬한 춤 후에 찾아오는 황홀경에 가까운 깨어남이 아니라, 아름다운 자연을 만끽하거나 깊은 명상을 한 후 찾아오는 고요한 깨어남이었다.

그 후 지금까지 나는 그런 안정적인 깨어남 상태를 유지해 오고 있다. 그러는 동안 내 성격의 일부가 단단해지기도 했고, 새로운 성격들이 그 모습을 드러내기도 했다. 새로운 통찰과 깨달음들도 찾아왔다. 무엇보다 자연적으로 깨어난 사람으로서 온전히 그 뜻을 펼치며 살 수 있게 되었다. 나 자신을 이해하고 이 세상에 통합되고자 노력했던 그 긴 여정 덕분이다.

자연적 깨어남 이해하기

지금까지 보아 온 예들은 깨어났을 때 그 상황을 이해하게 하는 지적인 틀을 갖고 있는 게 얼마나 중요한지 보여 준다. 그런 틀이 없다면 혼란과 좌절에 빠지기 쉽다.

그런데 흥미로운 것은 앞 장에서 살펴보았던 휘트먼과 로렌스 같은 사람들의 경우 그런 곤란함을, 최소한 우리가 보기에는 겪지 않은 것 같다는 점이다. 이것은 우리가 태어난 문화, 나아가 그 문화에서 깨어남이 어떤 위상을 갖고 관습적으로 어떻게 받아들여지는지와 관계가 있을 것 같다. 깨어남은, 예를 들어 내가 나고 자란 현대 영국, 혹은 피스 필그림이 나고 자란 전쟁 전 미국 같은 도시적이고 산업적이고 경쟁적이고 소비적인 문화와는 맞지 않다. 휘트먼과 로렌스는 경쟁적인 현대의 자본주의가 아직은 크게 부각되지 않은 산업화 이전 시대 사람들이다. 덕분에 자신들의 깨어남에 대한 문화적 저항을 그다지 받지 않았을 것이다.

인도나 태국 같은 영적 전통이 강한 문화에서는 깨어남이 권장되고 지지도 받는다. 이런 문화에서는 자연적으로 깨어난 사람들의 경우, 가정컨대 좀 더 수월하게 그 새로운 상태를 이해하고 받아들일 것이다.(깨어난 사람은 사회의 지지를 받을 수도 있고, 환자로 취급받을 수도 있다. 이 문제는 10장에서 돌연한 깨어남 이후 일어나는 영적 위기를 알아볼 때 다시 주요하게 등장할 것이다.)

그런데 그보다 좀 더 포괄적인 의문도 든다. 우리는 이 자연적인 깨어남을 어떻게 이해해야 할까? 왜 소수지만 어떤 사람들은 이미 깨어난 상태에서 태어나는 걸까? 더 구체적으로, 왜 이 소수의 사람들은 우리 일반 사람들처럼 자동적으로 인식하지 않고 더 확장적이고 더 긴밀한 정체성을 갖는, 다른 종류의 자아 체계를 자연스럽게 갖게 되는 걸까?

이 질문에 대한 대답으로 자연적으로 깨어난 사람들을 '진화적 전진'으로 보는 것이 가장 적합할 것 같다. 마지막 장에서 깨어남과 진화의 관계에 대해 자세히 논할 예정이므로 여기서는 진화에 대해서 간단히 언급만 하고 넘어가겠다. 어떤 면에서 진화는 살아 있는 존재들이 계속해서 더 의식적으로 살아가게 되는 과정이며, 더 복잡하고 포괄적인 알아차림 능력을 계발해 나가는 과정이다. 그런 의미에서 보면 자연적으로 깨달은 사람들은 언젠가 모든 인간이 갖게 될 좀 더 확장된 알아차림 상태를 미리 보여 주는 사람들이라고 할 수 있다. 이들은 인류가 지금 막 겪으려고 하는 진화적 도약을 미리 겪는 사람들이다. 그리고 이런 사람들이 있다는 것은 인류가 지금 정말 진화적 도약을 겪고 있음을 말해 준다.

다음 장에서는 그 진화적 도약의 또 다른 표시로 해석될 수 있는 현상, 즉 많은 사람이 깨어나고 싶은 충동을 느끼며 깨달음의 길을 가고 있는 현상에 대해 살펴볼 것이다. 그리고 그러한 현상에서 깨어남이 일어날 수 있는 두 번째 방식도 알 수 있을 것이다.

5장

전통 안에서의

단계적 깨어남

자연적으로 깨어날 수도 있지만, 오랜 기간 꾸준한 계발의 결과로 깨어날 수도 있다. 오랜 수행의 끝에 찾아오는 깨어남은 간혹 무심코 일어나기도 한다. 그러나 대부분은 당사자가 의식하는 가운데 점진적으로 일어난다.

사람들은 대부분 자신이 사는 세상을 정상적인 것으로 받아들이고, 그런 상태에서 생기는 심리적 불협화음이 불가피하다고 생각한다. 하지만 자신이 잠자고 있음을 깨달은 사람들(즉, 자신이 제대로 알아차리지 못하고 있음을 본능적으로 아는 사람, 심리적 문제들이 치유될 수 있다고 믿는 사람, 일상적이고 얄팍한 자아 밑에 진짜 자아가 있다고 믿는 사람)에게는 깨어나고 싶은 열망이 삶의 원동력이 되기도 한다. 이들은 직업을 정하고 성공하거나 부자가 되는 일, 자동차나 비싼 가구를

5장 전통 안에서의

사들이는 일에는 관심이 없다. 외모에도 특별히 신경 쓰지 않고 자신의 위상이나 매력으로 다른 사람에게 깊은 인상을 남기려 하지도 않는다. 쾌락이나 안락을 추구하기보다 자아 전환의 욕구를 충족시키는, 훨씬 더 중요한 문제에 몰두한다. 이들을 구도자라 부르기도 하지만 여기서는 '깨어나려는 자'로 보자.

깨어나고자 하는 열망을 처음부터 갖고 태어난 사람이라면 그 열망이 언제나 마음 한구석에 있다. 물론 일시적으로 깨어나는 경험을 해 본 뒤 그런 열망을 갖게 되는 사람도 있다. 시골길을 걷다가 사랑을 나누다가 LSD 같은 약물을 복용한 후에도 갑자기 모든 걸 알아차리며 하나임과 깊은 고요를 경험할 수 있다. 그리고 갑자기 이 세상에 무언가 더 있음을 알게 된다. 그동안 얼마나 좁은 세상만을 보고 살아왔는지, 얼마나 하나의 존재 상태로만 있어 왔는지 보게 된다. 그리고 그 깨어난 순간에 느꼈던 존재 상태가 보통의 상태보다 어쩐지 더 진짜 같고 더 믿음이 간다. 그럼 깨달음과 그 수련 방법들을 탐색하기 시작할 것이다. 그 깨어남 상태, 그 차원으로 좀 더 안정적이고 지속적으로 들어가는 방법을 알고 싶기 때문이다. 나는 깨어나기 위해 향정신성 약물을 이용하는 것에 매우 조심스러운 편이지만 그런 약물로 켄 윌버가 말한 "절정 경험(peek experience, 지고 경험peak experience의 반대 개념)"을 할 수도 있다. 뜻밖에 초월적인 차원을 일견하고 또 다른 실재와 가치를 인식하게 되는 것이다.(향정신성 약물이 영구적이고 지속적인 깨어남을 이끌 수 있는지는 9장에서 자세히 살펴보려 한다.)

　깨어나고 싶은 욕구가 배출구를 찾지 못하면 불만이 쌓인다. 자연적으로 깨어난 사람들처럼, 이미 한번 깨어난 사람도 자신에게 무언가 안 좋은 일이 일어난 건 아닌지, 왜 다른 사람들이 좋아하는 것에서 만족감이나 성취감을 느낄 수 없는지 의아해할지도 모른다. 그리고 일반적인 삶에는 적합하지 않는 '아웃사이더'라고 느낄 것이다.(콜린 윌슨의 『아웃사이더』는 이 단계에 있는 사람들에 대한 이야기다.) 하지만 요즘은 영적인 길이나 그 수행법이 많이 알려져 있으므로, 한번 깨어난 사람이라면 다시 깨어나고 싶은 열망을 충족시킬 배출구를 보통은 큰 문제 없이 찾는다. 깨어난 자는 본능적으로 영성에 끌리게 되어 있다. 물론 영성에 끌리는 이유를 미처 깨닫지 못하고, 그저 단지 내면의 평화를 찾고 이기성을 극복하고 마음을 고요하게 하고 싶은 열망만 알아채는 경우가 많기는 하다. 하지만 이것도 깊게 보면 깨어나고 싶어 하는 이들의 본능이 표현된 것이다.(물론 깨어나고 싶어 하는 직접적인 열망 외에도 영적인 길을 가는 이유는 많다. 특히 영성 추구를 하나의 종교로 받아들이고 소속감, 정체성, 위로를 찾는 자신의 심리적 욕구를 만족시키는 데 이용하는 사람들이 있다. 예를 들어 구루 중심의 영적 전통 내 신봉자들은 그 구루를 실질적인 신으로 보고 그 구루가 완벽하고 어디에나 존재한다고 생각한다. 하지만 실은 그런 숭배와 신뢰를 통해 자신만의 심리적 문제에서 도피하는 것이다.)

　불교, 수피교, 카발라 전통 같은 영적 전통을 따르며 점진적으로 깨어나는 사람들이 있다. 혹은 더 적극적으로 수행자가 되어 명상, 기도, 금욕, 자기 절제의 삶을 실천하면서 점진적으로 깨어나는 사람도 있다. 아니면 공식적으로 특정 영적 전통을 따르지는 않지만, 나름의 영적인 삶을 살면서 점진적으로 깨어나는 사람도 있다. 이들은 모두 규칙적으로 명상하고, 이타주의를 실천하여 봉사하는 삶을 살 것이며, 대부분의 시간을 고독 속에서 보낼 것이다. 그리고 자신의 존재 상태를 조금씩 바꾸며 수면 상태에서 깨어남 상태로 나아갈 것이다.

점진적 깨어남의 길과 그 수련 방법들

점진적 깨어남의 사례들을 살펴보기 전에 2장에서 살펴보았던 영적 전통들로 잠깐 돌아가 보자. 2장에서는 이 전통들이 깨어남 상태를 어떻게 이해하는지 살펴보았는데, 여기서는 그 상태에 도달하는 데 어떤 방법들을 제시하는지, 즉 점진적인 깨어남을 위해 어떤 수련 방법과 생활 방식들을 제시하는지 살펴보려 한다.

물론 명상 같은 수련이 일시적인 깨어남을 부른다. 그것이 이런 수련법들이 가치가 있는 이유이기도 하다. 하지만 사실 이 수련법들의 진짜 가치는 장기적으로도 집약적인 효력을 발휘한다는 데 있다. 이 수련법들로 우리는 존재의 보통 상태, 밀실공포증을 야기하는 그 비좁은 방에서 나올 수 있고, 나아가 조금씩 그 방을 해체해 영원한 자유를 얻을 수도 있다.[1]

영적 체계들과 그 수련 방법들은 인류의 놀라운 발견이라 할 만하다. 어른이 되면서 만들어지는 우리의 존재 상태는 사실 결정적이지도 단단하지도 않다. 우리에게는 여전히 존재 상태를 바꿀 자유와 능력이 있다. 플라톤의 '동굴의 비유'를 빌리자면 동굴 벽에 비춘 그림자만 보고 평생 살지 않아도 된다. 천천히 몸을 돌려 빛에 직면할 수 있다. 쉽지는 않다. 이런 전환을 이루어 내기 위해 요구되는 엄청난 노력과 자기 훈련은 대부분 사람에게는 너무 힘든 것이다. 하지만 분명 가능한 일이다. 그 전환이 일어나면 일상적인 경험을 야기하는 정신 구조 자체가 영원히 바뀔 것이다. 우리 정신의 틀은 해체될 수 있다. 깨어남 후에도 재빨리 재결성하곤 하는 바로 그 틀 말이다. 이 틀이 보통의 심리적 문제들을 야기한다.

역사를 통틀어 모든 세대 수백만 사람이 자기 변형 능력을 찾아냈고, 지금도 찾아내고 있다. 그리고 내가 '전략'이라고 부르는 정신적 전환을 겪은 수천 년 전 사람들 중에 그런 발견을 한 최초의 사람들이 있었다. 이들이 2장에서 살펴보았던 영적 전통들을 만들었다. 이들은 끝없는 실험을 통해 존재 상태를 점진적으로 바꿀 특정 수행법과 기술들을 계발해 냈다. 그리고 그런 변화를 촉진하는 일반적인 생활 지침서도 계발해 냈다. 그중의 일부는 그 수행법과 지침서가 고도로 분화된 자기계발 체계로 발전했고, 깨어남을 위한 매우 효과적인 길들을 제공했다.

2장에서도 언급했듯이 특히 고대 인도의 성자와 철학자들이 깨어남에 대한 가장 심오하고 세련된 이해 체계들을 계발해 냈다. 그리고 그 깨어남을 촉진하는 다양한 수행법들도 고안해 냈다.

수행체계를 분명하고 신중하게 그려 보려는 (최초는 아니라도) 그런 초기의 시도 중 하나가 불교의 팔정도(八正道)였다. 붓다도 자신의 길이 사실 '점진적 훈련'을 위한 길이라고 말한 바 있다. 불교 초기 경전 중 하나인 『자설경(自說經, Udana)』에서 붓다는 해양 층을 비유로 든다. 해양 층이 조금씩 낮아지다가 마지막에 갑자기 절벽이 되듯이 "불법과 그 수행법도 단계적 과정이고 훈련이고 진전이다."라고 말한다. "최후의 앎으로 곧장 이어 주는 길은 없다."[2]

팔정도는 크게 지혜, 윤리, 집중의 세 영역으로 나뉜다. 전체적으로 삶의 영역을 넓게 망라한 지침서라 하겠다. 지혜에는 '정견(正見, right view/right understanding)'이 포함된다. 망상과 무지에서 깨어나 세상을 있는 그대로 보고 인간 고통의 원인과 본성을 이해한다는 뜻이다.(정견은 선입관, 집착, 독선 없이 보는 것을 뜻하기도 한다.) '정사유(正思惟, right thought/right intention)'도 지혜에 속하는데, 부정적인 성질들을 없애고 변화를 결심하고 수행의 길에 자신을 맡긴다는 뜻이다. 윤리 영역에는 정어(正語, right speech), 정업(正業, right action), 정명(正命, right livelihood)이 들어간다. 집중 영역의 정정진(正精進, right effort), 정념(情念, right mindfulness), 정정(正定, right concentration)

은 욕망, 생각, 감각을 점진적으로 초월하고 완벽하게 최후의 '공(empty)'한 순수의식 상태에 도달하게 하는 네 개의 선정(禪定, jhana) 상태를 포함한다. 다시 말해 팔정도는, 붓다 말을 빌리면 "쾌락도 고통도 없는, 순수한 평정심과 알아차림 상태"의 깨어남 상태를 유도한다. 이 상태에 이르면 "순수하고 밝은 의식이 온몸을 관통하며 따라서 몸 어느 구석 하나 그 순수하고 밝은 의식이 스미지 않은 곳이 없다."[3]

붓다 사후 몇 세기가 지난 2~3세기경 인도의 성자 파탄잘리가 깨어남으로 향한 유사한 길을 『요가 수트라』라는 책으로 펴냈다.(실제로 파탄잘리가 개발자가 아니라 편찬자라는 주장도 있다.) 팔지법(eight-limbed path)이 나오는 이 『요가 수트라』는 요가 철학과 그 수행법에 관한 가장 권위 있는 경전이다. 팔지법에는 첫째로 금계(예를 들어, 살인하지 마라, 거짓말하지 마라, 탐욕하지 마라, 도둑질하지 마라 등)가 있고, 둘째로 권계가 있으며, 그다음 셋째 아사나(요가 체위법)를 훈련해야 하고, 넷째 호흡법을 알아야 한다. 그런 다음에는 다섯째 감각 제어(sensory withdrawal, 프라치아하라)에 들어가는데 이때는 정신에 집중하며 자아 성찰을 시작한다. 다음 여섯째는 정신 집중 단계로 그 어떤 대상이나 활동에 온전히 집중해 평정심을 갖게 한다. 다음 일곱째는 참선 혹은 명상 단계로 이때는 마음을 비우지만 의식은 고도로 살아 있게 된다. 이 단계를 성공적으로 마쳤다면 마지막 단계인 삼매(samadhi)로 들어간다. 삼매는 이원성을 초월한 의식

5장 전통 안에서의

이 그 고양된 상태에 지속적으로 머무르며 우주의 부분으로서 자아를 경험하는 상태다.

파탄잘리의 팔지법과 붓다의 팔정도는 비슷한 점이 많기 때문에 학자들은 파탄잘리가 붓다의 영향을 많이 받았을 거라고 말한다. 하지만 파탄잘리가 수집하고 편찬한 『요가 수트라』의 기본 개념들은 불교 이전에 이미 계발되었다.(그러므로 이 기본 개념들이 붓다에게도 영향을 주었으리라 추정할 수 있다.) 그럼에도 파탄잘리가 불교 팔정도의 틀을 차용, 비슷한 모델을 만들어 요가를 가르치려 한 것은 사실인 것 같다. 하지만 이 두 길 사이에는 분명한 차이점도 있다. 예를 들어 불교 팔정도는 요가의 아사나나 호흡법을 말하지 않는다.(호흡 명상이 불교 수행법인데도 말이다.) 그리고 가장 큰 차이점은 불교 팔정도의 경우 요가의 팔지법처럼 직선적이지 않다는 것이다. 팔정도는 동시 작동하고 서로 공존하는 성격을 갖고 있다.(그런 의미에서 불교의 팔정도는 20세기 인도 철학자 스리 오로빈도, 가장 최근에는 켄 윌버에 의해 계발된 통합 철학의 초기 버전이라 할 만하다.)

힌두교와 불교는 둘 다 방대한 체계이므로 그 안에 깨달음으로 향한 수많은 다른 길들이 있다. 탄트라 학파(그리고 일부 요가학파)의 경우 일곱 차크라 중에 가장 낮은 곳에 있는 (뱀처럼 똘똘 말려 잠자고 있는 에너지인) 쿤달리니의 상승으로 깨어남을 설명한다. 쿤달리니가 일단 상승하기 시작하면 (대충 척추와 나란히 가는 수슘나sushumna라는) 에너지 통로를 통해 그 가장 높은 곳, 우리 머리 정수리에 있는 사하스라라(sahasrara) 차크라까지 올라간다. 그러면 깨어나게 된다. 이 일곱 번째 차크라에서 그 에너지를 지속적·안정적으로 유지할 때 우리는 브라흐만과의 합일 속에서 니르비칼파 사마디(nirvikalpa samadhi)를 획득하며 영구적 깨어남 상태에 있을 수 있다. 낮은 차크라들이 관여하는 본능적 에너지들이 위로 올라가면서 오자스(ojas)라고 하는 높은 영적 에너지로 바뀐다. 『요가 쿤달리니 우파니샤드』에 따르면 이 시점에서 "요기는 아트만 속으로 전적으로 흡수된다. (……) 그 자신의 진정한 자아 속에 자리를 잡는다." 그리고 "그 수승한 상태를 즐긴다. 기꺼이 아트만 속으로 빠져 평화를 찾는다."[4]

탄트라와 요가 경전들은 아사나(자세), 무드라(제스처), 프라나(호흡), 명상 같은 쿤달리니 상승을 부르는 여러 방법을 제시한다. 『요가 쿤달리니 우파니샤드』는 쿤달리니 상승에는 두 가지가 필수라고 하는데, 호흡 참기와 사라스와티-차라나(saraswati-chalana)라는 기술이다. 사라스와티-차라나는 갈비뼈에 힘을 주고 호흡을 조절하며 파드마사나 자세로 앉아 사라스와티 나디를 열어 쿤달리니가 흐를 수 있게 하는 것이다. 하타 요가 경전인 『케차리비드야(Khecarividya)』는 혀를 연구개 위 비강 쪽으로 놓는 케차리(khecari) 무드라를 권한다.[5]

스리랑카의 불교학자 부다고사(Buddhaghosa)도 깨달음으로 향하는 일곱 단계를 고안해 냈다. 이 단계들도 점진적인데, 마음과

5장 전통 안에서의

행동의 정화에서 시작해 지식과 관점의 정화로 끝나며, 마지막 정화가 끝나면 깨달음에 도달한 것이다.

후기 불교도 그들만의 체계들을 공식화했다. 예를 들어 대승불교 경전 『현관장엄론(*Abhisamayalamkara*)』은 깨달음으로 향한 다섯 단계를 제시한다. 이것은 금욕, 명상, 공의 깨달음 등을 포함하고 마지막 단계인 존재의 완전한 정화로 이어진다. 한편 티베트의 전통 수행법인 족첸(Dzogchen)은 깨달음으로 향한 매우 상세한 길을 제시하는데, 죽음과 무상의 사유, 스승과 관계 만들기, 자비심 계발하기 같은 예비적 성격을 갖는 수행이 무궁무진하다는 특징이 있다. 이 예비 수행을 잘 실행하고 나면 명상이라는 본격 수행에 들어가 여러 단계의 집중을 통해 순수의식과 존재의 공함을 인식하게 된다.

중국 도가도 자신들만의 깨어남으로 향한 길을 개발해 냈다. 도가인들은 깨어남을 정신 함양의 포괄적인 과정으로 이해했다. 요가와 불교에서처럼 이 과정에 기본이 되는 것도 윤리적 행동, 즉 덕성이다. 그 외에 다른 측면으로 명상, 기공 같은 정신적·육체적 운동, 적절한 식이요법, 자연과 조화롭게 사는 것 등이 있다. 도가에서 깨어남이란 구체적으로 말해 내면의 신비한 힘을 제련하는 과정(내단술內丹術)을 통해 얻을 수 있다. 쿤달리니 요가와 유사하게 호흡과 명상을 통해 낮은 형태의 에너지가 더 높은 형태로 변화해 간다. 먼저 성적 에너지(정精)가 생명 에너지(기氣)로 바뀐다. 다음 생명 에너지가 영적 에너지(신神)로 바뀐다. 그리고 신이 정화되면 깨달음 상태(명明)가 되고, 그러면 무(無)로 귀환하여 도와 하나가 된다.

기독교 세상에서는 깨어남을 위한 길들이 수도원 전통의 일부로서 체계적으로 개발되었다. 불교, 힌두교를 포함한 모든 전통 내 수도승들은 삶의 가장 큰 목표가 깨어남이고, 그것을 위해 거의 모든 것을 희생한다. 인생 전체가 깨어남 과정을 촉진하는 방식으로 조직되고 정리된다. 그런 삶은 대개 세속적인 행복 포기, 자발적 가난, 금욕, 장기간의 침묵과 고독, 장기간의 기도와 명상으로 이루어진다.

유대교 영성에서는 영성과 일상의 통합을 강조하거나 개인의 깨달음이 세상의 치유를 도울 거라고 말하는 수도원 전통 같은 것은 없다. 그럼에도 2장에서 언급했듯이 카발라 문헌들은 점진적인 영적 발전과 신과의 합일을 이끄는 다양한 기술과 일상 지침들을 말해 준다.

지금까지 살펴본 이 모든 수행법들은 다 조금씩 다르지만, 그 목적은 본질적으로 같다. 모두 보통의 제한적이고 분리된 존재 상태에서 벗어나 더 확장적이고 더 강렬한 존재 상태를 계발하려 한다. 조금씩 루트가 다른 길들이지만(자세한 길도 있고 그렇지 않은 길도 있다.) 그 목적지는 모두 깨어남이다.

공통 주제들

그렇다면 이 서로 다른 길들이 공통적으로 말하는 원칙들은 무엇일까? 다시 말해 존재 상태를 바꾸고 싶을 때 공통으로 따를 수 있는 원칙들로 어떤 것이 있을까? 여기서는 가장 의미가 커 보이는 공통점, 다섯 가지를 말해 보려 한다.

윤리적 행동

모든 전통들이 동의하는, 특히 깨어남으로 향하는 길의 초기에 중요한 것이 윤리적 행동이다. 요가의 첫 단계, 야마(yama)는 '절제'나 '금계'로 번역되는데 남을 해치지 말 것, 거짓말하지 말 것, 도둑질하지 말 것, 금욕할 것, 탐욕하지 말 것으로 이루어져 있다. 유사하게 불교의 팔정도도 바르게 말하고(정어), 바르게 행동하고(정업), 바르게 살기(정명)를 지적한다.

영적 발전에 윤리적으로 사는 것이 왜 중요할까? 순수한 정신, 자기 절제, 에너지 이 세 요소의 상호 작용 때문이 아닐까 한다. 비윤리적인 행동을 할 때 내면에 소란이 일어난다. 안팎으로 불안하고 불편한 모습들이 보인다.(불교와 힌두교는 이때 카르마가 일어난다고 한다.) 그러나 윤리적으로 행동할 때는 내면이 고요해지고 순수해진다. 내면을 더 고요하게 하여 영적 발전을 이룰 준비가 되는 것이다. 게다가 탐욕, 착취, 거짓말 같은 비윤리적인 행위들은 다른 사람에 해가 되건 말건 내 이익만 추구하는 것이므로 기본적으로 자기중심적이다. 따라서 비윤리적 행동을 조절한다는 것은 자기 중심성을 초월한다는 것이고, 이는 영적인 길을 가고자 할 때 매우 중요하다.

윤리적으로 살기 위해서는 자기 조절과 자기 훈련을 끊임없이 해야 하는데, 이 또한 영적 발전을 위해 꼭 필요하다. 요가 같은 전통들은 우리 에너지를 보존하는 데 행동을 조절하는 것이 무척 중요하다고 본다. 그 에너지를 탐욕, 미움 같은 감정에 소비하지 않고 내면에 집중하는 데 쓸 때 영적으로 발전할 수 있다.

정화 혹은 정제

모든 전통이 점진적 깨어남을 위해 지켜야 할 그 두 번째 원칙으로 정화 혹은 정제를 든다. 자기 절제를 통한 윤리적 행위를 할 때 마음의 정화는 자연스럽게 뒤따라온다. 정화는 내면 강화/영적 훈련의 한 과정으로, 정화를 통해 우리는 충동, 욕망, 특히 안락과 쾌락에 본능적으로 끌리는 습관을 어느 정도 통제할 수 있다. 그리고 이 과정을 통해 의지력을 강화하고, 더 자족적이 되고, 외부 환경에 상관없이 행복해질 수 있다. 이때 깨어남에 대한 의도와 충동이 다른 충동들을 능가하기 시작한다. 여기서도 안락과 쾌락에 대한 욕망을 절제할 때 내면의 에너지를 모을 수 있다.

일부 전통에서 정화나 정제는 금욕주의로 나타난다. 요가에서는 금욕, 단식, 장기간 꼼짝 않고 서 있기/추위나 더위에 장기간 신체 노출하기 등의 타파스(tapas), 즉 고행 수행을 한다. 기독교(그리고 일부 이슬람 신비주의)에서는 이런 금욕주의가 때로 극단적으로 흘러 가학증이 되기도 했다. 14세기 신비주의자 헨리 수소(Henry de Suso)는 거친 셔츠를 입고 온몸에 사슬을 동여맨 채, 등에는 30개의 바늘과 못으로 이루어진 십자가를 매고 몇 년을 살았다. 불교나 카발라 같은 전통들은 이런 자기 부정과 자기 통제 과정을 덜 강조하는 편이다. 붓다는 깨닫기 전 고행을 하다가 그런 생활 방식이 얼마나 위험한지 알고 고통과 쾌락 사이의 '중도'를 설파했다. 탄트라 전통은 더 다양한 접근법들을 제시하는데, 기본적으로 몸을 신성의 현현으로 보기 때문에 육체를 깨달음의 길에 통합시켜 육체를 이용해 깨어날 수 있다고 말한다.

윤리적 행위와 정화는 영적인 길에서 진짜 깨어남이 시작되기 전 준비 단계에 속한다. 이 둘을 병행할 때 절제 능력이 높아지고 내면이 안정되고 고요해지므로 (그리고 내면의 에너지가 강화되므로) 우리 자신 속으로 들어가 존재 상태를 개조하는 진짜 작업을 시작할 준비가 된 것이다.(파탄잘리의 모델에서 보면 이 단계는 명상 전 '감각 제어 pratyahara' 단계에 해당한다.)

심리적 집착 떠나보내기–무욕

모든 전통이 말하는 깨어남을 위한 그 세 번째 원칙(혹은 원한다면 모든 전통이 동의하는, 진짜 내면의 변형을 위한 그 첫 번째 방법이라고 해도 좋다.)은 심리적 집착을 떠나보내는 것(무욕)이다. 때로는 의도치 않게 모든 욕망이 다 사라지고 이때 점진적 깨달음이나 돌연한 깨달음이 일어날 수 있다. 하지만 영적 전통들은 주로 끊임없는 의식적 훈련을 통할 때 일어나는 무욕을 말한다.

　무욕은 대부분의 삶을 지배하는 세속적 걱정거리들과 짐들에서 벗어나는 것을 의미한다. 자진해서 소유물 없이 가난하게 사는 것, 세속적 성공, 부, 권력에 대한 야망에서 벗어나는 것, 정체성과 위상을 주는 사회적 역할에서도 벗어나 사는 것을 의미한다. 어떤 전통에서는 금욕을 통해서, 가정을 일궈야 한다는 책임감에서 벗어나기도 한다.(앞에서 살펴보았듯이 유대교와 탄트라 전통은 이 점에서 매우 다른 관점을 보인다. 탄트라에서 성행위는 영적 수련의 한 형태다.) 무욕은 물론 수도원 생활에서 핵심 요소다. 수도승들은 일반 인간 사회에서 벗어나 살아가는데, 이는 기본적으로 심리적 집착에서 벗어나게 하는 환경을 확보하기 위해서다.

　또한 무욕이 이 전통들에서 중요한 것은 깨어남이 삶에서 가장 중요한 것이어야 한다고 믿기 때문이기도 하다. 깨어남을 위해 우리 전부를 투자해야 하기에 다른 일, 야망이나 소유물들에 정신을 빼앗길 여유가 없다. 여기서도 에너지 보존이 중요함을 볼 수 있다. 외부적인 것에 덜 집착할수록 내면의 영적 에너지를 더 많이 확보할 수 있다. 그리고 마지막으로 심리적 집착이 야기하는 가장 큰 위험은 (앞으로 더 자세히 보게 될 테지만) 정체성과 에고를 강화하여 세상과 진정한 자아로부터 소외와 분리를 심화한다는 것이다.(피스 필그림과 나는 정화와 무욕의 과정을 깨어남 과정의 일부로서가 아니라, 자연적 깨달음을 안정시키고 삶에 통합하는 과정으로서 겪었다. 이는 깨어남의 필수 부분인 정화와 무욕이 여러 다른 형태로 드러날 수도 있음을 암시한다.)

봉사

서로 다른 영적 전통들이 공통으로 말하는, 깨어남을 위해 필요한 네 번째 원칙은 봉사다. 이타주의와 자비심은 깨어남 상태의 특징이지만 이것들이 깨어남을 부를 수도 있다.

불교에서 메타(metta)는 '자비심', '호의', '자애'라고 번역되는데, 네 가지 청정한 마음(사무량심) 중 하나로 깨달음을 위한 수단으로 권장된다. 그 두 번째와 세 번째 마음인 연민과 기쁨도 봉사/선행과 관계한다.(네 번째 마음은 평정심이다.) 불교 메타 명상은 세상의 점점 더 많은 사람에게 더 많은 자애심을 보내며 마지막에는 살아 있는 모든 존재에게도 자애심을 보내는 명상이다. 『자비경(*Metta Sutta*)』에 따르면 "어머니가 자신의 하나뿐인 아이를 평생 보호하듯, 그런 한없는 사랑으로 모든 살아 있는 존재를 소중히 여겨야 한다. 온 세상에 자비로움을 방출해야 한다."[6]

봉사는 유대교와 수피즘에서도 깨어나기 위해 중요한 부분이다. 예를 들어 수피즘에서는 의식적 봉사가 신과의 합일 과정에 꼭 필요하다. 신의 본성이 사랑이므로 자기희생과 이타주의가 신으로 향한 길을 열어 주며, 이때 우리의 본성이 신의 본성에 닿게 되고 그것과 하나가 된다.

명상

모든 영적 전통이 공통으로 말하는 깨어남을 위한 원칙 그 다섯 번째이자 마지막 원칙이 바로 명상이다. 명상은 불교, 요가, 도가, 수피즘, 카발라 등 모든 깨어남을 위한 길에서 가장 중요한 측면이고 필수 조건(sine qua non)이다. 기독교에서조차 명상은 특히 수도원 전통과 동방 그리스 정교회에서 긴 역사를 자랑한다. 나의 책 『잠에서 깨어나기』에서도 지적했듯이 명상은 일시적인 깨어남 경험을 위해서도 효과적인 수단이 될 수 있다. 하지만 그 주요 목적과 주요 효과는 장기적 깨어남을 위한 것이다. 다시 말해 명상은 우리 정신, 그 심리적 구조와 기능들을 조금씩 바꿔 잠자는 일반적인 상태에서 깨어남의 상태로 점진적으로 옮겨 가게 한다.

영적 전통들에서 명상은 많은 이유에서 꼭 필요하다. 첫째, 명상은 방해가 되는 머릿속 수다들을 잠재워 마음을 고요하게 하고 내면을 평화롭게 한다. 우리를 내면으로 향하게 하는 것이다. 머릿속을 표류하는 생각들은 일종의 장애로, 우리가 우리 존재의 더 깊은 수준들을 탐색할 수 없게 한다. 하지만 명상이 그런 머리를 고요하게 만들면 우리는 비로소 자유롭게 마음속 깊이 들어가 더 순수한 의식들을 만날 수 있다. 덧붙여 명상은 자기 통제력을 강화한다. 머리를 조용히 하는 법을 배우면 집중력이 늘어나고, 욕망을 통제하고 행동을 조절하는 능력도 커진다.

명상법에 따라 생각을 비우는 것보다 생각을 관찰하는 게 좋다고 하기도 한다. 기본적으로 불교 위파사나 명상이 그런데, 여기서 우리의 목표는 생각이 일어나고 사라지는 걸 한 걸음 물러서서 그것에 휩쓸리지 않고 보는 것이다. 하지만 실제로 그렇게 하다 보면 이런 종류의 명상도 결국은 마음을 고요하게 한다. 생각은 붙잡고 늘어지지 않는 이상 점점 줄어들게 되고, 따라서 마음이 고요해지는 것이다.

위파사나 명상은 또한 우리 생각이 우리 자신이라고 생각하지 말 것을 강조한다. 사실 모든 종류의 명상은, 생각을 야기하는 에고가 아니라 그 아래 더 깊은 곳에서 그 생각하는 에고를 관찰하는 더 진실된 자아가 진정한 우리의 정체성임을 깨닫게 하며, 그렇게 정체성의 전환을 불러일으킨다. 이런 정체성의 전환이 일어나면 주변 세상과 인간 존재들을 비롯한 다른 존재들과 연결되어 있음을 점점 더 많이 감지하게 된다. 명상을 하면 할수록 우리 자아 체계의 에고는 그만큼 약해진다.

명상이 어떻게 알아차림 능력을 높이는지 설명하려면 명상의 에너지 측면을 살펴봐야 한다. 우리 에고는 수다를 떨면서 우리 정신 에너지의 상당량을 소비해 버린다. 강한 경계선과 정체성이 특징인 에고의 구조를 유지하는 데도 많은 에너지가 들어간다. 그러므로 생각이 사라지고 하나의 구조로서 에고가 약해질 때 상당한 양의 에너지가 갑자기 남아돌게 되는데, 이 에너지가 우리 감각 능력을 높이는 데 기여한다. 정신 에너지가 재분배되기 시작한 것이다. '전락' 당시에 에고 기능을 강화하기 위해 외부 자연 현상을 알아차리는 데 쓰던 에너지를 거둬들였다면, 명상 시에는 정확하게 그 반대가 일어난다. 지각 능력이 강해지고 풍부해지므로 알아차림 능력이 좋아지고, 세상의 살아 있는 존재들을 모두 새롭게 인식하게 된다. 1963년 명상의 효과를 연구한 초기 학자 중 한 명인 정신과 의사 아서 데이크만(Arthur J. Deikman)의 말을 빌리면 명상은 일상의 모든 것을 더 생생하고 아름답게 보게 하는 "인식의 비자동화"를 야기한다.[7] 에고의 측면(혹은 '나'의 측면)이 매우 약해지고 열성이 되어 다른 자아 체계 속으로 일시적으로 들어가게 되는 것이다.

물론 일시적이 아닐 수도 있다. 규칙적으로 명상할 때 지속적이고 영원한 인식의 비자동화를 경험할 수도 있다.

전통을 넘어서

그 강력하고 긍정적인 효과를 볼 때 명상이 영적 전통들 밖에서도 이용된 것은 당연한 일이었다. 1960년대 마하리시 마헤시

(Maharishi Mahesh)와 비틀스에 의해 유명해진 초월 명상부터 존 카밧진(Jon Kabat-Zinn)을 비롯한 여러 명상가들에 의해 발전한 마음챙김 명상 붐까지 서양에서는 영적 전통 혹은 종교에서 벗어난, 속인을 위한 명상들도 인기를 끌어왔다. 물론 사람들은 대부분 (최소한 의식적으로는) 깨어나기 위해서 명상을 하지는 않는다. 단지 스트레스나 불안을 줄이고, 맑은 정신과 고요한 마음을 갖고, 육체적 통증을 관리하거나 에너지를 높이고자 명상한다. 그럼에도 규칙적인 명상은 사람을 어느 정도 깨어나게 할 수 있다. 당사자가 미처 깨닫지 못하더라도.

봉사, 집착 끊기 같은 다른 수행법의 도움 없이 오직 명상만으로 깨어남에 이르기는 사실 어렵다. 하지만 최근의 연구 결과들을 보면 영적 전통들에서 벗어나 속인을 위한 명상을 하는 것만으로도 존재 상태를 상당히 바꿀 수 있다고 한다. 예를 들어 마음챙김 명상에 대한 연구들은 마음챙김 명상이 지금까지 내가 언급해 온 인식의 영원한 비자동화(즉 의식적 노력 없이 자연적으로 깨어난 사람의 지속적이고 즉흥적인 알아차림 상태)를 똑같이 끌어낼 수 있음을 보여 주었다. 이 연구들은 오랫동안 규칙적인 마음챙김 명상을 할 경우 알아차림 능력이 좋아지고, 주의력과 주의 조절 능력이 좋아지며, 동시에 인식 과정이 덜 자동적이 되어 더 즉흥적이고 현재 중심의 행위들을 하게 된다고 말한다.[8]

사실 지금까지 살펴본 깨어남을 위한 수행 원칙들 모두 영적 전통 밖에서 일어나는 개인적·집단적 깨어남에도 그대로 적용될 수 있다. 깨어남 상태가 영적 전통들의 틀 안에서만 해석될 필요가 없는 것처럼, 깨어남 과정도 영적 전통들 밖에서도 (그 전통들에서 강조되는 기본 원칙들을 의식적/무의식적으로 따를 때) 충분히 일어날 수 있다. 그럼 이제 영적 전통들 밖에서 점진적으로 깨어난 보통 사람들의 이야기를 해 보겠다.

6장

전통 밖에서의

단계적 깨어남

깨어나고 싶은 충동을 느끼는 사람이라면 불교나 카발라 같은 기존의 영적 전통들에 끌릴 테고, 이는 충분히 이해할 만한 일이다. 영적 전통들은 영적 발전을 위한, 이미 검증된 길이나 분명한 틀을 제공한다. 그리고 이미 그 길을 걸었거나 걷고 있는 사람들로부터 안내와 격려도 받을 수 있다. 예를 들어 힌두교 전통에서는 구루가 깨어남 과정 전반에 걸친 안내자로서 중요한 역할을 한다. 그러므로 영적 전통을 따른다는 것은 여행 전문가와 함께 수많은 사람들이 지나간 루트를 따라 목적지로 향해 가는 것과 비슷하다. 그 루트에서 벗어나지 않는 한 길을 잃을 일도, 신호를 잘못 볼 일도, 자기 망상 혹은 자기 팽창에 사로잡힐 일도 없다.

그런데 이런 깨달음의 길들은 대부분 종교와 연관되어 있다.

당신은 기독교의 수도승과 같은 길을 선택해 깨닫고 싶을 수 있다. 그런데 그러려면 기독교가 말하는, 당신을 불편하게 만드는 특정 믿음들과 개념들을 받아들여야 할 것이다. 수피즘이 말하는 깨달음의 길에 매력을 느끼지만, 그 배경이 되는 이슬람 전통이 불편할 수도 있다. 마찬가지로 요기의 길을 선택해 깨닫고 싶지만, 힌두교의 문화적 배경들이 걸릴 수도 있다. 불교는 다른 전통들보다 종교적·문화적 색채가 덜한 편이고, 아마도 그래서 현대 서양의 깨닫고 싶은 보통 사람들에게 가장 인기가 좋은 듯하다. 불교는 기본적으로 형이상학/신화적이라기보다 심리적/존재론적이다. 불교의 매우 체계적이고 상세한 접근법(체계적인 면에서는 불교가 최고인 듯하다.)도 불교가 일반 사람들에게 호소력을 갖는 이유 중 하나다.

하지만 불교의 그런 영향에도 불구하고 전반적으로는 (아마도 기존 종교들의 영향력이 줄어들고 있기 때문에) 점점 더 많은 사람이 전통 밖에서 단계적 깨달음의 길을 가고 있다. 이것은 어느 방향으로 어떻게 갈지 명확한 계획 없이 무작정 길을 나서는 여행자와 같아서 결코 쉽지만은 않다. 전통주의자들은 그러다간 입맛에 맞는 것을 "이것저것 골라 먹기만" 하다가 끝날 수도 있다며 비판한다. 사실 단체의 직접적인 지지와 스승의 안내가 없을 때, 그리고 기본적으로 따라야 할 규칙들을 지키지 않을 때 길을 잃을 위험이 크다. 전통이라는 바탕이 없으면 망상이나 에고 팽창의 위험도 매우 커진다.

한편 서로 다른 길들의 다양한 수행법과 원리들을 시도해 보고 '나'에게 가장 맞는 길을 알아낼 수 있다면, 깨어남으로 향한 좀 더 직관적이고 실질적인 접근법을 갖게 될 것이다. 어떤 특정 철학에 충성을 맹세할 필요도 없고, 특정 믿음 체계를 꼭 받아들여야 하는 것도 아니다. 받아들이기 곤란한 개념들이 있다면 일단 잊어버리고 그 수행법이 얼마나 변형을 초래하는지에만 집중하면 된다.

내가 조사한 단계적 깨어남을 경험한 사람들 대부분이 그랬다. 여기서는 그중 두 명만 간단하게 소개하겠다.

다니엘의 단계적 깨어남

다니엘은 스위스 중산층 가정에서 태어났고, 서구 사회가 대개 그렇듯 사회적으로 성공하고 원하는 것을 성취할 때 행복해진다고 배웠다. 스위스 일류의 경영 대학을 졸업한 후 고액의 연봉을 받으며 은행에서 일하기 시작했다. 하루 일과가 길었지만 다니엘은 금융 쪽 전문가가 되기 위해 더 공부했고 등산도 시작했다. 다니엘은 산 정상에 올랐을 때 느끼는 성취감을 사랑했다. 그렇게 성공한 듯했지만 자신이 늘 무언가 중요한 것을 놓치고 있다고 느꼈다. 다니엘은 말했다. "내 삶은 너무 이성적이었고, 목표 지향적이었고, 계획적이었어요. 코르셋을 입고 있는 듯한 갑갑한 마음이 늘 조금씩 있었죠. (……) 나 자신과 세상에 대한 편협한 관점들에 꼼

짝없이 갇혀 있었고, 그래서 그것들을 진정으로 경험할 수 없었어
요."

알 수 없는 목마름 때문에 다니엘은 아르헨티나에 있는, 아메
리카 대륙에서 가장 높다는 아콩카와 산을 오르기로 했다. 그리고
거기서 중요한 것을 깨닫는다. 그때의 경험을 다니엘은 이렇게 말
한다.

"등반 마지막 날 여자 친구가 폐부종 증세를 보여 같이 올라가
지 못했어요. 정상이 점점 가까워 오던 마지막 며칠 동안 우리
팀원들은 모두 하나같이 여기저기 탈이 났는데, 급기야 여자 친
구까지 아프게 된 거예요. 그러는 동안 나도 점점 불안해지고 긴
장되었는데, 여기서도 나는 나의 부족함을 인정할 수 없었어요.
그래서 여자 친구를 텐트에 남겨 놓고 애써 등반을 계속했죠. 그
런데 갑자기 산을 오르는 행위가 그렇게 무의미하고 멍청하게
느껴질 수가 없었어요. 고산 등반은 사실 좋아하지 않았어요. 도
저히 즐길 수가 없었죠. 고산 등반은 적어도 나에게는 에고 놀음
일 뿐이었어요. 그러자 내 에고의 만족을 위해 여자 친구를 그
지구 끝까지 끌고 온 것에 심한 죄책감을 느꼈어요. 그쯤 되자
모든 의욕이 사라지고 기운이 빠졌죠. 바로 그때 그 일이 일어났
어요. 그때 별이 총총한 밤하늘을 보고 있었는데, 완전히 길을
잃은 것 같았어요. (……) 그리고 바로 그때 전에 결코 해 본 적

없는 일을 했던 거죠. 즉 포기를 한 거예요. 포기하기로 결심하고, 버릴 것을 버리고 정상 바로 몇백 미터 아래에서 돌아선 거예요. 오랜 나의 방식을 버린 건데 기분이 나쁘지 않았어요. 그날 밤 그 산에 나는 내 옛 자아를 두고 왔죠."

그 등반 여행 후 다니엘은 물질적인 삶을 점점 더 참을 수 없게 되었다. 그런 삶이 행복을 가져다주지 않는다고 점점 더 확신하게 되었다. 그때 마침 발생한 세계적 금융 위기 덕분에 다니엘은 여유 시간이 많았고, 여자 친구의 권유로 불교도 알게 되었다. 다니엘은 즉각적으로 명상이 자신에게 맞다고 느꼈다. 금방 끝나 버리는 성취감이나 스릴보다 더 안정적이고 진실한 행복감이 내면으로부터 일어났다. 그의 말에 따르면 "한번 맛보자마자 어떤 일이 있어도 꼭 잡아야 할 것 같은 일"이었다.

그 후 얼마 지나지 않아 다니엘은 LSD 복용으로 자연과 인류와의 심오한 연결을 경험했다. 명상을 계속했으며, 행복하기 위해 아무것도 '하지 않아도' 되고 대단한 '누군가'가 될 필요도 없음을 알게 되었다.

그 반년 후 다니엘은 회사를 그만두었다. 자신의 아파트와 소유물도 대부분 팔고 여자 친구와 함께 인도로 향하는 육로 여행을 시작했다. 영성을 좀 더 깊이 탐구하기 위해서였다. 안타깝게도 여자 친구와의 관계가 삐걱거리기 시작했고 인도에 도착하기 전에

6장 전통 밖에서의

헤어지고 말았다. 하지만 다니엘은 여행을 계속했고 인도에 도착한 후부터는 심리적 집착을 모두 떠나보내는 과정을 효율적으로 밟아 나갔다. "내 이전의 삶이 완전히 사라졌어요. 고소득 직업도, 사랑하는 사람도, 강변의 고급 아파트도 더 이상 없었죠. 발가벗겨지는 고통을 느꼈지만, 그것이 옳은 일임을 잘 알고 있었어요."

인도에서 다니엘은 규칙적으로 명상했고, 강력한 영적 경험들을 했다. 그중에서 가장 중요한 경험은 위파사나 명상 안거(安居) 중 열병으로 아팠을 때 일어났다. 몸이 아프자 처음에는 자기 연민이 폭발했는데 곧 그런 상황을 받아들이게 되었고, 그러자 그의 삶 전체를 건드리는 일종의 순종 과정이 시작되었다.

"그 후 몇 주 동안 나는 그동안 살면서 힘들게 겪었던 슬픔, 죄책감, 수치심 같은 많은 것을 떠나보낼 수 있었어요. 눈물이 한없이 쏟아졌지만 그만큼 놀라운 치유가 이루어졌죠. 시야가 점점 맑아졌고 선명해졌어요. 모든 것을 그냥 보고 느끼기만 하는데도 전에 없는 기쁨이 일어났어요. 삶이 다시 신기하고 경이로워졌죠. (……) 그러다 안거가 끝나기 약 열흘 전, 공안(이성적으로 풀 수 없는 질문을 뜻하는 불교적 용어) 하나를 갖고 명상하던 중 갑자기 크게 깨닫게 되었죠. 존재했고 앞으로도 존재할 것은 그 하나의 '것'이고 그것에서 우리 모두가 나왔다는 깨달음이었어요. 더불어 모든 것이 그대로 좋다는 '기분 좋은' 느낌이 거의 사흘 동안 지속되었어요. 에너지의 파도가 느껴졌고, 계속 웃음이 나왔어요. 웃지 않을 때는 깊은 고요 상태에서 한 시간 이상 꼼짝 않고 앉아 내 온 존재에 내려지는 축복을 만끽했어요."

그 몇 주 후 다니엘은 유럽으로 돌아가 사회에 적응하며 자신의 깨어난 상태를 안정화해야겠다고 생각했다. 깨닫기 전 삶 속의 사고방식과 조건화들을 다시 대면한 후 그것들을 초월해야 할 것 같았다. 그렇게 하다 보면 좀 어렵기는 하겠지만 깨달음이 더 심화될 터였다. 그렇게 다니엘은 차츰 이원성을 초월하기 시작했고, 어느덧 세상과 하나인 '나'만을 경험하게 되었다. 이제 다니엘은 경험을 초월한 하나의 '영원한 목격자'로 자신을 인식하기 시작했다. 그런 경험과 현재 상태를 다니엘은 이렇게 묘사한다.

"이 목격자는 조용히 편재하며, 우리를 담는 그릇이며, 이 그릇을 통해 모든 것이 현현합니다. 그러므로 이 몸, 이 '나'라는 존재는 망상인 동시에 '실재'합니다. 이 깨달음으로 일상 속 세상을 인식하다 보니 '나'에 대한 걱정보다 '우리'에 대한 걱정을 더 많이 하게 되었습니다. 나는 영성이란 원래 나보다 우리를 보는 것이라고 생각합니다. 삶의 의미는 사랑하며 살아가는 것에 있습니다. 나에게 사랑이란 '나'보다 '우리'를 보살피는 것입니다. 그러므로 자기중심적인 삶은 의미가 없는 삶이고, 그러므로 자기

실현도 할 수 없는 고통스러운 삶입니다."

다니엘이 고소득 은행원을 그만두며 금융 전문가로서 성공할 수도 있었을 미래를 모두 포기한 지 이제 6년이 되었다. 지금 다니엘은 스위스 산간의 작은 마을에서 학교 선생님으로 살고 있다. 사회가 말하는 가치가 아닌 진짜 가치 있다고 느끼는 삶을 살고 있으며, 자신의 포용력이 점점 커짐을 느낀다. 동시에 다니엘은 여전히 그 어떤 흐름 상태에서 계속 발전하고 있고, 아마도 끊임없이 발전할 것이다. 다니엘은 이렇게 말했다. "변화만이 유일하게 변함없을 겁니다. 나는 가능한 한 우아하게 그리고 진심으로 그런 변화와 같이 흘러가려고 합니다."

에드의 단계적 깨어남

에드는 노년에 접어든 미국인 남성으로 약 20년 동안 안정적이고 꾸준한 상태의 깨어남을 경험했다. 그 시작은 작가로 성공하고 싶은 야망을 불태우던 사십 대에 일어났다. 에이전트와 출판사로부터 수많은 거절 편지를 받은 끝에 마침내 에드는 소설 작품 두 편과 자서전을 출판할 수 있었다. 하지만 작품성과 상업성 모두 실패했으므로 결국 작가로서 자신이 실패했음을 받아들여야 했다.

그러는 동안 에드는 영어 전공으로 박사 공부를 하며 대학에서 비교적 쉬운 과목들을 가르치기도 했는데, 학자로서도 그리 성공하지 못했다. 에드는 자신이 실패했다는 생각을 지울 수 없었다. 그러나 나중에 에드는 그 실패의 경험이 자신의 영적 발전에 도움이 되었음을 알게 되었다. "우주가 나에게 사회적 성공에 대한 집착을 끊으라고 간접적으로 말해 준 거죠. 집착 없는 삶으로 초대를 받았다고나 할까요."

그 후부터 에드는 "단계적으로 매우 부드럽게" 깨어남의 과정을 밟아 나갔다. 먼저 관련 서적들을 읽고 사고했으며 명상을 시작했다. 처음에는 불규칙적으로 명상했으나 탄트라 명상이 자신에게 맞다고 느꼈다. 그래서 4년 동안 탄트라 명상을 집중 수행하며 단계적 치유 과정을 거쳤다. 분노와 좌절이 사라졌고, 자기 자신에 그리고 자신에게 상처를 줬던 사람들 전반에 용서와 연민을 느끼기 시작했다. 그다음에는 에고에서 정체성 찾기를 그만두고 더 깊고 더 광활한 자신의 부분을 보게 되었다. 그 과정에서 자연스러운 만족감과 편안함을 느꼈고, 나머지 세상과 자신이 원래부터 하나였음을 알게 되었다.

에드의 말에 따르면 현재 그는 "다 내어 주는 삶"을 살고 있다. "나는 더 이상 어떤 야망도 없어요. 여기서 더 나아갈 필요가 없어요." 에드는 자신에게 더 이상 에고가 없음을 감지한다. 에드라는 이름은 생활의 편리를 위한 허구일 뿐이고, 그 존재의 본질은 형태

6장 전통 밖에서의

도 이름도 없는 보편 의식일 뿐이다. 다시 말해 그를 통해 그 보편 의식이 표현되고 있다. 에드는 "형태와 의식을 동일시하지 않기 때문에" 더 이상 죽음이 두렵지 않다. 에드는 미국에서도 종교와 정치색이 강한 보수적인 지역에 살고 있지만, 자신이 "우주 시민"이라고 느낄 뿐이다.

깨어난 후부터 에드는 머릿속 수다가 훨씬 줄어들었다. 생각이 일어나도 그 생각이 자신이라고 생각하지 않는다. 에드에게 생각은 단지 "지나가는 구름"이므로 그것에 집착할 필요가 없다. 아무것도 하지 않는 걸 특히 좋아하고, 대부분의 시간을 (파킨슨병을 앓고 있는) 아내를 돌보거나 낚시를 하거나 개와 산책하거나 자연을 음미하며 보낸다.

영성서, 영적 수행의 도구

독서를 영적 수행으로 여기는 사람은 별로 없을 것이다. 오히려 영적 지도자들 중에는 선불교에서 "달을 보지 못하고 달을 가리키는 손가락만 본다."라고 말하듯이 책에 대해 의문을 품는 사람도 많다. 다시 말해, 설명할 수 없는 것은 설명할 수 없다. 제한적이고 구속 가득한 말과 글로 영적 경험을 제대로 묘사하기는 어렵다. 책에 너무 의지하다 보면 개념과 관념에 빠지기 쉽다. 지도만 보느라 눈앞의 실제 세상을 못 보게 된다. 자신이 가진 지성 탓에 자만심에 빠질 위험도 있다. 다른 사람들은 모르는 복잡하고 난해한 지식을 알고 있는 자신이 특별하다고 믿는 것이다.

다 맞는 말이다. 하지만 나는 두 가지 점에서 그럼에도 불구하고 책이 도움이 된다고 믿고 있다. 첫째, 책은 기본 정보를 주며 방향을 설정해 주는 안내 기능이 있다는 점에서 유용하다. 영적으로 깨어날 때 혼란스러울 수 있다. 4장에서 보았듯이 어쩌다 깨어난 사람들은 그런 상황을 이해하지도 받아들이지도 못하는 경우가 많다. 갑자기 극적으로 깨어난 경우 그런 상태를 이해하기 위해 고군분투해야 할지도 모른다. 깨어난 사람들에게 자기 이해와 확신을 심어 주고 그런 상태를 이해할 수 있는 지적인 틀을 구축해 준다는 점에서 책은 도움이 된다. 이것은 내가 개인적인 경험을 통해 터득한 것이다. F. C. 해폴드의 『신비주의』와 『우파니샤드』는 나를 고스란히 들여다볼 수 있는 거울과 같은 책들로, 내게는 꼭 필요한 책들이었다. 이 책들이 있었기에 나는 내가 누구인지 분명히 알 수 있었고, 혼란과 좌절감을 줄일 수 있었다.

둘째, "달을 가리키는 손가락"에서 나아가 실제로 달이 되는 책도 있다. 이런 책들은 깨어남과 실제로 소통한다. 이런 책을 읽는 사람은 특정 문구나 시구를 읽다가 일시적인 깨어남을 경험할 수도 있다. 특정 책이나 저자와 끊임없이 소통하다 보면 심지어 영구적인 깨어남도 가능하다.

6장 전통 밖에서의

월트 휘트먼이나 13세기 수피 신비주의자 루미 같은 시인들의 글은 분명 그런 효력을 갖고 있다. 사실 시는 읽는 사람의 내면을 고요하게 하기 때문에 깨어남과 소통하는 데 아주 효과적인 도구다. 시를 이메일이나 신문 기사처럼 읽는 사람은 없다. 시는 한 글자씩 천천히 수용하며 읽게 된다. 그렇다면 시를 읽는 것도 일종의 명상이다.(흥미롭게도 기독교에서는 이런 종류의 반성적 독서를 렉시오 디비나lectio divina, 즉 '거룩한 읽기'라 부르며 영적 수행으로 인식한다.)

나는 단계적 깨어남에 독서가 매우 중요한 역할을 했던 몇몇 사람들을 알고 있다. 이들 대부분이 에크하르트 톨레의 책들로부터 도움을 많이 받았다고 했다. 톨레의 책은 독자들을 깨어나게 하는 묘한 힘을 갖고 있다. 그중 한 여성은 "톨레 덕분에 5년에 걸쳐 내면적 깨어남을 단계적으로 경험했다."고 했다. 또 다른 여성, 바바라는 심리적 격동을 겪은 후 톨레의 책들을 비롯한 영성서를 읽으며 단계적으로 깨어나게 되었다고 했다. 바바라는 "32년간의 행복했던 결혼 생활이 돌연히 끝나 버리자" 비탄에 잠겼는데, 어느 서점에서 그날 처음 본 사람이 톨레의 『이 순간의 나』를 권해 주었다고 한다. 바바라는 이 책의 영향을 이렇게 말한다.

"바로 그날 밤 그 책을 다 읽었는데 매 장마다 내 불행의 본질이 무엇인지 거듭 깨달았어요. 놀랍기 그지없는 일이었지요. (……) 그리고 앞으로 나아갈 방향도 제시해 주었죠. 그날 몇 주 만에 처음으로 푹 잘 수 있었어요."

그 후 바바라는 톨레의 다른 책들, 바이런 케이티의 책들, 그리고 나의 책들을 읽었다. 그리고 결혼 생활이 끝났다는 사실을 받아들였고, 순간에 사는 것이 얼마나 경이로운 일이며 감사해야 하는 일인지 알게 되었다. 삶에 대한 시각과 자세가 완전히 바뀐 것이다. 현재 자신의 상태를 바바라는 이렇게 묘사한다.

"결혼 생활의 끝이라는 그 분명한 '재난' 5년 만에 나는 받아들였고 만족했고 다시 호기심과 열정을 갖게 되었어요. (……) 지금 상태가 더 할 수 없이 놀랍고 감사해요. 이보다 더 큰 행운이 있을까요?"

본의 아닌 단계적 깨어남

다니엘, 에드, 바바라의 단계적 깨어남이 대체로 영적 수행으로 촉발되긴 했지만, 심리적 집착을 끊은 것도 중요한 요인이었다. 다니엘의 경우 의식적으로 직업적 경력과 야망을 비롯해 소유물, 부동산, 나아가 여자 친구와의 관계까지 떠나보내는 과정을 거쳤다. 반면 에드는 직업적 실패가 그 과정을 촉발한 면이 있다. 에드는 작가로서의 야망을 포기하는 것 외에 다른 선택의 여지가 없었고, 그것이 더 많은 포기 혹은 초탈의 과정을 불러왔다. 바바라의 경우도 결혼 생활이 그 끝을 고한 것(나아가 결혼에 대한 집착에서 벗어난 것)이 깨어남 과정을 촉발했다.(앞 장에서 언급한 대로 심리적 집착을 끊는 것이 많은 영적 전통에서는 금욕이라는 이름 아래 영적 수행으로 여겨진다. 금욕은 심리적 집착을 끊겠다는 의식적 결심이기도 하다.)

에드와 바바라의 이야기는 단계적 깨어남이 *본의 아니게* 일어날 수도 있음을 잘 보여 준다. 이 둘의 경우는 전적으로 본의 아닌 깨어남이라고 할 수는 없지만, 내가 수집한 다른 사례들 중에는 단계적 깨어남이 전적으로 본의 아닌 경우도 많다. 다시 말해 깨어남의 과정이 그 어떤 의식적 결심이나 그 어떤 영적 수행 없이 일어나는 것이다.

이런 본의 아닌 깨어남은 자신도 모르게 영적 수행이나 영적인 길이 보여 주는, 변형을 부르는 요소들이 포함된 라이프스타일 혹은 경험을 영유하는 경우 일어날 수 있다. 예를 들어 라이프스타일 자체가 명상적이거나 봉사의 측면이 강한 경우가 그렇다. 영적 지도자로 활동하고 있는 나의 지인 러셀 윌리엄스(Russel Williams)는 서커스단에서 일하는 3년 동안 의도치 않게 영적인 훈련을 반복했다. 매일 말들에게 물과 먹이를 주고 빗질을 해 주었으며, 다양한 마구들을 채우고 이용하는 법을 배웠다. 그러는 동안 러셀은 말들과 깊이 교감했다. 러셀은 말들을 이해하고 싶었기 때문에 대부분의 시간을 말들을 관찰하며 보냈다. 러셀은 그런 삶이 자신에게 미친 영향을 이렇게 설명했다.

"나는 그 동물들을 점점 더 사랑하게 되었어요. (……) 그들과 하루 내내 붙어 있고만 싶었지요. 나는 그들을 그 자체로 완전히 이해하기로 결심했고 그러려면 그들을 관찰하는 것 외에 다른 방법은 없었죠. (……) 그래서 결심하고 매 순간 모든 움직임을 하루 종일 관찰했어요.

그런 지 석 달 정도 지났을 때 생각이 없어졌음을 깨달았어요. 머릿속이 조용했죠. 생각과 지식이 서로 다른 것임을, 생각 없이도 알 수 있음을 깨달았어요. 더 이상 내 생각을 정하거나 성급하게 결론 내리지 않았어요. 할 일들을 즉흥적으로 해 나가며 순간에 살기 시작했죠. 마침내 해답을 찾은 거 같았고, 그렇게 계속 그 동물들을 집중적으로 관찰해야겠다고 생각했어요.

한참 후에야 그때 내가 했던 일이 알아차림 명상이란 걸 알게 되었죠. 사실 나는 그 3년 동안 그 말들에 온전히 집중하며 하루 스무 시간씩 명상을 한 거예요. 그것은 나 자신이 사라진, 끝없는 봉사의 삶이기도 했죠."[1]

고도의 알아차림과 봉사가 필요한 일이나 취미 활동인 경우, 이론상 즉흥적인 영적 수행으로 기능하며 단계적 깨어남을 야기할 수 있다. 내가 인터뷰했던 어떤 사람은 삼십 대 중반에 비행기 승무원으로 일하면서 영적 계발을 해 왔다고 했다. 당시 그녀는 영적이라는 단어의 뜻조차 모르고 있었다. 그녀의 말을 한번 들어 보자.

6장 전통 밖에서의

"그때 저만의 영적 계발이 시작됐어요. 우리는 한 가지 목적만을 위해 함께 일했죠. 덕분에 동료애가 대단했어요. 꿈같은 날들이었죠. 비행기를 타고 승객들을 기다릴 때면 순간순간 집중해야 할 일이 많아요. 사소한 일에 집착할 시간이 없죠. 에고가 들어설 자리가 없는 거예요. 그보다 더 좋은 영적 수행이 어디 있겠어요. 그 시간 내내 순수하게 그 순간을 사는 거죠. 그런 게 저는 아주 좋았어요. 아주 멋진 수행이었어요."

심리적 집착과 본의 아닌 단계적 깨어남

그러나 본의 아닌 단계적 깨어남의 주요 원인은 대부분의 경우 '심리적 집착'을 끊은 것(혹은 의도치 않은 금욕)이다.

그 예들은 나의 초기 책 『어둠 밖으로』에 잘 소개해 두었다. 심리적 집착은 행복과 정체성에 필요한 것이다. 희망, 믿음, 성취감, 소유욕, 지위욕 등이 그 전형들이다. 이런 것들이 (암 같은) 질병을 장기간 앓을 때, 직업적으로 실패를 맞볼 때, 이혼, 실업, 알코올 중독 같은 부정적인 일을 겪을 때 그 결과로서 단계적으로 사라질 수 있다. 이런 집착들이 우리 정체성을 구성하는 것들이므로 이것들이 사라지면 우리의 정체성도 사라지기 시작하고, 새로운 정체성이 조금씩 그 자리를 대체한다.

『어둠 밖으로』에서는 예를 들어 만성 피로 증후군으로 고통받다가 본의 아니게 단계적으로 집착을 끊는 금욕 생활을 하며 영적 계발을 이룬 셰릴의 이야기가 나온다. 셰릴은 원래 전도유망한 커리어 우먼으로 바쁘고 스트레스 가득한 삶을 살았다. 하지만 건강에 이상이 생기자 그런 삶도 무너졌다. 일을 그만둬야 했고 너무 아파서 밖에 나갈 수도 없었다. 하루 종일 침대에서 보내는 날이 많아졌다. 육체적인 고통도 고통이지만 사회적 지위와 정체성을 잃었다는 것이 심리적으로 매우 고통스러웠다. 하지만 그런 상실의 과정이 있었기에 영적으로 성장할 수 있었다. 셰릴은 무엇보다 순간에 살아가는 법을 알게 되었다. 그리고 삶에 감사하고 주변에서 아름다움을 발견할 줄도 알게 되었다. 그리고 모든 존재가 서로 연결되어 있다고 느꼈다.

"이제 비로소 모든 것이 실재하는 것 같아요. (……) 지난 1년 넘게 꾸준히 그렇게 되었어요. 모든 것을 더 잘 알아차리게 되고 그래서 대단한 기쁨을 느껴요. 이전에 당연하게 생각했던 것들을 다시 보게 된답니다."[2]

셰릴의 에고가 부서졌던 것이다. 그리고 그 부서진 자리에 어떤 심오한 자아가 모습을 드러냈다.

"집착들이 떠나고 남은 자리는 에고가 떠나고 남은 자리였어요. 그리고 우리가 모두 분리된 개인이 아니라는 인식이 찾아왔죠. 당신과 나는 하나의 의식이에요. 나는 나 자신보다 더 큰 무언가의 일부예요."3

박사 논문 자료를 모으다가 유사한 사례를 또 만났다. 캐나다 여성인 캘리는 캐나다 군대에서 10년을 근무한 결과 대단한 스트레스와 트라우마를 갖고 살게 되었다. 후에 캘리는 그런 자신의 경험이 "에고의 해체를 부르는 겸손함"을 불러왔다고 했다. 그리고 그런 에고의 해체가 그녀의 "영적 변형에 크게 기여했다." 군에서의 근무가 10년이 다 되어 가던 즈음 캘리는 우울증과 번아웃에 시달리기 시작했다.

"내가 미쳐 가는 줄 알았어요. 일하다가도 하루에 다섯 번이나 화장실에 들어가 울었죠. 감정을 통제할 수가 없었어요. (……) (전에 없이) 작은 일에도 고함을 지르고 욕을 했죠. 큰 일에는 오히려 아무 반응이 없었어요. 모든 면에서 점점 더 나쁜 사람이 되어 가는 것 같았어요. 왜 그런지 알 수 없었죠."

군대를 나오고 캘리는 외상 후 스트레스 증후군과 심한 우울증이라는 진단을 받았다. 이전에 자신이 어떤 사람이었는지 기억도 안 날 지경이었다.

"똑똑했고 빠릿빠릿했던 한 인간이 흔적도 없이 사라졌고 그 자리에 있는 건 한 명의 정신병자였죠. 침착하고 효율적이고 능률적이었던 완벽주의자, 유능했고 실력 좋았던 나는 온데간데없었어요. 끔찍했죠. 나 자신이 너무 보잘것없었어요. 그런데 동시에 자유로웠어요. 무섭긴 했지만 무슨 일이 일어나든 이제 상관 없다는 생각이 들었어요. 내 병이 나를 그렇게 만들었죠. 선택의 여지가 없었어요. 아무것도 하지 않고 소파에 멍하니 앉아 있기만 했죠. 실제로 아무것도 할 수 없었으니까요. 실패했음이 분명했죠. 내가 누군지도 더 이상 모르겠던걸요."

그 후 1년 정도 심리치료를 비롯한 이런저런 치료를 받았다. 그러자 조금 나았고, 더 낫기 위해 대안 치료법도 찾게 되었다. 그리고 몇 년 동안 다양한 치료와 수행으로 꾸준한 치유와 성장을 한끝에 캘리는 어렴풋이나마 깨어나기 시작했다. 그러던 어느 날 산책을 할 때였다.

"길가에서 잠시 몸의 긴장을 풀고 온몸으로 햇빛을 만끽했어요. 그리고 눈을 떴는데 세상이 달라 보이더군요. 세상이 살아 있었어요. 더할 수 없이요. 모든 것이 밝게 빛났죠. 그것들 사이의 공간까지도요. 색들이 믿을 수 없이 선명했고, 꽃들은 행복해 보였어요. 발밑을 내려다보고서야 내가 땅 위에 서 *있음*을 알았죠. (……) 늘 그곳에 있던 것들인데 갑자기 경이롭기 그지없었어요. 이보다 더 크고 멋진 농담이 또 있을까요? 너무 심하게 웃느라 그 길모퉁이까지 다다르는 데 20분이나 걸렸어요. 자꾸 멈춰서 모든 것을 봐야 했거든요. 사람들이 자꾸 쳐다봤지만 상관없었

6장 전통 밖에서의

죠. (……) 그리고 그다음 날 모든 것이 다시 정상으로 돌아왔답니다."

그 후 유사한 경험을 몇 번 더 한 후 캘리는 마침내 그런 희열을 지속시키며 순간에 살 수 있게 되었다. 처음에는 그래서 곤란한 점이 많았다. 매 순간 집중하다 보니 말이 불필요하다 느꼈고, 따라서 말로 하는 소통이 어려웠다. 일상에서 말로 자신을 표현하는 법을 시간을 들여 다시 배워야 했다. 하지만 그 후부터는 깨어남 상태가 안정되고 깊어지면서 이 세상에 통합되는 과정이 시작되었고, 지적 기능도 돌아왔다. 캘리는 자신의 현재 상태를 이렇게 요약했다.

"이제 뭐든 선택 가능해요. 우주의 광대함 속으로 얼마나 깊이 들어가느냐고요? 육체가 끝까지 사라지는 무(nothingness)를 경험하고 싶다면 단지 가만히 앉아 눈을 감으면 돼요. 그리고 무슨 일인가 해야 한다면 그 일로 초점을 좁히기만 하면 된답니다. 마음속이 시끄러울 때도 있고 고요할 때도 있지만, 아무 형태가 없는 깊은 무의 상태를 선택하지 않는 한 마음은 늘 달리고 있지요. (……)
아무것도 없는 공간이 얼마나 생생히 살아 움직이는지 보면 할 말을 잃고 말아요. 순간에 존재한다면 매일 매 순간이 충만하고 하루가 참 길답니다. (……)

나는 쇼핑과 HGTV 프로에 중독되어 있었죠. 인테리어 디자이너가 되고 싶었어요. 물건들에 집착했고 평화로운 공간을 만들고 싶었죠. 물건을 소유하는 걸로 기분전환을 하려 했어요. 하지만 이제 나는 기분이 더 좋아질 필요가 없어요. 집착도 없고요. 내 책도 다 남들에게 줘 버렸어요. 아무것도 필요 없어요. 가질 수는 있지만 필요는 없어요.

늘 경계심이 강했고 누가 나를 비판하거나 판단하려 들라치면 금방 방어 태세에 들어갔죠. 자의식이 강했고 최고의 모습만 보여 주려 했어요. (……) 다른 사람이 나를 어떻게 보는지 늘 살폈죠. 하지만 이제 그러지 않아요. 지금은 사람들이 나에 대해 어떻게 생각하느냐가 아니라 그 사람들 자체를 그냥 봐요. 거의 아무런 판단 없이 그들이 하는 말을 그냥 듣고, 그들이 자기 자신일 수 있게 둬요. 그러다 보니 어떤 사람들은 나를 떠나요. 나에게서 더 많은 것을 원하는 사람들 말이죠. 내가 그들의 이야기에 끌려 들어가지 않으니까요."

캘리의 이야기에는 흥미롭고 의미심장한 후기가 딸려 있다. 캘리는 자신만의 깨어남을 경험한 후 영적 가르침과 전통들에 흥미를 갖게 됐다. 그리고 초개인 심리학 박사 학위를 받았고, 현재는 대학에서 심리학 연구원이자 강사로 일하고 있다. 나와 함께 하

6장 전통 밖에서의

는 연구도 시작했다. 사실 우리는 이 책에 부록으로 실린 '종교적/일반적 깨어남 특성 항목표(Inventory of Spritual/Secular Wakefulness)'를 함께 만들기도 했다.

단계적 깨어남 이해하기

단계적 깨어남을 겪는 사람들에게는 실제로 어떤 일이 일어날까? 영적 수행이 어떻게 우리 존재 상태의 변화를 부르고 보통의 수면 상태에서 깨어나게 할까?

단계적으로 깨어나는 과정은 우리 보통의 심리 구조를 천천히 리모델링하는 자아 체계 변형 과정이며, 보통의 수면 상태를 초월하게 할 정도의 정신적·심리적 과정이다.

일반적인 자아 체계의 가장 뚜렷한 특징으로 두 가지를 들 수 있는데, 그 첫째가 고도로 개인화되고 분리된 '나(혹은 에고)'를 감지하는 것이고, 그 두 번째가 인식의 자동화다. 그리고 그런 에고의 분리에서 벗어나는 가장 주된 방식이 명상이다. 에고의 구조를 단단히 유지하는 것은 대체로 생각이다. 그러므로 생각이 사라지기 시작할 때(혹은 내 생각이 나라는 생각에서 조금씩 벗어나기만 해도) 에고는 사라지기 시작한다. 그런데 에고의 기본 구성물이라 할 수 있는 심리적 집착을 떠나보내는 것도 이 과정에서 중요한 부분을 차지한다. 집착이 사라질 때 에고도 사라진다.(심리적 집착에서 벗어나는 과정에 대해서는 다음 장, 급작스러운 깨어남 부분에서 더 자세히 다룰 것이다.) 에고 초월 효과가 있기 때문에 봉사와 이타주의도 이 과정에 공헌한다. 봉사와 이타주의를 추구하다 보면, 에고에 덜 집착하고 자신만의 개인적인 욕구나 욕망을 덜 추구하게 된다. 사람들과의 교감도 더 많이 할 수 있으므로 자아 체계의 경계가 약해진다.

에고가 약해지고 부드러워지면, 다른 인간 존재만이 아니라 살아 있는 모든 존재, 자연, 우주 전체와 연결되어 있다는 느낌이 부쩍 많이 든다. 이제 에고라는 좁은 공간에 우리 정체성을 제한하지 않으므로 내면의 공간이 넓어지고 충만해진다. 더 이상 내 생각이 곧 나라고 느끼지 않고, 나만의 내면 공간에 갇혀 분리와 소외를 느끼지 않기 때문에 대단히 행복하다.

이런 상태를 에너지적으로 한번 설명해 보자. 이 상태일 때 내면의 에너지가 재구성되고 재분배된다. 하나의 구조로서의 에고가 약해지고 머릿속 수다가 줄어들면 지각/감각에 이용할 에너지가 많아진다. 지각/감각에 쓸 에너지가 충분할 때 우리는 더 이상 인식을 자동적으로 할 필요가 없다. 이때 우리는 아침마다 더 눈부시고 강렬한 세상 속으로 깨어난다. 세상의 생명체들을 새롭게 인식하게 된다. 그들이 발현하는 영적인 힘도 느낀다. 역동적이고 풍성한 생명력이 희열과 함께 우리를 관통해 흐른다. 늘어난 에너지가 행복감도 늘려 준다.

이때부터 우리는 (자발적 혹은 비자발적) 영적 수련을 통해 완전히 새로운 자아 체계를 다시 천천히 만들어 간다. 그 과정에서 점점 '나'를 덜 감지하게 되고, '나'의 지배력도 약해지며, 그 경계가 허술해진다. 생각은 조용해지고, 지각/감각/인식은 강렬해진다. 그러는 사이 옛 자아 체계가 고기능의 새 자아 체계로 개조된다. 이 새 자아 체계에는 보통의 에고 중심의 분리된 자아를 힘들게 하는 불화 따위는 없다. 그리고 이 새 자아 체계는 더 조화롭고 더 진실되며 세상에 더 이로운 방식으로 기능한다.

정확히 말하면 우리가 새 자아 체계를 실제로 창조한다고 할 수는 없다. 왜냐하면 깨어난 자아 체계는 이미 우리 안에 하나의 잠재성으로 존재하기 때문이다. 일종의 틀 같은 것이 이미 존재하고, 그 틀로부터 새로운 자아 체계가 자연스럽게 만들어진다. 우리는 그 새 자아 체계를 발현시키고 싶기 때문에 본능적으로 영적 활동에 끌린다. 영적 활동이나 수련이 그 깨어난 자아 체계에 천천히 점진적으로 자연스럽게 형태를 부여한다. 어떻게 보면 영적 수련이 옛 자아 체계를 무효화하고 제거한 다음, 그 자리를 잠에서 깨어난 자아 체계로 대체하는 것 같다. 하지만 엄격하게 말하면 낡은 자아 체계를 새 자아 체계가 대체한다기보다는 낡은 자아 체계가 새 자아 체계로 변형된다고 봐야 한다.

자연적 깨어남과 단계적 깨어남 사이의 차이는, 후자의 경우 깨어난 자아 체계가 아직 그 모습을 온전히 드러내지는 않았다는 데 있다. 아직은 발아하려고 애쓰는 씨앗으로 동면하고 있어 영양분을 공급받아야 한다. 깨어난 자는 그 씨앗에 영양분을 주고 싶으므로 영적인 길에 끌리게 되어 있다. 그러나 자연적으로 깨어난 경우에는 그 씨앗이 이미 꽃을 피운 상태다. 즉 깨어난 자아 체계가 이미 완성되었고 안정되었다.

이 새 자아 체계가 이미 우리 안에 있다는 생각은 진화 개념을 떠올리게 한다.(이 점에 대해서는 마지막 장에서 더 자세히 다룰 것이다.) 영적 수련/정신 수련을 하는 사람들은 본능적으로 모두 같은 방향으로 움직인다. 이들은 자기만의 개인적인 바람이나 계획에 따라 자아 체계를 개조하려 들지 않는다. 그보다는 본질적으로 모두 같은 성격들, 같은 자아 체계를 계발하고 있다.

나에게 이것은 그 자아 체계가 인류 일반의 내면에 이미 내재해 있고, 이미 오랫동안 일종의 심리적 구조 혹은 틀로서 그 기반을 다져 왔다는 말처럼 들린다. 길은 이미 닦여 있고, 지금 우리는 이미 결정된 그 코스를 따라 여행하고 있는 듯하다. 새 자아 체계가 이미 구축되어 있지 않다면 우리는 모두 서로 다른 길로 나아가며, 서로 다른 성격들을 발전시키고, 서로 다른 자아 체계들을 만들어 갈 것이다.

이를 테면 생식 활동과 비슷하다. 사람들이 새 자아 체계를 만들기 위해 영적 활동에 끌리는 것은 자식을 낳기 위해 성행위에 끌리는 것과 비슷하다. 성행위를 통해 수정이 되면 그 태아의 발달 과정은 성인이 될 때까지 어느 정도 이미 정해진 과정을 따라가게 된다. 부모는 무에서 새 생명을 창조하는 것이 아니다. 새 생명은 잠재적 형태로 이미 존재한다. 다시 말해 그 존재의 발전을 위한 청사진이 이미 존재하는 상태에서 부모가 자식의 형성과 발전을 촉진한다. 마찬가지로 영적 수행도 새 자아의 발전을 촉진한다. 그 새 자아는 이미 잠재적으로 존재하고 있고, 그것이 따라갈 길도 이미 어느 정도 정해져 있다.

급작스러운 깨어남

다아무끝이 표 OO원

영구적 깨어남 상태는 극심한 심리적 혼란이 야기하는 극적인 변형 후 찾아오는 경우가 가장 흔하다.

지난 20년 동안 심리학자들은 외상 후 성장 현상에 대해 한층 더 많은 것을 알게 되었다. 사고, 심각한 질환, 이혼 같은 트라우마를 동반하는 사건들을 겪을 때 종종 긍정적인 여파를 겪을 수 있다. 최초의 강렬한 충격과 스트레스가 한 꺼풀 잦아지고 시간이 흐르고 나면, 일상에 더 감사하고 삶에 대한 확신이 강해지며 유연성도 좋아진다고 보고하는 사람이 많다. 인간관계도 진실해지고 만족스러워지며 강한 삶의 의미와 목적도 갖게 된다. 그리고 정신세계와 영성에 관심을 보이고 죽음에 대한 자세도 수용적이 된다.

나름의 연구를 통해 나는 트라우마가 성장이나 변형을 부르기

7장 급작스러운 깨어남

도 한다는 것을 알게 되었고, 그런 현상을 '외상 후 변형 현상'이라 부른다. 극심한 심리적 혼란이 야기하는 트라우마는 삶에 대한 새로운 전망, 세상에 대한 새로운 자각을 동반하고 새로운 인지/인식 능력, 삶의 가치, 목표와 함께하는 고기능의 새 정체성으로 빠르고 극적인 전환을 부를 수 있다. 이런 전환이 꼭 항상 *완전히* 급작스러운 것은 아니다. 급작스러운 전환이 일어나기 전에 저변에서 조금씩 변화가 일어났다고 말하는 사람들도 많다.(예를 들면 일시적으로 깨어나는 경험을 여러 번 하기도 한다.) 그리고 하나의 급작스러운 전환이 아니라 몇 번의 서로 다른 '전환들'을 경험했다고 말하는 사람들도 있다.

내 책『어둠 밖으로』에서 나는 그런 변형을 겪은 사람들을 시프터(shifter)라고 불렀다. 시프터들은 완전히 딴사람이 되었다고 느낀다. 이전의 자아가 사라지고 새 자아가 생겼기 때문이다. 이들 중 두 사람이 나에게 이런 말을 했다. "마치 두 사람이 있는 것 같아요. 이전의 나와 이후의 나 이렇게 둘요. (……) 이제 돌아갈 수 없어요. 이제 남은 인생은 이 다른 사람으로 살 수밖에 없어요."[1]

『어둠 밖으로』집필 준비를 하면서, 그리고 그 이후 연구했던 다른 많은 외상 후 변형의 경우들을 보면서 나는 시프터들에게는 몇 가지 주요한 공통점이 있음을 알게 되었다. 먼저 강렬한 행복감을 느낀다. 삶의 일반적인 것들에 대해 감사하며, 삶 자체에 감사한다. 그리고 변형 전보다 걱정과 불안을 덜 느끼고 관점이 넓어지기 때문에 작은 문제에 골몰하지 않는다. 인식력이 강해지므로 주변 세상이 더 생생하고 아름답게 보인다. 자연, 다른 사람들, 다른 살아 있는 존재들에 강하게 연결되어 있다고 느낀다. 마음이 더 고요해지고 부지불식간에 일어나는 머릿속 수다가 줄어든다. 수다가 줄어들면 더 이상 그 수다가 나라고 생각할 필요도 없다. 그러므로 그 수다를 지켜볼 뿐 그 수다에 함몰되거나 휘둘리지 않는다.

라이프스타일을 보면 시프터들은 사적 이익을 추구하지 않는다. 물질이나 사회적 성공 및 성취에 그다지 관심이 없다. 그 대신 자신의 영적 발전에 집중하고 다른 사람들의 안녕을 더 걱정하므로 친절하고 이타적이다. 이런 새로운 경향이 종종 직업을 크게 바꾸는 결과로 이어지곤 한다. 많은 경우 직업적인 성공을 포기하고 봉사하는 일을 시작한다. 예를 들어 건축 사무소를 운영하던 한 사람은 카운슬러와 대학 강사가 되기 위해 재교육을 받았다. 제약회사 마케팅 간부로 막강한 권력을 휘두르던 한 여성은 직장을 그만두고 암 환자를 위한 테라피스트 교육을 받았다.

물론 이것들은 다 깨어남 상태의 특징들이다.

이런 급작스러운 깨어남은 강한 스트레스, 격변, 우울증, 사별, 심각한 질병, 육체적 장애, 알코올 중독, (질병 혹은 사고로 인한) 죽음 직면 같은 다양한 종류의 혼란과 트라우마에 의해 유발된다. 강렬하고 지속적이기만 하면 혼란의 유형은 그다지 중요하지 않다.

깨어남의 유형들을 조사하는 것은 나에게 매우 고무적인 경험

7장 급작스러운 깨어남

이었다. 나는 인간이 살면서 겪을 수 있는 가장 비참하고 가장 고통스러운 일들을 겪어 낸 사람들을 만났다. 이들은 그런 고난을 극복하는 데 그치지 않고, 실제로 그 상태를 초월하는 데까지 나아갔다. 『어둠 밖으로』에서 이미 이들의 사례를 많이 밝혀 놓았으므로 여기서는 내가 박사 논문을 준비하면서, 그리고 『어둠 밖으로』 출간 후 알게 된 많은 외상 후 변형 사례들 중 가장 놀라운 것들만 몇 가지 소개해 보겠다.

영적 비상

앞 두 장에서 보았듯이 영적 깨어남은 단계적인 경우 보통 별 문제 없이 부드럽게 일어난다. 세상의 모든 과정이 그렇듯 천천히 단계적일 경우에는 새로운 경험과 환경에 적응할 시간과 기회가 주어진다. 그 과정에 대해 생각하고 이해하고 받아들일 기회가 주어지는 것이다. 그러면 새롭게 계발된 성격들이 큰 동요 없이 일상에 통합될 수 있다. 앞에서 살펴본 다니엘과 에드의 경우가 그 좋은 예다. 약간의 혼란이 깨어남을 자극하고 유발하긴 했지만, 다니엘과 에드의 정신적 발전은 상당히 조화로웠고, 그만큼 기존의 세상과 자아 체계에 잘 통합되었다.

그런데 급작스럽고 극적인 깨어남은 자주 문제를 일으킨다.

변형이 갑자기 일어날 때는 이해하고 적응하고 통합할 시간도, 기회도 좀처럼 얻을 수 없다. 하루아침에 유명해지거나 성공하는 것과 비슷하다. 갑자기 그렇게 된 사람들 중 대다수가 즉시 삶이 극적으로 바뀌는 것, 예를 들어 끝없이 남들의 주의와 압박을 받는 것, 사생활이 없어지는 것 등에 잘 적응하지 못한다. 그래서 알코올이나 약물에 의존하기도 한다. 사람을 피하다가 우울증에 걸리기도 한다. 오랜 기간 단계적으로 유명해지거나 성공할 경우 그런 혼란이나 동요가 훨씬 덜할 것이다.

초개인 심리학 권위자 스타니슬라프 그로프(Stanislav Grof)는 영적 부상(emergence)과 영적 비상(emergency)을 적절히 구분한 바 있다. 영적 부상은 단계적 깨어남이다. 거의 문제를 일으키지 않고 천천히 전개된다. 반면 영적 비상은 갑작스런 깨어남이다. 당사자의 심리적 기능에 커다란 문제를 유발해 일상생활조차 거의 불가능하게 한다. 심한 경우에는 문제가 너무 심각해 정신병자로 오해받기도 한다.[2](흥미롭게도 그로프도 영적 비상의 경우 대부분 사별, 실패 같은 상실감이 야기하는 심리적·감정적 격변 때문이라고 했다. 그의 말을 그대로 옮겨보자. "자식이나 가까운 가족의 죽음, 이혼, 관계의 파국 같은 중요한 관계가 끝을 고한 것이 그 이유가 될 수 있다. 마찬가지로 연속된 실패, 실업이나 큰 재산을 잃는 것 같은 일도 그 즉시 영적 비상을 불러올 수 있다."[3])

이제 다음 두 장에 걸쳐 그런 영적 비상을 겪은 사람들의 이야기를 해 보려 한다.

마리타

마리타는 자녀들이 아기일 때 강렬한 심리적 혼란을 겪다가 깨어났다. 둘째가 태어난 후(당시 첫째는 두 살이었다.) 마리타는 산후 우울증을 앓기 시작했다. 두 살 난 첫째 아이가 이상 행동을 보이며 요구사항이 많아졌고, 그런 상황에 잘 대처하기에는 마리타로서는 아무래도 역부족이었다. 그때 상황을 마리타는 이렇게 설명했다.

"돌이켜보면 당시 거의 정신병자 같았어요. 마음속은 온통 온갖 문제와 고통의 시나리오들, 지구상의 수백만 고통받는 어린이들에 대한 생각뿐이었고, 더 이상 잠을 자지 못했어요. 자려고만 하면 그 시나리오들이 머릿속을 맴돌았죠. 낮에는 아이들을 안고 울기만 했어요. (……) 그렇게 나흘 동안이나 잠을 한숨도 못 잔 어느 날이었어요. 당연히 내 상태는 매우 나빴죠. 육체적으로 거의 바닥이었어요. 부비동이 완전히 막혀서 폐 속으로 공기가 하나도 들어가지 못하는 것 같았어요. 목도 꽉 막혀서 귓속말만 가능했고요. 남편은 화를 내며 병원에 입원시키겠다고 위협했죠. 나는 작동을 멈춘 것 같았어요. 그 주에는 빨래를 한 번도 하지 않았고, 시장도 보지 않았더군요."

마리타는 매우 급작스럽고 극적인 전환을 경험했기에 그 순간을 정확하게 잘 기억하고 있었다. "1993년 3월 2일, 미국 동부 시간으로 오전 8시 30분경이었어요." 그 일은 출근하려던 그녀의 남편이 입을 수 있는 깨끗한 옷이 하나도 없다며 결국 참았던 감정을 폭발하던 순간 일어났다. 다음이 마리타의 설명이다.

"욕실에서 나오던 남편이 욕실 문을 쾅 닫으며 극도의 절망감에 울음을 터트렸어요. 그러더니 집의 물건들을 다 부수기 시작하더군요. 벽에 커튼을 뜯어 내리고 물건들을 계단 아래로 집어 던졌어요. 그렇게 날뛰는 사람은 처음 봤어요. 그런데 남편이 그렇게 분노를 폭발시키는 모습을 보자니 내 안의 무언가가 말할 수 없이 편해졌어요! 그 순간이 내가 깨달은 순간이에요.

그리고 더 할 수 없이 완벽한 평화와 기쁨이 찾아왔어요. 그 즉시 나는 '그래 바로 이런 느낌이야. 이런 느낌이어야 했어!'라고 생각했어요. 그것은 참 다차원적인 경험이었죠. 먼저 육체적이었어요. 엄청난 에너지가 온몸을 관통했고 동시에 치유가 이루어졌어요. 코와 폐가 그 즉시 뚫리고 완벽하게 작동하기 시작했죠. 그런 즉각적인 치유가 이루어지다니 놀랍기 그지없었죠. 그리고 그 깨어남은 지적이기도 했어요. 퍼즐의 마지막 조각이 제자리를 찾았어요. '유레카'였죠. 당연히!

영적인 말들이 다 이해가 갔죠. 한순간 그것들이 무슨 뜻인지 '알았어요.' 그리고 지금까지도 그때 내가 알게 된 것들이 직선적이고 일반적인 의식에 비추어 볼 때 무엇을 의미하는지 알아가고 있어요. 뭔가 수많은 것들이 나를 지나 날아가는 것 같았죠. 그 대부분을 잡아채지는 못했어요. 그 후 지금까지 17년 동안이나 그때 본 정보들을 인간의 정신과 마음으로 이해할 수 있는 그 어떤 형태로 만들려고 열심히 노력하고 있어요. (……)

신비주의자들이 왜 '영원'을 이야기하는지 이해가 갔어요. 그들은 순간에서 영원을 감지해요. 그리고 영원히 변해 버리죠. 다시 태어났다고 말하는데, 바로 그런 의미예요. 그렇게 변해 버리면 다시 아이의 눈으로 세상을 보게 되죠. 기독교에서는 아이들이 천국에 들어간다고 하잖아요. 잊어버렸던 그 가르침이 진리임을 알게 되니, 그저 놀라울 따름이었죠. 논리적 방식으로만 보던 예전이라면 절대 '알 수 없던 것들이에요.'

그 후 몇 주 동안 결코 잊을 수 없는 멋진 시간을 보냈어요. 물론 지금도 그때로 돌아갈 수 있어요. 드디어 장벽들을 돌파해 온 것 같았고, 그 다른 쪽에 남겨진 사람들과 마음속으로 토론을 했어요. 그들을 모두 잡아 내 쪽으로 끌고 오고 싶었죠, 몹시도요! 당장 책을 하나 써서 내가 알게 된 이 정보들을 빨리 말해 줘야 할 것 같았어요. (……) 그전에 내가 했던 '영적' 경험들은 당시 내 세계관으로는 결코 이해할 수 없었죠. 그런데 그 순간의 깨달음 이후에는 그 영적 경험들이 즉시 굉장한 의미를 갖게 되었어요. 내 인생의 매 순간이 어떻게 그 깨달음의 순간으로 향해 갔는지 비로소 알게 됐죠."

　외상 후 변형이 대개 그렇듯, 마리타가 경험했던 최초의 그 강렬했던 깨어남도 조금씩 사그라들었다. 하지만 그 덜 강렬한 깨어난 상태가 보통인 상태로 마리타는, 내가 그녀와 대화를 나누던 그때까지 17년을 보냈다. 그 새로운 상태가 가져온 가장 의미 있는 변화라고 한다면 강한 연결의 감지였다. 마리타는 살아 있는 존재들을 모두 연결하는, 그녀의 말을 빌리자면, "에너지 공간"을 알아차렸다. 아무것도 하지 않는 상태를 사랑하게 된 것도 큰 변화였다. 아무 일도 하지 않는 동안 마리타는 "마음을 열고 무언가 평화로운 것에 연결되어 그 소리를 듣는다." 여전히 머릿속 수다 소리를 듣지만 그 소리가 그녀 자신이라고 느끼지도, 그것에 영향을 받지도 않는다. 부정적인 생각이 일어나도 불안이나 걱정이 일어나기 전에 떠나보낼 수 있다. 죽음을 대하는 자세도 변했다. 죽음을 더 이상 두려워하지 않는 것은 물론이고, 죽음이 애초에 깨달았을 때 경험했던 그 영원하고 확장된 상태로 돌아가는 것이라고 생각한다. "시공간 밖에 일단 한번 존재해 봤다면 죽음이 곧 비로소 감옥에서 나와 집으로 돌아가는 아주 멋진 일임을 알게 돼요."

　하지만 보통의 의식에서 안정적 지속적인 깨어남 상태로 나아가는 것이 쉽지만은 않았다. 강렬한 행복감과 새로운 통찰들에도 불구하고 마리타는 그런 새로운 상태가 혼란스러웠다. 새 정체성을 일상에 통합하는 데 오랜 시간이 걸렸다. "완전히 부서진 것 같았고, 새 자아와 함께 사는 법을 찾아내는 것이 정말 쉽지는 않았죠." 마리타는 특히 인간관계가 힘들었다. 사람들과의 소통 기술을 잊어버려 늘 너무 정직하게만 말하다 보니, 사람들이 상처를 받거나 화를 냈다. 깨어난 지 17년 후조차 많이 완성되긴 했지만, 새 자아 통합 과정이 여전히 진행 중이었다.(돌연한 변형이 야기하는 곤란한 문제에 대해서는 8장에서 더 상세히 다루려 한다.)

JC 맥의 변형

JC 맥(가명)은 현재 오십 대 후반의 캐나다인 남성으로 45세에 쉽지 않은 극적인 깨어남을 겪었다. 깨어나기 전에도 맥은 약간의 초자연적인 경험들을 했지만, 영적인 경험을 했던 기억은 없다. 맥은 노력에 비해 그다지 성공하지는 못한 음악가였다. 그리고 로큰롤 라이프스타일 탓에 약물 문제를 겪었다. 그래도 노력 끝에 약물 중독에서 벗어났고, 중독 치료 시설들에 갱생 프로그램을 고안해 주는 등 중독 관련 카운셀러로 일했다. 동시에 맥은 음악적으로 성공하려 애썼으며, 마침내 앨범을 하나 내기도 했다. 맥의 말에 따르면 젊었을 당시 맥은 사람들의 관심과 인정에 목말라 있었고, 그것을 자신의 음악으로 표현하려 했다고 한다.

성공하고 싶은 욕망이 너무 컸던 것이 부분적으로 원인이 되어 아내와 사이가 멀어졌고, 결국 결혼이 파탄이 나 맥은 세 명의 아이들을 뒤로하고 집을 나와야 했다. 그 후 카운슬러 경험을 발판으로 자기계발 코치 일을 시작했지만, 사업이 잘 되지 않아 빚만 얻었다. 맥은 극심한 스트레스에 시달렸고, 안정적이라 생각했던 삶이 무너진 것에 괴로워했다.

그런 혼란과 격변이 절정에 달하던 어느 날, 맥은 의식의 돌연한 전환을 겪었다. 그날 맥은 정확한 이유도 없이 울고 있었는데, 갑자기 마음이 평화로워지는가 싶더니 시간이 기묘할 정도로 느리게 갔다. 누가 바늘로 팔다리를 콕콕 찌르는 것 같기도 했다. 맥은 심장마비나 뇌졸중을 의심했다. 당연히 겁도 났지만, 한 불교 선사의 말을 기억해 냈다. "모든 두려움은 망상이니 직진하라." 그 말을 떠올리자 맥은 자신에게 일어나는 일, 그 모든 과정에 주저 없이 온몸을 맡길 수 있었다. 맥은 그 과정을 이렇게 묘사했다.

"도미노가 연이어 무너지는 것 같았어요. 삶의 모든 것을 떠나보내기 시작했죠. (……) 그리고 축복의 상태로 들어갔어요. 모든 정신 활동이 사라졌고, 모든 것이 고요와 정적 속에서 놀랍도록 아름답게 빛나기 시작했어요."

그 축복의 상태는 그 후에도 계속되었지만 문제도 있었다. 그동안 쉽게 하곤 했던 일상적인 일들을 잘할 수가 없었다. 일을 할 수 없었고 인간관계도 힘들었다. 먹는 일을 자주 깜빡해 살이 많이 빠졌다. '신에게 버림받았다.'고 느끼며 다시 고통스런 이원성의 상태로 돌아가는, '영혼의 어두운 밤들'도 있었다. 하지만 맥은 자신이 재적응의 시기에 있음을 잘 알았다. 맥은 마음의 평화와 새 정체성을 유지하면서 동시에 일상을 살아가는 법을 배워야 했다.

적응 기간은 길었다. 내가 맥을 인터뷰했을 때는 전환 후 6년이 지나서였지만, 맥은 여전히 '진행 중'인 것 같다고 했다. 다음이 그의 말이다.

"지난 6년 동안 왔다 갔다 했어요. 대체로 고요하고 평화롭기는 했지만 때로는 일상을 살아내기가 어려웠어요. 계획을 세우는 일이 특히 힘들었죠. 우리 사회는 뭐든지 계획에 따라 진행되는 직선적인 사회잖아요. 그런 사회에서 선을 벗어나 있다 보니 불편한 일이 생기죠."

맥은 그 전환이 있고 난 후 자신의 관점이 크게 어떻게 변했고, 어떻게 다르게 인식하게 되었는지 말해 주었다.

"이제 정체성 같은 게 없어요. 정체성이란 게 있으면 다른 대안들은 쳐내게 되죠. 나는 나를 미국인이나 캐나다인이라고 생각하지 않아요. 집이라고 부를 만한 특정 장소도 없어요. 어디서나 고요한 정적이 있죠. 어디를 가든 그래요.

거의 모든 시간 머릿속이 아주 조용해요. (……) 고요 혹은 아주 견고하고 평화로운 정적이 모든 것에 스며들어 있어요. 그때 누군가 질문을 해요. 그럼 언어 기능이 살아나죠. 아름답긴 한데 불편해요. 생각은 너무 과대평가되어 있지요. 나도 문제없이 생각할 수 있지만, 생각이 실체는 아니죠. 그 둘을 구분하지 못하면 괴로울 겁니다. 에고는 수만 년 동안 인류가 생존하기 위해 계발했던 거예요. 그뿐이에요.

물질에 대한 집착이 없어요. 그래서 이보다 더 좋을 수 없지요. 전에는 내 몸과 사회적 성공에 집착했거든요. 늘 무언가 되고 싶었죠. 지금은 모든 것에 도움이 되는 존재가 되고 싶을 뿐이에요. 그게 최고의 선이죠. 인류에 봉사하는 것, 그것이 내가 바라는 것입니다."

죽음 직면: 급작스러운 깨어남의 기폭제

트라우마를 동반하는 경험이라면 뭐든 급작스러운 깨어남을 부를 수 있지만, 그중에서도 죽음 직면이 그 효과가 가장 크다. 질병이나 사고로 직접 죽음에 직면하는 것은 물론, 사별 같은 사건을 통해 가까운 사람의 죽음을 경험하는 것도 마찬가지다.

죽음 직면이 외상 후 성장의 강력한 원인임을 보여 주는 연구 결과가 많다. 특히 이제 살날이 얼마 남지 않았음을 알게 된 암 환자들이 종종 갑자기 깨어난다고 한다. 암 확진을 받고 몇 달 안에 이전보다 삶에 더 감사하게 되고, 자신감이 강해지며, 인간관계도 더 돈독해지고 더 진실해진다.[4] 그리고 영성이 더 높아진다고도 한다. 다른 만성 질병, 자연재해, 삶을 위협하는 위험 상황을 경험하는 사람들에 대한 연구들도 있는데, 여기서도 유사한 결과를 찾아볼 수 있다.[5] 특히 사랑하는 사람과의 사별이 외상 후 성장을 부르는 경향이 짙다.[6]

임사 체험 후 살아남은 사람들도 긍정적으로 영원히 바뀌는 경험을 한다. 2장에서도 언급했지만 이 사람들은 짧은 시간이나마 (대부분 심정지로 인해) 실제로 '죽는다.' 하지만 의식은 계속 살아 있다고 느낀다. 이들 대부분 몸을 떠나 어둠을 통과해 빛으로 나아가거나 빠져들어 간다고 느끼며 이미 고인이 된 친지들을 만나기도 한다. 혹은 어떤 형태의 '존재들'이 말을 걸어오기도 한다. 이런 경험은 당연히 강력한 여파를 남긴다. 네덜란드인 심장 전문의 핌 반 로멜(Pim van Lommel)은 임사 체험자 62명을 연구했는데, 거의 모두 가치관의 대대적인 변화를 경험했다고 한다. 대체로 물질적인 부나 개인적인 성공에 흥미를 잃고 자연과의 강한 연결성을 느끼게 됐다. 그리고 자신은 물론 타인에 대한 사랑과 자비심이 늘었다. 반 로멜은 "단지 몇 분의 경험이 그렇게 오래 지속되는 변화를 부른다는 사실이 매우 놀랍고 예상치 못한 결론이었다."[7]라고 했다. 또 다른 심장 전문의 마이클 세이봄(Michael Sabom)도 몇 년 전 임사 체험을 한 사람들을 연구했는데, 모두 삶의 의미를 더 잘 찾게 되고, 사랑하는 능력이 대단히 커지며, 가족과 가깝게 지내고 있다고 보고했다.[8] 그런 전환이 대체로 임사 체험 당시 *보고 느낀 것* 때문

이며, 그 체험이 드러낸 실체에 대한 새로운 그림 때문임은 의심할
바 없다. 사후 세계가 있다는 것, 우주의 본성이 사랑과 조화라는
것 말이다. 하지만 죽음 직면 자체도 그런 전환에 부분적으로 기여
한다.

암 그리고 급작스러운 깨어남

암 진단은 외상 후 성장에 덧붙여 (늘 그런 것은 아니지만) 정신의
근본적인 변형도 부른다. 나는 그 몇 사례를 이미 『어둠 밖으로』에
소개한 바 있다. 예를 들어 아이린은 유방암 진단을 받았는데 살날
이 1년밖에 남지 않았다는 말을 들었다고 한다. 그녀의 변형은 거
의 즉각적이었다. 암이라는 말을 들었던 다음 날 아침, 아이린은
완전히 다른 세상에서 깨어났다.

"공기가 너무도 맑고 신선했어요. 눈에 보이는 모든 것에 생기
가 넘쳤고 에너지가 진동했죠. 나무들의 초록색이 참으로 선명했
고, 모든 것에서 생명이 느껴졌어요. 나무에서 나오는 에너지를 알
아차렸던 거죠. 그것들과 내가 연결되어 있음이 믿을 수 없이 강하
게 느껴졌어요. 환상적이었죠. 지구에 살아 있다는 것이 그렇게 행
복할 수가 없었어요."9

그 처음 몇 주만큼 강렬하지는 않지만 아이린은 그 후 13년
동안 그런 확장되고 강렬한 인식 능력을 잃지 않고 살아갔다. 그리
고 슬프게도 암이 재발되었고 사망했다.

인터뷰 당시 70세였던 휴 마틴도 유사한 경우다. 휴는 림프계 암인 호지킨병을 이십 대 중반에 확진 받고 외상 후 변형을 경험했다. 당시 살날이 2년밖에 안 남았다는 진단을 받았다. 그러나 휴는 그런 의사들의 말에 보란 듯이 회복했으며, 그 후 40년이 넘게 지났지만 그때 그 전환의 여파는 조금도 사그라들지 않았다. "삶의 덧없음을 생생하게 경험하는 것은 대단한 축복이죠. 그때부터 매 순간을 음미하게 됩니다. 그리고 꿈도 꾸지 못했던 수준의 삶을 살게 되죠."[10]

최근에 나는 영국 방송을 통해 외상 후 변형의 강력한 예를 하나 더 접하게 됐다. 닥터 필굿 밴드 멤버로 잘 알려진 록 기타리스트 윌코 존슨(Wilko Johnson)이 위암으로 8~9개월밖에 살 수 없다는 진단을 받은 것이다. 그 진단을 받은 후 존슨은 몇 주 동안 "생생하게 살아 있었고" "놀라운 자유의 느낌과 함께" 희열을 경험했다고 말했다. 아이린처럼 윌코도 암 진단을 받은 직후부터 희열을 느꼈다. 다음은 윌코가 BBC에서 한 말이다.

"진료실을 나오자마자 영혼이 고양되는 걸 느꼈어요. 걸어가다가 갑자기 내가 얼마나 생생하게 살아 있는 존재인지 느꼈죠. 나무와 하늘과 다른 모든 것들을 보는데, 그냥 '와우!' 하는 탄성이 나왔어요. 사실 나는 불행한 사람이었어요. 사는 내내 우울증 같은 병에 시달리며 살았죠. 그런데 갑자기 다 바뀌었어요. (……)

이전에 나를 힘들게 했던 것들 혹은 내가 걱정했던 것들, 나를 화나게 했던 것들이 이제 하나도 중요하지 않았어요. 그리고 앉아서 생각했죠. '세상에나 왜 이걸 몰랐지? 중요한 건 바로 지금 이 순간뿐이란 걸 왜 몰랐지?'라고요.

미래를 걱정하거나 과거를 후회하는 것은 시간 낭비죠. 물론 이걸 깨닫자고 저처럼 사형 선고를 받을 필요는 없어요. 그냥 정신만 좀 차리게 해 주면 될 것 같아요. 지금은 아주 좋아요. 완전히 살아 있음을 느끼거든요. 그냥 길을 걸으면서도 그래요. 눈에 보이는 작은 모든 것들, 얼굴을 스치는 시원한 바람, 벽돌 한 장 한 장을 보면서도 '아, 나는 살아 있다. 나는 살아 있다.'라고 생각해요."[11]

윌코의 이야기에는 약간의 반전이 있다. 윌코는 항암 치료를 거부했고, 자신이 곧 죽을 거라는 사실을 침착하게 받아들였다. 그런데 9개월 후에도 여전히 건강했다. 윌코는 어찌된 영문인지 몰라 다시 암 전문가를 찾아갔는데, 특이한 종류의 종양으로 실제 수술하면 낮기는 하지만 15퍼센트 정도 생존 가능성이 있다는 말을 들었다. 9시간 긴 수술 끝에 위장 내 거대 종양이 제거되었고, 윌코는 회복 기간을 거쳐 암 완치 진단을 받았다. 그러므로 내가 이 글을 쓰고 있는 현재, 윌코는 죽음이 임박하지 않았다는 사실에 적응 중이다.

사별을 통한 깨어남

가까운 사람의 죽음은 자신의 죽음에 직면하는 것만큼이나 급작스러운 깨어남을 유발하는 거의 유일한 경험이다. 특히 사별은 안정적이던 삶과 정신 상태를 근본부터 순식간에 뒤흔드는 지진 같은 충격을 야기한다. 세상이 갑자기 완전히 달라 보이고, 확실하고 영원한 건 아무것도 없어 보인다. 이전의 야망과 활동 모두 무의미하고 부조리해진다. 사랑하는 사람을 잃은 고통은 너무도 혹독해서 혼자서 살아갈 엄두가 나지 않는다. 그 고통이 사라지는 데 몇 년이 걸릴지 모른다. 아니 결코 사라지지 않을 수도 있다. 그런데 강렬하고 근본을 뒤흔드는 그런 사별의 경험이 동시에 강력한 변형을 부르기도 한다.

나는 『어둠 밖으로』에서 사별을 통해 깨어난 몇 가지 사례들도 소개했다. 딸이 갑작스럽게 죽은 지 8개월 후 갑자기 깨어나게 된 글린 후드가 대표적인 예다. 그 후에도 놀라운 경우들을 많이 알게 되었는데, 여기서는 일단 두 가지 사례만 소개하려 한다.

첫째 사례는 내가 만난 이야기 중 가장 비극적이지만 가장 감동적인 이야기이기도 하다. 그레이엄 스튜는 내 박사 논문을 위해 인터뷰 대상자를 찾던 중 만나게 된 사람이다. 그레이엄도 나처럼 대학에서 강의를 하고 있었다. 물론 그 전환이 있은 후부터는 개인적으로 크게 의미를 둘 수 없는 직업이라 단지 시간제로만 강의를 맡고 있었다. 그레이엄은 전환이 일어나기 전부터 영성에 깊은 홍미를 느꼈다는 점에서 내가 만난 다른 사람들과 달랐다. 그는 십대 때부터 명상을 배웠고, 수년간 불교도의 길을 걷기도 했다. 그 결과 영적 깨어남이나 다른 종류의 영적 발전을 어느 정도 이해하고 있었다. 그 모든 준비 과정 덕분에 전환이 일어났을 수도 있다. 그레이엄의 말에 따르면 그 전환이 그의 등을 최종적으로 한 번 밀어 줬기 때문에 그동안 읽고 공부해 왔던 모든 것의 진실을 깨닫게 되었다고 한다.

그레이엄의 전환을 부른 것은 그의 가정에서 짧은 기간 연이어 일어났던 두 번의 죽음이었다. 먼저 그의 아내가 상당히 악화된 폐암으로 치료 불가 판정을 받았다. 그 후 몇 달 만에 아내는 산소호흡기에 의지해야 할 정도로 상태가 나빠져 몇 발자국 걷지 못하는 지경에 이르렀다. 그럼에도 아내는 그들의 17세 아들과 마지막 크리스마스를 함께 보내고 싶었고, 그래서 최소한 그해 말까지는 살아야겠다고 결심했다.

그런데 그해 시월 아들이 파티에 가던 길에 교통사고를 당해 사망하고 만다. 그 충격에 아내의 병은 급격하게 악화되어, 결국 아들 장례식 날 저녁 아내까지 죽고 만다.

그레이엄은 그 두 번의 사건을 겪으면서 (친지들에게 가족의 죽음을 알리는 고통스러운 일은 별개로 치더라도) 엄청난 충격과 고통을 느꼈다. 하지만 동시에 자신의 정체성이 사라지는 경험도 했다. "하룻밤 만에 내 인생에서 가장 중요한 역할 두 개가 사라져 버렸어요.

나는 22년간 남편이었고, 17년간 아버지였어요. 이제 내가 누군지 모르겠더군요. 아내와 아들 뒤에 남겨진 채 허공만 응시했지요."

그레이엄은 무상(無常)과 같은 불교의 가르침에 도움을 많이 받았다. 불교에서 말하는 대로 자신의 정신 상태와 감정 상태를 관찰하고 탐구하려 했다. 공허한 느낌들을 알아차리는 것이 얼마나 중요한지 잘 알았으며, 그 느낌들에 대한 거부감을 떠나보내야 한다는 것도 잘 알았다. 그의 말에 따르면 노력을 통해 "공허함 안에 고요함이 있고, 그 고요가 다 괜찮다고 말해 주고 있음"을 알게 되었다.

『어둠 밖으로』에서 나는 그런 경험들을 받아들이는 것이 얼마나 중요한지 거듭 강조했다. 그런 받아들임은 혼란과 트라우마가 갖고 있는 변형의 잠재성을 펼치게 하는, 연금술 같은 힘을 갖고 있다. 고통에 항복하고 받아들이기 위해서는 그 고통에 대한 저항을 멈춰야 한다. 많은 경우 정확하게 고통에 항복하고 그 고통을 떠나보내는 바로 그 순간 전환이 일어난다.

자신의 고통과 공허함을 받아들이고 탐구하며 그레이엄은 전환을 이루었다. 그가 경험한 공허함은 암울하거나 적대적인 텅 빔의 공허함이 아니라 에고가 초월된 긍정적인 상태였다.

"내 에고를 감싸고 있던 얇은 껍질이 부서졌어요. (……) 분리의 망상을 직시할 수 있었죠. 그렇게 오랫동안 안경을 찾고 있었어요. 이미 쓰고 있고 그것을 통해 세상을 보고 있으면서요. 모든 것

이 하나라는 말은 단지 지적인 개념이었던 거예요. 하지만 이제 그
것이 실재가 되었어요. 정말 그래요. 이제 그것을 보지 않는 나를
상상할 수 없어요."

내가 그레이엄을 인터뷰했을 때는 그 비극적이지만 변형을 불
러왔던 사건들이 있은 지 11년이 지난 뒤였다. 그레이엄은 그 전환
이래 자신이 얼마나 더 현재에 집중하게 되었고, 알아차림 능력이
얼마나 좋아졌으며, 작은 일에도 얼마나 감사하고 기뻐하게 되었
는지 말해 주었다. 그레이엄은 받아들임과 편안함 그 자체였고, 자
기 생각과 감정에서 자신의 정체성을 찾지 않았다.

"삶이 훨씬 편해졌어요. 예전보다 훨씬 더 순간에 살게 되었고
그것이 얼마나 좋은 일인지 잘 알고 있어요. 집착이 훨씬 줄어들
었어요. 돈 걱정, 미래 걱정, 인간관계에 대한 걱정이 많이 엷어
졌어요. 무슨 일이 일어나든 괜찮을 것 같아요. 삶이 나에게 무
엇을 요구하든 그러마, 하고 말할 수 있어요. 예전에는 항상 조
건을 달았는데 말이죠.
그래서 많이 편해졌어요. 사는 게 어렵지 않아요. 문제는 늘 있
죠. 매 순간 축복을 받은 것 같지도 않고요. 기분이 나빴다 좋아
졌다 해요. 하지만 그런 나를 보고 알아차려요. 그리고 떠나보
내죠. 간단한 것들에 감사해요. 차 한 잔에도 감사하고, 창문 밖
을 내다보는 것도 좋고, 나무 이파리에 쏟아지는 햇빛도 감사하

7장 급작스러운 깨어남

고, 나무의 초록에서 아름다움을 느껴요. 과거에는 주변을 집중해서 관찰하지 않았고, 그럴 생각도 없었어요. 지금은 모든 것이 얼마나 새로운지, 여기서 이렇게 살아간다는 것이 얼마나 멋진 일인지 느끼고 감탄하곤 해요. 어린아이처럼 경이로운 일이 많아요. 아이로 돌아간 것 같아요. 현관문을 나선 다음 얼굴에 불어오는 바람을 느끼는 것만으로도 감사해요. (······)

머릿속 수다는 여전히 있죠. 인간으로 사는 한 어쩔 수 없는 것 같아요. 계획도 짜고 쇼핑도 하고 청구서들도 지불해야 하니, 가끔은 머릿속 수다가 하는 말을 잘 들어야 해요. 이를테면 유용한 기계장치 같달까? 하지만 지금은 필요 이상으로 그것에 집중하지 않아요. 다른 방에 들어갔더니 TV가 켜져 있는 것과 같아요. 그 TV 소리에 집중할 필요는 없죠. 예전에는 감정이 가득 들어간 생각들이 몰아칠 때면 생각의 기차에 실려 과거와 미래로 끌려다니곤 했어요. 지금은 그러지 않지만요. 지금은 그 기차에 끌려다니는 일이 훨씬 적어요. (······)

우리 집 정원에 앉아 꽃들을 보고 새소리를 듣고 있으면 행복해요. 몇 시간이고 행복하게 음악을 듣고 책을 읽어요. 예전만큼 사람들을 만나지는 않고요. 예전에도 파티나 모임을 좋아한 건 아니지만 지금은 더 간소한 삶에 만족하고 있어요. 소박한 차 한 잔을 맘껏 음미하며 여기 이렇게 존재하는 것이 얼마나 기적인지 보고 감탄하곤 하죠.

이제 아무런 야망이 없어요. 그런 것들은 모두 사라져 버렸어요. 동료들이 나를 어떻게 볼지, 논문을 발표해야 할지 말아야 할지 등에 대해서 더 이상 걱정하지 않아요. 언젠가 책을 한 권 쓸 수도 있지만, 그게 급한 일 같지도 않고요.[12] (……)

시간은 매 순간 흘러가고 존재하는 것은 현재뿐이죠. 내가 알아차리는 모든 것이 바로 이 알아차림에서 나와요. 세상은 우리 안에서 생겨나니까요. 이 또한 설명할 수 없으니 미스터리네요."

그레이엄은 사람들과의 관계가 어떻게 변했는지도 말해 주었다. 사람들 사이에서 그는 더 친절하고 편안해졌으며, 사람으로 인해 짜증이나 화가 나는 일도 전보다 훨씬 줄었다고 한다. "보호하고 방어해야 할 에고가 없으니 참 편해요. 그런 걱정이 없으면 사는 게 무척 쉬워져요."

피비

『잠에서 깨어나기』를 읽고 나를 찾아온 피비도 사랑하는 사람의 죽음을 통해 깨어났다고 했는데, 이 이야기 또한 매우 놀라웠다. 피비는 먼저 글로 친구의 죽음 후 "매우 고강도의 깨어남 경험"을 했다고 써 보냈다.

피비의 친구 아만다는 겨우 스무 살의 어린 나이에 자전거를 타고 가다가 음주 운전자의 차에 치여 죽고 말았다. 아만다의 장례

7장 급작스러운 깨어남

식에서 피비는 처음의 충격과 슬픔이 "신체의 무상함을 알게 했고 완전한 평화와 축복"으로 바뀌었음을 느꼈다. 고별사를 쓰는 동안 옆에 아만다가 있다는 것이 느껴졌다.

"아만다의 얼굴을 봤어요. 진짜 얼굴을 봤다는 건 아니에요. 그저 내 주변에 물리적 세상이라곤 없는 것 같았어요. 우리는 함께였고 하나였고 같은 존재였어요. 아만다는 순수한 사랑과 평화 그 자체였죠. 나는 여전히 몸을 가지고 있고 그녀는 아니었지만, 우리 사이에 다른 점이라고는 없었어요. 아만다가 말했죠. '피비, 이 땅에 사는 동안 너의 삶을 만끽해.' 나에게 말한다기보다 나를 관통하는 듯한 목소리였어요.

그 후 며칠 동안 더할 수 없이 평화로웠고 행복했어요. 물리적인 것은 모두 불안정하고 사라지게 되는데, 저는 그래도 정말 괜찮다고 생각했어요. 저도 죽을 거라는 사실을 편하게 받아들였고 그런 일이 지금 당장 일어난다 해도 괜찮겠더군요. 내 삶의 모든 것, 살아 있는 모든 사람들, 내가 경험하고 보았던 모든 것에 감사했고, 그들에 대한 깊은 사랑을 느꼈어요. 부정적이라면 그 어떤 것도 힘을 발휘할 수 없고, 삶의 그 끝없는 크기와 비교하면 정말 아무것도 아니더군요."

이 최초의 깨어남 이후 피비는 삶을 보는 완전히 새로운 눈과 관점을 갖게 되었다. "내가 다니던 작은 퀘이커 문과대로 돌아갔는데 왠지 다른 행성에 떨어진 것 같았어요." 이전의 삶이 갑자기 이상해 보였고 피비는 깨어남이 정확하게 무슨 의미인지 몰랐지만, 자신이 어떤 방식으로든 '깨어났다'는 확신이 들었다. 그녀의 말을 빌리면 "공간과 사람들의 에너지에 고도로 민감해졌고" 단단한 형상들이 발산하는 미세한 떨림을 감지할 수 있었다.

그리고 의식의 개방이 있었으며, 그것이 인간 삶의 본성에 대한 깨달음으로 이어졌다. 인간 삶의 순환과 그 역사, 지구 생명체들의 전체 진화의 역사를 볼 수 있었고, 나아가 그 생명체들이 어떻게 서로 모두 연결되어 있는지도 보았다.

"원이 하나 보이는가 싶으면 그 원을 더 큰 원이 감싸고 있었죠. 그리고 또 더 큰 원이 보였어요. 일어났다가 잠자리에 들 때까지의 하루, 초봄에서 그해 겨울로 이어지는 한 해, 모든 일의 시작과 끝, 그리고 그 계발 단계들, 태어나서 죽게 되는 삶, 한 시대의 시작과 끝, 행성과 별들의 출현과 소멸이 보였어요. 심지어 우주의 빅뱅과 그 최후의 수축까지 거울을 들여다보듯 잘 보였죠. 생명의 진화, 즉 생명체가 어떻게 점점 더 복잡하게 그 효율성과 지성과 인식 능력과 협동성을 발전시켜 나갔는지 잘 보였어요."

그 직후 피비는 "대단한 열림"을 경험하며 "모든 존재의 원천"을 알아차렸다.

"나는 내가 만나는 모든 것(가구, 머리카락, 종이, 옷, 음악, 음식, 비누, 육체들, 정신들, 생각들, 반응들, 계획, 도시, 차, 나무, 구름 등등)이 말로는 절대 다 전할 수 없는 복잡한 역사를 갖고 있으며, 그 역사는 온 우주와 그 속의 모든 것의 역사와 절대적으로 연결되어 있음을 며칠 동안 깊이 깨달았죠. 그리고 그 직후 그 일이 일어났어요. 고요한 마음으로 관찰할 때면 모든 것이 그저 굉장해 보였죠. 침대 시트, 청바지, 나무 바닥들이 믿을 수 없이 복잡해 보였어요. 그동안 눈앞에 놓고도 보지 못했던 삶의 수많은 비밀이 드러났어요. (……) 모든 것의 원천이자 언제나 존재했고 앞으로도 영원히 존재할 광대한 생명력을 보았어요. 내 눈이 아니라 내 존재의 본질을 통해 보았어요. 우리 우주, 모든 물리 공간, 다른 모든 우주를 보았어요. 모든 것이 작고 검은 알갱이로서 생명력과 빛의 무한한 바다에 둘러싸인 채 변화를 거듭하고 있었죠. 순수한 사랑, 축복, 창조, 지혜로서 삶의 본성이 심지어 더 분명히 보였어요. 이 순수한 생명력의 바다는 형태도 없고 끝도 없지만 의식과 지성으로 가득해요. 진실한 '나'만이 할 수 있었던 유일하게 진실한 경험이에요. 그 원천은 우리가 알든 모르든 모든 곳에 모든 순간에 있답니다.

그 위대한 존재가 자신의 모습을 드러내자 나는 그 순수하고 신성한 생명력이 모든 시공간의, 모든 존재의 본질임을 알았어요. 그 형태 없음이 모든 형태를 탄생시켰어요. 모든 맛, 의견, 개성, 경험이 그 순수한 신성에서 나옵니다. (……)

그것이 신이라는 걸 의심할 바 없었죠. 신이 나에게 예술가가 걸작을 만들어 내듯 자신이 이 세상과 그 속의 형상들을 빚고 진화시켰음을 보여 주었죠. 신/영혼은 시간을 초월하고 존재하기 위해 아무것도 필요치 않아요. 하지만 그 창조성 때문에 생명력이 생기고 형태들이 생깁니다."

하지만 문제도 있었다. 그런 경험은 피비에게 영적 위기를 야기했고, 그녀의 정신에 지진 같은 혼란을 불러왔다. 그런 갑작스럽고 강력한 열림은 일상적인 정신 기능을 방해할 수밖에 없다. 피비는 극도로 감정적이 되어, 종종 갈피를 잡지 못하고 피곤해했다. 기억하지 못하는 것이 많아졌고, 사람들과 대화하고 일상에서 간단히 처리해야 하는 일들에 곤란을 겪었다.

하지만 다행히 피비는 불교와 기독교 신비주의에 대해 좀 알고 있었다. 에크하르트 톨레 같은 현대 영성 작가들의 책도 읽은 바 있었다. 그렇게 깨어남 경험을 이해할 기본적인 틀은 갖고 있었으므로 자신이 정신적으로 무너지고 있는 것이 아니라 심오하고 긍정적인 변형을 겪고 있다고 생각했다. JC 맥처럼 피비도 전환이 안정적 시기로 접어들면서 일상을 다시 배우고 재구축하는 기간을 가졌다.

그렇게 깨어나고 4년이 지난 즈음 피비는 나에게 연락을 해 왔다. 재적응 기간이 아직 완성된 건 아니었지만, 이 세상에서 매일 살아가는 데 필요한 정신적 기능들을 상당히 많이 회복한 후였다. 최초의 변형, 그 강렬했던 느낌은 좀 희미해졌으나 그만큼 깨어남 상태가 안정되고 견고해지고 있었다.

"모든 경험 안과 배후에 존재하는 그 거대 의식은 늘 거기에 있어요. 때로 앞에 있기도 하고 때로 뒤에 있기도 하지만요. (……) 모든 현상, 경험, 상황보다 현재의 공간(삶 자체)이 늘 더 큰 힘을 발휘해요. 모든 부담, 어둠, 고통보다 빛이 무한히 더 위대하고 강력합니다."

외상 후 변형 이해하기

혼란의 시기가 왜 이토록 많은 사람에게 변형을 부르는 걸까? 스트레스/트라우마가 절정일 때 깨어나는 사람에게는 정신적으로 어떤 일이 일어나는 걸까?

이 문제는 포기/무욕(심리적 집착 떠나보내기)을 말하면서 5~6장에서 이미 잠깐 살펴본 바 있다. 그리고 단계적 깨어남이 심리적 집착을 천천히 버리는 떠나보냄의 과정과 관계가 있음도 살펴보았다. 그런 일이 질병, 직업적 실패, 알코올 중독 같은 부정적인 사건들의 결과로서 일어날 수도 있다. 희망, 믿음, 사회적 위상, 소유물에 대한 집착은 우리 정체성을 이루는 기본 요소들이라, 그것들이 깨지면 우리 정체성도(사실 자아 체계 전체가) 깨진다. 그럼 보통 대단한 혼란과 절망이 뒤따르지만 때로는 그 덕분에 새로운 자아가 드러날 수도 있다. 옛 자아가 깨지면 고기능의 새 자아, 즉 깨어난 자아 체계가 그 자리를 대체한다. 앞서 전통적 수행의 길을 걷는 사람들이 포기/무욕의 길을 간다고 했다. 즉 자발적 가난이나 금욕을 통해 세속적 야망을 버리고 심리적 집착을 버리는 노력을 의식적으로 하는 것이다.

그 똑같은 과정이 외상 후 변형에서도 일어난다. 다만 여기서는 깨어난 새 자아 체계가 갑자기 극적으로 드러난다는 점이 다르다. 하지만 이 과정에서 가장 중요한 것은 옛 자아가 깨진다는 점이다. 그런 일이 단계적으로 일어날 수도 있지만, 갑자기 일어나는 경우가 훨씬 더 흔하다. 보통 스트레스가 극심해서 옛 자아 체계가 더 이상 그 압박을 견디지 못하고 지진에 무너지는 건물처럼 한꺼번에 무너진다. 아니면 집착의 대상이 갑작스럽게 사라진 것으로 아주 약해져 버린 옛 자아 체계가 스스로 모든 것을 포기하기도 한다. 벽돌이 너무 많이 빠져 버린 건물이 더 이상 버티지 못하고 무너지는 것과 비슷하다. 그 결과 옛 자아 체계가 자리하던 공간이 갑자기 텅 비게 된다. 그 자리를 마치 변태에 성공한 나비처럼 고기능의 새 자아 체계(경계가 느슨하고 의식 능력이 뛰어나며 인식 활동이 줄어든 깨어난 자아)가 들어가 앉는다.

왜 어떤 사람은 깨어나고, 어떤 사람은 깨어나지 않는가?

왜 어떤 사람에게는 이 고기능의 깨어난 자아가 드러나고 어떤 사람에게는 드러나지 않는가? 사람은 누구나 살면서 극심한 혼란의 시기를 겪게 되지만 모두 존재의 새로운 상태로 *시프트업* (*shift-up*), 즉 도약하지는 않는다. 관련 연구를 하면서 나는 그런 전환을 경험하는 사람들을 매우 쉽게 찾을 수 있다는 것에 매번 놀라곤 했다. 그래서 외상 후 변형을 이뤄 깨어남 상태에 이른 사람이 생각보다 훨씬 많다는 결론을 내렸다. 그리고 그런 전환을 경험한 사람들이 대부분 이전에 영적 전통이나 그 수행 방법에 대해 알지 못했다는 사실도 알게 되었다.(그래서 더 큰 혼란을 겪는다.) 나는 지금도 우리 주변에는 깨어났는데도 자신에게 무슨 일이 일어나고 있는지 알지 못하는 사람들이 많을 거라고 굳게 믿고 있다. 하지만, 그럼에도 불구하고 외상 후 변형은 여전히 드문 일이긴 하다. 극심한 트라우마와 혼란을 겪는 사람들 대부분이 그런 변형을 경험하지는 않는다.

외상 후 변형을 경험하느냐 하지 않느냐는 대체로 그 혼란과 트라우마에 우리가 어떻게 *반응하느냐*에 달려 있다. 변형에는 중요한 조건이 두 개 있는데 바로 인정과 받아들임이다. 변형이 일어나려면 일단 곤경/비극에서 도망치지 말고 인정하고 대면해야 한다. 트라우마로 고통받게 되면 자기방어 기제가 발동해 대부분 그렇게 하지 못한다. 그 비극이 사실 그렇게 심각한 문제가 아니라고 말하며 자신을 속이거나 그것에 대한 생각을 아예 하지 않는다. 인정은 용기가 필요한 행위다. 극심한 고통과 상실감을 직시해야 하기 때문이다. 하지만 그래야 긍정적인 변형이 일어난다.

고통스러운 현실과 대면할 용기가 생겼다면 그 현실을 *받아들이는* 다음 단계로 나아갈 수 있다. 곤경/비극을 (거부하지 않고 단념 혹은 항복하며) 받아들이는 자세는 외상 후 변형에 절대적으로 필요하다. 받아들인 순간이 변형이 일어나는 순간인 경우가 많다. 받아들임은 고통과 혼란을 긍정적인 변형으로 바꾸는 연금술 같은 힘을 갖고 있다. 받아들임은 상실이나 혼란으로 심하게 상처 입어 부서져 버린 옛 자아의 파편들을 치우고, 잠자고 있던 수승한 자아를 깨워 그 자리를 차지하게 하는 기폭제와 같은 역할을 한다.

외상 후 변형이 심리치료 과정에서 일어나는 경우가 많다. 내가 박사 논문을 위해 연구했던 25건의 영적 깨어남의 경우, 그중 5건이 어떤 종류의 심리치료 혹은 카운슬링을 받는 도중 일어났다.[13] 심리치료는 비극의 당사자가 혼란한 정신 상태를 드러내고, 마음

7장 급작스러운 깨어남

을 열어 주며, 새 자아 체계를 끌어올리게 하는 면이 있다. 치료 환경이 안전하고 옹호적이라면(그리고 숙련된 치료사라면) 카운슬링 자체가 혼란과 트라우마를 인정하고 저항감을 없애는 분위기를 만든다. 그럼 당사자는 한 걸음 물러나 그 곤경/비극에 항복할 수 있고, 변형이 일어날 수 있다.

당연한 말일 수도 있지만 심리적 혼란을 통한 변형은 당사자가 영적 깨어남에 얼마나 *준비가 되어 있는가*에 달려 있기도 하다.

나는 깨어남과 깨달음을 진화론적 관점으로 해석하는 사람이다. 나는 깨어남 상태가 진화적 진전이자 인류 발전의 다음 단계라고 본다. 우리 보통의 의식 상태가 양이나 개의 의식 상태보다 강렬하고 확장적이라고 본다면, 깨어남 상태는 그런 우리 보통의 의식 상태보다 더 확장적이고 강렬하다. 이 책의 마지막 장에서 설명하겠지만, 나는 그런 깨어남 상태가 언젠가는 인류 보통의 상태가 될 것이라고 믿고 있다.

그러므로 깨어남 상태는 인류 안에 집단적으로 이미 잠재해 있으며, 현재 그 모습을 드러내려고 하는 중이다. 일시적으로 깨어나는 사람이 점점 많아지는 것이 그 반증이다. 사람들 안에서 깨어나고 싶은 충동과 그 잠재성이 증강하고 있다.(이것이 영적인 길을 따르고 싶은 충동으로 드러나고 있다.) 깨어난 더 높은 자아 체계가 사람들 속에서 자고 있다. 아직 드러나지는 않고 있지만 그 형태는 이미 만들어졌다. 그 자아가 그 모습을 드러내지 못하는 것은 현 자아 체계에 의해 막혀 있기 때문이다. 하지만 심리적 집착이 사라지면 보통의 자아 체계가 무너지고 잠자고 있던 수승한 자아가 그 모습을 드러내 안정화될 것이다. 그리고 그것이 우리의 새 정체성이 될 것이다. 외상 후 변형을 겪고 나면 다시 태어난 것 같다고 한다. 같은 몸속에 사는 다른 사람 같다고 한다. 육체적 탄생이 힘든 것처럼 새 정체성의 탄생도 힘들기 마련이다.

이 새 자아 체계는 대부분 아직 깨어날 준비가 되어 있지 않다. 하나의 구조로서 아직은 완전하지도 단단하지도 않다. 이때 극심한 혼란과 트라우마를 겪고 심리적 집착의 사라짐을 경험하면 '시프트업' 없이 그냥 무너지기만 할 수도 있다. 현재 자아 체계가 무너졌는데 그것을 대체할 게 없는 것이다. 잠자고 있던 수승한 자아가 그 공간을 채우지 못하니 정신적 진공 상태에 빠지게 된다. 더 높은 자아가 아직 태어날 준비가 안 된 것이다.[14]

단계적인 동시에 급작스러운 변형

이 장 처음에 언급했듯이 단계적 변형과 급작스러운 변형이 늘 꼭 정확하게 구분되는 것은 아니다. 박사 논문을 준비하는 동안 나는 단계적이고 영구적인 변형 사례 여섯 건을 접하게 되었는데, 모두 오랜 기간 조금씩 깨어났다가 마지막에 돌연 변형이 일어난 경우들이었다. 사실 오랫동안 단계적으로 깨어날 때 급작스러운 변형을 경험할 가능성이 높아진다.

대체로 외상 후 변형은 극심한 혼란과 스트레스 한가운데 있을 때 일어난다. 하지만 변형이 지연되는 경우도 있다. 처음에는 트라우마만 경험하다가 수행을 오랫동안 한 후 조금씩 영적으로 깨어나며, 나중에 돌연한 변형을 경험하는 것이다.

내 지인이자 멘토인 러셀 윌리엄스가 그런 지연의 좋은 예다. 러셀은 단연코 젊었을 때 겪었던 극심한 트라우마와 정신적 고통 덕분에 깨어난 사람이다. (내가 편집한) 그의 책『내가 아니고 내가 아닌 것도 아닌(Not I, Not Other Than I)』에 따르면 러셀은 1921년에 태어났고, 아버지의 이른 죽음 탓에 열두 살에 학교를 그만두게 되었다. 더 큰 비극은 그 얼마 후 어머니까지 돌아가신 것이다. 그 후 러셀은 돈 몇 푼을 벌기 위해 말할 수 없이 비참한 육체노동을 하며 하루하루 살아남기 급급한 몇 년을 보냈다. 2차 대전에 참전해 극심한 트라우마도 겪었다. 러셀은 됭케르크와 런던에서 독일군 맹공격을 받아 냈고, 그 외에도 여러 번 죽을 뻔했다.

(앞 장에서도 언급한 바 있지만) 그의 급작스러운 변형은 그렇게 전쟁이 끝나고 어느 서커스에서 말을 돌보면서, 본의 아니게 영적 수행을 하며 보낸 몇 년 후 일어났다. 다음은 러셀이 그 변형의 순간을 묘사한 것이다.

"여느 때처럼 아침에 일어나 말들을 둘러보았어요. 추운 아침이라 코에서 콧김이 나오더군요. 그런데 그다음 순간, 내가 말들을 단순히 보고 있는 게 아니라 그 말들이 되었더군요. 말들 속을 보고 있었어요. 그게 다예요. 녀석들의 눈과 마음을 통해 봤죠. 말들의 진정한 본성이 보였어요. 그리고 모든 것이 하나임이 보였고요. 내 안에 깊은 평화가 느껴졌죠.

비밀이 누설된 것 같았어요. 나는 말들을 한 마리씩 보았죠. 녀석들 안에서 말입니다. 개들 중 한 마리도 보았고, 녀석의 진정한 본성도 보았죠. 모든 것의 진정한 본성이 보였어요. 밖으로 나가 사자들도 봤는데 마찬가지였어요. 밖에서 보는 게 아니라 녀석들 안에서 보고 있었어요. 모두 같은 원천에서 나온 하나의 본성을 갖고 있었죠. 나의 본성도 다른 형태지만 그들의 것과 같았어요. 하나의 의식이 우리를 모두 이어 줬죠. 우리는 모두 형태와 구조 면에서만 달랐어요. 본질은 같았고 다 무아였지요. 우리 모두! 밖에 나가 나무들을 봤어요. 나무들도 나와 같은 본성을 갖고 있었어요. 나는 내 몸과 내 내면을 봤는데, 그곳에 아무도 없더군요. 내가 생각했던 내 자아가 사라졌어요. 그 순간 그어떤 분노도 좌절도 없었고, 그저 평화만 있었어요. 욕망도 미움도 없이 모든 것이 그래야 하는 모습 그대로 존재했어요."[15]

러셀에게는 3년 동안의 본의 아닌 수행이 (열린 마음과 받아들임

7장 급작스러운 깨어남

자세는 물론) 과거의 트라우마가 갖고 있던 변형의 잠재성이 펼쳐질 수 있는 환경을 만들어 주었다.

변형을 부르는 몇 가지 경험들이 긴 시간을 두고 일어날 때도 단계적이고 급작스러운 깨어남이 일어날 수 있다. 보통의 자아 체계는 일거에 사라지지 않고 마치 몇 번의 공격 후 무너지는 성체처럼 서로 다른 몇 번의 정신적 혼란이나 상실을 겪을 때 영향을 받는 경우가 더 흔하다. 내가 인터뷰한 한 사람은 9년에 걸쳐 세 번의 극심한 심리적 혼란을 겪었고, 한 번씩 그럴 때마다 더 강렬한 깨어남 상태로 들어갔다고 했다. 그리고 그 마지막 경험 후 영원하고 안정적인 깨어남 상태로 들어갔다. 또 어떤 사람은 "대여섯 번의 깨달음"이 있은 후 "일상적인 영적 추구"가 이어졌고 마침내 영구적 깨어남 상태로 이어지는 전환이 일어났다고 했다.

하지만 깨어나는 과정은 다양하고 서로 중첩되는 부분이 많아 대부분 뚜렷이 구분하기가 힘들다. 우리는 지금 이원성과 경계가 사라지는 상태를 논하고 있으므로 깨어남 경험에 대한 전체 풍경은 (이원성과 경계 안에 살고 있는 우리) 대부분 사람에게는 미지의 영역(terra incognita)일 수밖에 없다. 그러므로 실제 그 일이 일어날 때 중심을 잘 잡아 혼란에 빠지지 않도록 기본적인 윤곽을 그려 놓는 것은 권장할 만하고 또 중요한 일이지만, 동시에 불필요한 분석과 구분은 삼가야 할 것이다.

8장

급작스러운 깨어남

쿤달리니 각성

지금까지 상실감, 트라우마, 혼란으로 심리적 집착이 사라지고, 그와 함께 에고와 자아 체계 전체가 소멸하여 나타나는 돌연한 깨어남의 경우들을 살펴보았다. 그런데 같은 돌연한 깨어남이라도 약간 다른 형태도 있다. 깨어남이 더 역동적이고 폭발적이고 극적이라 나는 이를 역동적 깨어남(energetic awakening)이라고 부른다. 이 깨어남도 기존 자아 체계를 와해시키지만, 그 방식이 좀 더 폭력적이다. 예를 들어 에고 소멸은, 비유하자면 건물을 천천히 철거하듯 일어나는 것이 일반적이다. 심리적 집착이라는 에고의 구성 요소들이 단계적으로 제거되는 것이다. 그런데 역동적 깨어남은 거대한 쓰나미가 덮쳐 건물이 단박에 사라져 버리는 것과 같다. 이럴 때는 강렬하고 극적인 영적 위기가 찾아온다.

쿤달리니 각성

요가와 탄트라 같은 인도의 영적 전통들은 에너지의 급작스러운 각성을 쿤달리니 각성 혹은 상승이라고 부른다. 5장에서도 밝혔듯이 쿤달리니는 "나선형으로 휘감는다."는 뜻의 산스크리트어 쿤다(kunda)에서 나온 말이다. 일곱 개의 에너지 센터(차크라) 중 첫 번째이자 가장 낮은 곳에 위치한 물라드하라(muladhara)에 잠자고 있는, 폭발성이 매우 강한 에너지 형태를 뜻한다. 이 에너지가 정수리 쪽 가장 높은 차크라까지 상승하면 영적으로 깨어난다.

많은 정신/초개인 심리학 전문가들이 쿤달리니 각성 현상을 연구해 왔지만, 이는 주로 쿤달리니가 갑자기 극적으로 상승할 때 나타나는 부정적인 효과에 관한 것이었다. 예를 들어 브루스 그레이슨(Bruce Greyson)의 연구에 따르면 쿤달리니 상승은 정신질환으로 오진받을 정도로 정신적 기능들에 대대적인 혼란을 야기한다고 한다.[1] 경련, 떨림, 피부가 가렵거나 타는 듯한 느낌, 피곤함 같은 육체적인 문제들도 생길 수 있다. 또 환청을 듣고 빛을 보거나 초자연적인 현상을 경험하기도 한다.[2]

흥미롭게도 인도의 문헌들은 이 문제에 대해 그다지 언급하지 않는다. 기껏해야 "빛의 고리, 활활 타오르는 불길"[3] 혹은 "눈부신 불똥들"을 일으키는 "맹렬한 에너지"[4]라는 표현으로 휘발성 강한 에너지가 터져 나올 수도 있다는 힌트를 주는 정도다. 단 탄트라 문헌인 『비갸나바이라바(*Vijnanabhairavatantra*)』는 쿤달리니 에너지가 차크라들을 통해 다시 아래로 내려갈 때 어떻게 우울증과 피로감이 일어날 수 있는지 설명한다. 이 문헌은 몸을 완전히 초월하지 못한 요기의 경우(즉 몸에서 조금이라도 자기 정체성을 찾을 경우) 통제할 수 없는 떨림을 경험하게 될 거라고 말한다.

　인도의 문헌들에서 쿤달리니 각성이 야기하는 문제들이 크게 언급되지 않은 것은, 추측하건대 옛날에는 쿤달리니 각성이 통제 가능한 사원/영적 전통 안에서, 많은 이해와 준비가 되어 있는 상황에서 구루가 지켜보는 가운데 일어났기 때문이 아닌가 한다. 그런 환경이라면 쿤달리니 각성이 그다지 큰 문제가 되지는 않는다. 이 점은 내가 이미 확실히 밝힌 바 있고, 10장에서도 자세히 다룰 것이다. 깨어날 준비가 되어 있지 않거나 그 이해의 틀을 갖지 못할 경우, 그리고 비우호적인 환경에서 깨어날 경우 깨어남이 얼마나 파괴적일 수 있는지는 앞으로 다시 한번 확인해 볼 것이다.

역동적 각성의 사례들

　쿤달리니 각성(역동적 각성)은 에고 소멸을 통해 깨어나는 것만큼은 아니지만, 그래도 흔한 편이다. 내가 박사 논문 준비를 하면서 살펴본 스물다섯 건의 깨어남 사례 중 다섯 건이 분명 쿤달리니 각성을 통한 경우였고, 그 외 그렇게 추정해 볼 수 있는 경우도 두 건 정도 되었다. 모든 급작스러운 깨어남의 경우가 그렇듯이 대개 극심한 심리적 혼란에 의해 야기되었는데, 그 원인이 사회적 실패나 사별 같은 외부적 요소보다는 (종종 불면증으로 나타나는) 강한 스트레스 같은 내부적 요소에 더 닿아 있는 듯 보였다.

킴벌리는 모친 사망 후 곧 폭발적인 에너지 분출을 경험하며 깨어났다. 어느 날 아침 침대에 누워 있는 동안 돌아가신 어머니가 감지되었고, 그러자 갑자기 몸을 움직일 수도, 눈을 뜰 수도 없었다. 몸 주변으로 열기와 밝은 빛이 느껴져 놀랐지만, 웬일인지 안심이 되기도 했다. 그 뒤로 며칠 동안 킴벌리는 "시끄러운 새된 소리와 함께 온몸을 통해 에너지가 상승함"을 느꼈다. 밤에 눈을 감으면 색색의 상징들이 보였고 "인류의 역사를 보여 주는 영화 같은 장면들이 무작위로 초고속 슬라이드처럼 흘러갔다." 깨어 있는 동안에는 몹시 섬세하게 다른 사람들을 감지했다. 그들이 느끼는 감정과 생각을 읽었고 그들 주변의 색을 보았다.

킴벌리는 영성이나 밀교 관념에 대해 알지 못했으므로 자신에게 일어난 일을 이해하는 데 곤란을 겪었다. 그런 현상이 환영이 아니라 실재하며 자신의 인식 능력이 좋아졌음은 알았지만 그럼에도 "정신이 이상해진 게 아닌지" 의심했다. 그러는 몇 주 동안 일을 할 수 없었던 건 물론이고 일상생활도 제대로 해내지 못했다. 그리고 잠을 자지 못해 불면증에 우울증 진단을 받았다. 산만해졌고 마음이 갈팡질팡했다. 우울증에 의사들이 처방해 주는 약이 전혀 효과가 없자, 킴벌리는 대체 의학으로 눈을 돌렸다. 다행히 대체 의학이 그런 존재 상태에 적응하는 데 도움이 되는 것 같았다. 그렇게 "자신에게 벌어진 일을 이해하고 안정을 되찾는 데 2~3년이 걸렸다." 안정을 찾은 킴벌리는 특히 정신적/영적 알아차림 능력이 안정적으로 좋아졌다고 한다.

"안정된 후 보니 내가 깨어난 이유를 알겠고 사람들에게 도움을 줄 수도 있겠더군요. 강화된 의식 덕분에 사람들의 무의식 속에서 일어나고 있는 일을 보고, 그것들을 의식 위로 끌어올려 줄 수 있는 거죠. 그럼 사람들은 스스로 변할 수 있어요. 사람들의 의식이 보이고 모든 것에서 에너지나 진동이 느껴지죠. 이제 표면 아래서 벌어지는, 좀 더 근본적인 것들을 볼 수 있어요. (……) 우주에서 우리가 지금 어디쯤 와 있는지 잘 보이고, 그 영혼의 여정과 의식이 어떻게 계속 이어지는지, 육체와 함께 하는 삶이 실체의 한 차원일 뿐임이 잘 보여요.
나는 많은 시간 두 세계 사이를 왔다 갔다 하며 살고 있죠. 물질 세상과 가족생활을 비롯한 삶의 소소한 것들을 즐기는 법을 다시 배우고 있어요. 그리고 일상을 보고 감사하는 마음이 전에 없이 커지고 있죠. 미적 감각은 예전에도 좋았지만 지금은 그것이 더 고조되었고요. 자연과 연결되어 있음이 분명히 보여요. 에너

8장 급작스러운 깨어남

지와 그 진동에 열려 있기 때문에, 자연에 있으면 그 힘과 그 안에 거주하는 생명체들을 느끼며 감탄하게 되고 행복해져요. 처음에는 나무가 나에게 말을 거는 것 같아서 내가 정말 미친 건가 생각했지요. 하지만 지금은 에너지를 알아차리는 것임을 잘 알아요. (……)

흥미로웠던 건 (내 고향) 덴버로 다시 이사를 했는데 고향 집으로 들어가면서도 내 가족과 친구들이 나를 전혀 알아보지 못할 거라고 믿고 있었다는 거예요. 솔직히, 그렇게나 내가 완전히 다른 사람처럼 느껴졌어요. 내 내면에 존재하던, 세상을 살아가는 데 필요한 온갖 지침들이 다 변해 버렸던 거예요. 나는 서로 상관없는 일들이 의미 없이 무작위로 일어나는 것이 삶이라고 생각했었지요. 그 속에서 나는 방관자거나 희생자였어요. 그런데 지금은 삶이 일종의 파트너십처럼 느껴져요. 늘 존재하는 그 어떤 지성/지각과 함께 창조해 나가는 파트너십 말이에요. 지금 내 일상 세계가 바로 그렇답니다."

사이먼은 아내가 암 검사를 받고 결과를 기다리는 불안한 상황에서, 또 그것도 모자라 혐오해 마지않는 일을 억지로 해야 하는 스트레스가 극심하던 때에 쿤달리니 각성을 경험했다. "스트레스와 걱정 때문에 말 그대로 일주일 내내 한숨도 자지 못했어요. (……) 그리고 그날 새벽 다섯 시 갑자기 통제할 수 없는 쿤달리니 각성이 일어났죠." 척추를 오르내리며 총 맞는 것 같은 통증과 경기가 일어났고, 동시에 전생 퇴행이 일어났다. 그리고 "신과 우주에 대해 명백하게 이해하게 되었다."

정신세계나 영성에 대해 거의 아무것도 모르던 사람이었지만 사이먼도 킴벌리처럼 자신이 어떤 종류의 긍정적인 변형을 겪고 있다고 확신했다. 하지만 그 변형에서 그를 이끌어 줄 사람은 아무도 없었다. 사이먼은 의사를 찾아갔고, 의사는 그를 정신 병원으로 보냈다. 사이먼은 병원의 잠긴 방 안에서 약을 먹어야 했다. 처음에 사이먼은 의사의 진단대로 자신이 미쳤다고 생각하여 주는 대로 약을 받아먹었다. 하지만 그렇게 몇 달을 보낸 뒤 상태가 안정되기 시작하자 그 어떤 긍정적인 변형을 겪고 있다는 애초의 확신이 돌아왔다. 그리고 에크하르트 톨레의 책과 같은 관련된 책들을 읽으면서 조금씩 자신의 새 존재 상태를 이해하게 되었다.(사이먼은 내 책 『참에서 깨어나기』를 읽고 나를 찾아왔다.) 그리고 사하자(sahaja) 요가 명상을 하면서 마침내 자신이 영적으로 깨어나고 있음을 깨달았다.

사이먼은 그 깨어남으로 생긴 변화를 이렇게 설명했다.

"예전처럼 풀타임 일은 할 수 없더군요. 나는 BMW 차량 판매소 서비스 매니저였는데, 그 일을 도저히 계속할 수 없었어요. 육체적으로는 물론이고 정신적으로도요. 삶을 보는 관점과 생각이 달라졌으니까요. (……) 물질에 대한 욕망도 사라졌어요. 예전에는 더 빠른 모터바이크를 살 수만 있다면 그보다 더 좋은 삶은 없다고 생각했죠. 매번 충동적으로 새 바이크를 산 게 열 번도 넘어요. 그때마다 아내를 미치게 했지요. 하지만 최신식 대형 자가용과 온갖 최신 전자기기들을 다 갖고 있던 바로 그때, 무너졌죠. 이제 그런 것들은 하나도 필요 없어요."

깨어난 상태에 적응하고 급작스러운 변형이 유발하는 불편한 부작용이 완전히 사라지기까지 몇 년이 걸렸다. 하지만 사이먼은 마침내 강한 만족감과 충만한 느낌을 지속적으로 느끼게 되었다. 덕분에 무위와 고독도 즐길 수 있었다. 그것이 바로 사이먼이 가장 큰 변화로 꼽는 점이다. "이제 나는 앉아서 명상하며 생각을 비워내고 알아차리는 일이 제일 좋아요. (……) 이제 제 인생에 지루함은 없답니다. 일주일에 이틀만 일하고 그 외에 시간은 명상을 하거나 책을 읽거나 산책을 한답니다. 과거에는 5분을 가만히 있질 못했어요. 무슨 일이든 하거나 어딘가를 가야 했죠. 그랬던 내가 이제 가만히 앉아만 있을 수 있다는 건 정말 대단한 일이죠."

에릭은 요가 수련 은거 중에 쿤달리니 각성을 경험했다. 인생 초년에 심각한 정신질환을 앓았던 에릭은 그 은거 직후에 집중 수행 탓인지 "10년 만에 처음으로 다시 조증"을 경험했다. "몇 번이고 몸의 에너지 점들이 강화되면서 의식이 고양되었어요. 정신이 맑고 예리해졌죠." 에릭은 그것이 영적 변형 과정이라고 확신했지만, 불행히도 정신 병원에 입원을 당했다. 그곳의 직원들은 친절하지 않았을 뿐만 아니라 영적 발전에 회의적이었다. 하지만 에릭은 며칠 후 퇴원에 성공했고, 바로 그날 "획기적인 대전환"을 경험했다. "퇴원하고 나니 정신이 더 고요해졌어요. 동시에 세상이 더 실재하고 더 선명해졌죠. 한동안 그런 상태가 지속되었어요. 친구가 체육관에서 수영을 가르치고 있어 어느 날 수영도 할 겸 가보았지요. 그리고 내 인생 처음으로 온전한 의식으로서의 나 자신을 경험했어요. 그날 밤 여전히 고요하고 맑은 정신을 느끼며 집으로 돌아갔어요."

그 몇 주 후 또 한 번의 의식 전환이 있었다. 그러고 나서 에릭의 깨어남 상태는 마침내 안정되었다. 그 마지막 전환은 샤워하는 동안 일어났다.

"나는 진동하는 에너지 속에서 모든 것이 선명해지는 차원에 들어가 있었어요. 기분이 한껏 고조되어 머리를 흔들며 웃어 댔죠. 살아서 샤워를 할 수 있다는 것, 잠자리에 들고 음식을 먹을 수 있다는 것이 얼마나 의미심장한지, 그 심오한 진리를 깨달았어요. 하늘색이 시시때때로 얼마나 달라지는지 보고 감탄했어요. 전에는 그렇게 보인 적이 한 번도 없었거든요. 그리고 피부에 느껴지는 따뜻한 감촉까지…… 마치 세상이 다시 만들어진 것 같았어요.

아니면 내가 딴사람이 되었거나요. 더 이상 예전처럼 짜증 나지 않았어요. 나는 지금 그 어느 때보다 많은 시간을 현재에서 보내고 있어요. 원할 때면 내 정신을 고요하게 할 수 있지요. 가족들이 내가 얼마나 긍정적으로 변했는지 모르겠다고 말해요. 내가 만나는 정신과 의사가 최근에 나더러 심리적으로 자신이 만나본 사람 중에 가장 건강한 사람이라고 하더군요.

인생은 단순하고 소중해요. 모든 형태의 인생이 성스럽고요. 삶은 기적이고 우리를 즐겁게 하기 위해 존재합니다. 매 순간이 다르고 매 순간이 가능성들로 살아 있어요. 내일 내가 가진 모든 것을 잃는다 해도 난 괜찮아요. 형태를 막론한 모든 생명체의 안녕에 기여할 수만 있다면 그보다 더 좋은 인생은 없을 것 같아요. (……)

나는 하루 대부분을 순간에 살고 있고, 다른 사람들에게도 그렇게 살라고 권하고 있어요. 현재에 부족한 건 하나도 없어요. 어디로 가야 할지 모르거나 꼼짝할 수 없을 때도 답답하지 않아요. 지금 여기에 오려고 그동안 그렇게 힘든 일들을 겪었던 겁니다. 지금의 나라서 그리고 지금 여기에 있어서 행복하기 그지없습니다. 그러므로 이제 더 이상 어떤 일을 경험할 때 좋았다거나 나빴다거나 구분하지 않습니다.”

적응

모든 급작스러운 깨어남이 파괴적이고 완전히 적응하는 데 오랜 시간이 걸리지만, 쿤달리니 각성의 경우 특히 더 그런 것 같다.(킴벌리는 2~3년, 사이먼은 몇 년이 걸렸다고 했다.) 쿤달리니 각성에 의한 깨어남은 너무 강력하고 폭발적이라 심리적 장애와 육체적 문제들을 특히 더 많이 야기할 수 있고, 그런 문제들을 해결하는 데 몇 년이 걸릴 수도 있다. 앞의 예들에서 보았듯이 쿤달리니 각성을 경험한 사람들은 흔히 정신 질환 진단을 받기 쉽다. 영적 깨어남과 정신 질환은 분명 다르지만 때로 비슷해 보일 수도 있다. 깨어남을 하나의 현상으로 이해하지 못하는 정신과 전문의는 이를 정신 질환으로 오진하고 약물 처방이나 입원 진단을 내리기도 한다.

하지만 내가 조사했던 쿤달리니 각성들의 경우, 몇 년이 걸리긴 하지만 결국에는 모든 사례에서 심리적 장애와 육체적 문제들이 줄어들거나 완전히 사라졌다. 이것은 쿤달리니 각성에 대한 당사자의 이해가 좋아졌기 때문이기도 하고, 쿤달리니 각성 자체가 오래 지속되는 지진처럼 처음에 폭발했다가 천천히 안정화되는 하나의 과정이기 때문이기도 하다.

다시 말하지만 쿤달리니 각성과 앞 장에서 살펴보았던 에고 소멸 경험을 선을 긋듯 분명히 구분하기는 어렵다. 후자도 보통 쿤달리니 각성이 보여 주는 에너지적 측면을 갖고 있기 때문이다. 일

8장 급작스러운 깨어남

상적인 에고가 소멸할 때 그 에고가 독점하던 에너지가 풀려 존재를 관통해 흐르게 된다. 이때 우리는 더할 수 없이 살아 있음을 느끼고 인식 능력이 강화된다. 주변 세상이 아름답게 보이고 그보다 더 생생할 수 없다. 하지만 이와 조금 다르게, 이 장에서 우리가 살펴본 사례들은 명백하고 강렬한 에너지에 더 초점이 맞춰져 있다.

급작스러운 깨어남을 보여 주는 이 두 모델 사이의 진짜 차이점은 깨어날 때 드러나는 에너지가 서로 다른 성질과 원천을 갖고 있다는 점일 것이다.

성적 깨어남 경험과 역동적 깨어남

나는 쿤달리니 경험이 아니라 '쿤달리니적' 경험이라고 부르는데, 왜냐하면 개인적으로 쿤달리니를 통해 깨어난다는 개념이 그 말 자체로만 봤을 때 믿을 수 없다고 생각하기 때문이다. 나는 우리 척추 아래쪽 차크라에 에너지적으로 그 어떤 신비한 원천이 정말로 있다고 생각지는 않는다. 내 생각에는 요가와 탄트라 전통에서 쿤달리니라고 부르는 것은 실제로 성적 에너지 혹은 (프로이트 용어로) 리비도를 말하는 것 같다. 도가에서는 형(形, Xing)이라고도 한다. 나는 이 에너지가 쿤달리니적 경험을 하는 사람들 속에서 폭발적으로 흐르고 그래서 마치 쓰나미처럼 기존의 자아 체계를 무

너뜨린다고 본다.[5]

　쿤달리니적 깨어남과 섹슈얼리티 사이의 관계를 정리해 놓은 연구들이 많다. 초개인 심리학자 보니 그린웰(Bonnie Greenwell)은 쿤달리니적 깨어남이 때로 강력한 성적 경험을 통해 일어나고, 그 여파로는 높아진 성적 욕구와 즉흥적인 오르가슴이 일반적이라고 보고했다.[6] 그 외에도 쿤달리니 각성이 성적 성질을 가진다고 말하는 사람이 많다. 예를 들어 내 책 『잠에서 깨어나기』에서 높은 에너지적 성질을 가진 일시적 깨어남에 대한 다음과 같은 한 여성의 사례를 소개한 바 있다. 그 일은 오랜 명상 후 "척추 끝에 밀어 올리는 듯한 강력한 감각"이 느껴지면서 일어났으며, 그 상태로 이 여성은 호흡을 계속했다고 한다.

　　"호흡을 한 번 할 때마다 그 감각이 척추를 타고 더 높이 올라갔어요. 뭔가 장엄한 느낌이었지만 동시에 더할 수 없이 은밀하고 성적인 느낌이었죠. 그 감각이 목 부분까지 도달하자 나는 겁에 질렸어요. 그 힘을 통제하지 않으면 내 머리와 정수리를 관통할 것만 같았고, 그럼 미친 사람처럼 소리를 지르며 그 방을 뛰어다닐 것 같았거든요. (……) (그 후 몇 주 동안) 얼굴에 행복이 넘쳤고 만나는 사람마다 '달라 보인다.'고 했어요. 활기가 넘쳤고 많이 웃었죠. 에너지가 샘솟아서 잠도 거의 안 잤어요. 사람들이 어떻게 그렇게 변했느냐고 자꾸 묻더군요."[7]

성적 깨어남 경험에 대한 보고서를 보면, 쿤달리니 각성과 섹슈얼리티 사이의 관계가 가장 명확하게 드러난다. 보통 온몸을 통해 에너지의 폭발적인 분출이 일어나고, 열기와 빛이 온몸을 가득 채운다. 아래는 내가 올린 초월적 성적 경험에 대한 블로그 포스팅을 읽고 누군가 보내온 내용인데, 그 강력한 에너지에 대한 묘사가 잘 되어 있다.

사랑을 나누고 있었는데 갑자기 온몸을 관통하는 쾌락을 느꼈다. 내가 쾌락 그 자체가 되었다. 나는 이제 육체가 아니라 에너지 그 자체였다. 우리 둘의 에너지가 하나로 합쳐졌고, 나는 그 에너지를 보는 동시에 그 에너지가 되었다. 어느새 나는 그 어떤 패턴을 보기 시작했다. 에너지 패턴일 수도 있고 빛의 패턴일 수도 있는데, 어쨌든 전에 들어 본 적도 본 적도 없는 패턴이기 때문에 비교 대상이 없다. 그리고 나는 '무언가'를 관통한 다음 다른 우주/차원/영역으로 들어갔고 내가 보던 그 패턴이 되었다. 나는 이제 그 방에 있지 않았고, 다른 어느 곳에도 있지 않았다. 나는 모든 것을 포함하는 공동(void) 속에 있었고, 오직 그 에너지/빛의 패턴으로 존재했다. 그때 나는 본능적으로 알아차렸다.(그렇게 믿은 것이 아니다.) 내가 기억할 수 없는 그 옛날, 인간의 형태로 의식을 갖기 시작하기 전 그 옛날에 있던 곳으로 돌아왔다는 것을.[8]

초개인 심리학 전문가 제니 웨이드(Jenny Wade)는 성적 깨어남 경험에 대한 91건의 사례들을 모았는데, 대부분이 역동적 깨어남과 유사했다. 웨이드의 말을 빌리면 "일부는 온몸을 통과하는 이상한 에너지에 대해서 말했다. 그 에너지는 보통 생식기에 잠자고 있는 성적 욕망이 전기나 폭죽처럼 빛으로 터지며 온몸을 통해 퍼져 나가는 것 같다고 한다."[9] 어떤 사람은 "전기장" 같았다고 하고, 어떤 사람은 "전기가 내 몸을 통해 올라가다가 눈까지 이른 것 같았고 너무 강렬해서 눈이 멀 것만 같았다."고 했다.[10]

역동적 깨어남과 성적 깨어남은 서로 관련이 있다. 왜냐하면 둘 다 성적 에너지, 리비도, 혹은 형(形, Xing)이라고 하는 같은 종류의 에너지와 관계하기 때문이다. 역동적 깨어남은 일반적으로 성적 욕망이나 충동을 통해 표현되는 에너지의 폭발적인 분출과 관계한다.

에너지와 발전

깨어남과 성적 에너지 사이의 관계를 이해하려면 아이에서 어른이 되는 동안 에너지 분배가 어떻게 바뀌는지 살펴보아야 한다.

아이들은 자유롭게 흐르는 에너지를 풍성하게 갖고 있다. 요가 용어로 고양된 혹은 강화된 생명 에너지 상태, 즉 프라노타

쿤달리니 각성

나(pranotthana) 상태에 있다. 또 초개인 심리학자 마이클 워시번 (Michael Washburn)에 따르면 아이들은 "생명수 속에서 목욕 중이다. 아주 기분 좋은 에너지의 물결이 아이의 몸을 관통한다. 그럼 아이의 몸도 기분이 좋아진다. 욕구가 채워지고 다른 면에서도 만족할 경우 아이는 역동적이고 풍성하고 더없이 행복한, 충만함의 바다를 경험한다."[11] 그런 풍성한 에너지가 존재 전체를 타고 흐르므로 아이들은 자연히 깨어남 상태의 특성들을 보여 준다. 예를 들어 강렬한 인식 능력, 의미 감지 능력, 조화로운 분위기 감지 능력, 내면의 행복/평화/기쁨 감지 능력이 그런 특징들이다.(이 점에 대해서는 나중에 더 살펴보려 한다.)

그런데 아이가 어른이 되면 그렇게 자유롭게 흐르던 에너지가 에고와 리비도라는 두 주요 영역으로 집중적으로 나뉘게 된다. 이 때부터 성인 자아 체계의 일부인 에고가 우리 생명 에너지의 대부분을 사용하게 된다. 에고의 성장과 동시에 우리는 성적 존재로서도 성숙하기 시작한다. 그럼 이전에 자유롭게 흐르던 에너지가 성적 욕망을 중심으로 모이게 된다.(그 결과로 아이는 신선하고 강렬했던 지각 능력을 잃게 된다. 그리고 자동 인식으로 에너지를 최대한 보유한다.)

그러므로 이 리비도 에너지가 갑자기 그 센터에서 풀려나 존재 전체로 폭발적으로 터져 나가게 되면, 기존의 자아 체계를 몰아내거나 파괴할 수 있고, 바로 그때 역동적 깨어남 현상이 일어나기도 한다. 리비도 에너지의 폭발이 심신의 와해와 정신 질환으로 이어질 수도 있지만, 잠자고 있던 깨어남 상태의 자아 체계가 그 덕분에 깨어날 수도 있다.

성적 에너지는 집약되어 있으므로 그만큼 강렬하다. 따라서 성적 에너지를 억압할 때 (프로이트, 빌헬름 라이히를 비롯한 많은 심리학자가 지적한) 해로운 결과가 도출되기도 한다. 그리고 에고 에너지는 지속적으로 사용되는 반면 성적 에너지는 대개 동면 상태에서 자극받아 일어날 때를 기다린다. 이것이 그 깨어남을 심지어 더 폭발적으로 만든다. 이것이 때로 성적 에너지가 에고 에너지보다 휘발성이 강한 이유다. 그러므로 쿤달리니 각성을 통한 깨어남이 에고 소멸을 통한 깨어남보다 더 파괴적이 되기 쉽다. 존재 전체를 관통하며 자유롭게 흐른다고 해도 쿤달리니 에너지는 여전히 그 원래의 성적인 요소를 보유한다. 쿤달리니적 깨어남이 성적인 요소를 보여 주는 이유가 바로 여기에 있다.

그러므로 에고 관련 깨어남과 리비도 관련 깨어남, 이렇게 두 가지로 (혹은 위로부터의 깨어남과 아래로부터의 깨어남) 돌연한 영적 깨어남을 이해하는 것이 타당할 듯하다. 하지만 앞 장 끝에서도 언급했듯이 우리는 지금 깨어남이라는 안개 자욱한 지형을 지도도 없이 살펴보는 중이므로, 그 어떤 뚜렷한 구분을 하는 것이 얼마나 인위적이고 위험한지 잘 알아야 할 것이다. 그러므로 나는 에고 기반의 돌연한 깨어남과 리비도 기반의 돌연한 깨어남이라는 이 두 범주가 칼로 자르듯 분명하다고는 절대 생각지 않는다. 이 두 범주

8장 급작스러운 깨어남

가 혼재해 함께 일어날 수도 있다. 다시 말해 정신적 집착을 끊어 에고의 소멸을 경험한 사람이, 동시에 그 과정 자체가 주는 스트레스와 압박으로 인해 리비도 에너지의 폭발적인 분출을 경험할 수도 있다.(그 한 예가 JC 맥이다. 맥은 에고가 소멸되어 깨어난 후에 강렬하고 역동적인 깨어남 경험도 했다. 그리고 그 경험에 적응하는 데 몇 년이 걸렸다.) 스트레스와 집착의 소멸은 보통 거의 동시에 오기 때문에 이 둘을 구분하기란 매우 어렵다.

또한 에고 소멸로 인한 급작스러운 깨어남에도 역동적인 측면이 있고, 쿤달리니 각성으로 인한 깨어남에도 에고 소멸의 측면이 있다. 쿤달리니적 깨어남의 경우, 에고가 심리적 집착을 버리는 과정을 통해서가 아니라 단지 쿤달리니의 파괴적이고 폭발적인 힘에 의해 소멸된다는 것만 다르다.

하지만 그 마지막 결과는 새로운 자아의 탄생으로 똑같다.

급작스러운 깨어남

한정신성 약물이나 테크놀로지

앞 장에서 보았듯이 심리적 격변만이 급작스러운 깨어남의 원인은 아니다. 나의 연구 결과를 보면 깨어남의 유형에 따라 원인도 다 다르다. 에고 소멸을 통한 깨어남은 거의 항상 심리적 격변과 상실감에 대한 반응으로 나타난다. 한편 쿤달리니 각성 같은 역동적 깨어남의 원인은 다양하다. 주로 극심한 심리적 혼란 후 일어나는 것처럼 보이지만, 집중 요가/명상 수련 후에도 일어나고 심지어 향정신성 약물을 통해서도 일어난다.[1]

그런데 아무런 이유 없이 갑자기 즉흥적으로 깨어날 수도 있을까? 어느 순간 갑자기 통찰해 모든 것을 있는 그대로 보고, 그때부터 존재 자체가 영원히 바뀔 수도 있을까?

영적 전통들이 보는 급작스러운 깨어남

즉흥적인 깨어남이 가능하다고 보는 영적 전통들이 있다. 5장에서 보았듯이 대부분의 영적 전통들은 깨어남이 영적 수련을 통해, 혹은 (불교의 팔정도나 요가의 팔지법 같은) 특정 라이프스타일을 따를 때 단계적으로 일어나는 과정이라고 본다. 하지만 이런 관점에 동의하지 않는 불교 학파도 있다. 예를 들어 중국 불교와 일본 불교는 근본 불교의 그러한 단계적인 모델에서 벗어난다. 무엇보다도 생과 생을 거치며 조금씩 천천히 발전하다가 하나의 특정 생에 도달해서야 깨어날 능력을 갖게 된다는 관점에 반박하며 어떤 생에서든 갑자기 깨어날 수 있다고 주장한다. 그렇다고 단계적 깨어남을 무시하거나 의심하는 것은 아니지만, 급작스러운 깨어남도 가능하다고 믿고 후자가 전자보다 낫다고 믿는다. 특히 중국 불교에서는 북쪽의 돈오파(북종선)와 남쪽의 점수파(남종선) 사이 커다란 논쟁이 있었다.

돈오파 지지자들에 따르면 깨어남은 번쩍하는 한순간의 통찰로 일어나고, 이때 우리는 자아와 세상의 진정한 본성을 본다.(일본 선불교에서 말하는 겐쇼kensho, 즉 견성의 뜻도 원래 '진정한 본성을 보는 것'이다.) 6세기에 살았던 중국 불교 6조 대사 혜능은 급작스러운 깨어남을 설명하며 "번뇌, 망상, 일체중생을 제대로 보는 것(정견)이며, 그 결과 즉각적인 깨어남이 일어난다."[2]고 했다. 그런 순간의 깨달음이 일어나면 결코 다시 망상으로 떨어질 수 없다.

하지만 이 논쟁은 그 전제부터 잘못된 게 아닌가 한다. 중국 불교와 일본 불교를 따르는 사람들조차 깨어남의 순간은 급작스럽다고 보더라도, 그 깨어남을 위한 준비 기간 또한 잘 인식하고 있다. 그 준비 기간의 훈련과 수련이 깨어남이 일어날 가능성을 높인다는 것을 잘 알고 있는 것이다. 맹렬한 공부, 공안, 명상 등이 그 준비 기간에 필요한 것들이다. 혜능은 깨어남을 부르는 그 "정견"이 바로 "마음 훈련"의 결과라고 했다. 불교학자 D. T. 스즈키도 번쩍하는 통찰로 깨달았다고 해도 그것은 "지성과 명시의 문제들이 축적된 것"이라고 했고, "그런 축적이 조직의 안정성이 무너질 정도로 쌓이고 쌓이면, 결국 조직 전체가 무너지면서 천국의 전체 조망이 펼쳐진다."고 했다.[3]

다시 말해, 깨어남이 갑자기 일어나는 듯해도 그 과정 자체는 단계적이라는 뜻이다. 변형이 일어나기 위해서는 내면의 대단한 변화가 있어야 한다. 다시 스즈키의 비유를 빌리면, 물이 '갑자기' 얼어붙으려면 길고 긴 추위가 있어야 한다. 그 단계적인 변화가 너무 더뎌서 감지하지 못할 수도 있다. 표면 아래에서 무의식적으로 일어날 테니까 말이다. 그 과정의 마지막 단계가 되어서야 명백해지고 의식할 수 있게 된다. 그래서 급작스러운 깨어남처럼 보이는 것이다.

9장 급작스러운 깨어남

향정신성 식물들과 버섯지

동시대 영성이 보는 급작스러운 깨어남

동시대를 사는 무이성(無二性, nonduality), 즉 비이원론을 설파하는 스승들도 중국-일본 불교와 유사한 입장을 따르지만 훨씬 멀리 나아가는 면이 있다. 이들은 깨어남을 전혀 준비할 수 없고, 따라서 영적 수련이나 영적인 길을 깨어나기 위한 수단으로 사용할 수 없다고 말한다. 이 해석에 따르면 우리는 특별한 이유 없이 깨어날 뿐 억지로 깨어나게 할 수는 없다. 영적 수련은 깨어남이라는 목표에 집중하게 하기 때문에 오히려 역효과를 낳는다. 그 목표를 이루기 위해 노력할 때 오히려 에고를 강화하고 따라서 깨달음에서 더 멀어진다는 것이다. 노력을 멈출 때 깨어날 것이다. 굳이 애쓰지 않고 자아가 깨어나야 한다는 생각을 떠나보낼 때 깨어난다. 그렇게 깨어나고 나면, 그때 우리가 항상 깨어 있었음을 깨닫게 된다. 깨어남은 우리의 자연스런 상태인데, 그동안 자아에 대한 생각에 매달려 있었으므로 그 사실을 깨닫지 못한 것이다.

주장이 논리적인 듯 보이고, 어느 정도 맞는 말이기도 하다. 하지만 나는 그런 방식으로 깨어난 사례를 만나 보지 못했다. 내 생각에 이 접근 방식은 깨어남이란 단지 자각(realization)하는(혹은 정견하는) 것이고 깨닫는 것이고 통찰하는 것이라는, 전반적인 선불교의 생각들에 지나치게 중점을 둔 결과인 듯하다. 하지만 이런 주장은 혜능의 원래 문헌에서부터 문제의 소지가 있다. 혜능은 깨어남이 오직 '정견(자각)'에서만 나온다고 했다. 깨어난 후 '정견'이 일어난다고 보는 것이 더 정확한데도 말이다. 깨어난 사람은 통찰력이 생겨 세상을 다르게 보고 이해하고 알게 된다. 다시 말해 깨어남이 자각(정견)의 조건이다. 그 반대가 아니다. 깨어남은 기본적으로 하나의 경험이다. 다시 말해 연결, 하나임, 현상, 새 정체성을 감지하는 것이다. 이해나 통찰은 그 경험 후에 따라오는 것이다.

그럼에도 불구하고 이 '정견'을 중국-일본 불교가 말하는 대로 장기간의 영적 훈련 끝에 일어나는 깨어남의 한 측면으로 상상하는 것은(그리고 깨어남의 한 측면이 아니라 깨어남의 원인으로 잘못 해석하는 것도) 충분히 가능하다. 하지만 그런 깨어남이 장기간의 영적 훈련이라는 준비 없이, 즉 아무 이유도 없이 일어난다고 상상하기는 어렵다. 깨어남의 한 측면으로서 만물의 이치를 자각한다고 본다면, 깨어남의 과정이 이미 진행 중이었다고 봐야 한다.

장기적인 영적 계발을 통하다 보면 변화는 무의식적 수준에서 우리 정신 내부에서 조용히 일어난다. 갑자기 ("영적 추구를 하지 않았다."는 이유 외에는) 아무런 이유 없이 깨달았다고 하더라도 그런 조용한 변화들이 그동안 벌어지고 있었던 것이다. 예를 들어 급진적 무이성 설파자 중 한 명인 토니 파슨스(Tony Parsons)는 수년 동안 여러 종교, 수련법, 테라피들을 시도했지만 특별한 효과를 보지 못했다. 그런데 어느 날 공원을 걷던 중 번쩍하고 깨어났고, 그것은 분명 전혀 예상치 못한 것이었다. 다음이 그의 설명이다.

"그날 걷다가 일어날 수도 안 일어날 수도 있는 미래의 일들에 마음이 완전히 빠져 있음을 알게 되었다. 그런 미래에 대한 투사 일랑은 그만두고 단지 산책만 하기로 했다. 그렇게 발걸음 하나하나의 압박과 느낌이 매우 특별함을 알아차렸다. 한 지점에서 순간 다음 지점으로 이동할 뿐이었지만 모든 걸음이 새로웠다. 그렇게 걷는 동안 걷는 모습을 보던 내가 걷기 그 자체로 존재하는 전환이 일어났다. 그리고 그다음 일어난 일은 그냥 설명이 불가하다. 모든 것이 완전한 고요 속에서 현재에 존재했다고밖에 말할 도리가 없다. 모든 것이 영원했으며, 이제 나는 없었다. 나는 사라졌고, 경험도 없었다. (······)

무언가가 나를 덮친 것 같았고 모든 것이 새롭게 보였다. 잔디, 나무, 개, 사람들은 늘 원래 하듯이 움직일 뿐이지만, 나는 그들의 본질을 인식할 뿐만 아니라 그 본질이 바로 나의 본질이었으므로, 내가 곧 그들의 본질이기도 했다. 달리 말하면 모든 것을 포함하는 깊은 사랑이 나를 포함한 우리 모두를 감싸고 있는 것 같았다. 그리고 이상하게도 내가 보던 것이 어쩐지 전혀 특별해 보이지 않았다. (······) 그동안 인식하지 못했을 뿐 그런 상태가 오히려 정상이었음을 알게 되었다."[4]

강력한 깨어남 경험에 대한 참으로 아름다운 묘사가 아닐 수 없다. 그런데 토니는 "그런 깨달음이 그 어떤 노력 없이 일어났다."[5]고 썼지만, 그 전의 몇 년 동안 그가 해 왔던 영적 수행과 치료들이 전환에 이르게 하는 길을 닦아 주었을 것이다. 혹은 그 전환을 위해 필요한 조건들을 만들어 주었을 것이다. 중국-일본 불교의 수행법들이 번쩍하고 깨어나는 데 필요한 조건들을 만들기 위해 고안된 것처럼 말이다. 몇 년 동안 영적 수련을 하고 심리치료를 받아 왔는데도 그 어떤 긍정적인 발전이 없었다고 말할 수는 없을 듯하다. 최소한 자기 성찰 혹은 자기 관찰력이라도 좋아졌을 것이다.

토니의 전환은 러셀 윌리엄스의 전환과도 비슷하다. 러셀도 어느 날 아침 문득 자신이 돌보던 말들을 비롯한 다른 모든 것들과 자신이 하나임을 깨달았다. 하지만 러셀은 (적어도 나중에는) 말을 보며 보냈던 3년이 일종의 영적 수련 기간으로 작용해, 그런 깨어남을 위한 조건들을 만들어 주었음을 알았다.

영적 발전이나 깨어남 그 자체를 적극적으로 추구하는 것이 문제가 될 수도 있다. 하지만 이는 추구 그 자체의 성격에 달려 있다. 깨어남이라는 목표만 보고 간다면 돈이나 성공을 목표로 가는 것만큼이나 영적 추구도 에고 강화 과정이 될 것이 분명하다. 아니면 영적 추구를 하기는 하지만, 삶의 문제나 심리적 문제에서 도망치기 위한 주위 돌리기 기술쯤으로 이용할 수도 있다. 이 경우 분명 역효과를 낼 것이고, 조화롭고 편안한 삶도 얻지 못할 것이다.

하지만 내가 만나 온 사람들을 보면, 대부분 영적 추구는 에고

보다는 우리 존재의 본질이 시키는 자연스러운 일이었다. 영적 추구는 자신을 확장하고, 정신적 불화와 편협한 에고의 욕망을 초월하여, 좀 더 통합적이고 조화로운 정체성을 만들고자 하는 충동에서 나오는 것이 가장 이상적이다. 다시 말해, 깨어나고 싶은 충동이 야기하는 추구가 가장 이상적이다. 그리고 기본적으로 이런 충동은 *진화론적*이다. 지구상에 생명체가 존재하기 시작한 이래 모든 움직임은 의식을 확장하고 강화하는 쪽으로 진행되어 왔고, 영적으로 성장하고자 하는 충동도 그 과정의 하나다. 수백만 년 동안 더 복잡하고 더 의식적인 생명체를 만들어 냈던 바로 그 충동이나 지금 영적으로 성장하고자 하는 충동이나 서로 다를 바 없다는 뜻이다.

이상적인 영적 추구자라면 영적으로 성장하고자 하는 인류의 충동이 자신을 통해 표출되기를 허락하며 진화에 앞장설 것이다. 그 충동이 자신을 정확히 어디로 이끌지는 모를 수도 있다. 자신이 영적 깨어남을 목표로 삼고 있다는 것도 의식하지 못할 수 있다. 깨어나고자 하는 노력조차 하지 않을 수도 있다. 하지만 그런 충동이 표출되기를 허락하고 그것이 이끄는 대로 따라간다. 이들은 의식하든 않든 영적 수행법을, 성장과 변형의 충동을 촉진하는 거부할 수 없는 도구나 초월적인 기술로서 이용한다.

향정신성 약물을 통한 깨어남?

1960년대 티모시 리어리(Timothy Leary) 같은 환각제 옹호자들이 등장했다. 이들이 LSD 같은 약물이 수년간의 고된 영적 수행을 대체할 수 있다는 믿음을 유행시켰다. 환각제로 뇌의 화학 작용을 즉각 바꾸는 쉬운 방법이 있는데, 뭐 하러 수십 년 동안 명상하고 수행하며 자아를 없애야 하는가?

이런 생각이 순진한 발상임이 드러나는 데에는 그리 오랜 시간이 걸리지 않았다. LSD를 규칙적으로 복용할 경우 영적으로 깨어나기는커녕 정신적으로 무너질 가능성이 더 많다는 것이 밝혀진 것이다. 티모시 리어리를 포함해, 애초에 의식 확장의 방편으로 LSD를 복용했던 많은 사람들이 그런 화학적 깨달음 프로젝트가 실패하자 결국에는 쾌락을 위해 약물들을 복용하며 지루함과 불협화음에서 도망치고자 했다.

지금은 아야와스카(ayahuasca)나 디메틸트립타민 같은 향정신성 약물들이 영성을 추구한다는 사람들 사이에서 자기 탐구나 자기 확장을 위한 도구로 폭넓게 이용되고 있다. 특히 아야와스카는 깨달음의 묘약으로 떠받들어지고 있는데, 이는 1960년대 LSD의 위상에 견줄 만하다.

『잠에서 깨어나기』에서도 밝혔듯이 환각제는 분명 우리를 (일시적으로) 깨어나게 한다. 보통 종교적인 배경을 갖고 있는 일부 신비주의자들은 환각제를 통한 깨어남이 진짜의 유사한 복제일 뿐이며, 진정한 영적인 성질은 빠져 있다고 주장한다.[6] 하지만 환각제를 통해 깨어나는 경험도 분명 인식 능력 강화, 조화와 의미의 자각, 세상과의 하나임 혹은 연결을 느끼는 등 다른 깨어남과 똑같은 특징들을 보여 준다.

그럼에도 불구하고 향정신성 약물을 통한 깨어남 경험과 다른 종류의 깨어남 경험에는 차이점이 있다. 예를 들어 명상이나 자연과의 접촉을 통해 생명 에너지가 강화되고 고요해지며 깨어나는 경우, 원래부터 축복의 성질을 가진 그 어떤 깊은 에너지 존재와 접촉하며 평온함을 느낀다. 더불어 보통의 정체성보다 더 진실하고 더 깊어진 정체성, 즉 새로운 자아가 도래한다. 그러나 향정신성 약물을 통해 깨어날 경우 이런 내면의 측면들이 보이지 않는 경향이 있다. 이런 깨어남은 주로 평화와 온전함의 내면적 경험보다는 감각과 시각적 경험들이 두드러진다. 사실 항상성의 무너짐과 관계하는 모든 깨어남 경험들이 그런 감각적이고 시각적인 특징들을 보인다. 예를 들어 금식, 수면 박탈, 자해, 작위적인 호흡법, 극단적인 온도에 노출되기 등을 통해 정상적인 육체적·신경학적 기능들에 극도의 혼란을 주는 경우가 그렇다. 약물이 야기하는 깨어남 경험은 사실 이런 다양한 경우들의 하나일 뿐이다.

향정신성 약물은 일시적 깨어남을 부를 수 있지만, 그것이 단계적이든 돌연하든 지속적인 깨어남으로 연결될 가능성은 매우 낮다.(금식, 수면 박탈 같은 다른 종류의, 항상성의 교란으로 인한 깨어남도 지속되기는 어렵다.) 다른 모든 항상성 교란 방식들과 마찬가지로 향정신성 약물들도 기본적으로는 *해체*의 기능을 갖는다. 다시 말해 정상적인 자아 체계를 해체시키고 그 심리적 메커니즘을 일시적으로 멈추게 한다. 보통의 자아 체계가 해체되면 기존의 감각 둔화 메커니즘이 그 작동을 멈추게 되고, 그러면 감각이 강렬해진다. 기존 자아 체계의 경계선이 사라져 분리된 느낌도 사라진다. 자신과 세상에 대한 일반적인 개념들도 사라지고, 따라서 자신과 세상을 완전히 다른 방식으로 보게 된다. 자아의 경계선이 사라지면 우리 정신의 무의식적인 현상들이 대거 떠오를 수도 있다. 이런 해체는 일시적인 깨어남을 유발하기에는 충분할 정도지만, 기존의 자아 체계를 대체할 새 자아 체계가 없다면 영구적인 깨어남은 기대할 수 없다. 자아 느낌을 해체하는 것만으로는 충분하지 않다. 옛 자아를 대체한 새 자아가 있어야 한다.

7장에서 보았듯이 장기간 극심한 혼란이나 트라우마를 겪은 사람이라면, 새 자아 체계가 이미 나타날 준비를 하고 있다. 오랫동안 심리적 집착들을 단계적으로 없애다 보면, 새 자아 체계가 천천히 그 형태를 만들며 옛 자아 체계를 대체할 준비를 한다. 이것은 마치 나비가 애벌레로부터 날아오르기를 준비하는 것과 같다. 하지만 정상적인 상황에서 향정신성 약물을 복용한 사람에게 그렇게 새 자아가 준비가 되어 있다고 보기는 어렵다. 이 경우 기존

9장 급작스러운 깨어남

의 자아 체계가 일시적으로 해체되었다 해도 다시 재건되고 안정될 것이다.

그렇다면 (아야와스카 포함) 향정신성 약물이 단계적 깨어남에도 도움이 되지 못할 것이 분명하다. 환각제를 정기적으로 복용하면 깨어남 경험을 정기적으로 하겠지만, 그렇다고 더 높은 자아가 천천히 그 형태를 드러낼 리 만무하다. 영적 수행이 이어질 때 조금씩 새 자아가 형성되고 그 새 자아가 옛 자아를 천천히 대체한다. 영적 수행이 이미 잠재하고 있는 새 자아의 틀, 그 창조를 천천히 촉진한다. 하지만 약물 복용은 그 자체로 볼 때 훈련도 수련도 아니다.

그러므로 영적 수행은 기본적으로 '건설 기능'이 있다. 영적 수행은 의식 구조를 단계적으로 바꾸며 자아 체계를 고기능의 형태로 다시 주조한다. 그런데 향정신성 약물은 기본적으로 해체(혹은 파괴)를 하기 때문에 새 자아 체계의 도래를 촉진하지는 않는다. 약물의 정기적인 복용이 위험한 이유는, 보통의 자아 체계가 완전히 사라지지만 그것을 대체할 다른 자아 체계가 없을 때 정신병 상태와 유사한 심리적 공백이 생긴다는 데 있다. 안타깝게도 이런 경우가 드물지 않다. 사실 향정신성 약물의 정기적 복용이 야기할 수 있는 유일한 영구적인 심리적 변화는 깨어남이 아니라 정신병이다.

사실 무슨 일에서든 *준비가 되어 있느냐 그렇지 않느냐*가 가장 중요하다. 어떤 경험을 할 정도로, 그리고 그 경험에 잘 적응할 정도로 정신적으로 충분한 이해와 수준에 이르지 못했다면, 실제로 그 경험을 하게 될 때 짓눌리고 다칠지도 모른다. 이는 약물을 경험할 경우 특히 더 그런데, 왜냐하면 약물은 그 효력이 강력하기 때문이다. 단 한 번의 약물 복용으로도 자아 체계가 취약하거나 연약한 사람은 영구적인 손상을 입을 수도 있다. 고대의 신플라톤주의 철학자 이암블리코스(Iamblichos)는 엑스터시 경험이라고 해서 모두 좋은 것은 아님을 경고했다. 오히려 그 반대 효과도 일어날 수 있다. 내면으로부터 적절한 준비가 되어 있지 않으면 엑스터시도 "영혼의 타락과 혼란을 부를 수 있고, 그로 인해 심지어 실체로부터 더 멀어질 수도 있다."[7] 물론 향정신성 약물 복용으로 인한 엑스터시는 더 말할 것도 없다.

그러나 약물도 때로는 단계적 혹은 급작스러운 깨어남에 공헌할 수 있다. 즉 영적 수련 프로그램을 따르는 동시에 약물을 복용하면 단계적인 깨어남에 도움이 되기도 한다. 이 경우 영적 수련이 주는 안정성과 적응력이 향정신성 약물의 파괴성을 최소화하고 그 긍정적인 효과를 극대화하기도 한다.(물론 올바른 수행을 충분히 효과적으로 하고 있다면 약물을 복용하려는 충동이나 필요를 느끼지는 않을 것이다.)

급작스러운 깨어남을 위해서도 약물이 도움이 될 수 있는데, 심리치료에서처럼 마음을 열게 만드는 경우가 그렇다. 그렇게 마음이 열리면 극심한 정신적 혼란이나 트라우마가 갖는 변형의 잠재력이 풀릴 수 있다. 스타니슬라프 그로프도 향정신성 물질이 장

향정신성 물질의 잠재력

기간의 실패감, 상실감 혹은 트라우마를 부르는 감정적 경험이 선행될 시 영적 비상(혹은 그로프의 또 다른 조어인 '영정신적psychospiritual 위기')의 마지막 유발자가 될 수도 있다고 했다.[8]

나는 관련 연구를 하면서 향정신성 약물에 의한 급격한 에너지 각성을 경험한 사례와 딱 한 번 만난 적이 있다. 헬렌이라는 여성의 이야기다. 이 여성은 오랫동안 우울증과 극심한 스트레스에 시달리던 중 적은 양의 엑스터시를 복용했다. 그 직전에 친한 친구와 절교를 한 상태였는데, 엑스터시를 복용하자 헬렌은 갑자기 사랑의 불길이 자신을 태워 버리는 것 같았다고 한다. 그리고 온몸이 빛과 함께 떠내려갔다. 그런데 그런 변형이 엑스터시 효과가 사라진 후에도 남아 있었다. 그렇게 헬렌은 갑작스럽고 극적으로 깨어났고, 그런 상황에 적응하는 데 몇 년이 걸렸다. 다음은 그녀의 설명이다.

"그날 이후 내 감각 전체가 열렸고 모든 것이 나를 압도했어요. 회오리바람이 다가와 내 존재 전체를 너무 빨리 열어 버린 거죠. 준비 기간이라곤 없었어요. 너무 열려 버렸고, 또 너무 취약했어요. 밖에 나갈 때마다 혼돈 그 자체였죠. 다른 사람의 생각을 감지하는 것 같은 초자연적인 경험도 했는데, 내가 왜 그러는지 모르겠더군요.

정신이 나갈 것만 같았지만 그렇다는 것을 알아차리고는 있었어요. 그 일에 잘 대처해야 할 것 같았고, 어떻게 대처할지는 저절로 알게 될 것 같았어요. 안정되기까지 2년이 걸렸죠. 당시 서점에서 일하고 있었는데, 아파서 그만두었어요. 근육통성 뇌병증(ME)/만성피로증후군 진단을 받았거든요. 너무 아파서 밖에 나갈 수가 없었죠.

옛날의 나와 새로운 나를 통합하는 데 7년이 걸렸답니다. 최근 3~4년은 안정 상태를 대체로 유지했고요. 혼돈의 시기를 잘 통과해 이제는 강해졌다고 느껴요. 지금은 훨씬 평화롭고 안정적이에요.

그리고 완전히 다른 사람이 된 것 같아요. 옛날에는 많이 냉소적이었고, 매사에 인내심도 없이 심판하려고만 들었죠. 불안증과 신경증이 있었고, 자신감은 없었어요. 그런데 지금은 훨씬 직관적으로 변했죠. 내 에너지를 포함해, 나 자신을 더 잘 이해해요. 사람들은 내가 얼마나 안정적인지 보고 놀라곤 한답니다. 과거에 나를 알던 사람들은 전혀 딴사람이 되었다고 하죠. 고요하고 중심이 잘 잡혀 있는 내 모습에 감탄하더군요. 지금 나는 나라서 정말 행복합니다. 옛날에는 늘 이유 없이 불안했었는데 말이죠."

헬렌의 경우 분명 엑스터시 복용이 깨어남의 촉매가 된 것처럼 보인다. 하지만 엑스터시가 유일한 원인은 아니었을 것이다. 그리고 나는 향정신성 약물의 경우 일반적으로도 그렇다고 생각한

9장 급작스러운 깨어남

다. 향정신성 약물은 깨어남에 촉매가 될 수도 있지만, 직접적인 원인은 아니다.

1차적 전환과 2차적 전환

그럼에도 불구하고 향정신성 약물을 이용해 변형을 부를 수는 있다. 나는 *1차적 전환과 2차적 전환*을 구분한다. 1차적 전환은 지금까지 이 책을 통해 말해 온, 보통의 자아 체계가 고기능의 깨어난 자아 체계로 대체되고 그 결과 새 정체성을 갖게 되는 깨어남 상태로의 전환, 혹은 그런 변형을 말한다. 2차적 전환은 그보다는 덜 근본적인 변형이다. 이때 우리는 정체성의 전환을 경험하지도, 세상과의 하나임 상태나 고양된 의식을 경험하지도 않지만, 우리가 생각하는 가치들, 고수하는 믿음들, 삶에 대한 자세들이 변한다. 이때 우리는 새로운 관점을 갖게 되고 인생을 다른 방식으로 본다. 예를 들어 사후 세계를 믿기 시작하고, 덜 물질적이 되고, 더 이타적이 되고, 좀 더 긍정적이 되고, 사람들을 더 많이 신뢰하게 된다. 삶에는 생각보다 훨씬 더 많은 것이 있음을 감지하고 영적 가르침들을 공부하기 시작한다. 이제 세상은 예전의 그 세상이 아니다. 예전의 라이프스타일도 더는 의미가 없는 듯하다.

1차적 전환과 2차적 전환의 차이점을 다시 집 이야기에 비유해 살펴보자면 다음과 같다. 1차적 전환, 즉 실질적인 깨어남은 완전히 다른 집으로 이사 가는 것, 혹은 좀 더 엄격하게 말하면 전에 살던 그 집에 완전히 새로운 집을 짓는 것과 비슷하다. 2차적 전환은 전에 살던 집에 그냥 살지만 전체적으로 점검을 마친 뒤 개조하고 실내장식을 싹 다 바꾸는 것이다. 2차적 전환에서는 이전의 자아 체계와 정체성이 손상되지 않고 그대로 남는다. 에고의 경계가 기본적으로 그대로 있기 때문에 깨어남 상태가 주는 하나임 같은 강렬한 연결의 느낌이나 강화된 인식 능력은 경험하지 않는다. 비록 세상에 대한 다른 인식적 지도를 갖게 되기는 하지만, 에고 체계는 이전과 다를 바 없다.[9]

존은 이 2차적 전환의 좋은 예였다. 존은 컴퓨터 프로그래머로 직업적 성공을 거두었고 자신을 기본적으로 매우 물질적인 사람이라고 했다. "'성공'에 따라오는 돈, 소유물, 위상 등을 즐기는 편이었죠. 종교는 싫어했고 무신론 단체인 '국가세속주의협회(NSS)'를 후원했어요. '보란 듯이' 비싼 차를 몰고 다녔고요." 존은 자각몽 같은 영적 경험을 하기는 했지만, "조금이라도 영적인 것에는 전혀 관심이 없었다."고 했다.

그럼에도 존은 자각몽 워크숍에 참석하였고, 거기서 아야후아스카를 복용했다. 그 결과 세상에 대한 비전과 가치관이 바뀌었다. "모든 걸 알게 되었다."고 믿게 된 존은 그 전에 자신이 갖고 있던 관점이 얼마나 제한적이었는지 깨달았다.

"돈, 물건, 성공에 대한 끝없는 욕망이 행복의 조건이 아님을 보았어요. 그러자 나에게 그렇게 많은 것을 베풀어 준 세상에 '뭔가 돌려주고' 싶더군요. 카운슬러 공부를 다시 했고 지역 병원에서 암 환자들을 위해 봉사했어요. '영성'과 종교적 메시지들 그 배후의 의미에 관심이 생겼어요. 그리고 '자각몽 연구소(Lucidity Institute)'를 후원했어요. 차도 아주 평범한 차를 몰고 있어요. 좌석이 일곱 개라 아주 실용적이죠. 변덕 수준이 아니었어요. 2005년 1월 28일은 중요한 날이에요. 그날 내가 다시 태어났으니까요."

사실 향정신성 약물이 세계관과 가치관의 영구적인 전환을 부를 수 있다는 연구 결과들이 많다. 『인식의 문(*The Doors of Perception*)』에서 올더스 헉슬리는 이런 유명한 말을 남겼다. "그 문을 통해 돌아온 사람은 더 이상 그 문을 통해 나갔던 그 사람이 아니다."[10] 이 말은 1962년에 있었던 신학자 월터 판케(Walter Pahnke)의 '성금요일 실험'에서도 확인된다. 이 실험에서 한 그룹의 신학대학 학생들은 종교적인 분위기에서 (환각 버섯의 유효 성분인) 실로시빈(psilocybin)을 복용했다. 그리고 모두 엑스터시, 경외감, 하나임 같은 강력하고 신비한 경험을 했다. 그 6개월 후 추적 연구에서 열 명의 학생 중 여덟 명이 그때의 경험이 그들의 영성을 심화하고 삶을 풍성하게 하는 등 지속적으로 강력한 효력을 발휘하고 있다고 보고했다. 그리고 놀랍게도 25년 후에도 그 효과는 지속되었다. 1987년, 향정신성 약물 연구자 릭 도블린(Rick Doblin)이 후속 연구를 진행했는데, '성금요일 실험' 최초 참가자들 대부분이 그 경험으로 인해 자신들의 인생이 영원히 바뀌었다고 회상했다. 이들은 그 실험 후 삶과 자연에 대해 더 깊이 감사하고 더 많이 기뻐하게 되었고, 죽음을 덜 두려워하게 되었으며, 소수자와 억압된 사람들에 대한 공감 능력이 놀랍도록 좋아졌다고 했다.[11]

아야후아스카 관련해서도 유사한 연구 결과들이 있다. 향정신성 약물 전문가이자 옹호자인 데니스 맥케나(Dennis McKenna)는 아야후아스카 복용이 "행동과 라이프스타일 면에서 심오하고 긍정적인 변화를 지속적으로 야기할 수 있음"[12]을 알아냈다. 그리고 중독과 가정 폭력의 역사를 갖고 있는 사람들에게 아야후아스카를 처방한 예를 들었는데, 아야후아스카 복용과 함께 그런 부정적인 성향들도 사라졌다고 한다. 이 실험은 1960년대 초, 여러 환각제 치료 프로그램들이 발견한 것들을 떠올리게 한다. 그때는 주로 알코올 중독자들에게 LSD가 주어졌는데, 그들 중 반 정도가 오랫동안 금주에 성공하는 등 긍정적인 반응을 보였다.[13]

이 연구들은 향정신성 물질이 완전한 깨어남까지는 아니더라도 강력한 변형 효과가 있음을 분명히 했다. 그런데 향정신성 물질이 부른 그런 2차적 전환이, 당사자로 하여금 그 경험을 다시 하기 위해 영적인 길을 걷게 하거나 깨어나기에 좀 더 용이한 라이프스타일을 살게 하며 1차적 전환도 야기할 수 있다. 일반적인 깨어남 경험처럼 향정신성 물질을 통한 깨어남 경험도 조화롭고 의미로 가득한 기대치 못한 새 차원을 일견하게 하며, 이상적인 경우 그 차원으로 영구히 안정적으로 돌아가고 싶은 충동까지 일으킨다. 그 아주 좋은 예가 하버드 대학의 심리학 교수이자 향정신성 물질 연구에 대한 선구자 중 한 명인 람 다스(Ram Dass, 본명 리처드 앨퍼트 Richard Alpert)다. 람 다스는 LSD 경험에 고무되어 명상과 요가에 심취했고, 인도를 여행하며 스승들과 함께 정신세계를 탐구했다. 동시대 가장 존경받는 영적 스승이자 저술가인 람 다스, 그의 깨어 남으로 향한 긴 여정이 그렇게 시작된 것이다.

여기서 우리가 꼭 알아야 할 것은 향정신성 물질들이 우리에 게 제공하는 것은 일시적인 현상일 뿐 지속적으로 이용할 수 있는 도구는 아니라는 점이다. 향정신성 물질은 우리가 바라보고 가야 할 곳을 보여 주지만, 그곳에 도달하는 방식은 제공하지 않는다. 다시 말해 목적지만 보여 주고 길은 가르쳐 주지 않는다. 향정신성 물질을 길로 이용하려 했다가는 깨어나기보다 정신병에 걸릴 가 능성이 더 크다.

이상적일 경우 향정신성 물질은 특히 영적 여정의 초반에 현 명한 안내자가 될 수 있다. 하지만 일단 그 현명한 지혜를 나눠 받 았다면 그때부터는 그렇게 받은 지식을 우리 스스로 활용할 줄 알 아야 한다. 알랜 와츠(Alan Watts)의 말을 빌리자면 "메시지를 받았다면 전화를 끊어야" 하는 것이다.

기술을 이용한 깨어남: 정신에 대한 물질주의적 모델의 오류

깨어남 상태가 신경학적 상태라고 볼 때만이 이른바 화학적 깨달음이 이치에 맞게 된다. 다시 말해 깨어남이란 결국 특정 신경 전달물질이나 화학물질의 활동 같은 특정 타입의 뇌 기능에 의해, 혹은 뇌의 특정 부분의 활동이 강해지거나 약해짐에 의해 일어나는 것일 때만이 화학적 깨달음이 정당해진다. 그리고 깨어남이 단지 하나의 뇌 상태일 뿐이라면 화학적 간섭을 통해 그런 뇌 상태를 생산해 낼 수 있어야 한다.

이런 관점이라면 기술을 이용해 깨어남 상태를 만드는 것도 가능하다. 뇌 기능을 바꾸거나 뇌의 서로 다른 부분들을 자극해 깨어남 상태를 유발하는 기계를 고안해 내면 될 일이다. 아니면 아예 신경외과 수술을 받는 건 어떨까? 깨어나면 뇌의 특정 부분이 눈에 띄게 활발해진다는데, 그럼 신경외과 수술로 신경 기능들을 바꾸어 그 부분을 활발하게 만들면 되지 않겠는가? 깨어나면 (DMT 같은) 특정 화학물질들이 극도로 많이 배출된다는데, 그럼 그런 화학물질을 대거 배출하도록 우리 뇌의 기능들을 살짝 바꾸어도 되지 않을까?

말도 안 되는 소리처럼 들리겠지만, 나는 깨어남이 신경화학적 상태라고 생각하는 것이 더 말이 안 된다고 생각한다. 물론 신경 활동이 정신 활동을 유발한다고 믿는 사람들이 있다. 의식은 곧 뇌 작용이라고 말하는 것도 비슷한 입장이다. 이것은 정신을 설명하는 물질주의적 모델의 전형으로 우울증이나 ADHD 같은 정신적 문제들을 뇌 활동이 불기능이나 불균형에 빠졌기 때문이라고 보는 생물 심리학과 밀접한 관련이 있다. 이 모델은 원자, 분자, 세포 같은 물리적인 '것'만이 실재한다고 가정하고 '정신'이나 '의식' 처럼 보이는 것은 우리 뇌 속 분자와 세포들이 움직일 때 생산되는 부수 현상이라고 가정한다. 그러므로 우울증, 환희, 사랑, 깨어남 같은 다양한 정신 상태도 분자와 세포들 사이에서 일어나는 다양한 활동들의 결과일 뿐이다.

이 모델의 결함을 여기서 다 일일이 열거할 필요는 없을 것 같다.(데이비드 차머스David Chalmers나 토머스 네이글Thomas Nagel 같은 철학자들이 이런 모델의 결점과 그 일관성의 부족을 강력하게 피력해 두었으니 참고하기 바란다.[14]) 하지만 이상하지 않은가? 20년도 더 전에, 인간 의식에 대한 집중 연구가 시작되었을 때 과학자들은 대부분 우리 뇌가 의식을 경험하는 방식, 그 미스터리를 푸는 데 그리 오래 걸리지는 않을 거라고 확신했었다. 이 과학자들은 뇌스캔 기술만 이용하면 뇌의 수십억 신경세포들이 어떻게 주관적인 경험들을 만들어 내는지 볼 수 있을 거라고 믿었다. 하지만 20년도 넘게 집중 연구와 이론화가 이루어졌음에도 진전은 거의 이루어지지 않았다. 거의 하나도 이루어지지 않았다고 해도 과언이 아니다. 뇌가 어떻게 그렇게나 많은 주관적인 경험들을 생산해 낼 수 있는가는 이른바 난제(hard problem, 데이비드 차머스가 한 말)인데, 지금은 심지어 더 어려운 문제가 된 것 같다. 뇌가 의식을 만들어 내는 방법에 대해 납득할 만한 설명을 내놓은 신경학자가 한 명도 없다. 심지어 뇌의 어느 부분이 의식 생산에 관여하는지조차 모르는 것 같다. 뇌사 후에도 개인적인 경험이 계속되는 임사 체험 같은 현상이나 임종 직전 의식을 회복하는 터미널 루시디티(terminal lucidity)도 뇌와 의식이 하나가 아님을 시사한다. 게다가 신경 활동이 정신 상태를 유발한다고 하지만 둘 사이의 정확한(혹은 그럴듯한) 관계성이 드러나지 않고 있다. 오히려 점점 더 많은 연구 결과가 우울증이나 ADHD 같은 정신 상태와 뇌의 상태 사이 관련성이 분명치 않다고 하고, 뇌의 세로토닌 활용성을 높이도록 고안된 약물들(혹은 ADHD와 관련 있다고들 하는 신경전달물질의 활동성을 바꾸는 약물들)이 사실은 효과가 없다고 말하고 있다.[15]

정신을 설명하는 물질주의적 모델이 너무 단순한 감이 없지 않다는 사실이 점점 분명해지고 있다. 철학자들은 의식이 기본적으로 우주의 성질을 갖고 있다는 범심론(汎心論, panpsychist)적 모델을 대안으로 진지하게 고려하고 있다. 이 모델에 따르면 의식은 씨줄과 날줄처럼 실체와 함께 엮여 있는 기본 동력 같은 것이고, 따

9장 급작스러운 깨어남

라서 모든 것에 스며 있으며, 심지어 무생물처럼 보이는 것에도 (최소한 의식의 원형이) 스며 있다고 본다. 이런 관점은 고강도 깨어남 경험에서 우리가 느끼는 것과도 잘 통한다. 고강도 깨어남 경험을 하는 동안 만물에 내재하는 빛나는 영력(spirit-force)을 자각하지 않는가? 만물은 그 영력의 현현이고, 따라서 만물이 하나다.(이런 관점은 전 세계에 하나의 영적인 힘이 퍼져 있다고 보는 원주민들의 세계관에도 잘 통한다.)

그렇다고 뇌가 의식과 전혀 상관이 없다는 뜻은 아니다. 뇌는 세상에 편재하는 의식을 받아 내고 '유도하는' 기능을 할 수 있다. 그런 뇌가 있어 우리는 *개인적인* 의식을 가질 수 있는 것이다. 뇌가 제 기능을 발휘할 때 우주의 의식이 우리 안 시공간의 한 지점으로 *국지적*이 된다. 다른 모든 살아 있는 존재들에게도 마찬가지다. 심지어 주변 환경만 겨우 알아차리는 정도의 작은 의식을 소유한 생명체라도 그렇다. 뇌 혹은 신경 체계를 갖고 있지 않아도 세포가 우주 의식을 잡아내고 유도하는 기능을 하므로, 그런 생명체들도 그들 주변을 알아차리는 개별적인 존재가 될 수 있다. 생명체가 진화하면서 세포가 많아지고 그 상호 작용이 복잡해지다 보면 조금씩 좀 더 온전한 우주 의식을 받고 유도할 수 있으므로, 그 자신의 의식도 더 강해짐과 동시에 더 섬세해지고 복잡해진다.

그렇다고 깨어남 상태가(혹은 우울증이나 ADHD 같은 심리 상태가) 신경학적 기능과 전혀 상관이 없다는 뜻도 물론 아니다. 깨어남 상태가 뇌의 특정 부분들의 활동이 높아지고 낮아지는 것과 관계가 있을 수도 있다. 하지만 그렇다고 그런 뇌 활동이 깨어남 상태를 만들어 낸다고 단정할 수는 없다. 그 인과 관계를 뒤집어 깨어남 상태가 그런 신경 상태를 만들어 낸다고 말할 수도 있기 때문이다. 정신이 물질보다 더 근본적이라고 보는 범심론적 모델에 따르면, 사실 후자가 더 타당하다.

그러므로 나는 기술이나 약물을 이용해 깨어남 상태를 화학적으로 조종할 수 있다는 생각, 그리고 깨어남이 근본적으로 신경 상태라는 생각은, 우울증이 화학적 불균형에 의한 것이며 따라서 약물로 치유할 수 있다고 믿는 것만큼이나 틀렸다고 본다.

10장

깨어난 후 찾아오는

응적 위기

깨어나면 모든 문제가 영원히 사라질까? 깨어난다는 것은 마침내 평화롭게 되고 더 이상 불화도 불안도 분투할 것도 없다는 걸까? 당연히 깨어남이란 그 무엇보다 영구적인 편안함과 축복의 상태를 뜻한다. 모든 문제는 결국 에고 때문에 생기지 않는가? 그러므로 에고가 소멸되면 모든 문제도 소멸되지 않겠는가?『우파니샤드』는 이렇게 말한다. "힘과 위엄 그 자체인 아트만을 발견하면 (영혼은) 고통에서 벗어난다. 영원을 보면 모든 슬픔이 사라지고 자유를 얻는다."1

『우파니샤드』성자들의 주장에 반박하고 싶은 생각은 추호도 없다.(『우파니샤드』는 내가 제일 좋아하는 영성서가 아닌가.) 하지만 이 성자들은 일반적인 사실들을 시적으로 말하고 있으며, 깨어남 과정

영적 위기

의 복잡성은 다루지 않는다. 이들이 살던 시대의 깨어남에 대한 이해와 수용도가 지금보다 훨씬 높았던 것도 사실이다. 사실 현대 유럽과 북미에 사는 서양인들에게 깨어남이란 분명 많은 도전과 문제를 의미한다. 깨어남이 단계적으로 일어난다면 (보통 영적 수련을 통한 경우) 무난하고 편안하게 진행되는 경우가 많다. 급작스러운 깨어남의 경우에도 그 당사자가 영적 전통과 그 수행법들에 대해 어느 정도 숙지하고 있어 당장 벌어지고 있는 일을 이해할 수 있다. 또 주변에 이해해 주는 사람이 있다면 무난하고 편안하게 진행될 수 있다.(물론 당사자의 새 자아 체계가 얼마나 잘 구축되고 준비되어 있느냐도 중요하다.) 하지만 급작스러운 깨어남의 경우 대부분 어느 정도의 문제는 불가피하다. 20세기 기독교 신비주의자 버나뎃 로버츠 (Bernadette Roberts)도 이렇게 말했다. 깨어남 상태는 "새 차원의 앎이요 존재이며, 문제를 수반하고 장기간의 재적응을 요구한다."[2]

이 장에서는 깨어남 후 겪을 수 있는 문제들을 일상의 혼란, 정신적 장애, 육체적 문제로 나눠 집중 요약 정리해 보려 한다. 하지만 먼저 꼭 알아 둬야 할 것이 있다. 다름 아니라 앞서 쿤달리니적 깨어남과 관련하여 살펴보았듯이, 깨어남 과정에서 일어나는 문제들은 결국 사라지게 되어 있음을 꼭 알아야 한다는 것이다. 새 자아의 탄생은 고통스럽고 때로 위험하기도 하지만 문제들은 마침내 사라질 것이고, 새 자아는 그 새로운 상태 속으로 안착할 것이다.

그런데 깨어남 상태가 안착하고 난 뒤에도 늘 *완벽하게* 편안하고 행복한 것은 아니다. 오래된 행동 패턴들이 다 사라지는 데 시간이 걸리고, 어쩌면 결코 완전히 사라지지 못할 수도 있다. 삶이 또 다른 문제들을 던져 주며 우리를 뒤흔들 수도 있다. 물론 이전보다 행복감과 안정감이 훨씬 깊고 좋을 것이다. 스트레스를 유발하는 부정적인 사건들에 덜 휘둘리며, 덜 이기적이고 더 이타적이 될 것이다. 하지만 그렇다고 삶의 문제가 *완전히* 사라지고 완벽해지는 것은 아니다.

혼란

단계적 깨어남의 경우, 그 깨어남을 이해하는 데 도움이 되는 틀을 구축할 기회들이 충분히 주어진다. 시간이 충분하므로 왠지 끌리는 영적 단체에 들어가 이런저런 수행법과 전통들을 탐구하며 지식과 지지를 얻을 수 있고, 관련 책들을 읽거나 유사한 경험을 한 다른 사람들을 만나 볼 수도 있다. 하지만 갑자기 깨어날 경우 이 모든 일들을 할 기회가 없거나 거의 없다. 영적 전통들에 대한 지식을 이미 어느 정도 갖고 있지 않은 이상 그런 새로운 상태가 매우 혼란스러울 테고, 심지어 정신 이상을 의심하기도 한다.

깨어남은 기본적으로 *경험하는* 것인데, 그 상태의 개념적인 이해가 중요하다고 하면 이상하게 들릴지도 모르겠다. 어떤 의미

10장 깨어난 후 찾아오는

영적 하기

에서 개념적인 이해가 깨어남에 장애가 되는 것도 사실이다. 개념이라는 것이 우리로 하여금 세상을 그 자체로 보지 못하게 하므로 결국 우리가 초월하려고 하는 게 아닌가? 흔히 지성, 관념, 믿음 같은 것들에 사로잡혀 있으면 안 된다고 하지 않는가?

사실이 그렇긴 하지만 깨어남에 대한 아주 기본에 해당하는 개념들은 반드시 이해하고 있어야 한다. 지도는 길을 갈 때 방위를 찾고, 내가 어디 있는지 어디로 가야 하는지 알기 위해서 꼭 필요하다. 지도는 순간의 세상을 경험하지 않고, 길 가는 내내 그것만 붙잡은 채 내가 어디를 지나왔고 어디로 가고 있나만 생각할 때 문제가 된다. 깨어난 사람이 자신이 지금 통과하고 있는(혹은 이미 통과한) 과정을 이해하지 못한다면 거듭 의구심이 들 테고, 심지어 깨어남 상태를 억압하려 들지도 모른다.

깨어남 같은 강력한 과정을 억누르는 게 어떻게 가능할까? 아무리 혼란스럽다고 해도 그렇게나 강력하고 긍정적인 경험이 무효가 될 수 있을까? 하지만 이것도 깨어남에 대한 이상화일지도 모른다. 나는 깨어남에 대한 관념적 틀이 없어서 여러 문제가 생기는 경우를 수도 없이 많이 봐 왔다. 자연적 깨어남의 경우조차 그런 혼란이 문제가 될 수 있음을 이 책에서도 이미 살펴봤다. 최소한 나와 피스 필그림에게는 그것이 분명 문제였다. 우리 상태를 이해하는 데 도움이 될 배경지식을 전혀 갖고 있지 않았기 때문이다. 우리가 경험한 깨어남 상태는 우리가 자라 온 문화가 말하는 가치와 매우 상반되는 것이었다.

내가 만난 사람 중에서도 깨어남의 정도가 참 깊었던 러셀 윌리엄스조차도 혼란으로 인한 여러 문제를 겪었다. 6~7장에서도 설명했듯이 러셀은 극심한 트라우마와 격변의 초년을 보낸 후 유랑 서커스단의 멤버로 말들을 돌보며 '우연찮게' 영적 수련을 3년 지속한 후 깨어났다. 그런데 그런 러셀의 이야기에도 흥미로운 후기가 하나 있다. 그의 급작스러운 깨어남은 1950년에 일어났는데, 그때 그는 29세였고 유럽 내 영적 전통에 대해 아는 것이 거의 없었다. 깨어난 직후 허니문 같던 달콤한 시간이 지나자 러셀은 그런 자신의 상태에 의심이 들었다. 그런 상태를 사람들에게 설명하려고 할 때마다 혼란스러웠기 때문이다. 러셀은 서커스단과 함께 유랑했으므로 새로운 곳에 도착할 때마다 희망을 갖고 목사 같은 그곳의 성직자들에게 조언을 구했다. 자신의 책 『내가 아니고 내가 아닌 것도 아닌』에서 러셀은 그때의 상황을 이렇게 설명했다.

나는 그들에게 내가 분리가 없는 전체만을 보았고, 그런 존재의 자연 상태가 친절했으며, 에너지로 가득했다고 말했다. 그럼 그들이 흥미를 보일 줄 알았다. 하지만 그들은 이해하지 못했다. 내 말을 억지라고 보거나 신성모독으로 보았다. (……)
다른 사람의 이해를 받지 못한다는 사실에 나는 매우 혼란스러웠다. 새롭게 알게 된 것이 많았지만, 그 누구와도 소통할 수 없었다. 그러자 나 자신이 의심스럽기 시작했다. '이걸 아무도 인정해 주지 않는다면 내가 미친 게 틀림없어. 나는 다른 사람들과 너무 달라.' 사실 내가 미치지 않았고 모두에게 더할 수 없이 중요한 무언가를 갖고 있음을 모르진 않았지만, 혼란스러운 마음이 그런 마음을 덮고 있었다.[3]

불만과 좌절감이 극에 달하던 어느 날 밤 러셀은 필사적으로 울부짖었다. "제발 누구든 날 좀 도와줘!" 그런데 바로 그 순간 "평화의 느낌이 홍수처럼 밀려왔다. 텅 빈 우주가 사랑으로 가득했다. 물질은 없었다. 예전에 말들과 함께 느꼈던 그 고요였지만 이번엔 한껏 더 깊은 고요였다. 누군가 나에게 따뜻하고 부드러운 담요를 덮어 준 것 같았다."[4] 며칠 후 러셀은 영적 치료를 받으러 런던에 가야겠다고 느꼈고, 그곳에서 존 개리(John Garrie)를 만났다. 존 개리는 영국에서 불교가 처음 자리 잡는 데 공헌한 사람이다. 그때의 만남을 러셀은 이렇게 회상했다.

개리는 처음으로 나를 이해해 준 사람이다. 내가 세상을 경험하는 방식을 설명하자 그는 그것을 불교 가르침과 연결해 주었다. 우리 둘은 깊이 공명했다. (……) 내가 미치지 않은 걸 알게 되어서 나는 매우 안도했다. 나중에 알게 되었지만 나를 만나기 전에 그도 나처럼 우여곡절을 많이 겪었다. 내키지는 않았으나 그도

나를 만나야 한다고 느꼈다고 한다.[5]

러셀은 존 개리에게서 필요한 확신을 받았다. 아니 더 정확하게 말하면 필요한 이해와 지지를 받았다. 그리고 그때부터 목적과 방향이 분명해졌다. 러셀은 곧장 영적 지도자의 길을 걷기 시작했고, 그 길은 50년 넘게 이어졌다.

그와 유사한 사례로 나의 책 『어둠 밖으로』에서도 소개했던 윌리엄 머사가 있다. 윌리엄도 자신의 깨어남을 이해하지 못해 억누르려 했다. 윌리엄은 바닷가에서 특이한 파도에 휩쓸려 거의 익사할 뻔했고, 그때 임사 체험을 했다. 임사 체험을 하는 동안 윌리엄은 몸 밖으로 나와 둥둥 떠다니며 그 어떤 존재들을 만났는데, 이 존재들이 자신이 살면서 궁금해했던 질문들에 답을 해 주었다. 하지만 그 경험(과 그때 얻은 통찰들)이 물질 세상과는 맞지 않았다. 예전의 윌리엄은 물질 세상에 아무런 불만이 없는 사람이었다. 윌리엄은 자신에게 일어난 일을 이해할 수 없었고, 그 일을 다른 사람에게 어떻게 설명해야 할지도 몰라서 아무 일도 없었던 것처럼 계속 살아갔다. 그렇게 18개월 동안 자신이 깨어났다는 사실을 억누르며 살았다. 단지 전처럼 살려고만 노력했다. 심지어 이전의 습관과 가치에 더 매달렸고, 더 열심히 일했으며, 술도 더 많이 마셨다. 하지만 그렇게 억누르려 했던 그의 새 자아가 결국은 (당연하게도) 그 억압을 뚫고 터져 나왔다.

10장 깨어난 후 찾아오는

"갑자기 뒤통수 쪽에서 누가 조용히 말하더군요. '빌, 너는 이런 사람이 아니야. 여기서 뭐하고 있니?' 바로 그때 나는 하던 일을 멈추고 흐느끼기 시작했죠. 갑자기 알겠더군요. 모든 것이 수정처럼 깨끗해졌어요. 그리고 나는 생각했죠. 내가 지금 여기서 뭐 하고 있냐고? 나에게 벌어진 일 그 진실로부터 도망치고 있지. (……) 왜 도망치고 있지? 내 좁은 세계관 때문이야. 학교에서 배워서 길들어 버린 것들 때문이지. (……) 뭔가 속에서 스위치가 찰칵하고 켜진 것 같았어요. 내 안에서 뭔가 바뀌고(shift) 있었죠."[6]

내가 인터뷰했던 시프터들 대부분이 러셀과 윌리엄 같은 고충들을 겪었다. 이들은 새로운 존재 상태가 주는 긍정적인 측면들이 어떻게 그런 몰이해와 혼란으로 사라지는지 얘기해 주었다. "무슨 일이 일어나고 있는지 전혀 몰랐어요. 그걸 이해할 개념 자체가 없었거든요. 뭔가 매우 영적인 일이 일어나고 있는 것 같았지만 그 마지막이 어떻게 될지 전혀 알 수 없었어요." 그중 한 사람의 말이다. 또 다른 사람은 이렇게 말하기도 했다. "일해서 먹고살아야 하는데, 새사람이 된 나에게 적응하는 법도 배워야 해서 혼란스럽기 그지없었죠." 다음 표현은 더 생생하기 그지없다. "벌레가 수두룩한 캔, 그 뚜껑을 딴 것 같았죠. 나에게 벌어진 일을 이해해야 하는데 아무도 내가 무슨 말을 하는지 감도 잡지 못했죠."

러셀의 경우처럼 시프터들이 느끼는 혼란은 대개 다른 사람들의 몰이해로 더 심해진다. 사실 이들이 느끼는 혼란이 *순전히* 다른 사람의 몰이해 때문인 경우도 많다. 새롭게 보이는 세상에 대해 기껏 설명했는데, 사람들은 고개를 절레절레 흔들며 "와우, 너 약 먹었니?"라고 받아치기 일쑤다. 시프터들은 "미친 것 같다."는 소리를 자꾸 듣게 되고 그럼 나중에는 스스로도 그렇게 믿기 시작한다. 어떤 시프터는 어느 날 아침 갑자기 영적으로 깨어났는데 "마치 그날 아침 세상을 처음 본 것 같았다."고 했다. "늘 보던 것들인데 다 아름답고 선명하게 빛나고 있었어요. 새 눈을 장착한 거 같았죠. 빛이 너무도 아름다웠어요." 동시에 자신에게 무슨 일이 일어나고 있는 건지 도무지 알 수 없었던 이 시프터는 다른 사람들에게 조언을 구했다. "그런 상황을 이해할지도 모르겠다는 사람들에게 다 물었죠. 하지만 아무도 모르더군요."

최악의 경우 깨어난 사람을 고기능 상태에 있다고 보는 게 아니라 병리학적으로 정신질환에 걸렸다고 볼 수도 있다. 이런 몰이해는 재앙에 가까운 결과를 부르기도 한다. 새로운 상태를 이해하지 못한 시프터는 종종 영적인 깨어남에 대해 무지한 정신과 의사를 찾아가기도 하는데, 이 경우 의사는 정신적 이상 증세만 볼 뿐이다. 그럼 약을 처방할 테고 그 약은 깨어남 과정을 억압할 것이다. 심지어 깨어난 사람을 정신 병원에 보낼 수도 있다.

시프터들은 자신이 그렇게 혼란스러웠던 이유가 영성에 대한 지식이 부족했기 때문이라고 나중에 알아차리는 경우가 많다. 그런 경험을 이해할 틀이 전혀 없었던 것이다. "영성서를 읽은 적이 없었고 명상도 몰랐어요. 수행 같은 건 한 번도 해 본 적이 없었고요. 그러니까 전혀 참고할 틀이 없었던 거죠. 나에게 벌어진 일을 최대한 기록했지만 너무 많은 일이 너무 빨리 일어났어요." 한 시프터의 말이다. 앞에서도 말했지만 영적 전통이나 개념들에 대한 지식이 어느 정도 있는 사람에게는 급작스러운 깨어남이 야기하는 문제가 훨씬 덜하다.(덧붙여 마음가짐이 영적인 사람들이나 관련 단체들을 이미 알고 만나고 있다면, 쉽게 안내와 이해와 지지를 받을 수 있다.) 이 말은 곧 영성을 받아들이고 영적 관념이나 수행법들이 일상의 일부인 문화에서는 급작스러운 깨어남이 문제가 덜 된다는 이야기도 된다.(8장에서도 말했듯이, 이는 고대의 요가와 탄트라 문헌들이 *쿤달리니적* 깨어남이 야기할 수 있는 문제들에 그다지 주목하지 않은 이유이기도 하다.)

다만, 이런 혼란의 시기는 일시적이다. 급작스러운 깨어남을 겪는 사람들 거의 대부분이 결국에는 그런 새로운 상태를 이해하기 시작한다. 그리고 조만간 실마리와 이정표를 찾고 방향을 잡는다. 관련 강의를 찾아 참석하고는 "맞아! 이게 바로 내가 겪었던 일이야!"라고 깨닫는다. 명상을 하거나 불교나 도가의 길을 걷는 사람을 만나 교감한다. 이제야 마침내 이해가 가는, 몇 년 전에 누군가와 했던 대화(아니면 책에서 읽었던 시구나 구절, 다큐멘터리)를 기억해 내기도 한다. 그리고 조금씩 깨어남에 대한 개념적 틀들을 구축해 나가기 시작한다. 그리고 주변 사람들의 의심을 자신만의 확신으로 이겨 나간다.

예를 들어 한 여성은 깨어남 후 자신의 느낌을 "정글에 혼자 버려진 채 무슨 일이 일어나고 있는지 알려고 애쓰는 기분"이었다고 했다. 그리고 그녀는 "대답을 구하는" 과정을 시작했다. 마침내 명상과 요가가 자신에게 옳은 길임을 본능적으로 알게 되었고, 그렇게 자신의 새로운 존재 상태에 적응해 나갈 수 있었다. 아니면 카운슬링 공부에 관심을 갖고 심리치료나 초개인 심리학을 통해 영성을 발견하는 사람들도 있다.

러셀 윌리엄스가 깨어났던 60년 전에는 그런 적응 기간이 오래 걸렸다.(러셀의 경우 몇 년이 걸렸다.) 당시만 해도 영성이 생소한 개념이었기 때문이다. 하지만 지금은 마음만 먹으면 관련 지식들은 쉽게 접할 수 있으므로 그 과정이 많이 수월해졌다.

인간관계의 어려움

일반적으로 깨어나면 인간관계가 좋아진다. 깨어난 사람은 공감 능력이 좋아지고 자상해지고 세심해진다. 사랑과 애정 표현에도 인색하지 않다. 하지만 이들의 변형이 너무 극적이어서 주변 사람들이 이해하지 못한다면 관계에 문제가 생길 수 있다. 깨어난 사람은 너무 근본적으로 바뀌기 때문에 같은 몸을 지닌 다른 사람처럼 보이기도 한다. 예를 들어 킴벌리의 경우(8장에서 언급했듯이) 너무도 극적인 전환을 경험한 터라 집으로 돌아갈 때 친구와 가족들이 자신을 못 알아볼 거라고 생각했다.

한때 가깝고 친했던 관계가 소원해질 수도 있다. 오랜 우정과 가족애에 금이 가고 커플들이 헤어지기도 한다. 시프터들은 근본부터 바뀌는데 관계들은 그대로인 경우, 그만큼 괴리가 생긴다. 대체로 친지들은 깨어난 사람의 새로운 행동과 성격에 당황하게 된다. 다음은 한 시프터의 말이다. "전환 후 보니 그동안 친했던 사람들과 공통점이 별로 없더군요. (……) 시간이 흐르면서 옛 친구들이 떠나기도 하고, 새로운 방식으로 다시 친구가 되기도 했지요."

새로운 길을 탐구하며 자신에게 좀 더 충실하고자 하는 시프터를 친지들은 이기적이라고 느끼며 그 새로운 인격에 분개하기도 한다. 예를 들어 한 시프터는 가족과 시간을 보내는 대신 많은 시간 혼자 있고 싶어 했고, 최대한 자기만의 공간을 확보하려 하여 원망을 샀다. 또 한 여성은 "가끔 나 자신을 돌봐야 해서 가족들의 요구에 안 된다고 말하는 바람에" 이기적이라는 소리를 들었다고 했다.

또 시프터들은 진실을 말해야 한다고 생각하고 진정성에 가치를 두기 때문에 곤란한 처지에 놓인다. 너무 정직해서 사람들에게 상처를 주는 것이다. 시프터들은 자신이 보기에 사소해 보이는 문제들로 고민인 사람들을 달래고 그들이 듣고 싶은 말을 해 주거나 동정하는 일을 이제 별로 하고 싶어 하지 않는다. 한 시프터는 이제 이런저런 불평들만 늘어놓는 친구들과 함께 있기가 힘들다고 했다. 또 다른 한 여성도 이렇게 말했다. "나는 열여덟 살 여자 조카와 함께 사는데 이 아이가 가끔 나한테 상처를 받는 것 같더라고요. 나는 그냥 사실을 말하는 것뿐인데……. 조카가 자꾸 변명을 하면 나는 책임을 지라고 하거든요."

인간관계의 문제는 갑작스러운 깨어남 후 찾아오는 혼란과 불화를 더 부추길 수 있지만, 보통은 머지않아 옛날의 관계들을 대체할 새로운 관계들이 만들어진다. 새로운 존재 상태를 이해하려 하다 보면 자신처럼 이미 어느 정도 깨어남을 경험하고 자신을 탐구하며 확장하고 있는, 영적 관심을 공유할 수 있는 사람을 만나게 된다. 그리고 보통 그런 동료들과 열린 마음으로 깊고 진정한 관계들을 만들어 간다. 그러므로 이전의 관계들보다 더 충만한 새로운 친구 집단을 형성하게 된다.

정신적 장애

심리적 혼란 그 자체도 충분히 힘든데 정신적 장애까지 더해지면 더 힘들어질 수밖에 없다. 8장에서도 언급했듯이 정신적 장애는 기본적으로 쿤달리니적 '역동적' 깨어남에서 가장 흔하지만, 에고 소멸을 통해 깨어날 때도 충분히 일어날 수 있는 일이다. 깨어난 사람은 새로운 느낌들, 생각들, 비전들, 혹은 이전에는 억압되어 있던 무의식적 요소들에 압도되기 때문에 어떤 생각에 집중하고 판단하는 데 곤란함을 느낄 수 있다. 기억력에 문제가 생길 수도 있고, 일상생활에서 계획하고 결정을 내리는 데 어려움을 겪기도 한다. 인간관계도 힘들어진다. 극단적인 경우 말도 하지 못하게 될 수도 있다. 오랫동안 일을 쉬거나 직업을 아예 포기하는 경우도 그리 드물지 않다. 덧붙여 주변 사람들이 자신을 정신병자 취급하는 것 같으면 더욱 의기소침해진다.

이런 문제들은 이전의 자아 체계가 갑자기 소멸한 덕분에 감각들이 깨어나게 되고, 그때 새로운 인상과 느낌들이 우리를 압도하기 때문에 생겨난다. 기억, 집중, 인식 같은 정신적 기능들은 자아 체계의 소속이다. 그러므로 자아 체계가 소멸되면 이 기능들도 영향을 받게 된다. 프로그램이 파괴되면 컴퓨터가 작동을 못 하는 것과 마찬가지다. 새 자아 체계가 보통은 그런 기능들을 상당히 빨리 물려받지만, 그 전환의 과정이 늘 매끄러울 수만은 없다. 선거에 이긴 새 정당이 정부를 물려받는 것과 비슷하다. 새 정치인들이 인수인계를 받고 자리를 잡을 때까지 불확실한 기간이 이어지기 마련이다.

시프터들은 개념적으로 생각하는 방법과 기본적인 정신적 기능들을 다시 배우는 훈련이 필요하다고 느낀다. 이것은 심장마비 환자가 기본 기능들을 수행하기 위해 재활 훈련을 받는 것과 비슷하다. 하지만 심장마비 환자들은 주로 뇌를 재활하는 반면(뇌의 손상된 부분들이 제 기능을 할 수 있게 훈련을 통해 뇌의 신경 회로들을 다시 연결하는 것) 시프터들은 옛 자아 체계가 수행하던 정신적 기능들을 새 자아 체계가 이어받게 하는 훈련을 한다.

　7장에서 소개한 JC 맥도 극단적인 정신적 장애를 겪었다. 맥은 기본적인 정신적 기능조차 상당히 무너진 상태라 일을 그만둬야 했다. 사람들과의 대화도 불가능했고 종종 먹는 일조차 잊어버렸다. 급작스러운 전환이 일어난 지 몇 년이 지났을 때에도 머리를 쓰고 계획해야 하는 일에는 종종 곤란을 느꼈다. 킴벌리는 "30초 정도만 기억할 수 있었고 모든 것이 내 머리를 그냥 통과해 버렸다."고 했다. 마찬가지로 고등학교 절친의 죽음으로 급작스럽게 깨어난 피비 또한 "장단기 기억, 일, 간단한 일상, 소통에 대단한 문제를 겪었다."고 했다. 피비는 자신의 21세 생일날 그날이 자신의 생일이라는 걸 계속 잊어버렸다고 한다. 사람들이 생일 축하한다고 할 때만 그날이 자신의 생일임을 기억했다. 앞의 8장에서 정신적 장애가 너무 커서 정신병 진단을 받은 사이먼과 에릭의 경우도 살펴본 바 있다.

　심리적 혼란과 마찬가지로 이런 정신적 장애도 보통은 일시적이다. 극단적인 경우 JC 맥처럼 예전의 기능을 되찾는 데 몇 년

10장　깨어난 후 찾아오는

이 걸릴 수도 있지만, 대부분은 새로운 정신 상태에 재빨리 적응하고 일상적 기능들을 회복한다. 개념적·정신적 능력들을 다시 학습하며 급작스러운 깨어남 그 지진의 여파가 잦아들기를 기다리면 된다. 집중하는 법을 다시 배울 때 시프터들은 필요할 때마다 자각 범위를 좁히는 법을 배운다. 깨어난 감각과 고양된 지각 능력을 다루는 법을 배우는 것이다. 그러면 일상의 특정 문제에 집중해야 할 때 고양된 세상을 시야 밖으로 밀어내는 방식으로 의식을 통제할 수 있다. 킴벌리는 "다시 안정을 되찾고 마침내 자신에게 일어난 일을 이해하게 되기까지 2~3년이 걸렸다."고 했다. 앞 장에서 살펴보았던 급작스럽게 깨어난 헬렌도 이렇게 말했다. "처음에는 제가 미쳐 가는 줄 알았지만 한편으로 그렇지 않다는 것도 잘 알고 있었죠. 그 시기만 잘 견디면 저절로 해결될 거라는 생각이 들었던 거예요. 2년 정도 걸렸지만 결국 안정되기 시작했죠."

육체적 문제

급작스러운 깨어남 후 일어나는 세 번째 문제이자, 가장 드물지만 가장 심각한 문제가 바로 육체적 문제다. 육체적 문제는 정신적 장애보다 더 쿤달리니적/역동적 깨어남과 관계한다. 에너지의 강력한 폭발이 육체적인 곤란을 야기하기 때문이다. 그리고 정신적인 장애처럼 육체적인 문제들도 급작스러운 깨어남 후 찾아오는 혼란을 더욱 가중시킬 수 있다. 그리고 정신병 진단을 받을 가능성도 한껏 높여 준다.

내가 보고 받은 가장 흔한 육체적 문제는 불면증, 피로, 원인을 알 수 없는 통증 등이다.(우연찮게도 쿤달리니적 깨어남을 연구하는 초개인 심리학자들도 유사한 문제점들을 확인해 주었다.) 예를 들어 킴벌리는 다음과 같은 문제를 겪었다. "육체적으로 이런저런 증상들이 나타났고 나는 그 자리에서 멈추고 나 자신을 돌아볼 수밖에 없었죠. 몸이 여기저기 쑤셨고 피곤했지만 통 잠을 잘 수가 없었어요. 약 8개월을 거의 자지 못했어요." 킴벌리는 섬유근육통 진단을 받았지만 레이키 같은 대체 의학 치료로 회복되기 시작했다. 마찬가지로 헬렌도 이유 없는 통증과 심한 피곤함에 힘들었고 결국 만성피로증후군 진단을 받았다. "당시 서점에서 일했는데 그만둬야 했어요. 너무 아파서 집 밖에 나갈 수가 없었어요." 또 어떤 시프터는 식욕이 완전히 사라지고 불면증이 함께 왔으며 열기나 추위를 전혀 느낄 수 없었다고 했다.

역동적 깨어남은 대변동을 야기하고 이때 우리 몸의 유기적 조직체 전체의 균형이 깨지기도 한다. 우리 몸의 항상성과 건강을 유지하던 복잡한 메커니즘이 깨지는 것이다. 동시에 갑자기 터져 나오는 폭발적인 에너지 때문에 긴장을 풀 수도, 잠을 잘 수도 없다. 마치 강력한 각성제를 복용한 것 같다. 『잠에서 깨어나기』에서

10장 깨어난 후 찾아오는

나는 (단식이나 의도적인 수면 박탈을 통해) 우리 몸의 항상성이 깨질 때 깨어남 경험을 할 수 있다고 했는데, 그 순서가 바뀔 수도 있다. 즉 강렬한 에너지적 깨어남도 항상성의 대대적인 균열을 야기한다.

이해와 지지의 중요성

이런 사례들은 급작스러운 깨어남을 경험한 사람들이 그 심리적 혼란을 줄이고 정신적 장애와 육체적 문제에 대처하는 데에 다른 사람들의 이해와 지지가 얼마나 중요한지 잘 보여 준다. 깨어난 사람이 자신이 한층 높은 상태로 나아가고 있음을 깨닫지 못한다면 그 상승을 하강으로 받아들이기는 너무도 쉽다. 영적 깨어남에 대한 사전 인식이 부족할 경우 그 징후를 오인할 가능성이 매우 높아진다. 그리고 정신 이상을 의심하는 친지의 의견에 쉽게 동의해 버린다. 깨어나는 과정에 저항하거나 그 과정을 억압하게 되고, 그 과정에서 깨어남에 대한 인식이 부족한 정신과 의사들의 손에 맡겨지게 된다.

나는 영국 기반의 '영적 위기 네트워크(Spiritual Crisis Network)' 나 미국의 '영적 재난 네트워크(Spiritual Emergence Network)' 같은 기구들이 하는 일을 높이 평가하고 있다. 이들이 제공하는 깨어난 사람들을 위한 지지프로그램들이 매우 좋기 때문이다. 이 기관들은

'영적 위기 네트워크' 웹사이트가 표명하는 대로 "심오한 개인적 변형을 겪고 있는 사람들에 대한 이해와 지지를 증진하는"[7] 특수한 목적을 위해 운영되고 있다.

*영적 위기*란 기본적으로 깨어남이 급작스러울 때 찾아오는 위기를 말한다. 영적 위기 네트워크가 규정한 그 증상들은 "에너지 넘침, 과민증, 불면증, 소외감, 혼란 등"[8] 이 장에서 내가 설명한 문제들과 별반 다르지 않다. 하지만 이 기관들이 그런 불편한 측면들을 최소화하여 깨어남을 안정화하고, 그 과정에 잘 적응할 수 있는 조언들을 해 준다는 점이 중요하다. 예를 들어 '영적 위기 네트워크'는 깨어난 사람들에게 의무와 활동을 줄이고 스스로에게 시공간을 허락하며 천천히 전환에 대처해 나갈 것을 조언한다. 그리고 무턱대고 의사나 테라피스트에게 달려가지는 말라고 한다.(이 시점에서는 자신을 열어 보이면서까지 알아 갈 필요는 없다는 것이 그 한 이유다.) 그보다는 이해심 많고 호의적인 사람에게 도움을 받는 것이 더 중요함을 강조한다.

최대한 현실에 두 발을 굳건히 딛고 서 있는 것도 중요하다. 변형의 시기에 길을 잃지 않고 일상 세계와의 연결고리를 이어 두기 위해서다. 현실에 두 발을 굳건히 딛고 서는 데 '영적 위기 네트워크'는 통곡물, 뿌리채소, 콩류, 유제품, 육류 같은 '무거운' 음식이 도움 된다고 말한다. 영적 위기 기간에는 수면 장애도 생기므로 진정 작용이 있는 약초나 어쩔 수 없을 경우에는 간간이 수면제를 복

10장 깨어난 후 찾아오는

용하는 것도 정상적인 수면 패턴을 되살리는 데 도움이 된다. 운동과 청소, 요리, 정원일, 개와 함께 산책하기 같은 일상에 집중하는 것도 좋다. 그리고 고양된 감각과 통찰력과 욕구들을 창조 활동으로 분출시키는 것도 중요하다.

현실에 발을 굳건히 딛은 채 주변 사람들에게 지지와 이해를 받고, 여기에 덧붙여 그런 상태를 이해할 개념적 틀도 구축할 수 있다면, 대개 '영적 위기 네트워크'가 재진입 혹은 재적응이라고 부르는 단계에 도달할 수 있다. 이 시점이면 물론 조정과 적응이 좀 더 필요하긴 하겠지만, 일상적으로 생활하는 데는 큰 문제가 없다.

지금까지 깨달은 사람들이 필요로 하는 여러 도움들을 살펴보았지만, 그중에 가장 중요한 한 가지를 꼽으라면 바로 *이해*다. 다른 사람의 이해를 통해 자신이 긍정적인 변형을 겪고 있음을 알게 되는 이 간단한 깨달음이 말할 수 없이 큰 위안이 된다. 이때에는 그 즉시 혼란이 사라지고 의기소침했던 마음이 확신으로 가득 찬다. 내 책이나 글들을 읽고 그런 위안과 확신을 얻었다는 글을 나는 정기적으로 받는다. 이들은 내 글을 읽고 나서 왜 자신들이 그런 경험을 하게 되었는지 이해하게 되었고, 자신이 미치거나 망가진 게 아님을 깨달았다며 고맙다고 했다. 예를 들어 최근에 나는 내가 올린 영적 깨어남에 대한 글들을 읽고 도움을 많이 받았다는 한 여자분의 이메일을 받았다. 펜실베이니아의 어느 소도시에서 사는 이분은 "이제 자신이 영적으로 깨어나는 경험을 했음을 알게 되었다."고 했다.

"너무 이상한 경험이었어요. 그래서 아주 소수의 사람에게만 말했죠. 그들 중 셋은 가족이고 그동안 내가 영적이라고 생각했던 사람들이었어요. (……) 남편한테조차 아직 말하지 못했답니다. 나는 선생님이 웹사이트에 쓰신 것과 거의 같은 경험을 했어요. 다른 사람들도 그런 일을 경험한다는 사실을 알게 되니 기분이 한결 낫더군요. 나의 경우 교회에서 그 일이 시작됐고, 교회에서 집으로 차를 몰고 오는 동안 지속됐어요.(그러는 내내 나는 혼자였어요.) 가장 강렬했던 순간은 약 30분 정도였지만 그 느낌이 그후 며칠 더 지속됐죠.

그때부터 나는 기본적으로 다른 사람이 되었어요. 마치 신이 내속을 레이저로 이리저리 치료한 것 같아요. 과거에 느꼈던 감정적인 고통들이 사라졌어요. 감정 디톡스라도 받은 것처럼요. 그러는 동안 우주와 하나라고 느꼈어요. 그 어떤 두려움도 없었고 죽음조차 두렵지 않았어요. 전에는 늘 좋은 집이나 차를 꿈꾸곤 했죠. 그 경험 후 그런 것들에 대한 관심이 완전히 사라졌어요. (……) 타인에게 좋은 인상을 줄 필요가 없으니까요.

선생님 웹사이트 글을 읽기 전에는 사람들이 나를 미쳤다고 생각할까 봐 조금 두려웠어요. (……) 제 경험을 여기저기 방송할 생각은 지금도 없지만, 누군가에게 말하고 싶다면 이제 선생님 글을 보여 주면 될 것 같아요."

점점 더 많은 사람이 일시적 깨어남 경험을 하거나 깨어나고 싶다는 충동을 느끼거나 급작스러운 깨어남 경험을 하고 있으므로 그런 상태를 받아들이고 이해하는 것이 시급한 문제가 되었다. 우리는 깨어남 상태를 건강하고 자연적인 상태로 받아들이는 문화를 만들어 나가야 한다. 깨어남 상태는 사실 일반적인 상태보다 훨씬 더 건강하고 더 높게 기능하는 상태이므로, 우리가 모두 나아가고 싶어 하는 상태다.

깨어남에 대한 인식이 퍼져 나가고 있음은 분명하다. 마음챙김 명상과 에크하르트 톨레나 달라이 라마 같은 인물들이 인기를 얻게 되는 것만 봐도 그렇다. 영적 관념들이 조금씩 우리 문화의 주류 속으로 들어오고 있다. 정신과 의사들 사이에서도 영적 경험의 중요성을 인지하고 정신 질환으로 보는 대신 바람직한 정신 발전 과정으로 보려는 시도들이 생겨났다.(예를 들어 '영국 왕립 정신과 의사 협회Royal College of Psychiatry' 내에 '영성과 정신의학 압력 단체Spirituality and Psychiatry Special Interest Group'라는 것도 생겼다.) 그러므로 이 장에서 살펴보았던 깨어난 사람에 대한 오해가(나아가 새롭게 깨어난 사람이 겪는 혼란이) 곧 사라지기 바란다.

급작스러운 깨어남과 정신 질환

이쯤에서 영성과 정신 질환 사이의 관계에 대해 좀 더 깊이 들어가 보는 게 좋을 듯하다. 8장에서 우리는 에너지의 급작스러운 깨어남 후 정신과 의사를 찾아가 약을 처방받거나 정신 병원에 들어가게 된 사례들을 여럿 보았다.

깨어남을 정신 질환으로 오해하는 것은 두 가지 이유에서 매우 유감천만한 일이다. 첫째, 그런 오해 때문에 깨어나는 과정이 병으로 치부된다. 깨어난 사람은 이 경우 '미쳐 가고 있다'는, 즉 뭔가 잘못되어 가고 있음을 공식적으로 확인받는다. 친지로부터 받은 의심과 몰이해가 맞았음을 의학 전문가로부터 확인받게 되는 것이다. 그 결과 깨어난 사람은 지지나 이해를 받기는커녕 그런 상태를 부인하거나 억압하게 된다. 둘째, 약물을 투여받게 되어 깨어남 후 따르게 되는 자연적인 안정화/통합 과정이 방해를 받는다. 때로는 돌연한 깨어남 후 발생할 수도 있는 정신적 장애들을 없애는 데 약물이 도움이 되기도 한다. 하지만 길게 봤을 때 정신적 장애들이 자연스럽게 사라지는 걸 방해해 오히려 영속시키는 경우가 더 많다.

깨어남을 정신 질환으로 오해하는 것은 불행한 일이지만 적어도 놀라운 일은 아니다. 에너지의 급작스러운 깨어남이 확실히 정신병과 유사한 증상을 보이기 때문이다. 정신과 의사가 영적 깨어남에 대해 잘 모를 경우(대부분 잘 모른다.) 그 증상을 오인하기란 매우 쉽다.

깨어남과 정신 질환 구분하기

깨어남과 정신 질환이 기본적으로 같은 것이라고 믿는 전문가들도 있다. 이들은 일반적인 자아의 경계선 그 너머로 나아가는, 깨어남 경험의 기본적인 측면에만 중점을 두고 이 경험이 다른 요인들에 의해 정신 질환이 될 수도 있고, 영적 깨어남이 될 수도 있다고 본다. 영적 위기에 대한 영국의 선도적인 연구자 중 한 명인 이사벨 클라크(Isabel Clarke)는 변형적 경험이 "삶을 강화하는 영적 사건"인지 아니면 "파괴적이고 불행한 심리적 무너짐"인지 결정하는 것은 당사자의 자아 감각이 얼마나 강하고 안정적이냐에 달려 있다고 했다. 그녀의 말을 그대로 빌리자면 당사자의 자아 감각의 "근거가 얼마나 타당하냐" 혹은 "자아력이 얼마나 강하냐"에 달려 있다는 것이다.[9] 다시 말해 자아를 강하게 감지하지 못할 경우 그 사람은 정신 질환을 겪을 가능성이 크다. 클라크는 영성과 정신 질환을 구분하기보다 "의식의 과민 상태" 전체 스펙트럼을 놓고 생각해야 한다고 말한다. 영적 깨어남과 정신 질환 사이 구분이 무의미하다고 말하는 또 다른 전문가들도 있는데, 이들은 전후 맥락에 따라 사람들이 그 경험을 어떻게 이름 짓느냐에 따라 구분될 뿐이라고 말한다. 즉 당사자의 주변 사람이나 그가 속한 문화가 그 경험을 지지하느냐 병으로 취급하느냐에 따라 달라진다는 뜻이다.

그러나 나를 포함한 일부 다른 전문가들은 깨어남과 정신 질환 사이에는 근본적인 차이가 있다고 본다. 우리는 깨어남과 정신 질환이 같은 경험이 다르게 발현된 것이라기보다는, 유사점을 갖고 있을 뿐 근본적으로 서로 다른 경험이라고 본다. 예를 들어 초개인심리학자 스타니슬라프 그로프는 그가 영적 비상(emergency)이라고 부르는 것이 정신 질환과 유사할 수 있음을 인정했다. 영적 에너지와 그 잠재성이 갑자기 분출하면 위협으로 느껴질 수도 있고, 심지어 압도당할 수도 있다. 그리고 이어서 정상적인 정신적 기능들이 손상될 수도 있다. 하지만 그로프는 영적 '비상'의 경우 보통 정신적 문제를 한 걸음 떨어져서 '관찰하는 자아'가 있다는 특징을 보인다는 점에서 정신 질환과 근본적으로 다르다고 믿는다. 이 관찰하는 자아 덕분에 당사자는 자신의 경험을 어느 정도 이해하고 합리화할 수 있다. 반면 정신 질환의 경우 그런 관찰자가 없다. 그 경험 속에 자아가 완전히 함몰되기 때문에 그 경험을 통제하거나 그 경험 속으로 적응해 나갈 주체가 없다. 영적 비상을 경험 중인 사람은 초연한 감정을 강하게 느끼는데, 이는 정신 발작에서는 볼 수 없는 특징이다.[10]

그 외의 다른 연구들을 보면 영적 경험과 정신 질환 사이 또 다른 몇 가지 근본적인 차이점도 발견된다. 예지력을 동반하는 영적 경험을 하는 사람들은 단지 정신 질환에 의한 문제를 보이는 사람들과 달리 그 이전에 잘 살아가던 사람들이었다. 정신적 문제 없이 여러 모로 적응력이 좋고 정서적·심리적으로 안정된 사람들이었다. 그리고 깨어남으로 인한 증세들은 보통 정신 질환에 의한 증세들보다 빨리 일어난다.(늦어도 보통 석 달 안에는 일어난다.) 마지막으로, 깨어난 사람들은 보통 그런 경험에 호기심을 갖고 긍정적으로 반응한다. 덧붙여 정신 질환을 앓는 사람들과 달리 엑스터시나 통찰을 경험하며 자살 충동도 덜 느낀다.[11]

이 모든 특징은 8장에서 살펴보았던 킴벌리, 사이먼, 에릭의 경우에도 그대로 보여진다. 주변 사람들 모두 정신 이상을 의심할 때 이들은 모두 자신이 영적 변형 중임을 확신했다. 킴벌리와 사이먼은 영적 관념이나 수행법에 대해 사전 지식이 거의 없었지만, 자신이 뭔가 중요하고 긍정적인 과정을 통과하고 있음을 본능적으로 알았다. 그러므로 정신적 문제들에 완전히 함몰되지는 않았다. 그리고 자신에게 벌어지고 있는 일을 어느 정도 객관적으로 지켜볼 수 있었다. 킴벌리와 사이먼 둘 다 가족의 사망(킴벌리), 극심한 스트레스(사이먼)가 있기 전까지 정서적·심리적으로 잘 살아가던 사람들이었다. 에릭도 과거에 정신적 문제를 앓은 적은 있지만, 인도로 가서 요가를 배우기 전 10년 동안에는 건강한 상태였다.

그런데 정신 질환과 영적 깨어남 사이의 차이점은 이런 연구들이 제시하는 것보다 훨씬 더 간단하고 근본적인 것인지도 모르겠다. 둘 사이의 유사점은 둘 다 일반적인 자아 체계가 무너지고 정상적인 기능을 할 수 없다는 사실에 있다. 영적 깨어남에 의해 일반적인 자아 체계가 무너지면 그 기능도 무너진다. 마치 지진으로 도시의 기간산업과 편의 시설이 무너지는 것과 같다. 그러나 쉽지는 않겠지만 새 자아 체계가 나타나 옛 자아 체계 자리를 차지한다면 그것을 무너짐이라고 보기는 어렵다. 이 경우 새 자아 체계가 곧(물론 힘든 기간을 거칠 수도 있지만) 전면에 나서게 될 테니, 정신적 불기능은 보통 일시적인 현상일 뿐 깨어난 사람은 곧 생각, 집중, 소통하는 법을 다시 배우게 된다. 이쯤 되면 완전히 무너진 것처럼 보였던 것이 실은 잠자던 고기능의 자아 체계, 즉 깨어난 자아 체계의 탄생 혹은 상승이었음이 드러난다.

정신 질환의 경우 잠자고 있던 자아 체계가 깨어나는 일은 없다. 무너짐만이 있을 뿐 상승은 없다. 일반적인 자아 체계가 진공 속으로 흩어져 버릴 뿐 새 자아 체계가 생겨 정신적 구조와 기능을 재건하지는 못한다. 이 장 초반에 언급했던 정치에 대한 비유로 돌아가 보면 대체할 기구도 마련해 놓지 않고 정부가 해산하는 격이다. 그 결과 국가는 혼란에 빠진다. 기간산업이 무너지고 기본 체계와 편의 시설들이 더 이상 제대로 기능하지 못한다. 깨어남의 경우에는 물론 새 정부가 출현한다.

그렇다고 해서 급작스러운 깨어남이 부르는 초기의 정신적 문

10장 깨어난 후 찾아오는

제 외에 정신 질환과 영적 깨어남 사이의 유사점이 전혀 없다는 것은 아니다. 두 경우 모두 갑자기 일반적인 자아 체계를 벗어나게 되므로 그 둘 사이 공통점이 생기는 것은 당연한 일이다. 인식 능력과 감각 능력이 좋아지고 강해지는 것이 그 가장 큰 공통점이다. 하지만 정신 분열증의 경우 고양된 인식 능력이 늘 긍정적인 것만은 아니므로 여기서조차 차이점이 드러난다. 정신 분열을 보이는 사람의 경우 강화된 인식 능력을 통제할 능력이 없으므로 그것에 끊임없이 주의를 뺏기고 만다. 그리고 정신 분열 증세를 보이는 사람들은 일반적으로 불안증이 강하기 때문에 그런 고양된 현실이 위협적이라고 해석할 가능성도 크다. 정신 질환과 깨어남 상태 모두 에너지와 창조성이 높아지는 경향이 있지만, 여기서도 정신 분열 당사자는 그런 에너지를 감당하지 못하고 그것에 제압당해 버린다.

깨어남 상태와 정신 분열 상태 둘 다 시간 감각의 변화를 동반한다. 깨어남 상태일 때 이것은 과거와 미래에서 벗어나 현재에 살게 됨을 의미한다. 아니면 시간이 한없이 늘어나 시간이 천천히 간다고 느낄 수도 있고, 시간이 아예 존재하지 않는 것처럼 느낄 수도 있다. 하지만 정신 분열 상태에 있는 사람은 시간을 평가하거나 통제할 수 없는 상태에 빠지기 때문에 시간 안에서 길을 잃었다고 하는 쪽이 더 적합하다.

그러므로 일부 기본적으로는 같은 특징들이 깨어남과 정신 질환 상태에서 전자는 긍정적인 외관으로 후자는 부정적인 외관으로, 서로 다른 외피를 덮고 나타난다고 말할 수 있을 듯하다.(유사점에 대해서는 이쯤에서 더 깊이 들어가지 않기로 한다. 다만 높아진 행복감, 연민, 고요함, 집단 정체성의 불필요성 같은 깨어난 상태의 큰 특징들이 정신 분열 상태에서는 보이지 않는다는 점만 추가로 짚고 넘어가겠다.)

정신 질환과 영적 깨어남은 서로 교차하기도 하고 같이 가기도 한다. 이 둘의 관계는 상황에 따라 여기서 제시된 것보다 더 복잡해질 수도 있다. 예를 들어 정신 분열 기간이 선행한 다음 새 자아 체계가 나타나 안정화될 수도 있다. 아니면 새 자아 체계가 만들어지다가 정신 분열 증세에 의해 제압당하기도 한다. 이 경우 새 자아 체계가 일시적으로 해체되다가 나중에 다시 수립되기도 한다.

폭풍 뒤에도 남아 있는 특성과

문제적 습성

앞 장에서 우리는 깨어남의 과정이 특히 급작스러울 경우에 결코 쉽지 않다는 것을 분명히 보았다. 그런데 최초의 깨어남 과정이 그 우여곡절을 다 겪은 후에도(즉 그런 상태를 이해하기 위한 관념적 틀을 구축하여 깨어난 자아 체계가 안정되고 현실에 잘 통합된 후에도) 문제가 완전히 사라지는 것은 아니다. 깨닫고 나면 완벽한 축복과 평안의 상태에 들어간다고 말하고 싶지만, 사실 그런 일은 극히 드물다. 깨닫고 나면 삶이 분명 더 편해지고 행복해지는 건 맞으나 이런저런 불화와 문제는 여전히 생겨난다.

일단, 깨어났다고 해도 이전에 구축된 행동 양식들이 새 존재 상태로까지 넘어오고 사라지기까지 오랜 시간이 걸리거나 끝내 사라지지 않을 수도 있다. 깨어남이 이전의 습관과 특징들에서 벗

11장 폭풍 뒤에도 남아 있는 특성과

어난, 완전히 새로운 시작이 되는 경우도 있다. 하지만 옛 자아 체계 속 행동 양식들이 새 자아 체계에 달라붙어 오는 경우도 있다. 그 결과 깨어났음에도 불구하고, 편안하고 고요한 느낌을 기본적으로 깔고 있기는 하지만 여전히 두려움과 불안을 비롯한 여러 심리적 불협화음을 겪는 자신을 보고 놀라게 될 수도 있다. 예를 들어 특정 상황에 처하면 여전히 자신감이 부족해질 수 있다. 또 비행이나 공공 연설 앞에서 두려움을 느낄 수도 있고, 야망을 갖거나 과신하는 자신을 보거나 과거의 사건들에 대한 죄책감을 느낄 수도 있다.(이런 불건전한 정신 상태를 불교에서는 '번뇌kleshas'라고 한다.)

깨어나기 전만큼은 아니겠지만 번뇌를 동반하는 감정들이 깨어났다고 해서 모두 자동적으로 사라지는 것은 아니다. 보통은 그 느낌이 예전에 비해서는 덜 강렬해지고, 그 감정들을 우리 자신과 동일시하는 일도 줄어든다. 그리고 그런 감정들이 단지 습관적이며 우리의 진짜 정체성이 아닌 하나의 정신적 현상임을 잘 인지한다. 머릿속에 들어왔다가 나가는 생각이 우리의 진정한 자아가 아닌 것처럼 그런 감정들도 우리의 진정한 자아는 아니다. 예전에 비해 두려움이나 죄책감, 야망 같은 감정들에 덜 집착하므로 이것들이 여간해서 커지지도 않는다. 그러다 보면 카르마의 찌꺼기들이 시간이 흐름에 따라 사라지게 된다.

미국의 철학자 로버트 포먼(Robert Forman)은 25세에 깨어났다. 포먼은 (최소 11세 때부터) 자신이 기억하는 한 늘 심한 불안증을 달고 살았으며, 결국 대학생 때 정신적으로 무너졌다. 자살을 심각하게 고려하며, 뛰어내릴 작정으로 시카고 강 다리 난간에서 몇 시간 서성이기도 했다. 그런 격변의 시기 한 중간에서 포먼은 처음 깨어남을 일견했는데, 그 일은 경주차를 몰던 중 일어났다. 당시 상황을 그는 이렇게 묘사했다. "사악한 속도로 질주하고 있었는데 갑자기 내 인생의 사람들이 모두 미끄러져 나가는 것 같았어요. 내 모든 생각, 감정, 심지어 외로움까지 그냥 사라졌죠."[1]

포먼은 대학 공부를 중단하고 초월 명상을 시작했다. 그리고 2년 후 스페인에서 초월 명상 지도자 훈련 코스를 밟던 중 다시 깨어났다.(포먼의 이야기는 수년간의 정신적 혼란 후 장기 집중 정신 수행을 거쳐 깨어난 러셀 윌리엄스의 경우와 흡사하다.) 포먼은 자신의 책『깨달음을 깨라(*Enlightenment Ain't What It's Cracked Up to Be*)』에서 자신의 급작스러운 전환을 다음과 같이 묘사했다.

"그날부터 나는 완전히 다른 경험을 하며 완전히 다른 삶을 살게 되었다. 모든 것 뒤에 내가 있고, 이제 나는 고요, 바닥 모를 텅 빔(emptiness), 끝없이 열려 있는 곳에 닿는다. 이 고요에는 광활하고 방대한 느낌이 숨어 있다. 공간이 모든 방향으로 확장된다. (……) 일상도 살아야 하므로 매일 감탄하며 엑스터시를 느낄 수는 없지만 상당히 평화롭고 즐겁다. 그날부터 바로 지금의 내가 되었다. (……) 광활한 침묵이 내가 되었다. 그러한 내가 그

11장 폭풍 뒤에도 남아 있는 특성과

모든 것을 보고 잡고 살아간다. 이상하게 들리겠지만 내가 무한이다."[2]

포먼은 머릿속 수다 없는 마음의 고요를 유지할 수 있다. 이전의 그가 "국소적인" 자아를 감지했다면 지금은 주변과 강하게 연결된 채 "기묘하게도 비개인적이고 끝없이 열려 있는" 정체성을 갖게 되었다.[3] 다시 말해, 더 이상 자신을 자신만의 정신적 공간을 가진 따로 분리된 자아로 경험하지 않게 되었다. 동시에 자신의 경험을 자신과 동일시하기를 중단하여, 경험에 휩쓸리지 않고 바라보게 되었다.

하지만 포먼 또한 스물다섯 살에 겪은 그런 변형이 모든 부정적인 감정을 없애 주지도, 그 이후 삶이 완벽해지거나 간단해지지도 않았음을 인정했다. 포먼은 여전히 불안증에 시달리며 인간관계가 원만치 않고 직업적으로도 자괴감을 느낄 때가 많다. 그리고 지금도 몰래 외도를 꿈꾸고, 심지어 가끔씩 가게 물건들을 훔치기까지 한다고 했다. 『깨달음을 깨라』라는 그의 책 제목이 시사하듯이 포먼은 깨달음에 대한 기대치가 너무 높은 게 문제며, 영적으로 깨어나면 도덕적으로 완벽한 삶은 물론이고 영원한 축복 상태로 들어간다는 생각이 잘못된 거라는 결론에 이르렀다. 그리고 포먼은 세월이 흐름에 따라 깨어남에 뒤따른 부정적인 증세들이 조금씩 사라졌으며, 지금은 거의 문제없이 깨어난 상태를 지속하고 있다고도 했다.

자연적으로 깨어난 사람이라도 똑같이 이런저런 문제들을 겪을 수 있다. 누구에게나 전생에 기인한 카르마의 찌꺼기(우리 정신에 내재하는 부정적인 경향과 특성들)가 남아 있을 수 있다.(인도 철학에서는 이것을 '행온行蘊, samskara'이라고 한다.) 사실 자연스럽게 깨어난 사람이라도 모든 부정적인 특성으로부터 완전히 벗어나기는 어렵다. 예를 들어 D. H. 로렌스도 분명 완벽한 사람은 아니었다. 로렌스는 격정이 강했고, 때로 친구의 신뢰를 배반하기도 했으며(자신의 소설에 친구를 악당으로 등장시키기도 했다.) 비평가들에게는 혹독하고 독단적인 면모를 보이기도 했다. 월트 휘트먼도 자신의 작품에 대한 관심을 불러일으키기 위해 익명으로 자신의 시를 칭송하는 글을 쓴다든지 에머슨이 자신의 시를 칭찬한 것을 허락도 받지 않고 공표한다든지 하는 비도덕적인 방식을 활용하곤 했다. 휘트먼은 허영심이 많고 자기 탐닉적이라는 평도 받았다. 동시대를 살았던 소로우도 한번은 휘트먼이 세 시간 동안이나 끊임없이 자기 자신과 자기 작품 얘기만 했다고 불평하기도 했다.

깨어난 사람의 삶이 평생 무조건 편안하고 행복할 거라는 믿음도 몽상에 가깝다. 깨어난 사람도 때로 슬프고 비통해하고 화도 낸다. 그리고 스트레스가 많거나 무언가를 거부당하거나 인간관계에서 문제가 생기거나 일에서 실패하는 것 같은 힘든 상황에서는 부정적으로 반응하며 힘들어할 수도 있다. 그리고 관계가 깨지거나 일에서 실패를 맛볼 때 상처도 받는다. 물론 비행기가 취소되거나 지인에게 이용당했다 싶을 때 짜증이 날 수도 있다.

하지만 이런 부정적인 반응에서 완전히 자유롭지는 못하더라도 확실히 일반 사람들보다는 좀 더 자유롭다. 깨어난 사람은 부정적인 상황을 좀 더 수용하는 자세를 보인다. 그 어떤 실패, 격변, 사별 등으로 감정적 고통을 느낄 때도 그런 감정이 육체적으로 아플 때와 마찬가지로 불가피하며 자연스러운 것임을 받아들이고 감정을 있는 그대로 표출한다. 성격적으로 좋지 않은 특성도 마찬가지다. 이들은 그런 부정적인 특성들과 자신이 기본적으로 별개라고 본다. 그런 특성들에 함몰되지 않고 그저 바라보는 능력을 갖고 있다. 거부하지도 동일시하지도 않은 채 그런 특성들이 자연스럽게 그리고 가뿐히 그들 자신을 통과하게 둔다. 그러므로 정신적 상처도 그다지 받지 않는다.

당연히 얼마나 많이 깨어났느냐에 따라 상황은 많이 달라진다. 깨어남의 정도를 나타내는 스펙트럼에서 앞에 위치할수록 부정적인 감정이나 상황의 영향을 덜 받는다. 깨어남의 정도가 아주 높은 사람이라면, 내 생각에 극도로 드문 경우이긴 하지만, 부정적인 반응에서 완전히 자유로울 수도 있다. 하지만 내가 감히 높은 수준에서 깨어났음에 틀림없다고 말하고 싶은 에크하르트 톨레조차도 아주 가끔이긴 하지만 화가 난다는 것을 인정했다. 톨레는 어느 인터뷰에서 "당신도 화가 나나요?"라는 질문에 마지막으로 화를 낸 게 몇 달 전이었다고 회상한 바 있다.

"산책 중에 큰 개가 한 마리 나타났어요. 그런데 그 개가 다른 작은 개를 괴롭히는데도 개 주인이 전혀 통제를 안 하더군요. 화가 치밀어 올랐습니다. 하지만 화가 계속 이어지지는 않습니다. 생각으로 영속시키지를 않으니까요. 단지 몇 분 화가 나다 맙니다."[4]

이것은 우리 자신과 동일시만 하지 않으면 화도 재빨리 사라짐을 잘 보여 주는 말이다.

머릿속 수다도 마찬가지다. 크게 깨어난 사람은 (로버트 포먼처럼) 머릿속 수다가 전혀 일어나지 않고 필요할 때만 생각한다. 그보다 덜 깨어난 사람들은 머릿속 수다가 일어날 수도 있지만(깨어나지 않은 사람과 비교하면 상당히 덜함) 그것과 자신을 동일시하지는 않는다. 감정과 관련된 수다라면 단지 하나의 자동적인 과정일 뿐이므로 그것에 주의를 기울일 필요가 없다고 생각한다. 부정적인 생각이 떠오르면 붙잡지 않고 지나가게 하여 부정적인 마음 상태를 만들지 않는다.

영적 지도자가 될 때 따라오는 위험

이전의 자아 체계가 갖고 있던 부정적인 특성이 넘어올 경우 깨어난 후에도 문제가 생길 수 있다. 깨어남 상태가 일상에 적절히 통합되기 전이라면 실제로 그런 특성들이 증폭되어 역설적이게도 깨어나기 전보다 더 큰 문제를 일으키기도 한다. 이 경우 영적 지도자가 된다면 특히 더 위험할 수 있다.

우리는 깨어남 상태를 이상화하듯 영적 지도자도 이상화하는 경향이 있다. 깨어남이 완벽한 축복의 상태라고 생각하듯 깨어난 개인도 나쁜 행동을 절대 할 수 없는 완벽한 사람으로 생각하고 싶어 한다. 깨어난 사람이라면 영적 지도자가 되고 안 되고를 떠나 이기적이지 않고 늘 자애로울 거라고 생각한다. 심지어 학대까지 일삼을 수 있다는 건 정말이지 상상도 할 수 없다.

하지만 이는 근거 없는 가정이다. 물론 깨어난 사람은 윤리적으로 행동하는 경향을 보인다. 공정하고 자비롭다. 이들에게는 타인의 안녕이 자신의 안녕만큼, 혹은 자신의 안녕보다 더 중요하다. 돈, 권력, 성에 대한 자신의 욕망을 만족시키기 위해 타인을 수단으로 이용하지도 않는다.

거기에는 두 가지 이유가 있다. 첫째, 깨어나면 자아의 경계가 유동적이 되므로 감정이입 능력이 좋아지기 때문이다. 모두가 연결되어 있음을 확신하게 되고 타인의 경험을 그대로 감지하는 능력도 높아진다. 그러므로 자연히 타인을 해치거나 고통스럽게 하는 일을 덜 하게 된다. 둘째, 분리의 느낌이 사라져 더 이상 자신이 불완전하거나 무가치하다고 느끼지 않게 되고, 따라서 부나 권력(혹은 명성이나 사회적 지위)을 쌓지 않아도 된다. 자연히 그런 필요의 충족을 위해 타인을 이용할 일도 없다.

2장에서 이미 우리는 세상의 영적 전통들이 대부분 이타주의와 자비심을 깨어난 상태의 주요 특징들로 보고 있음을 살펴보았다. 불교에서는 일단 깨닫고 나면 불순한 행동은 불가능하다고 한다. 깨달은 사람은 저절로 '계율(sila)'을 지키게 된다.

그럼에도 불구하고 그렇지 않은 영적 지도자들이 많다. 많은 영적 지도자들이 신봉자들을 착취하고 학대하며 나르시시즘이나 과대망상에 빠지고 무절제하고 부도덕한 생활로 인생을 망친다. 신봉자들은 그런 구루를 '비범한 지혜(crazy wisdom)'를 선보이는 중이라는 둥, 신봉자들의 충성이나 탄력성을 시험 중이라는 둥, 신만이 알 수 있는 작업 중이라는 둥, 평범한 사람은 이해하기 어려운 밀교적 수행 중이라는 둥 이런저런 말로 보호하려 든다. 하지만 이런 시도들은 모두 망상이자 정당화를 위한 몸부림일 뿐이다. 다음은 스스로 영적 지도자라고 칭하는 앤드류 코헨(Andrew Cohen)의 말이다.

"다 프리 존(Da Free John) 같은 영적 천재이자 크게 깨달은 사람이, 어떻게 그토록 차마 눈뜨고 볼 수 없는 자기 망상적 행태로 자신의 천재성마저 조롱하고 수많은 사람으로 하여금 길을 잃게 하고 혼란에 빠지게 만들었을까? 그의 스승이자 모든 구루의 구루인 스와미 묵타난다는 수많은 사람들을 그렇게 정신이 번

쩍 들게 해 놓고 왜 그런 성취만큼이나 깊은 회의와 의심을 남기
게 되었을까? 왜 이런 일이 일어나는가?" [5]

슬프고 역설적이게도 이렇게 말했던 코헨조차 최근 몇 년 동
안 집단 괴롭힘을 조장하고 금전적 강탈을 비롯한 여러 부적절하
고 부도덕한 행동을 해 왔다며 제자들로부터 많은 고발을 당했다.
그 결과 2013년 코헨은 구루의 직을 내려놓겠다고 했다. "깊이 깨
어났음에도 내 에고가 여전히 건재함"[6]을 깨달았다는 것이 그 이
유였다.

앤드류 코헨의 질문처럼 왜 이런 일이 일어나는가? 그런데 일
부 영적 지도자들이 자기도취에 빠진 관심병 환자인 것이 어쩌면
그리 놀랄 일이 아닐지도 모른다. 추종자를 모아 얌전히 자신의 말
을 듣게 만들고 무슨 말을 하든 복종하게 만드는 데 나르시스트만
큼 적합한 사람이 또 어디 있겠는가?

하지만 눈치 챘겠지만 이것이 그 이유의 전부는 아니다. 영적
스승들이 자멸하는 것은 최소한 어느 정도는 스승으로서의 그 역
할 자체에 책임이 있다. 애초에 진짜로 깨어났던 스승이라도 스승
으로서 갖게 되는 권력과 힘 때문에 쉽게 그 깨어남 상태가 무너지
고 급기야 자기 탐닉과 망상에 빠질 수 있다. 스승이 비윤리적으로
행동할 때조차 완벽한 존재로 받드는 제자들의 망상이 투사되어
스승의 에고는 한껏 부풀어 오른다. 자신이 아무리 잔인한 행위를

하고 착취를 일삼아도 그럴듯한 말로 넘어갈 수 있으니 도덕적 잣대를 잃어버린다. 이쯤 되면 오래 전에 소멸했다는 에고가 실은 기하학적으로 커져서 괴물이 될 수밖에 없다.

앞에서도 언급했듯이 깨어났다고 해서 반드시 과거가 다 사라지고 새 출발이 가능해지는 것은 아니라는 점이 문제다. 그리고 영적 지도자의 역할을 하다 보면 남아 있던 나르시시즘/권위주의 경향이 증폭될 수 있다. 원래 점처럼 작아서 보이지도 않던 부정적인 것들이 지독히 명백한 인격적 결함이 된다. 있는 줄도 몰랐던 약간의 자아도취 경향이 록스타 스케일로 과도해지고 그만큼 타락의 길을 걷게 된다.

깨닫자마자, 이전의 부정적인 특성들이 모두 사라지기도 전에 구루의 길을 걷겠다 결심한 사람이라면 특히 더 위험하다. 그런 일은 동양에서 승가 전통 안에서 살다가 깨달아 서양으로 온 구루라면 또 특히 더 위험하다. 이들은 성적으로 개방된 서구 문화에 익숙하지 않아서 자신의 성적 충동을 통제할 수 없는 경우가 많다. 그리고 부유해 본 적이 없는 사람이라면 제자들로부터 밀려들어오는 돈을 어떻게 도덕적으로 써야 하는지 모를 수도 있다. 서구 문화의 물질주의와 쾌락주의에 휩쓸리기도 쉽다. 그렇다면 오쇼와 쵸감 트룽파 린포체 같은 사람들의 문제 있는 행동들도 이해가 갈 것이다.

하지만 깨어난 사람 중에서 구루가 되는 사람은 극히 소수임을 기억해야 한다. 깨어난 사람들 대부분은 사람들의 주목을 받지 않는 단순하고 고요한 삶을 좋아하고, 그런 삶에 만족한다. 인도 철학자이자 영적 지도자인 비베카난다도, 우리가 알고 있는 라마크리슈나나 라마나 마하리시 같은 깨달은 구루들이 사실 그동안 존재했던 수많은 깨달은 사람들 중 극히 일부에 지나지 않는다고 했다. 대부분의 깨달은 사람들은 시선을 끌며 사람들을 바꾸려 들지 않기 때문에 조용히 살다가 기록되지 않은 채 죽는다. 깨어난 사람 중에는 자신을 구루로 규정하고 사람들을 가르치고 나아가 (현대라면) 소셜 미디어를 통해 스스로를 승격시키고 싶은 사람도 있겠지만, 대부분은 자신이 깨달았다는 사실을 숨긴 채 조용히 살고 싶어 한다. 영적 스승의 자격으로 자신이 깨달은 것을 다른 사람과 공유하며 봉사하고 싶어 하는 사람이 있다면, 창조성이나 이타주의를 통한 방식으로 사람들을 더 잘 도울 수 있다고 느끼기도 한다. 이런 사람들은 카운슬러, 공동체 자원 봉사자, 테라피스트 등으로 일한다. 깨달았다고 해서 모두 다 영적 지도자가 되는 것은 아니다.

영적 지도자의 역할에 규제가 없다는 것도 문제다. 영적 지도자들이 책임감 있게 행동하게 하거나, 이용당하고 상처 입기 쉬운 사람들을 보호하는 규제나 지침이 없다. 진짜 스승과 망상에 빠지거나 사기성이 짙은 스승을 구별하는 믿을 만한 지표도 없다. 사실 내가 깨어남 상태에 대해 연구를 시작한 이유 중 하나가 깨어남 상태의 주요 특징들을 모두 찾아내 진짜 깨어난 사람과 거짓으로 깨어났다고 말하는 사람 혹은 나르시스트를 구별하고 싶었기 때문이기도 했다. 내 동료 학자 캘리 킬레아(Kelly Kilrea) 박사와 함께 이 책에 부록으로 실린 '종교적/일반적 깨어남 특성 항목표'를 만든 것도 바로 그런 이유에서였다.

그리고 그런 깨어난 상태의 특징들이 바로 다음 장의 주제다.

다만 이 장에서 마지막으로 강조하고 싶은 것은 바로 깨어남이 상태가 아니라 *과정*이라는 것이다. 깨어남은 끝이 아니라 다른 여정의 시작이다. 깨어남은 길의 끝에 도달했다는 뜻이 아니라 다른 길로 옮겨 갔다는 뜻이다. 비유를 좀 더 확장하면 그 다른 길은 좀 더 높은 산길이다. 그 길에서는 더 넓은 전망을 볼 수 있고, 풍경이 더 아름답고 더 생생하다. 시공간이 더 넓어지고 여정이 더 고요해지면서 동시에 더 신난다. 하지만 그럼에도 여전히 길은 길이라서 그곳에서도 움직임이 있고 변화가 있다. 진화의 가능성도 여전하고 (일부 구루들의 경우처럼) 퇴화의 가능성도 있다. 문제도 직면해야 한다. 깨어나도 타락할 수 있고, 다시 수면에 빠질 수 있다. 반대로 깨어남 상태가 더 안정되고 정제되고 강렬해질 수도 있다. 이것은 우리가 어느 방향으로 가느냐에 달렸다.

12장

깨어남의 의미

새 세상, 새 자아

깨어남이 일어날 수 있는 여러 길들을 조사하다가 깨어남이 정확하게 무슨 *의미인지*도 살펴봐야겠다는 생각이 들었다. 영적 전통들이 말하는 깨어남 상태의 특징들은 이미 앞에서 살펴보았지만, 여기서는 내가 연구하면서 알게 된 특징들을 요약해 보려 한다. 그다음 그런 특징들이 어디서 나오는지 살펴볼 것이다. 다시 말해 어떻게 깨어난 자아 체계가 그 특징들을 생기게 하는지 알아보려 한다.

이해를 돕기 위해 깨어난 상태의 특징들을 지각(감각)적, 내면(정서)적, 관념(인식)적, 행동적 특징, 이렇게 네 범주로 나눠 보았다. 그 첫 두 범주는 이 장에서 논하고 나머지 두 범주는 다음 장에서 논하려 한다. 이 범주들은 1장에서 보통 수면 상태의 특징들을 설

12장 깨어남의 의미

명할 때 사용했던 범주들과 똑같다. 1장에서는 내면(정서)적 특징을 먼저 다루고 지각(감각)적 특징을 나중에 다뤘다는 것만 다르다. 그렇게 한 것은 수면 상태에서는 내면(정서)적 특징이 가장 두드러지고, 깨어난 상태에서는 지각(감각)적 특징이 가장 두드러지기 때문이다.

다시 말하지만 이런 범주가 실제로도 딱 부러지듯 나뉘는 것은 아니다. 범주끼리 서로 겹치는 경우가 많고, 서로 상호 의존하는 경우도 있다. 하지만 앞에서도 말했듯이 깨어남 상태는 미지의 땅이기 때문에 일단 범주를 나눠 이해하는 것이 방향을 잡는 데 도움이 될 것이다.

이 특징들은 일관적이다. 영구히 깨어난 사람이라면 보통 이 특징들을 모두 경험하는데, 크게 보면 대체로 비슷한 강도로 경험한다. 이런 일관성이 이 연구를 하는 동안 나를 가장 놀라게 했던 점이고, 결국에는 깨어남을 뚜렷이 구분되는 하나의 정신 상태로 보는 것이 타당하다는 생각을 갖게 했다. 일관적이지 않은 것이 있다면 깨어남의 *전반적인* 강도에서 의미 있는 차이가 조금씩 보이는 정도다.

이미 알아챘겠지만(그랬길 희망한다.) 깨어남 상태가 지속되는 양상은 강렬한 경우도 있고, 덜 강렬한 경우도 있다. 깨어남 상태의 특징들이 얼마나 강한가는 당연히 깨어남의 정도가 얼마나 강한지에 달려 있다. 다시 말해, 크고 강하게 깨어난 사람은 당연히 그만큼 크고 강한 행복과 정신적 평안을 느낄 것이고, 매우 뚜렷한 이타주의 경향을 보일 것이며, 집단 정체성의 필요성을 확연히 덜 느낄 것이다. 작고 약하게 깨어난 사람은 당연히 그런 특징들이 덜 강하다.

이 장에서 집중적으로 살펴볼 특징 중 많은 부분이 일시적으로 깨어난 사람들에게도 흔하게 나타난다. 특히 강렬한 감각 능력, 현재 집중 능력, 분리감 초월 같은 지각적/내면적 특징들의 경우가 그렇다. 다음 장에서 살펴볼 관념적/행동적 특징들은 일시적 깨어남 경험과는 크게 관련이 없다. 이 특징들은 덜 즉각적이며 좀 더 장기적인 특징들로, 일어나고 안정되는 데 시간이 걸린다.

새 세상: 지각(감각)적 특징들

일단 깨어나면 가장 먼저 지각(감각, perceptual) 능력이 달라지기 때문에 주변 세상이 아주 다르게 보인다. 깨어난 사람은 보통 사람들과 다른 세상을 지각한다. 아이들이 보는 세상이 어른들이 보는 세상과 다른 만큼, 이들이 보는 세상도 우리가 보는 세상과 다르다. 아니면 원시인이 보는 세상이 현대인이 보는 세상과 다른 만큼 다르다.

강화된 지각(감각) 능력

깨어남 상태에서는 직접적이고 선명한 지각 능력이 생긴다. 깨어난 사람은 세상을 어린아이처럼 보기 때문에 보통 사람들은 당연하게 생각하고 지나치는 세상의 아름다움과 그 복잡한 현상에 놀라고 매료된다. 이들이 보는 세상은 우리가 보는 세상보다 더 밝고 흥미진진하고 아름답다. 이들은 특히 자연에 매료된다. 자연 풍광, 하늘, 바다의 아름다움과 그 존재 자체에 빠져들고, 기묘하고 복잡하고 난해한 동식물이나 여러 다른 현상들에 심취한다.

그래서 깨어남과 예술이 밀접한 관계에 있고 유명한 시인과 예술가 중에 깨어난 사람이 많은 것이다. 주변의 존재 그 자체와 아름다움에 놀라게 되면 시나 그림의 형태로 그런 경험을 표현하고 구현해 내고 싶다. 그런 경외감이 워즈워스, 휘트먼, 로렌스 같은 시인이나 윌리엄 터너, 카스퍼 데이비드 프리드리히 같은 화가들의 창작 활동의 주요 원동력이었다.

강화된 지각 능력은 달리 말하면 경험에 *열리게* 된 것이기도 하고, 미묘하게 다른 표현으로 *예민해진 것*이라고 할 수도 있다. 필터가 사라지고 문이 열리므로 더 많은 인상들이 마음속으로 들어오고, 그만큼 우리 마음에 강한 영향력을 발휘한다. 올더스 헉슬리가 『인식의 문』에서 정보의 "쥐꼬리만 한 흐름"이라고 했던 것이 이제 강력한 홍수가 된다.[1] 앞에서도 보았듯이 급작스러운 깨달음의 경우 쏟아지는 감각 정보들에 압도될 수도 있지만(향정신성 약물에 의한 깨어남에서도 마찬가지) 보통은 깨어남 상태가 안정되면서 문제는 사라진다. 집중할 일이 있거나 추상적인 생각을 해야 할 때 쏟아지는 감각적 정보들을 외면하는 방법을 배우게 된다. 필요할 때마다 의식적으로 문을 닫는 것이다.

내가 인터뷰한 깨어난 사람들 모두 그런 강화된 지각 능력을 경험했다고 했다. 세상이 어떻게 "더 선명해지고 더 실재하게" 되었는지 말해 준 사람도 있었고, 세상이 "어떻게 모두 그렇게나 신선해질 수 있는지 보고 놀랐다."고 한 사람도 있었다. 그리고 또 어떤 사람은 "색깔들이 더 밝아지고 선명해졌다."고 했고, 또 다른 많은 사람이 산책, 요리, 먹기 같은 간단하고 즐거운 행위들이나 단순히 주변을 보는 일조차 매우 새롭게 다가왔고 그것들에 감사하는 마음이 생겼다고 했다. 한 여성은 자신이 어떻게 "차 한 잔, 창문 밖 풍경, 나뭇잎에 내려앉은 햇살, 멋진 녹음 같은 단순한 것들"을 음미하고 즐기게 되었는지 생생하게 설명해 주었다.

깨어나면 왜 지각(감각) 능력이 강해지는 걸까? 심리학적으로 '지각의 비자동화(nonautomatic)'라는 말이 그 가장 좋은 답이 될 것 같다. 앞서 우리는 수면 상태에서 어떻게 우리의 강력한 에고가 엄청난 양의 에너지를 소비하며, 그런 에고가 쓸 에너지를 충당하기 위해 지각 기능이 어떻게 자동화되는지 살펴보았다. 반대로 깨어남 상태에서는 그 '내'가 약해진다. 그동안 '나'를 유지하고 둘러싸고 있던 머릿속 수다가 줄어든다. 그 결과 '나'는 그다지 많은 에너

12장 깨어남의 의미

지를 소비하지 않게 되고, 그러면 자동 지각 기능도 필요 없어진다. 결국 지각(감각) 능력이 다시금 깨어나고 강해지는 것이다.

늘어나는 현존성/영원성

깨어나면 시간 감각도 달라진다. 아니면 시간 감각에 전환이 일어난다고 할 수도 있다. 깨어나면 과거와 미래는 훨씬 덜 중요해지고, 그만큼 현재가 중요해진다. 깨어나면 과거 경험을 회상하거나, 과거 사건을 곱씹거나, 미래를 고대하거나, 미래에 대한 꿈을 꾸며 특정 목적에 집중하는 일이 현저히 줄어든다. 대신 현재 우리를 둘러싸고 있는 일, 현재의 경험, 현재 함께 있는 사람, 현재의 감각과 인상에 더 집중한다.

이런 늘어난 현존성을 시간의 확장(expansiveness)으로 경험하는 사람이 많다. 이제 시간이 열려 있는 것 같고, 천천히 가는 것 같다. 심지어 사라진 것 같기도 하다. 나와 함께 '종교적/일반적 깨어남 특성 항목표'를 작성한 캘리도 자신의 늘어난 현존성 덕분에 "매일이 그렇게 길 수가 없고, 그렇게 충만할 수가 없다."고 했다. 또 다른 어떤 사람은 "시간이 사라졌고…… 과거도 미래도 사라졌습니다. 모든 것이 그저 나타나고 일어날 뿐이에요. 모든 것이 단지 존재할 뿐이에요."라고 했다. 남편과 어머니의 연이은 죽음으로 갑자기 깨어난 린의 경우 그 느낌은 심지어 더 강렬했다. "과거 현재 미래가 모두 한꺼번에 존재했어요. 그 느낌에 정말 아연실색했죠."

이것이 바로 신비주의자들이 말하는, 과거 현재 미래가 하나로 녹아드는 영원한 현재 상태다.

왜 깨어나면 그런 시간 감각을 갖게 되는 걸까? 부분적으로는 깨어나면 지각(감각) 능력이 강화되기 때문이다. 주변 세상과 그 세상에서 일어나는 일이 더 실재하고 더 생생해지기 때문에 자연스럽게 그런 현재 상태에 더 집중할 수밖에 없다. 또 한편으로는 깨어나면 머릿속 수다가 줄어들어 내면이 고요해지기 때문이다. 현재에 살 수 없는 가장 큰 이유가 머릿속 수다에 빠져 있는 시간이 길기 때문이다. 결국 과거와 미래는 인간의 마음이 만들어 낸 개념일 뿐이다. 우리 몸과 마음은 항상 현재에 있기 때문에 사실 과거와 미래는 결코 경험할 수 없다. 과거와 미래는 생각 속에서만 존재하는 반면 현재는 생각 속에 존재하지 않는다. 머릿속 수다는 많은 부분 어떤 방식으로든 과거와 미래에 연결되어 있다. 그러므로 머릿속 수다가 줄어 마음이 고요해지면 그만큼 현재에 더 살게 된다.

게다가 내 책 『제2의 시간: 당신의 삶을 지배하는 건 심리적 시간이다』에서도 지적했듯이 직선적인 시간 감각은 강한 에고 감각 때문에 생겨난 정신적 고안 장치 같은 것이다. 에고 감각이 약해지면 직선적 시간 감각도 조금씩 사라진다. 시간이 느리게 가고 점점 늘어나다가 마침내 현재 속으로 사라진다.

신의 현존/편재하는 영적 에너지를 알아차린다

깨어남의 강도가 높을 경우 모든 것과 모든 공간에 편재하는 영적인 힘을 알아차린다. 어떤 사람은 그런 알아차림을 "내면에 살아 있는 존재를 깊이 감지하는 것으로, 매우 멋짐과 동시에 매우 평범하다."라고 표현했다. 또 어떤 사람은 "방대하게 모든 것에 걸쳐 존재하는 그것은 그 끝이 없고 매우 감동적이다. 자연 속에 있으면 특히 더 그렇다."고 했다. 또 그런 "오싹한 존재"를 "신"이라고 말한 사람도 있었다. 이 영적인 힘은 때로 "원천"이라고 불리기도 하는데, 모든 것에 편재해 있을 뿐만 아니라 모든 것을 생기게도 하기 때문이다. 모든 것이 이 힘의 현현이라고 할 수 있다.

이 힘은 『우파니샤드』가 브라흐만이라고 부르는 그것과 분명 같은 것이다. 브라흐만은 모든 것 모든 공간에 편재하고, 인간 안에서는 우리의 영적인 본질, 즉 아트만으로 현현한다. 이 힘은 또 도가에서는 도(道)를, 대승 불교에서는 법신(dharmakaya)을, 기독교, 유대교, 수피 신비주의에서는 '신'의 편재하는 에너지를 뜻한다. 그리고 세상 모든 원주민 문화들이 말하는 편재하는 영적인 힘과도 기본적으로 같은 것이다.(1장에서 밝혔듯이 북미 원주민 호피족은 그것을 마사우라고 불렀고, 라코타족은 와칸-탕카, 포니족은 티라바라고 불렀다. 일본의 아이누족은 라무트, 뉴기니의 원주민들은 이무누, 아프리카의 누에르족은 크워트, 음부티족은 페포라고 했다.)

보통의 자동적인 지각(감각)으로는 이 편재하는 영적 에너지를 감지할 수 없다. 수면 상태에 있을 때는 하늘을 보아도 *텅 빈* 공간만 볼 뿐 그 공간을 관통하며 일렁이는 영적 에너지는 보지 못한다. 바위, 강, 나무를 볼 때도 우리가 마음대로 이용해도 되는 무생물을 볼 뿐 그것들을 관통하는 영적 에너지는 보지 못한다. 에고가 막대한 에너지를 요구하기 때문에 이 영적인 힘들을 알아챌 에너지가 없다. 그래서 원주민들에게는 그렇게 신성하고 영적으로 보이는 세상이 우리에게는 죽은 듯하고 일상적으로 보일 뿐이다.

생명력, 조화 그리고 연결

깨어남 정도가 낮은 경우에는 그 편재하는 영적인 힘을 직접적으로 알아채지 못할 수도 있는데, 이때도 그 힘의 효과는 감지한다.

그 효과 중 하나가 생명력을 느끼는 것이다. 깨어난 사람에게는 이제 무생물이란 없다. 심지어 구름, 바다, 돌 같은 생물학적으로 살아 있다고 보기 어려운 자연 현상이나 가구, 건물 같은 인간이 만든 대상조차도 영혼이 살아 움직이는 듯 빛을 발한다. 생물학적으로 살아 있다고 보는 대상이라면 물론 이전보다 *더* 생생해 보인다. 내가 인터뷰했던 한 여성은 "모든 것이 울트라 리얼했고 살아 있었어요. 계속 창문 밖을 보며 감탄했죠. (……) 심지어 모든 것들의 원자들까지 보이는 것 같았어요. 이 우주의 모든 것이 완벽하고 그대로 좋다는 확신이 들었죠."라고 했다.

이 여성의 회상은 그 편재하는 힘이 부르는 또 다른 간접적인 효과를 상기시키는데, 바로 "모든 것이 그대로 좋다."는 느낌이다. 영성서나 신비주의 문헌들이 늘 말하고 있듯이 이 편재하는 에너지의 본성은 축복이다. 물이 축축한 성질을 갖고 있다면 이 편재하는 힘은 축복/행복의 성질을 갖고 있다. 그러므로 그것의 존재를 감지할 때 우리는 조화를 감지하게 되어 있고, 이 조화 역시 원주민들이 늘 공통으로 말하는 것이다. 깨어난 사람은 우주가 원래 우호적이며 기본적으로 조화롭고 의미와 가치를 추구함을 알게 된다.

　마지막으로 모든 것에 바탕이며 편재하는 이 영적 에너지는 바로 그렇기 때문에 하나임 혹은 연결의 느낌을 끌어낸다. 이 영적 에너지가 모든 것을 그 두 팔 안에 포용해 하나로 만든다. 그러므로 세상의 브라흐만을 곧장 감지하지는 못한다고 해도, 깨어났다면 그동안 분리되고 소외된 대상들 사이의 경계가 녹아 없어지는 것은 느낄 수 있다. 그리고 내가 인터뷰했던 사람들의 말처럼 "모든 것이 하나가 되는 것 혹은 우주의 합일"을 느끼게 된다.

새 자아: 내면(정서)적 특징들

　깨어나면 내면의 삶이 바뀐다. 심리적 경험이 바뀌고 내면에서 느끼는 방식이 바뀐다.

　이 전환이 매우 심오해서 일반적으로 깨어난 우리는 마치 새 사람이 된 것 같다. 러셀 윌리엄스는 그런 상태를 이렇게 생생하게 표현했다. "더 이상 나 자신이 아닌 것 같았지요. 그리고 내가 정말 존재하는지 의심했죠. 존재감이 그렇게나 달라져 버렸거든요. 같은 몸을 갖고 여전히 같은 일을 하고 있지만, 내 정신이 완전히 달라졌어요. 미래가 없는 새로운 삶이 시작된 거죠."[2]

깨어난 새 자아 체계가 떠올라 수면 상태의 옛 자아 체계를 대체하면 분명 새 정체성이 생기게 되어 있다. 점진적으로 깨어날 경우, 그런 정체성의 전환이 매우 천천히 일어나기 때문에 옛 자아 체계가 조금씩 새 형태를 갖춰 가는 것 같은 느낌이 든다. 심지어 그런 변화를 모르고 넘어가다가 나중에 돌아보며 알아채기도 한다. 하지만 급작스럽게 깨어날 경우, 그런 전환이 너무 돌연하고 극적이어서 많은 사람이 그 일이 일어난 순간을 정확하게 말하기도 한다. 예를 들어 7장에 등장했던 마리타는 그 전환이 미국 동부 시간으로 1993년 3월 2일 오전 8시 반에 일어났다고 했다. 또 그 전환이 "매우 급작스럽고 즉각적이었으며 1998년 2월에 일어났다."고 말한 사람도 있었다.

그러므로 여기서는 그토록 완전히 다른 사람이 된 것 같은 느낌을 주는 내면의 변화들로 어떤 것이 있는지 살펴보려 한다.

고요한 내면
깨어남과 함께 시끄럽던 머릿속 수다가 극적으로 줄어든다.

12장 깨어남의 의미

보통의 상태에서는 머릿속 수다가 거의 쉬지 않고 이어진다. 무언가에 주의를 뺏길 때를 제외하고는 보통 이런저런 연상 작용으로 인한 이미지들, 걱정거리들, 공상들이 우리 머릿속에서 끊임없이 소용돌이친다. 일상의 부분으로 자리 잡은 지 오래라 우리는 이런 머릿속 수다를 당연하게 여긴다. 그것에 너무 빠져 있고 그것과 자신을 너무 동일시한 나머지, 그것이 거기에 있다는 것조차 깨닫지 못하고 그것이 얼마나 강력한 힘을 발휘하는지 전혀 모르며 살아간다. 나는 이 머릿속 수다가 정신적 문제들의 가장 큰 원인 중 하나라고 본다. 머릿속 수다는 우리 내면을 침범하고 부정적인 생각과 감정들을 불러일으킨다. 그리고 진정한 우리 자신을 보지 못하게 하고 에고가 야기하는 정체성과 분리감을 강화한다.

에크하르트 톨레와 러셀 윌리엄스도 변형이 이루어지자마자 그런 내면의 소음이 뚜렷이 줄어들었다고 했다. 다음은 러셀의 말이다. "더는 생각을 하지 않더군요. 머릿속이 고요해졌어요. 아는 것과 생각하는 것이 서로 다름을, 생각 없이도 알 수 있음을 그때 깨달았어요. 이제 굳이 의견을 만들지도 성급한 결론을 내리지도 않습니다. 즉흥적으로 살기 시작했고 순간에 살기 시작했죠."[3] 에크하르트 톨레도 유사한 말을 했다. "마음이 느긋해졌습니다. 예전에는 마음이 참 바빴죠. 지금은 일상을 생각 없이 보내거나, 아주 약간의 생각만 하거나, 꼭 필요한 생각만 하면서 보냅니다."[4]

내가 인터뷰한 깨어난 사람들 거의 모두, 정도의 차이는 있지만 유사한 경험을 했다. 그중 몇 명은 머릿속 수다가 정말 깨끗이 없어져서 마음에 정적이 흘렀다고 했다. 예를 들어 그중 한 사람은 마음이 "너무 고요하고 조용해서 그보다 더 좋을 수가 없을 정도예요. 때로 나는 그냥 가만히 앉아서 다른 모든 사람들도 나처럼 고요한 마음을 가질 수 있으면 좋겠다고 생각해요. 특히 관공서 같은 곳에서 줄을 서서 기다리다 보면 꼭 조급해하는 사람이 있죠. 그럼 그 사람도 나 같은 마음의 고요를 얻기 바란답니다."라고 했다. 또 어떤 사람은 이렇게도 말했다. "고요와 정적만 있어요. 참 평화롭고 완전한 정적이 모든 것에 스며들어 있어요."

하지만 대부분은 여전히 약간의 생각이 일어난다고 말한다. 물론 예전에 비하면 생각이 훨씬 줄어든다. 어떤 사람은 "전혀 비교할 수 없을 정도로" 머릿속 수다가 줄었고, "많은 시간 마음이 매우 고요하다."고 했다. 또 어떤 사람은 자기 안에 "정적"이 생겨난 이유를 알았다며 이렇게 설명하기도 했다. "내가 생각들을 알아차리기 때문이죠. 생각들이 마음속 고요를 해치는 걸 알아차리니까 생각이 줄어들어요. 이제 끝없는 수다는 없어요."

머릿속 수다가 여전히 조금 생기기는 하지만 그것과 자신을 동일시하지는 않게 되었다고 말하는 사람들도 있다. 이들은 한 걸음 물러서서 생각들을 관찰한 뒤 그 생각들에 빠지거나 휘둘리지 않고 떠나보낼 수 있다. 예를 들어 그레이엄은 산만한 생각들이 떠오르는 것이 꼭 "TV가 틀어져 있는 다른 방에 들어가는 것 같다."

12장 깨어남의 의미

면서 그런 "TV 소리에 그다지 신경 쓰지 않는다."고 했다. 그리고 또 어떤 사람은 자신의 생각이 "지나가는 구름 같다."고 했다. "거기에 에너지를 쏟아붓지 않고 그냥 흘러가게 두는 것이 중요하다."고도 했다.

생각을 멈추는 것도 좋지만 생각이 유용할 수 있음을 기억하는 것도 중요하다. 사실 생각을 전혀 하지 못하게 되면 삶 자체가 불가능해진다. 인생의 계획을 짜거나 결정을 내려야 할 때 그리고 일상생활에서도 자주 의식적으로 신중한 숙고를 해야 한다. 창조성을 발휘하고 관념을 만들어 내고 통찰을 일으키는 데도 깊은 생각의 흐름이 필요하다.

나는 저술가이자 시인이므로 저술가에게도 시인에게도 생각이 얼마나 중요한지 잘 알고 있다. 일종의 깊은 몽상 상태일 때 아이디어가 많이 떠오르는데, 이때 머릿속으로 많은 인상과 연상 이미지들이 지나간다. 제대로 창조하려면 결국 그런 날것의 재료들을 잘 편집하고 조직해 (희망하건대 이 책처럼) 일관적이고 체계적인 형태를 만들어 내야 한다.

생각은 필요할 때마다 사용하고 필요 없을 때는 접어 둘 수 있는 하나의 도구여야 한다. 마구잡이로 떠오르는 이런저런 이미지가 마음속을 끊임없이 떠돌아다니게 둘 것이 아니라 자발적으로 의식적으로 생각할 수 있어야 한다. 내가 인터뷰한 사람들은 그런 방식으로 생각을 '이용할 수' 있었다. 그레이엄은 "때로 내 생각을 들어야 합니다. 쇼핑을 가거나 청구서를 지불하는 것 등 미리 계획해서 해치워야 하는 일도 있거든요. 생각은 유용한 도구예요."라고 했다. 유사하게 또 어떤 사람은 "마음을 이용하려면 해야 할 일을 클로즈업해야 합니다. 마음은 고요해도 여전히 유용한 도구가 될 수 있죠."라고도 했다.

내면의 고요한 정도가 사람마다 다른 것은 깨어남의 정도가 다르기 때문이다. 생각 활동이 거의 없거나 아예 없는 사람은, 아직은 어느 정도 머릿속 수다를 경험하지만 그것과 자신을 동일시하지 않는 사람보다 더 고강도의 깨어남을 경험했을 것이다.

동일시 문제는 중요한데, 왜냐하면 머릿속 수다는 우리가 그것과 우리 자신을 동일시할 때 *증폭되기* 때문이다. 실제로 부지불식간에 일어나는 머릿속 수다는 호흡이나 혈액 순환 같은 우리 몸에서 일어나는 생물학적 과정과 크게 다르지 않다. 즉 의식하지 않은 상태에서 일어난다. 단지 몸이 아니라 의식 속에서 일어난다는 것만이 다르다. 수면 상태에 있는 우리는 그 과정 속에 빠져든다. 생각이 우리 정체성의 일부가 되어 우리 기분과 감정을 좌우한다. 그렇게 빠져들수록 머릿속 수다는 기름을 잔뜩 채운 자동차처럼 언제든 달릴 준비 상태가 되고, 그렇게 악순환이 거듭된다. 하지만 깨어난 상태라면 그런 머릿속 수다가 일어나는 과정과 우리 자신을 분리시킬 줄 안다. 그렇게 우리가 한 걸음 물러서면 그것은 동력을 잃어버린다. 그것은 조용해지고 그만큼 분란도 줄어든다.

분리감/연결감 초월

깨어나면 나와 세상이 다르다는 생각이 옅어진다. 이제는 내가 '여기 안'에서 '저기 밖'에 있는 세상을 내다보고 있다고 느끼지 않는다. 더 이상 멀찍이 떨어져 관찰하지 않는다. 이제 세상이 흘러가는 그 모습 그대로 우리가 되고, 우리도 그 일부가 되어 흘러간다. 분리는 연결 속으로 사라져 간다. 모든 것이 서로 연결되어 있다고 느낀다. 우리가 모두에 연결되어 있음을 감지한다. 모든 것은 하나이고, 우리도 그 하나의 일부다.

이 연결의 느낌은 다양한 방식, 다양한 강도로 나타난다. 깨어난 사람이라면 일단 기본적으로 다른 사람들 및 다른 생명체 일반과 강하게 연결되어 있다고 느낄 것이다. 혹은 자연 전체와 연결되어 있다고 느낄 수도 있다. 예를 들어 8장에서 소개한 바 있는 '역동적으로' 깨어난 에릭은 "자연의 일부가 된 것 같았습니다. 사람들과의 연결성도 느꼈고요. 나무, 새들, 풀들, 언덕들과도 연결되어 있다고 느꼈죠."라고 했다. 모든 것에 편재하고 모든 존재의 본질을 형성하는 전 우주적인 힘과 연결되었다는 느낌은 주로 크게 깨어난 사람들이 느끼는 것 같다. 다시 말해, 크고 강하게 깨어난 사람들은 그런 힘을 단지 *알아차리는* 것에서 나아가 그것과 실제로 연결되어 있다고 느낀다. 예를 들어 그중 어떤 사람은 인생이 "늘 존재하는 그 어떤 지성/지각과 함께 창조해 나가는 파트너십 같다."고 했다.

그보다 더 고강도로 깨어나면 연결의 느낌이 하나임(oneness)의 느낌으로 강화되기도 한다. 이들은 자신이 모든 것과 합일의 상태에 있다고 느낀다. 나아가 자신이 바로 그 모든 것이라고 느낀다. 자신이 세상과 하나라고 느낄 뿐만 아니라 실제로 그 세상이라고 느낀다. 분리감이 소멸되어 자신과 자신이 인식하는 것 사이를 구별할 수 없다. 예를 들어 캘리는 "공간이 그보다 더 생생할 수 없이 살아 있어요. 그걸 보면 놀라서 할 말을 잃게 돼요. 그것들과 연결되어 있는 게 아니라 내가 그것들이 된 것 같아요."라고 했다.

이 모든 것은 깨어날 때 자아 체계의 경계가 아주 약해지기 때문이다. 깨어난 사람은 자신의 육체와 정신에서 정체성을 찾지 않는다. 깨어난 사람은 자신을 한껏 늘려 다른 현상들도 그 자신 안에 포함시킨다. 일반적인 수면 상태에 있는 우리가 대양과 따로 존재한다는 망상에 빠진 파도라면, 깨어난 상태의 우리는 대양의 일부라는 우리의 진정한 상태를 깨달은 파도다.

연결성 혹은 하나임을 감지한다는 것은 그러므로 우리 존재가 다른 모든 존재와 본질적으로 동일함을 직접적으로 이해한 것이기도 하다. 그리고 우리만의 아트만이 편재하는 브라흐만과 하나임을 직접적으로 이해한 것이기도 하다. 또한 내 존재의 본질이 곧 다른 존재와 전 우주의 본질임을 이해한 것이기도 하다.

공감과 자비의 감정

연결성을 감지한다는 것은 깨어나면 생기는 뛰어난 '공감 능력/자비심'과 밀접한 관련이 있다. 동물이든 자연이든 다른 인간이든 그 존재들과 연결된다는 것은, 그들이 무엇을 경험하는지 알고 그들이 느끼는 것을 느낀다는 뜻이다. 그들이 고통을 받으면 그것을 감지하고 그 고통을 줄여 주거나 위로해 주고 싶다. 다른 사람의 고통을 느끼는 것은 그들과 우리가 연결되어 있기 때문이다.

그런 의미에서 공감이란 다른 사람이 생각하거나 느끼는 것을 단지 머리로만 상상하는 것 혹은 그들의 입장으로 세상을 보는 것 이상을 의미한다. 공감이란 깊이 들여다보면 그들과 존재를 공유하는 것으로 그들과 '함께 느끼는' 능력이다. 그리고 그들과 '함께 느낄 수 있는' 능력이 사랑과 자비를 낳는다. 사랑은 당신이 곧 그 다른 사람이고 그래서 그 다른 사람에게 속하며 그들의 경험을 공유함을 감지하는 것, 즉 존재들 사이의 연결성과 하나임을 감지하는 것에서 나온다. 아동기에 학대를 받고 그 후 중독자로 수년을 보낸 후 급작스럽게 깨어났던 아이린은 "굉장한 자비심을 느껴요. 사람들을 사랑해요. 사람들을 도와주고 용기를 북돋아 주고 싶고 사람들을 지켜 주고 싶어요."라고 했다.

공감은 용서도 부른다. 공감은 사람들이 왜 상처를 주고 '나'를 이용하는지 그 이유를 이해하게 한다. 그리고 그들과 우리 사이의 부정적인 감정들을 제거하고 연대감을 불러일으킨다. 게다가 어떤

사람이 우리에게 부당한 일을 해도 미움, 복수심, 갈등 등이 거의
생기지 않는다. 학대받은 경험이 있는 어떤 한 여성은 이렇게 말했
다. "깨어나고 나서 가장 크게 달라진 점이라고 하면 저를 학대했
던 사람들을 사랑하고 용서하게 된 거예요. 그들이 왜 그럴 수밖에
없었는지 이해했어요. 저에게 일어난 일을 더 큰 그림으로 보기 시
작했죠. 제 안에서 그들로 향한 큰 사랑이 일어났어요."

안녕, 행복, 평온의 느낌

깨어남이 부르는 가장 명백한 내면의 변화는 행복감일 테지
만, 이 느낌을 제일 먼저 말하지 않은 것은 앞에서 설명한 '내면의
고요함'과 '연결감'이 그 원인이기도 하기 때문이다.

깨어났다고 해서 늘 흔들림 없는 축복 상태에 사는 것은 아니
다. 그러나 일반적으로는 다른 사람들보다 훨씬 더 만족한 상태에
머문다. 그런 행복감을 느끼는 가장 큰 이유는 수면 상태의 인간을
괴롭히는 정신적 괴로움(미래에 대한 습관적인 걱정, 과거에 대한 부정적인
감정, 일상적인 걱정 등등)에서 벗어나기 때문이다. 깨어난 사람은 지
루함, 외로움, 불만 같은 부정적인 상태에 훨씬 덜 빠진다. 이들의
내면 세상은 기본적으로 덜 부정적이고 훨씬 더 조화로운 분위기
를 풍긴다.

내가 인터뷰한 사람들도 그런 걱정과 불안으로부터 자유로워
졌다고 했다. 어떤 사람은 "내면의 뭔가가 바뀌었고 이제 아무것

12장 깨어남의 의미

도 걱정하지 않게 됐어요. 다 괜찮은걸요. 아주 평화로워요."라고
했다. 유사하게 아이린은 "정말 평화롭고 자유로워요. 걱정할 일이
없고 걱정되지도 않아요. 스트레스가 사라졌어요."라고 했다. 그리
고 다른 사람들도 일반적으로 "만족감"과 "내면의 평화와 자유"를
말했다. "대부분의 시간 절대적으로 행복하다고 느껴요. 아주 깊은
곳에서부터 우러나오는 평화의 느낌이 확고부동하죠."라고 강력
하게 말하는 사람도 있었다.

　정신적 문제들에서 벗어나는 것은 분리감이 없어지고 내면의
고요가 찾아왔기 때문이다. 정신적 문제는 결국 우리의 부정적이
고 불편한 머릿속 수다에서 나오는 것이다. 분리감은 자신이 부족
하고 하찮다고 느끼게 한다. 전체에서 깨져 나온 것 같다. 그러므
로 내면의 고요와 연결성을 느낄 때 정신적 문제들에서 벗어나게
된다.

　내면의 고요와 연결감은 또 다른 효과도 있는데, 이것도 행복
감과 관계가 있다. 다름 아니라 우리 존재의 영적인 본질을 경험하
게 하는 효과가 있다. 수면 상태에 있는 우리는 보통 우리의 본질과
단절되어 있다. 에고의 강력한 경계 안에 갇혀 있기 때문이다. 1장
에서 사용했던 비유를 들자면 에고는 자연과 분리되어 있는 대도
시와도 같아서, 도시 밖의 자연과 그 빛을 감지하지 못한다. 하지
만 깨어난 자아 체계는 대도시보다는 환경친화적인 작은 에코 타
운 같아서, 섬세하고 자연을 침해하지 않으며 머릿속 수다가 만들

어 내는 안개로부터 대체로 자유롭다 보니 자연과 그 빛을 감지할 수 있다. 이때 우리 존재의 영적 에너지가 우리를 관통하며 자유롭게 흐른다. 우주에 편재하는 영적인 힘과 본질적으로 같은 바로 그 에너지 말이다. 『우파니샤드』가 말하듯 브라흐만은 곧 우리의 영혼, 즉 아트만이다. 그리고 우리 안에 있는 것이든 세상 속에 있는 것이든 이 에너지의 본질은 축복이다. 내면에서 이 에너지를 경험할 때 우리는 그것의 축복도 경험한다. 그러면 내면이 자연스럽고 확실한 기쁨으로 가득 찬다.

마지막으로 깨어난 상태의 행복감은 감사의 마음과도 관계가 있다. 깨어난 사람은 건강, 자유, 사랑하는 사람을 비롯한 인생의 모든 좋은 것들에게 감사한다. 수면 상태의 우리는 그런 것들을 당연하게 여기고 그 가치를 알아보지 못한다.(이 점은 13장에서 깨어남 상태의 관념적 특징들을 말할 때 더 자세히 다룰 것이다.) 감사하는 마음은 행복을 부르는데, 자꾸 바라는 것을 멈추고 만족하게 하기 때문이다. 수면 상태의 우리는 현재의 삶에 불만을 갖게 되고, 거기다 정신적 문제들에서 도망치고 싶은 충동이 덧붙여지면서 끊임없이 뭔가를 원하게 된다. 이때 우리는 이미 갖고 있는 것을 더 많이 원하거나 그것을 대체할 다른 것을 끊임없이 찾는다. 현재 삶에 대한 불만과 정신적 문제들을 해소하기 위해 쾌락, 성공, 사회적 위상을 쫓고 물질에 집착하기도 한다. 그리고 악순환에 빠져든다. 불만 때문에 늘 뭔가를 원하지만 그 원하는 행위 자체가 또 불만을 더한다. 욕

12장 깨어남의 의미

망을 보고 그것을 만족시키려 애쓰다 보면, 욕망을 다 채울 수 없는 현실에 또 더 불만을 갖게 된다. 부자들의 화려한 집 사진을 보다 보면 자신의 집이 더 초라해 보이기 마련이다. 그런데 깨어난 상태의 우리는 바라고 또 바라는 그런 악순환에서 벗어난다. 불교적으로 말하면 욕망에서 벗어나 욕망이 야기하는 심리적 고통에서도 벗어나는 것이다.

죽음에 대한 두려움이 사라진다(혹은 줄어든다)

깨어난 사람이 행복감을 느끼는 큰 요인 중 하나는 죽음에 대한 두려움이 사라지거나 줄어들기 때문이다.

꼭 죽음에 대한 두려움만이 아니라 깨어나면 모든 두려움이 전반적으로 줄어들게 되어 있다. 두려움은 대개 미래에 대한 기대 때문에 생긴다. 그러므로 깨어나 현재에 살게 되면 두려움은 줄어든다. 두려움은 분리된 에고가 느끼는 나약함 때문이기도 하다.(에고는 심리적 애착 관계가 자신의 의지에 반해 사라질까 봐 두렵고, 심리적·감정적으로 상처 받을까 봐 두렵다.) 깨어나 안전을 보장받는 느낌(앞으로 곧 살펴볼 특징)이 커지면 그런 두려움은 줄어든다. 『우파니샤드』에 따르면 세상과 하나가 될 때 두려움은 사라진다. 다시 말해 두려움은 분리감 때문이다. 분리를 느낄 때 우리는 나약해지고 세상은 위협적이 된다.

죽음에 대한 두려움은 가장 근본적인 두려움이다. 에고는 죽음 앞에서 특히 나약하다고 느낀다. 언제고 죽을 수 있다는 사실(그리고 그동안 성취한 모든 것이 결국 사라진다는 사실)이 특히 사후 세계를 믿지 않을 때 대단한 허무감으로 다가올 수 있다. 그러므로 현대 서구 문화에서 죽음이 터부가 된 것도 당연한 일이다. 우리는 죽음에 대해 생각하기도 말하기도 싫어한다.

그러므로 죽음에 대한 두려움이 사라지는 것만큼 강력한 경험도 없고, 그만큼 자유를 부르는 경험도 없다. 에릭은 "죽음이 더는 두렵지 않았어요. 그렇다고 죽고 싶다는 건 아니지만 이제 내 몸과 내 삶과 내가 가진 것들에 집착하지 않아요."라고 했다. 길고 긴 격변의 시기를 겪으며 단계적으로 깨어난 크리스도 유사하게 "(죽음에 대해) 이제 고요해졌어요. 죽음이 다가온다고 해도 이제 기꺼이 그 사실을 받아들일 거예요. 아직 죽고 싶지 않다고 하더라도요."라고 했다

다시 말하지만 분리감 초월이 죽음에 대한 두려움을 줄여 준다. 이제 더 이상 에고가 우리 우주의 중심이 아니므로 에고의 붕괴가 그렇게 큰 비극처럼 보이지 않는다. 죽음이 모든 것의 끝이 아님을 이제 안다. 세상이 곧 '나'이므로 '나'는 계속 이어질 것이다.

물질에 대한 집착에서 벗어나는 것도 죽음에 대한 두려움을 줄여 준다. 수면 상태의 우리는 소유물, 사회적인 성공과 성취에 집착한다. 상처 받기 쉬운 자아를 보호하고 싶기 때문이다. 죽게 되면 그 모든 것들을 빼앗기기 때문에 죽음이 두렵다. 그런데 깨어

나면 그런 것들에 더 이상 집착하지 않는다. 그러므로 삶을 떠나보내고 죽음을 받아들이기도 수월하다.

하지만 깨어난 사람이 죽음에 대한 두려움에서 벗어나는 가장 큰 이유는 죽음을 이제 다르게 이해하고 죽음에 대한 다른 자세를 갖게 되었기 때문이다. 깨어나면 우리 존재의 본질이 육체가 소멸한 뒤에도 계속 존재함을 알게 되고, 따라서 죽음이 끝이 아님을 알게 된다. 어린 딸이 죽은 지 몇 년 후 깨어나게 된 메이린도 "우리는 그저 작은 반딧불이 같아요. 큰 에너지에서 갑자기 떨어져 나온 반딧불이요. 그렇게 잠깐 반짝이다 다시 그 원천으로 돌아가 또 반짝일 겁니다."라고 했다.

수면 상태의 물질주의적 세계관에 따르면 분명 사후 세계는 없는 것 같다. 우리 의식은 단지 뇌의 활동일 뿐이다. 그러므로 뇌가 활동을 멈추면 의식도 사라진다. 하지만 깨어난 상태에서 보는 세계는 그보다 좀 더 복잡하다. 우리는 본질적으로 뇌와 개인적인 정체성을 넘어서는 존재들이다. 죽음은 의식의 끝이 아니고 의식의 변형이다. 어떤 사람은 내게 이렇게 말했다. "저는 죽음도 삶의 일부라고 믿고 있어요. 죽음은 단지 다른 상태로의 전환 같은 거예요." 그리고 죽음을 "우리 영혼이 몸에서 나와서 보편 의식과 하나가 되며 다른 상태로 들어가는 것"이라 말하는 사람도 있었다. 그러므로 삶과 죽음의 이원성은 깨어난 상태에서는 사라지는 것 같다. 우리와 세계 사이 혹은 우리와 다른 인간 존재들 사이의 이원성도 사라지는 것 같다.

　죽음을 끝으로 보지 않으므로 깨어난 사람은 죽음을 무서워해야 할 고통스러운 과정이 아니라 자유를 되찾는 긍정적인 과정이라고 말한다. 9장에서 소개했던, '역동적으로' 깨어난 헬렌은 이렇게 말했다. "나는 죽으면 다 끝이라고 생각했어요. 사후 세계를 믿다니 멍청한 사람들이라고……. 지금 나는 죽음을 전혀 두려워하지 않아요. 사실 어떤 면에서 고대하기도 해요. 죽음으로 그 어떤 자유를 얻을 것 같아요." 7장에서 소개한 바 있는, 극심한 산후 우울증을 겪다가 갑자기 깨어난 마리타는 죽음이 "집으로 돌아가는 것"이고 "시공간 밖에 존재하는 것이고, 감옥 밖으로 나가는 것"이라고 했다.

　깨어남의 내면(정서)적 특징으로 이 외에도 두 가지 점을 더 언급하고 넘어가야 할 것 같다. 이 주제를 연구하는 동안 크게 부각되지는 않은 특징들이다. 이 장에서 내가 설명하고 있는 특징들 대부분은 내가 인터뷰한 사람들 거의 모두가 동의하는 점들이지만, 이 마지막 두 특징은 그중 오직 반 정도만 언급했던 특징들이다. 그렇다고 다른 사람들이 이 특징들을 경험하지 않았다는 것은 아니다. 그다지 중요해 보이지 않아서 언급하지 않고 넘어갔을 가능성이 더 크다.

고양된/증가된 에너지

깨어나고 에너지가 많아짐은 그리 놀랄 일은 아니다. 보통의 자아 체계가 무너지면 이전에 에고가 독점하던 에너지가 대량 풀리게 된다. 앞에서 에너지가 급작스럽게 터질 경우 매우 축약되어 있던 리비도 에너지도 폭발한다고 말한 바 있다.

『잠에서 깨어나기』에서 나는 깨어날 때 대부분 "생명 에너지가 강화되고 진정되는(ISLE, intensification and stilling of life-energy)" 경험을 한다고 했다. 깨어남이 지속될 경우 이 경험도 지속된다. 어떤 사람은 자신의 에너지가 증가한 것이 이전에 행복이나 만족감을 *추구하는 데* 쓰던 에너지가 "풀려났기 때문"이라고 했다. 이제 더 이상 그런 추구를 하지 않으므로 그는 "자신이 정말로 흥미를 갖는 것이나 순수한 열정의 대상에 그 에너지를 쓸 수 있다."고 했다. 메이린은 깨어난 후 "육체적 에너지가 믿을 수 없이 강해졌다."고 했다. 그리고 여기저기 아프던 곳이 다 나았고 "3년 동안 거의 45킬로그램이나 빠졌다."고 했다.

내적 확실성

깨어난 사람은 전에 알던 자아보다 더 깊고 진실한 자아를 발견한다. 그리고 이전의 자아가 다른 사람들의 기대와 환경적 영향에 의해 만들어진 것이었다고 느낀다. 킴벌리는 "이제 저는 진정한 나 자신에 맞는 진실한 삶을 살고 있어요."라고 했다. 이 진정한 자아는 단단하고 강하며, 사람들이 자신을 어떻게 생각하는지 신경 쓰지 않고 쉽게 모욕당하지 않으며, 인생의 부정적인 사건들(심지어 긍정적인 사건이라도)이나 불쾌한 일에도 흔들리지 않는다. 이렇듯 깨어난 사람들은 평정심을 잃지 않는다. 『바가바드기타』에 따르면 "기쁨이든 고통이든 이들에게는 똑같다. (……) 좋은 일에도 나쁜 일에도 이들은 평화롭다."[5]

깨어남의 의미

새 정신, 새 인생

앞 장에서 논의한 깨어난 사람의 감각(지각)적 특징과 정서(내면)적 특징은 영성에 대해 어느 정도 들어 본 사람이라면 익히 아는 특징들일 것이다. 현존성, 고요한 내면 등은 영적 지도자들이 깨어난 상태의 특징으로 늘 하는 이야기들이다. 관련 영성서도 많다. 하지만 이 장에서 살펴볼 관념(인식)적, 행동적 특징들은 다소 생소할지도 모르겠다. 영적 지도자들이나 영성서 저자들이 거의 언급하지 않는 특징들인데, 그 이유는 대부분 깨어남을 순수하게 지각적이고 정서적인 관점으로 보기 때문이다.(즉 앞 장에서 살펴본 새 세상과 새 자아 중심으로 설명한다.) 이블린 언더힐, 월터 스테이스, 리처드 M. 버크 같은 신비주의 학자들의 고전에 해당하는 저서들도 이 장에서 살펴볼 특징들은 거의 건드리지 않았다.

13장 깨어남의 의미

관념(인식)적, 행동적 특징들이 잘 알려지지 않은 데에는, 앞 장 처음에 언급했듯이 이 특징들이 일시적인 깨어남 경험에는 잘 나타나지 않기 때문인 것도 있다. 게다가 지각적, 내면적 특징들에 비하면 그다지 두드러지지도 않는다. 특히 관념(인식)적 특징은 그 뿌리가 깊고 미묘해서 가끔만 드러난다. 강렬한 지각이나 행복감 같은 특징들은 상당히 지속적으로 드러나지만, 관념(인식)적 특징들은 상황에 따라 가끔만 발현되는 정신적 특징들이다.

이 특징들이 그동안 등한시돼 온 데에는 깨어남과 일상을 분명히 구분하는 탈속 종교의 영향도 무시할 수 없다. 깨어나려면 절이나 사원에 들어가거나 은거 생활을 하며 세상을 등져야 한다고 말하는 종교들이 많지 않은가? 그렇게 해서 깨어나면 속세는 망상이고 그 속세에서 벌어지는 일은 사소한 일일 뿐이라고 하지 않는가? 현대에도 세상과 자아 모두 망상이므로 일상의 문제들은 단지 공허한 '이야기'일 뿐이라고 말하는 부류들이 있다. 덕분에 우리는 깨어남으로 삶에 대한 자세와 라이프스타일이 어떻게 바뀌는지에 대해서는 그다지 관심을 갖지 않게 된 듯하다.

그러므로 이 장에서 살펴볼 관념(인식)적 특징과 행동적 특징이 내 연구에서 알게 된 가장 흥미로운 발견이라고 해도 과언이 아니다. 깨어난 사람이 세상을 어떻게 보고, 어떤 자세로 대하며, 어떤 라이프스타일을 영위하는지 보는 것은 매우 흥미로운 작업이었다.

새 정신: 깨어남의 관념(인식)적 특징들

관념적 특징들은 깨어난 사람이 세상과 다른 존재들을 어떻게 보는지, 그리고 그들과 관계하는 자신을 어떻게 보는지 말해 준다. 주변 세상에서 벌어지는 현상에 대한 직접적 알아차림과 관계하는 것이 지각(감각)적 특징들이라면, 세상과 삶과 인류에 대한 이해와 관계하는 것이 이 관념(인식)적 특징들이다. 지금까지 우리는 깨어나면 지각(감각)적인 면에서 극적으로 다르게 알아차리게 됨을 살펴보았다. 그런데 이는 관념(인식)적인 면에서도 마찬가지다.

집단 정체성의 결여

1장에서 언급했듯이 수면 상태의 우리는 나약한 자아를 강화하기 위해 자신에게 이런저런 꼬리표를 붙여 가며 강한 정체성을 갖고 싶어 한다. 그래서 종교, 인종, 국적, 정치적 편향, 직업, 사회적 성취도, 능력에 따라 자신을 정의 내리려 한다. 그때 소속감이 생기고 그만큼 에고도 강화된다. 그리고 혼자가 아니라 더 큰 무언가의 일부라고 느낀다.

깨어나면 이런 정체성과 소속감이 필요 없어진다. 깨어난 사람은 특정 종교나 국가에 소속될 필요도, 직업적 경력이나 사회적 성취감으로 인정받을 필요도 못 느낀다. 자신이 미국인이라는 것도 유대인이라는 것도, 아니면 과학자라는 것도 사회학자라는 것도 느끼지 못한다. 국적, 인종 혹은 능력에 자부심을 느끼지도 않는다. 그리고 다른 집단의 사람들을 타자라고 느끼지도, 적이라고 느끼지도 않는다. 꼬리표를 붙이는 것이 피상적이고 무의미하다고 느낄 뿐이다. 예를 들어 미국인이나 이라크인이나 기독교도나 이슬람교도나 다 같다고 보고, 모든 사람을 똑같이 대우한다. 굳이 정체성을 찾으라고 한다면 국가와 국경을 떠나 지구 행성 거주자나 세계 시민이라는 정체성을 가질 것이다.[1]

내 연구에서는 사이먼과 그레이엄이 집단 정체성과 소속감 결여를 보여 준다는 면에서 전형적이었다. 이 둘은 전에는 광적인 축구 팬이었다. 그러나 변형 이후에는 축구를 여전히 좋아하기는 했지만, 자신이 좋아하는 팀을 그렇게까지 지지하고 싶어 하지는 않았다. 8장에서 언급한 대로 사이먼은 '역동적으로' 깨어난 경우인데, "축구 사랑조차 줄어들었어요. 축구가 제 인생에서 그렇게 중요했었는데 그 집단에 속하고 싶던 마음이 거의 사라져 버렸죠. 누구든 다 특정 집단에 속하고 싶어 하는 것 같아요. 하지만 저는 이제 그렇지 않아요."라고 했다. 유사하게 그레이엄은 "이제 어느 축구팀도 응원하지 않아요. 그냥 축구 경기가 있으면 보고 '모두가 이겼으면 좋겠다.'고 생각하죠. 그리고 경기 자체를 즐긴답니다."라고 했다. 그레이엄은 자신을 더 이상 영국인이라고 생각지 않고, 심지어 남성이라고 생각지도 않는다.

6장에서 소개한, 직업적인 실패와 정기적인 영적 수행이 동기가 되어 깨어난 에드도 유사한 자세를 갖고 있었다. 미국 중서부에 사는 에드는 자신을 "우주 시민"이라고 소개한다. 그는 "내가 어떤 지역에 속하거나 어떤 정치적 성향을 갖고 있다고 보지 않아요. 내가 살고 있는 이곳에서는 많은 사람이 그런 것들에서 자신의 정체성을 찾죠."라고 했다.

깨어난 사람들은 다양한 영적 전통들에도 유사한 자세를 취한다. 특정 전통에 속해 있다고 하더라도 종교 근본주의자들처럼 그 전통만이 진리이고 타당하다고 보지는 않는다. 그리고 초교파적인 열린 마음을 취하며 근본적으로 같은 진리가 단지 다른 방식으로 표현된 것이 종교/영적 전통들이라고 생각한다. 기독교 성경과 이슬람교 코란을 같이 읽곤 하던 인도 신비주의자 라마크리슈나는 "모든 종교가 진리다. 신념 체계가 많다는 것은 곧 길이 많다는 것."이라고 했다.[2]

넓은 관점: 우주적 시각

깨어난 사람은 대우주적인 넓은 관점을 갖는다. 이들은 배타적인 자기만의 문제에 골몰하지 않는다. 그리고 자신이 우주의 중심이 아님을 잘 알고 있다.

이 말은 자신의 개인적인 행동이 얼마나 큰 영향력을 행사하는지 알고 있다는 뜻이다. 이들은 그들이 살면서 내리는 선택들이 어떻게 다른 사람들과 지구 자체에 영향을 주는지 잘 알기 때문에 윤리적으로 책임감 있는 삶을 살려고 한다. 예를 들어 노동력 착취나 억압적인 정권 아래서 생산된 물건은 가능하면 사지 않는다. 인간이 어떻게 환경을 파괴하는지 잘 알고 있으므로 환경친화적인 라이프스타일을 선호한다.

깨어난 사람은 넓은 관점을 갖게 되므로 사회적·세계적 문제들이 그들 개인적인 문제들만큼이나 심각하고 중요하다. 따라서 억압된 집단과 가난과 불평등 같은 사회적 문제와 기후 변화나 종의 멸종 같은 지구적 문제에 큰 관심을 보인다.

높아진 도덕성

대우주적 관점은 도덕성에도 영향을 미친다. 앞에서도 말했지만 깨어난 사람은 책임감을 더 많이 느끼고, 더 윤리적이고, 더 이타적이고, 더 자비롭다. 그런데 그런 성향이 *무조건적이고 모든 계층을 포함한다.* 윤리적 배타성을 찾아볼 수 없다. 종교나 민족 같은 그럴듯한 공통점을 가진 사람들이라고 해서 더 친절하게 대하고 더 감싸지 않는다. 모든 인간 존재에게 차별 없이 베풀고 싶어 한다.(당연히 이것은 집단 정체성이 사라졌기 때문이기도 하다.)

깨어난 사람의 도덕성은 그 옳고 그름이 문화적으로 결정되는 것이 아니라, 그 문화와 이기성 너머 내면에서부터 알게 되는 깊은 도덕적 확실성에 기인한다는 점이 일반적인 도덕성과 다르다. 깨어난 사람에게는 정의와 공평함이 법률이나 관습을 이기는 보편 법칙이다. 이런 보편 법칙을 지키기 위해서라면 법을 어길 수도 있고, 자신의 안락한 삶을 버릴 수도 있고, 심지어 삶도 포기할 수 있다. 그러므로 마하트마 간디, 데스몬드 투투 대주교, 마틴 루터 킹 주니어, 넬슨 만델라 같은 세계적으로 위대한 이상주의자, 사회개혁가들이 깨어난 사람들이라고 해도(순간적인 깨어남일지라도) 그리 놀랄 일은 아니다.[3]

감사하는 마음과 호기심

수면 상태에서는 바깥세상의 현상들에 쉽게 익숙해져 버려서 그것들을 감각적으로 알아차리지 못하게 되는데, 관념(인식)적 알아차림에서도 이와 비슷한 일이 벌어진다. 이 익숙화 과정이 사실은 우리가 감사하다고 느껴야 할 것들을 알아차리지 못하게 만들어 버린다. 나는 이것을 '당연시 증후군(taking for granted syndrome)'이라고 부르는데, 다름 아니라 자신이 가진 것에 감사하기보다 불만을 가지는 상태를 뜻한다. 우리는 가진 것에 감사하지 않고 더 가지고 싶어 한다.

하지만 깨어난 사람은 자연스럽게 감사하는 마음을 갖게 된다. 늘 똑같아 보여도 삶에서 좋은 것들을 당연시하지 않는다. 건강한 몸과 자유로운 삶의 가치를 높이 사고, 파트너가 아름답고 너그럽다 생각하며, 아이들이 순수하고 맑고 빛난다고 느낀다. 항상 자신의 삶이 얼마나 큰 축복인지 잘 안다. 그리고 작고 단순한 것

13장 깨어남의 의미

에도 깊이 감사한다.(앞 장에서 보았듯이 이것은 깨어난 상태에서 느끼는 행복감에도 중요한 요소다.) 예를 들어 고등학교 친구의 죽음 후 깨어난 피비는 "산 사람이든 죽은 사람이든 지금 내 삶에 들어 있는 모든 이에게 더할 수 없이 깊은 사랑과 감사를 느껴요. 그리고 내가 보고 경험한 모든 것에도."라고 했다. 유방암 확정 후 깨어난 캐시는 "새들이 우리 정원에 날아와 줘서 정말 감사했어요. 그리고 나무들 사이를 통과하는 햇살에도 감사했어요. 햇살 덕분에 모든 것이 윤택해져요. 그게 참 아름답더군요."라고 했다. 깨어난 사람들은 일반적으로 "내면적으로 만족하고 깊이 감사하게 된다."

감사의 마음은 열린 마음과 호기심도 부른다. 깨어난 사람은 삶을 당연시하지 않기 때문에 낯설고 새로운 것에 늘 열려 있다. 세상에 알아야 할 것이 많다고 느끼므로 이미 알고 있는 것에 안주하지 않는다. 그리고 도전을 좋아하며 여행도 좋아한다. 그런 점에서 깨어난 사람은 어린아이와 비슷하다. 이들에게 세상은 흥미진진하고 매력적이므로 어떻게 하면 더 깊이 탐구할까 고민한다.

새 삶: 행동적 특징

이제부터 살펴볼 깨어난 사람의 행동적 특징들은 다름 아니라 지금까지 살펴본 지각적, 내면적, 관념적 특징들이 밖으로 드러난 것이다. 깨어난 사람의 행동적 특징들은 그들 내면의 변화가 이루어낸 결실들이다. 이 결실들은 새로운 성격, 습관, 삶의 방식이라는 형태로 드러난다.

이타성과 참여도

영적 추구를 하는 사람은 세상만사에 관심이 없다고 흔히들 말한다. 깨달은 사람이라면 보통 사람이 일상에서 겪는 다양한 일과 고난에 무관심해야 할 것만 같다. 그리고 절에서 살거나 산꼭대기에 앉아 자신만의 깨달음을 만끽할 것만 같다.

하지만 이것은 근거 없는 생각들이다. 앞에서도 보았듯이 집착을 끊는 탈속적인 삶을 고취하는 영적 전통들이 있다.(불교, 힌두교, 기독교의 수도자 전통에서 가장 두드러지는 특징이다.) 힌두 철학의 상카라 학파나 현대의 일부 비이원론을 주장하는 사람들도 세상이 환영이라며 삶의 고통과 괴로움에 무심하라고 말하는 듯하다. 괴로움 자체가 기본적으로 실재하지 않는 것이라면 왜 그것에 신경 써야 하는가?

아니면 약간 다르게 세상 그 자체는 실재하지만, 그 세상 속 문제처럼 보이는 것들은 허상이라고 말하는 가르침과 관점들도 있다. 세상은 완벽한 상태로 존재한다. 그러므로 어떻게 문제가 존재하겠는가? "모든 것에는 다 그 뜻이 있다." 이런 자세는 분명 탈속을 권장하고 사회적·지구적 문제에 대한 무관심을 부른다.

하지만 나는 깨어남을 주제로 연구하면서 끊임없이 탈속과는 반대되는 모습들을 목격해 왔다. 깨어난 사람은 더 이타적인 경향을 보인다. 깨어난 사람은 자비심이 강하고 시각이 보편적이고 정의감이 강하기 때문에 이타주의는 그 자연스러운 결실이다. 깨어난 사람은 다른 사람들의 고통을 줄여 주고, 사람들이 잠재성을 실현하도록 돕고 싶은 강한 충동을 느낀다. 깨어난 사람은 더 나은 세상을 만들고 싶은 이상주의자가 되어 사람들에게 봉사하고, 어떤 방식으로든 인류에 공헌하고 싶어 한다. 인류가 현재의 혼돈과 위기를 극복하고 조화의 새 시대로 나아가는 데 도움이 되어야 한다는 일종의 사명감도 느낀다.(나는 특히 이 점을 분명히 느끼고 있는데, 이는 이 책을 쓰게 된 주요 이유이기도 하다.) 깨어난 누군가는 나에게 이렇게 말하기도 했다. "이제 분명한 사명감과 목적의식을 갖게 되었어요. 저는 다른 사람들이 깨어날 수 있게 도우며 인간 의식의 진화에 기여해야 합니다."

무위를 즐김: 아무것도 하지 않고 '그냥 존재하는' 능력

깨어난 사람은 아무것도 하지 않기를 무척 좋아한다. 이들은 무위, 고독, 고요에 심취한다. 내 책 『조화로움』에서 나는 이것이 휴머니아(humania, 광기의 상태인 보통 우리 인간의 상태)와 내면이 조화로운 상태 사이의 결정적인 차이 중의 하나라고 했다. 수면 상태, 즉 휴머니아 상태의 사람들은 아무것도 하지 않기가 어렵다. 혹은 자신과 단둘이만 있기가 쉽지 않다. 왜냐하면 그때 내면의 불화와 만나고 생각의 격동과 대면해야 하기 때문이다. 그래서 우리는 몰두할 다른 외부적인 활동이나 관심거리를 강박적으로 찾는다. 그러면 내면, 우리 존재 자체에 집중할 필요가 없다. 하지만 깨어남 상태, 즉 내면이 조화로운 상태라면 그럴 필요가 없다. 내면에 불화도 격동도 없으므로 우리 존재 안에서 편하게 쉴 수 있다. 단지 무슨 일이든 해야 해서, 혹은 그저 주의를 딴 데로 돌리기 위해 일거리를 찾지 않는다. 이제 두려움 없이 고요와 무위를 즐길 수 있다. 이 고요와 무위가 우리를 지극히 행복하고 편하게 한다.

　내가 인터뷰한 사람들 대부분이 그렇다고 했다. 영적 수행과 자기계발로 단계적으로 깨달은 수잔은 "고요한 게 정말 좋아요. 그럴 때면 책도 읽고 그 순간을 즐겨요. 명상도 하면서 더 깊고 새로운 나 자신을 발견하죠."라고 했다. 또 어떤 사람은 이런 멋진 말도 해 주었다. "침묵이 참 아름다워요. 침묵 속에서는 온 우주가 다 보살핌을 받고 있는 것 같아요. 그런 보살핌 속에서 아무것도 하지 않고 그냥 앉아만 있다니 얼마나 좋아요. 제가 가장 좋아하는 시간이죠. 조용히 앉아 있는 일이라면 몇 시간이고 할 수 있어요."

　이들은 그냥 존재만 하면서도 지루함을 느낄 틈이 없다. 8장에서 소개했던 '역동적으로' 깨어났던 사이먼은 이렇게 말했다. "너무 따분해서 한시도 가만히 앉아 있지 못하는 사람들이 있지요. 저는 이제 지루함이나 따분함은 전혀 느끼지 않아요. 일주일에 이틀만 일하면서 나머지 시간에 하는 일이라곤 책을 읽고 산책을 나가고 명상하는 것뿐이죠." 누군가는 혼자 아무리 오래 살아도 절대 외롭지 않다고 한다. "오랫동안 혼자 아무것도 하지 않고 살 수 있게 되었어요. 이렇게 살아도 좋은걸요."

내 경험에 비추어 보아도 분명 그렇다. 나는 어떤 면에서 활동적인 사람이다. 집필 활동이 상당히 활발한 편이고, 대학에서 학생들을 가르치는 일도 하며, 책도 많이 읽는다. 내 아이들과 시간도 많이 보낸다. 그럼에도 나는 고독과 정적을 절대적으로 사랑하고 마지막으로 지루하다 느꼈을 때가 언제였는지 솔직히 기억나지 않는다. 가정을 일구기 전에도 여자 친구 없이, 일정한 직업 없이 혼자 오랫동안 살았지만, 전혀 외롭거나 따분하지 않았다. 그런 점에서 나는 D. H 로렌스의 다음 말에 동의한다.

> 사람들이 외롭다고 하는데 나는 그 의미를 정말 모르겠다.
> 내 뿌리가 모든 것의 중심에 연결되어 있다.
> 그런 나를 방해받지 않고 느끼는 것,
> 그리고 나만의 생각 속에 빠지는 것이 삶에서 가장 큰 즐거움이
> 아닌가…….4

수면 상태에서 사느라 놀거리, 관심거리가 끊임없이 필요한 우리는 마치 약물 중독자 같다. 어떻게 하면 그 필요한 것을 끊임

없이 공급받을 수 있을까 전전긍긍한다. 그리고 한 번씩 약발이 떨어질 때마다 불안해하고 힘들어한다. 이런 짜증 나는 욕구에서 벗어나기만 해도 삶은 훨씬 편해질 것이다.

물질적 축적과 집착에서 벗어남/비물질주의

깨어나면 물질을 *축적하고 싶은* 충동이 사라진다. 물건, 부, 사회적 위상, 성공 혹은 권력을 축적하는 일이 이제 중요하지 않다. 수면 상태에서는 자신이 불완전하고 나약하다고 느끼기 때문에 뭐든 축적하고 싶어 한다. 불안을 느끼는 왕이 끊임없이 성을 쌓고 벽을 강화하는 것처럼 물건을 소유하고 무언가를 성취하고 권력을 잡는 것으로 자아를 강화하려 한다. 그것이 불가능하면 외모나 두뇌와 같은, 자신의 정체성을 이루는 타고난 측면들에 집착하는 경향을 보인다. 그런 것으로 자신이 특별하다고 느끼며 또 나약한 자아를 강화하는 것이다. 그런데 깨어나면 그런 불완전한 느낌과 나약한 느낌이 사라지므로 그런 노력도 더는 필요 없다.

물질 축적을 하지 않게 된 것이 깨어나고 나서 가장 달라진 점이라고 말하는 사람이 많았다. 변형 전에 이들은 부를 축적하고 돈을 쓰는 것으로 내면의 불만을 상쇄하려 했지만, 그런 충동들이 이제 사라졌다고 했다. 마르쿠스는 "부자가 되는 것에만 몰두하는 삶이었다."고 회상했다. 그는 헬스 컨설턴트로서 미국 내 곳곳을 누비며 강연했고 텔레비전에도 정기적으로 출현하며 큰돈을 벌었다.

비싼 차를 몰고 비싼 옷만 입으며 생활용품도 비싼 것만 썼다. 하지만 마음 깊숙한 곳에서는 늘 불행했고, 그 때문에 결국에는 자살까지 생각하는 지경에 이르렀다. 그 후 심리적으로 극심한 혼란의 시기를 겪으며 몇 번 일시적으로 깨어나는 경험을 했다. 그리고 지금은 존재의 영원한 전환을 이루었다. 전환 후 마르쿠스는 자신이 그동안 축적해 왔던 물질들을 대부분 버렸다. 지금은 낡은 중고차 한 대를 온 가족이 나눠 쓰면서도 행복해한다.

사이먼도 "가장 최신의 큰 차와 장비들을 소비하곤" 했지만, 지금은 "그 모든 물질들이 다 연기 속으로 사라졌다."고 했다. 켈리는 "쇼핑을 즐겼고 인테리어 전문 TV 채널에 중독되어 있었다." 그녀는 "뭔가 가지면 기분이 좋아질 것 같았어요. 하지만 지금은 이미 기분이 좋은걸요."라고 말했다.

깨어나면 물건을 축적하려는 욕구가 세상에 공헌하고 싶은 욕구로 변한다. 자신만의 심리적 괴로움을 줄이는 데 쓰던 에너지를 이제 다른 사람의 심리적 괴로움을 줄이는 데 쓰고 싶어 한다. 마르쿠스는 이 변화를 이렇게 표현했다. "삶에서 뭘 얻어 낼까 하다가 이제는 삶에 뭘 줄 수 있을까 생각해요." 참 적절한 표현이다.

자율성: 진정성 있는 삶

수면 상태의 우리는 자신이 태어난 환경의 산물로 살아간다. 우리 문화가 말하는 가치들에 순응하고, 우리 문화가 기대하는 라이프스타일을 기꺼이 따라가려 한다. 하지만 깨어난 사람은 자율적이라 내면이 시키는 일에 집중한다. 깨어난 사람은 문화가 말하는 가치들에서 자신의 정체성을 찾지 않는다. 자신만의 충동을 따라가고 싶기 때문에 오히려 그런 가치들을 거부하기 쉽다. 깨어난 사람은 자신이 선택한 것과 선호하는 것에 대단한 확신을 갖고 있으며, 심지어 조롱받고 적대시되더라도 그런 자신의 선택과 선호를 확고히 한다.(이것은 '내적 확실성'이 강하기 때문이다.) 깨어난 사람은 다른 사람을 기쁘게 하거나 다른 사람이 기대하는 것을 하기보다 자신이 옳다고 생각하는 것을 하며 살아간다.[5]

그런 자율성에 대해 누군가는 이렇게 말했다. "이제 내가 믿는 일을 할 용기가 더 많아졌어요. 앞으로는 다른 사람들이 옳다고 하는 것보다 내가 마음속으로 아는 것, 내 직감이 옳다고 하는 것을 더 신뢰할 겁니다."

킴벌리는 이렇게 말했다. "나만의 리듬과 사이클을 따라가는 게 나한테는 굉장히 중요해요. 예전에는 그런 건 신경도 쓰지 않고 그날그날 매시간 주어진 일을 꾸역꾸역해 나갔죠. 지금은 진짜 나에 가까운 더 진정성 있는 삶을 살고 있어요."

엄밀히 말하면 자율성은 관념적 특징에 더 가깝지만 여기 행동적 특징에 넣은 이유는, 자율성과 그것이 만들어 내는 삶의 방식을 구분하기가 어렵기 때문이다. 사람들은 깨어나면 그동안 진정으로 자신의 삶을 살았던 것이 아니라 사회적 관습에 따라 혹은 다른 사람들을 기쁘게 하려고 살았음을 깨닫는다. 그럼 그때부터 자신만의 충동을 따르며 진정성 있는 삶을 사는 것이 훨씬 더 중요하게 된다. 그런 깨어난 사람을 보고 어떤 사람들은 반항적이라거나 별나다고 할지도 모른다. 사회적 관습과 흐름을 무시하기 때문이다. 깨어난 사람은 단순한 삶을 지향하고 우리 문화가 추구하는 위상이나 가치를 거부한다. 특히 소비지향적인 가치를 거부한다. 깨어난 사람은 현재 인기 있는 텔레비전 쇼를 굳이 보려 하지 않고, 최신 전자제품이나 상품을 굳이 사고 싶어 하지 않으며, 외모나 사회적 지위나 세련된 매너로 사람들의 관심을 끌고 싶어 하지도 않는다. 그렇게 독특하고 사회적 합의에 대항하기 때문에 깨어난 사람은 다른 사람들을 놀라게 할 수도 있다.

이런 특징은 깨어난 사람이 갖게 되는 집단 정체성의 결여와 내적 확실성과도 관계가 있다. 사회적 지위를 잃거나 동료들로부터 거부당하는 것이 두려워 사회가 기대하는 대로 따라가는 사람이 많다. 이들에게는 소속감의 욕구가 자율적인 삶에 대한 욕구보다 강한 것이다. 하지만 깨어난 사람은 그 반대다. 이들에게는 그들만의 충동과 직관을 따르는 것이, 그래서 사람들이 자신을 싫어하더라도, 더 중요하다. "이제 내가 믿는 일을 할 용기가 더 많아졌어요."라고 말하던 그 누구처럼 말이다.

더 단단하고 진실한 관계

자신에게 충실한 삶을 살아가는 시프터를 보고 그 가족이나 친구들은 이기적이라 느낄 수 있고, 때로는 분통을 터트릴 수도 있다. 10장에서 깨어난 후 그런 이유로 관계에 문제가 생길 수도 있음을 살펴보았다. 하지만 일반적으로 깨어난 사람은 더 깊고 더 풍성한 대인관계를 영유한다. 자신에게 충실한 삶이 곧 관계에 대한 충실함으로 이어지기 때문이다.

깨어난 사람이 더 깊은 인간관계를 영유할 수 있는 것은 부분적으로 공감 능력과 자비심이 좋아져 이해심과 참을성이 늘어나고, 따라서 타인을 덜 판단하게 되기 때문이다. 예를 들어 헬렌도 자신이 예전에 비해 "이해심과 자비심이 많아졌기" 때문에 인간관계도 좋아졌다고 했다. 헬렌은 "사람들이 특정 방식으로 행동할 때 왜 그런지 이제 이해합니다."라고도 했다. 그리고 어떤 사람은 "참을성이 많아지고 사람을 덜 판단하기 때문에" 인간관계가 좋아졌다고 했다. 깨어난 사람은 적대감이나 반감이 줄어들기 때문에 좀처럼 싸울 일도 없다. 그레이엄도 "사람 때문에 짜증 나거나 화날 것 같은 일이 생겨도 마음이 미동도 않더군요. 그냥 그러려니 한답니다."라고 했다.

깨어난 사람이 더 깊은 인간관계를 영유할 수 있는 데는 관계에 집중하는 능력이 좋아지기 때문이기도 하다. 누구와 대화를 나누는 데 집중하지 못하고 다른 생각을 하거나 문자를 보내거나 이

메일을 읽는다면, 상대는 (당연히) 거부당한 느낌이 들 것이다. 이것이 불화와 적대감을 부르기도 한다. 하지만 깨어난 사람들처럼 상대에게 온전히 집중한다면 공감과 연대를 만들고 상호 존중과 신뢰를 끌어낸다.

깊은 인간관계는 분명 내적 확실성과도 관계가 있다. 내면이 불안하면 사회적 교류도 보통 자기중심적이 된다. 이때는 혹시 잘못된 행동이나 말로 상대를 기분 나쁘게 하지는 않을까, 나쁜 인상을 주지는 않을까 걱정한다. 그래서 사회적 가면을 쓰고 자신을 좀 더 흥미롭고 매력적인 사람으로 보이게 한다. 하지만 깨어난 사람이 그렇듯 스스로 안심할 수 있다면 자기중심적으로 행동할 필요도, 연기를 할 필요도 없다. 이때 나 자신으로만 향해 있던 초점이 상대에게로 온전히 옮겨 간다. 캘리의 다음 말이 그런 전환을 잘 설명해 준다.

"나는 늘 사람들이 나를 비판하거나 심판하지 않을까 경계하며 방어 태세로 살았죠. 사람들한테 나 자신이 어떻게 보일까 걱정하며 전전긍긍했고, 늘 잘 보이려고 애썼어요. (……) 지금은 그렇지 않아요. 이제는 사람들이 나를 어떻게 생각하는지가 아니라 그 사람들 자체를 볼 수 있어요."

연기하지 않을 때 관계는 친밀해진다. 있는 그대로의 모습과 감정을 드러내다 보면 상대도 그렇게 하게 된다.

깨어남의 강도에 따른 특징들

어떤 사람이 얼마나 깨어났느냐는 지금까지 살펴본 깨어난 사람의 특징들이 얼마나 강한가로 측정될 수 있다. 지각(감각)적으로 그 사람이 현상 세계를 얼마나 생생하게 알아차리는지 혹은 얼마나 현재에 살고 있는지 보고, 그 사람의 깨어남의 정도를 측정할 수 있다. 내면(정서)적으로는 그 사람이 얼마나 행복하며 연민의 감정이 얼마나 강한지, 마음이 얼마나 고요한지, 아니면 죽음을 얼마나 두려워하는지 보면 된다. 이 지각적이고 내면적인 특징들은 사실 깨어남을 논할 때 흔히 말하는 것들이다. 그런데 그에 못지않게 관념(인식)적, 행동적 측면들도 깨어남의 정도를 알아보는 믿을 만한 잣대들을 제공한다. 그러니까 그 사람의 관점이 얼마나 넓은지, 얼마나 감사하고 인정하는 삶을 사는지, 집단 정체성에서 얼마나 벗어나 있는지 보면 된다. 그리고 얼마나 진실한 삶을 살고 얼마나 고요를 즐기는지, 혹은 얼마나 이타적인지를 보고 판단할 수도 있다.

깨어남은 이 네 영역들에서 거의 동시에 일어난다. 지각적, 내면적으로 깨어났지만 관념적, 행동적으로는 깨어나지 못하는(혹은 그 반대인) 경우는 없다. 깨어남의 강도는 이 네 영역에서 그 각각의 특징들로 상당히 공평하게 표현된다.

예를 들어 낮은 강도로 깨어난 사람들을 보자. 이 사람들은 주변 세상이 살아 있고 삶이 의미로 가득하다는 것을 어느 정도 감지할 것이다. 하지만 그런 감지의 원천인, 편재하는 영적인 힘을 직접적으로 알아차리지는 못할 것이다. 그리고 다른 존재들, 자연, 세상과 일반적으로 연결되어 있음을 강하게 느끼지만, 세상과 실제로 하나라고, 혹은 자신이 곧 그 세상이라고 느끼지는 못할 수도 있다. 여전히 머릿속 수다가 심하기는 하지만, 지나갈 하나의 과정임을 잘 알고 그 수다와 자신을 동일시하지는 않는다. 그리고 대체로 만족하고 행복할 테지만, 때로는 어쩔 수 없이 불안, 스트레스, 좌절도 느낄 것이다.

관념(인식)적 면에서는 삶에 여러모로 깊이 감사하다가도 때로는 그런 것들을 당연시할 것이다. 그리고 대체로 보편적인 시각을 갖지만 때로는 개인적인 문제의 좁은 세상에 빠져들기도 할 것이다. 행동적인 면에서는 물질이나 다른 종류의 축적에 대한 집착이 줄어들지만 다 없어지지는 않는다. 그리고 고독과 고요를 즐기지만 때로는 불필요한 활동에 빠져들기도 한다.

이제 강도 높게 깨어난 경우를 보자. 이 사람들은 자신이 가는 곳 어디든 편재하는 영적인 힘을 감지하고 그 힘이 발현/표현된 것이 이 세상임을 본다. 필요할 때 외에는 머릿속 수다 없는 고요한 마음을 유지한다. 온 세상과 그 안의 모든 것들과 하나임을 감지한다. 심지어 자신이 곧 그 모든 것임을 감지한다. 자신이 그 영적인 힘의 현현임을(혹은 그 힘이 스며들어 있음을) 안다. 그러므로 자신이 곧 다른 모든 것들처럼 그 같은 본질(*the same essence*)이 된다. 그리고 흔들림 없이 행복하고 매사에 감사해한다.

관념(인식)적으로는 개인적 삶에서 일어나는 사건과 문제들이 거의 아무런 의미도 갖지 못한다. 그것보다는 사회적·지구적 문제와 고통받는 사람들의 문제가 확실히 더 크게 느껴진다. 물질, 부, 성공, 혹은 명성을 얻고 싶다는 충동을 전혀 느끼지 않는다. 존재하는 것 자체로 만족하고 자신과 평화롭게 공존하며 순간에 살고 세상 안에서 산다. 동시에 다른 사람들, 존재들, 자연, 우주과도 화목하게 살아간다.

11장 끝에서 우리는 진짜 스승과 가짜 스승을 구별해 본 바 있다. 지금까지 살펴본 깨어난 사람의 특징들도 그런 구별에 도움이 되길 바란다. 깨어났다고 주장하면서 지금까지 살펴본 특징들을 모두(최소한 거의 모두) 드러내지 않는다면, 자기 망상에 빠진 사람이거나 사기꾼일 가능성이 크다. 우주와 합일되었다고 주장하는 사람, 축복 상태에서만 살아간다고 말하는 사람, 마음이 절대적으로 고요하다는 사람, 자신의 지혜가 사람들을 자유롭게 한다고 말하는 사람들이 있다. 하지만 그런 사람이 부자가 되고 싶어 하거나 권력을 갖고 싶어 하거나 사람들을 휘두르고 싶어 하는 등의 탐욕을 갖고 있다면, 혹은 비도덕적인 행위를 하거나 자비심이 없고 이기적이라면, 모욕을 느끼는 것 같다면, 집단 정체성을 강화한다면,

13장 깨어남의 의미

혹은 다른 집단에 대한 편견이나 적대감을 보인다면 일단 의심해
봐야 한다.

깨어남의 메타 특징 두 개

    분리된 에고, 자동 인식, 내면의 불화, 집단 정체성 같은 보통
상태의 특징들이 수면 상태의 자아 체계에서 나왔다면, 이 모든 깨
어난 사람의 특징들은 깨어난 상태의 자아 체계에서 나온다. 그렇
기 때문에 이 모든 특징들이 서로 긴밀하게 연결되어 작동하는 것
이다. 그렇다면 깨어난 사람의 이 모든 특징들이 기본적으로 깨어
난 자아 체계의 근본 특징들에서 나온다 할 수도 있을 것이다.

    그런 깨어난 자아 체계의 근본 특징들을 깨어남의 메타 특징
이라 해 보자. 이 메타 특징들로부터 지금까지 살펴본 다른 다양한
특징들이 나온다. 이 근본 특징들은 다른 특징들을 불러일으키기
도 하지만, 그 자체로 하나의 특징이 되기도 한다.

    나는 그런 메타 특징(깨어남의 근본 특징들)으로 두 가지를 발견
했다. 그 첫째이자 가장 중요한 특징이 바로 경계가 흐려져 자유롭
게 왕래가 가능해진다는 것이다. 이 특징 덕분에 분리, 결핍, 나약
함이 아니라 연결의 느낌이 만들어진다. 이 특징(경계가 흐려짐=에고
의 분리가 사라짐)은 그 자체로 깨어남의 특징이 되는 동시에 다른 많

은 깨어남의 특징들을 불러일으킨다. 예를 들어 공감 능력, 자비심, 내면적 확실성, 내면의 안정, 죽음을 두려워하지 않게 됨, 집단 정체성에 대한 욕구가 사라짐, 보편적인 정체성, 이타주의, 비물질적인 라이프스타일 같은 특징들이 그것이다. 이 모든 특징들은 대체로 연결성을 더 많이 감지하게 된 것, 혹은 강해지고 싶고 지지받고 싶은 에고의 욕구가 사라진 것과 관계가 있다.

깨어난 상태의 두 번째 메타 특징은 바로 고요한 내면이다. 이 특징은 깨어난 상태의 지각(감각)적 특징들과 강하게 연결되어 있다. 머릿속 수다가 사라질 때 직접 지각이 가능해지고 에너지가 강화된다. 그리고 훨씬 더 현재에 살게 되고, 그럼 주변 세상에 온전히 집중하게 된다. 이 고요한 내면은 아무것도 하지 않고 존재하는 능력, 즉 고요와 무위를 즐길 수 있는 능력도 강화한다. 머릿속이 수다로 가득하다면 늘 뭐든 하고 움직여야 한다. 그런 수다가 야기하는 내면의 불화가 싫기 때문에 주의를 돌려 줄 다른 집중 거리를 찾을 수밖에 없다.

이 두 메타 특징도 당연히 서로 연결되어 있다. 내면이 고요한 것은 분리를 느끼지 않게 되었기 때문이다. 분리되어 있다고 느끼는 에고는 자아에 빠져 자아만 생각하기 쉽다. 하지만 그렇게 분리감을 초월할 수 있는 것은 내면이 고요하기 때문이기도 하다. 머릿속 수다는 에고도 자아의 경계선도 강화한다.

앞에서 살펴본 깨어남 상태의 여러 특징들 중 몇몇은 이 두 가지 메타 특징들이 함께 관여한 결과들이다. 예를 들어 평화/안녕/행복의 느낌은 대체로 에고의 분리 때문에 일어나는 불안감과 불완전한 느낌이 사라진 결과이고, 동시에 부정적인 사고 패턴 같은 머릿속 수다가 야기하는 정신적 문제에서 벗어난 결과다. 행복의 느낌은 에고 초월에 의해 우리의 더 깊은 존재 그 광활한 빛과 연결된 결과다. 마찬가지로 이타주의 또한 에고 초월이 야기하는 강한 연결의 느낌과 공감 능력 때문이기도 하고, 끊임없이 이어지는 머릿속 수다에 휘둘리지 않기 때문이기도 하다.

마지막으로 지각을 자동적으로 하지 않게 되는 것도 내면이 고요해진 결과이기도 하고, 동시에 깨어난 상태의 자아 경계가 약해져 자아 자체가 전체적으로 부드러워지고 중요하지 않게 되었기 때문이기도 하다. 수면 상태에서는 자아 체계의 경계선과 그 구조를 강하게 유지하고 그 속에서 일어나는 머릿속 수다를 먹여 살리는 데 엄청난 에너지가 소비된다. 하지만 깨어난 자아 체계는 그런 유지에 에너지를 쓰지 않아도 되며, 따라서 지각에 더 많은 에너지를 쓸 수 있다.

'영원의 심리학'을 다시 생각하다

내가 연구를 통해 알아낸, 깨어남 상태의 주요 특징들이 본질적으로 2장에서 살펴본 세계 주요 영성 전통들이 말하는 깨어 남 상태를 보여 주는 주요 특징들과 같다는 것은 매우 의미심장하 다.(기억을 돕자면 그 주요 특징들로 합일, 내면의 고요, 무상, 자족, 자비심, 이 타주의, 개인적 욕구의 소멸, 고양된 지각 능력, 행복의 느낌 등이 있었다.) 이런 동시성(synchronicity)은 이 영적 전통들이 하는 말의 타당성을 증명 해 주는 동시에, 깨어남이 그런 전통들 밖에서도 일어나고 있음을 보여 주고, 나아가 깨어남이 그런 전통들보다 더 근본적인 것임을 말해 준다. 다시 말해 깨어남이 기본적으로 심리적 혹은 존재론적 인 상태임을 시사한다. 그런 상태가 영적 전통들의 입장으로 해석 될 수도 있지만, 꼭 그럴 필요는 없다.

신학자들과 초개인 심리학자들은 오랫동안 과연 '영원 철학' 이 있을 수 있는가에 대해 논쟁해 왔다. 영원 철학이란 세계 종교 들과 영적 전통들이 공통적으로 갖고 있는 핵심 요소를 논하는 철 학이다. 영원 철학적 관점에서 보면 모든 영적 가르침들 그 배후에 는 기본적으로 하나의 진리가 숨어 있다. 이 하나의 진리가 조금씩 다른 방식으로 표현되고 있는 것이다. 세계 종교들이나 영적 전통 들은 표면적으로는 서로 달라 보이지만, 실은 같은 정상으로 이어 지는 서로 다른 등산로와 같은 것이다.

한편 이런 영원 철학(영적 전통들이 공통적으로 갖고 있는 핵심 요소) 의 존재를 의심하는 사람들도 있다. 이들은 영적 신비주의 전통들 이 서로 독립적이라고 믿는다. 공통의 산은 없고, 모든 등산로는 각각 다른 정상을 향하며, 각각 다른 방향으로 나 있다. 이들 사이에 공통점이 보이는 것은 그동안 서로 접촉하며 영향을 주었기 때문이다. 예를 들어 고대 인도『우파니샤드』의 가르침은 중세 기독교 신비주의자 마이스터 에크하르트의 가르침과 비슷하다. 마이스터 에크하르트의 신성(Godhead) 개념은『우파니샤드』의 브라흐만 개념과 매우 유사하다. 마이스터 에크하르트는 인간 영혼의 그 가장 깊은 곳으로 내려가 보면 인간은 신과 하나라고 보았고,『우파니샤드』도 아트만과 브라흐만이 하나라고 보았다. 그렇다면『우파니샤드』의 성자들과 마이스터 에크하르트가 인간 영혼의 깊은(혹은 높은) 본질을 똑같이 탐구했고, 그것을 각자가 속한 문화에 맞는 말로 설명했다고 볼 수 있다. 하지만 영원 철학에 반대하는 사람들은『우파니샤드』의 성자들이 그리스인 여행자들과 만났고, 그래서 그들의 가르침이 그리스 신플라톤주의 철학자들(예를 들어 플로티누스의 철학도『우파니샤드』의 그것과 유사하다.)에게 넘어 갔다고 주장한다. 그리고 이 신플라톤주의 철학자들이 기독교 신비주의자 마이스터 에크하르트에게 영향을 준 것이라고 말이다.

내가 보기에 이것은 그다지 신빙성이 없다. 첫째, 그런 주장에 걸맞은 연결 고리가 있었다고는 해도, 그 원래 가르침이 수 세기가 흐르는 동안 그대로 남아 있을 수는 없다.(마치 말 전달하기 놀이에서처럼 맨 뒷사람에게 가서는 전혀 다른 문장이 나올 수밖에 없다.) 영원 철학을 증명하는 무엇보다 가장 좋은 방법은 이 책에서 우리가 해 왔듯이 그런 영적 전통들의 밖을 보는 것일 테다. 내 연구의 참여자 대부분은 깨어날 당시 그 어떤 영적 전통도, 그 어떤 수행 방법도 모르고 있었다. 그럼에도 이들은 수많은 신비주의 전통들이 하는 말과 유사한 말을 했다. 이들 중 일부는 깨닫고 나서 그런 전통들을 알게 되었는데도 말이다.(깨닫고 몇 년이 지난 후에야 그런 전통들의 존재를 알게 된 사람도 있다. 그리고 알게 되었다고 해도 겉핥기식인 경우도 적지 않았다.) 이것은 그런 영적 전통들의 해석에 선행하는, 그 어떤 근본적인 경험 혹은 영원한 형태의 풍경이 존재함을 강하게 암시한다.

영원 철학을 거부하는 사람들은 영적 경험이란 영적 전통들의 관념과 믿음에서 나온다고 본다. 하지만 영적 경험이 그런 전통에 대한 지식이 전혀 없는 사람에게도 일어난다면 그런 관점은 분명 틀린 것이 된다. 일시적인 깨어남도 종종 영적 전통들의 문맥 밖에서 그것들에 대한 지식이 전무한 사람들에게 일어난다.(내 연구에 따르면 깨어남은 심리적 격변, 자연과의 접촉, 명상, 예술 작품을 보거나 듣는 일로 가장 흔하게 일어난다.[6]) 깨어남 경험을 하는 아이들의 경우도 마찬가지다. 아이들은 보통 5~15세에 깨어남 경험을 하지만 빠르면 3세에도 가능하다.[7] 이런 깨어남을 분명히 문화적인 영향 때문이라고 할 수는 없을 것 같다. 문화적 개념이나 믿음들을 정신적으로 흡수할 역량이 아직 안 되는 아이들이 어떻게 그런 영향을 받을 수 있겠는가?

깨어남은 모든 시대 모든 문화에 걸쳐 모든 사람에게 일어날

13장 깨어남의 의미

수 있고, 또 일어났다. 문화 구분 없이 모든 사람이 깨어나는 경험을 했고, 그것의 빛나는 풍경을 풍성하게 경험하며 탐구했다. 단지 각자가 속한 문화가 가진 믿음과 관례에 따라 그 경험들을 조금씩 다른 방식으로 해석하고 개념화했을 뿐이다. 불교에서는, 아마도 재생을 믿는 인도 문화의 영향으로 깨어남이란 더 이상 카르마를 생성하지 않고, 따라서 더 이상 재생하지 않는 상태라고 했다. 하지만 인도에서보다 동적이고 포용적인 중국 고대 문화에서 깨어남은 도에 맞는 삶, 도와 조화를 이루는 삶으로 이해되었다. 한편 유대교, 수피, 기독교 같은 사원 문화에 익숙한 사람들은 깨어남을 좀 더 초월적인 용어로 이해했다. 이들에게는 (중국에서는 도, 인도에서는 브라흐만으로 규정된) 편재하는 영적인 힘을 신으로 해석하는 것이 더 자연스러웠다. 이들은 그 힘을 신성한 에너지로 보았고 신으로 보았다. 그리고 그 신과 하나가 되는 것이 영적 계발의 최종 목표였다.

어떻게 보면 현대는 영적 수행자들에게 좀 더 우호적인 환경을 제공한다. 우리는 이제 탈종교 문화에서 살기 때문에 깨어남을 종교적 프리즘/형이상학적 틀로만 해석하지 않아도 된다. 물론 순수 경험이 가능하다는 생각은 순진한 발상이다. 어느 정도의 해석은 언제나 따라온다. 모든 현상은 그것이 일어난 문화 안에서 존재하므로 문화적 영향에서 자유로운 현상은 없다. 하지만 분명 해석의 정도의 많고 적음은 있다. 깨어남을 영적 전통들 밖에서 볼 때

덧붙여진 해석의 층들이 없는 좀 더 순수한 형태를 볼 수 있다. 종교적·영적 전통들에 의해 걸러지고 제작되기 전 그 원료를 보는 셈이다.[8]

깨어난 사람이 보는 세상

앞의 두 장을 읽었으니, 깨어나면 말 그대로 완전히 다른 세상에 살게 된다는 것을 이제 분명히 알게 되었을 것이다.

수면 상태에서 우리는 우리가 세상을 있는 그대로 보고 있으며, 삶에 대한 관점도 객관적이고 사실이라고 가정하는 경향이 있다. 이것은 현대 물질주의 과학의 기초를 이루는 가정이기도 하다. 사실 현대 물질주의 과학은 기본적으로 수면 상태를 그대로 보여 주는 패러다임이다. 이 패러다임에 따르면 실재하는 것은 물질뿐이고, 그 물질의 움직임과 상호 작용으로 모든 현상을 설명할 수 있다. 의식은 뇌 활동(혹은 인식적 망상)으로 설명할 수 있고, 진화는 무작위 돌연변이나 자연 도태로 설명할 수 있으며, 인간 행동은 유전자와 신경과학으로 설명할 수 있다. 세상은 기본적으로 물질이며 우리는 생물 기계일 뿐이다. 우리 정체성처럼 보이는 것들과 의식 모두 뇌 활동의 산물이므로, 그 뇌가 죽은 후의 세계는 상상 불가다. 뇌가 죽으면 의식은 무(nothingness)가 된다. TV를 끄면 그 속

13장 깨어남의 의미

의 그림이 사라지는 것처럼. 이런 세계관은 수면 상태가 투사된 세계관이다. 이런 세계관이라면 당연히 그 속에서 일어나는 가치 판단도 매우 우울할 수밖에 없다. 예를 들어 물질주의 속 우주는 기본적으로 목적도 방향도 없다. 인생은 무의미하며, 인간은 기본적으로 이기적이다.

이런 가치관은, 마찬가지로 수면 상태를 투사하는 실존주의 철학에도 비슷하게 드러난다. 실존주의에 따르면 삶의 의미란 것이 원래부터 존재하지 않는다. 단지 우리 스스로 선택하고 행동해서 만들어 낸 의미가 있을 뿐이다. 삶 그 자체로는 무의미하고 부조리할 뿐이고, 세상과 다른 인간 존재들은 타자로서 존재할 뿐이다. 세상은 기본적으로 텅 비어 있고 우리에게 무관심한데, 우리는 불행하게도 그곳에 떨어져 죽을 때까지 살아야 하며, 죽고 나면 다시 '무'로 돌아간다.

장 폴 사르트르, 알베르 카뮈 같은 실존주의 철학자들과 일부 현대 물질주의 과학자, 철학자들은 명석하고 똑똑한 사람들이다. 그래서 이들이 자신들의 그런 세계관이 얼마나 객관적인지를 결코 의심하지 않았다는 건 매우 이상한 일이다. 자신들이 그렇게 자명하다고 믿었던 세계관이 자신들이 처해 있던 특정 존재 상태가 만들어 낸, 세상에 대한 단지 *하나의 관점*이라는 생각은 하지 않았던 듯하다. 다른 관점, 다른 존재 상태에 이르면 세상이 완전히 다른 장소가 된다는 것을 이들은 정말 몰랐던 걸까?

깨어나면 세상은 물질로만 이루어진 죽은 장소가 아님을, 삶은 의미와 목적으로 가득함을, 우주는 우리에게 절대 무관심하지 않음을 알게 된다. 깨어나면 의식이 단지 뇌의 작용이 아니라 우주의 근본 성질이며, 그 우주의 의식이 우리 개인들에게 흘러 들어옴을 알게 된다. 우리가 분리되어 있지 않고 다른 모든 생명체, 물질, 우주 전체와 같은 본성을 공유하고 있음을 알게 된다. 그리고 삶의 의미가 드러난다. 그 의미는 말로 꼭 집어 설명할 수는 없지만(최소한 직접 설명은 불가능하다.) 분명 감지할 수는 있다. 깨어난 우리는 하늘을 올려다볼 때도 그 속에 있는 선하고 조화로운 기운을 느낀다. 산책을 할 때도 주위를 온통 감싸는, 나무와 들판에서 흘러나오는 삶의 의미를 느낀다. 그 의미가 우리와 다른 사람들 사이를 온기와 사랑으로, 혹은 빛나는 연결의 느낌으로 흐르고 있음을 감지한다. 그리고 우리 안에서 밝게 빛나며 행복한 우리 가장 깊은 존재도 감지한다. 깨어나면 세상의 근본 성질이 조화와 의미와 사랑임을 알게 된다.

그런데 잠깐, 깨어난 사람이 보는 이런 세상도 그냥 하나의 관점이라면 어떨까? 수면 상태의 관점이나 깨어난 상태의 관점이나 어느 쪽이 더 타당하다고 할 수는 없지 않을까? 다른 관점들보다 더 진리인 관점이 과연 있을까?

여기서 중요한 것은 깨어난 상태에서 보는 세계는 세계에 대한 더 강렬한 알아차림에 기초한다는 것이다. 이 세계관은 지각이

13장 깨어남의 의미

열리고 확장된 결과다. 한계가 분명하고 흐릿한 지각, 그 일반적인 메커니즘이 무너진 결과다. 그리고 감각적 알아차림 능력이 강해진 결과다.(그래서 세상이 더 생생하게 실재한다.) 또한 관념적 알아차림 능력이 강해진 결과다.(그래서 관점이 넓어지고 보편적이 된다.) 깨어난 상태의 세계관은 그러므로 더 타당하다고 할 수 있다. 이것은 디테일이 살아 있는 파노라마 풍경 사진이 좁은 화각에 흔들린 풍경 사진보다 더 사실에 가까운 것과 마찬가지다.

자연적인 깨어남

상태에 있는 아이를

지금까지 나는 깨어난 상태를 존재의 더 높은 상태로, 점점 더 많은 사람이 경험하고는 있지만 여전히 상당히 드문 상태로 묘사해 왔다. 그리고 극심한 심리적 격변 후 깨어나는 사람도 있고, 수년간의 수행을 통해 단계적으로 깨어나는 사람도 있다고 했다. 그런데, 어떤 의미에서 보면 우리는 모두 깨어난 사람들이다. 기억하는 한 늘 잠만 자고 있었다고 해도 말이다.

어른이 되어 잊어버리긴 했지만 우리는 모두 어릴 때 자연적 깨어남 상태를 경험해 보지 않았을까? 어른으로서 (어쩌다 혹은 영적 수행을 통해) 깨어나게 되면 사실상 아이의 상태로 돌아가는 것 아닐까? 영적 발전이란 결국 한 바퀴 돌아 잊어버렸던 것을 되찾는 것인가?

누구나 유년기에는 높은 영적 능력과 강렬한 감각 능력을 가지며 자연스럽게 즐길 줄 안다. 윌리엄 워즈워스도 분명 자신의 시 「불사의 암시」에서 "유년에는 얼마나 천국이 여기저기 널려 있는지", 어른이 되면서 어떻게 "감옥의 그림자가 덮이기 시작하고" 세상이 "일상의 빛 속으로 사라지는지" 묘사했다.[1] 유사하게 17세기 시인 토머스 트러헌(Thomas Traherne)도 자신의 유년기에 대한 이런 유명한 글을 남겼다.

"귀하고 귀하며 아름답고 유쾌하다. 말로 표현할 수 없을 정도로. (……) 그 문들 중 하나를 통과하며 처음 초록의 나무들을 봤을 때 나는 돌연 무아지경의 황홀감에 빠졌다. 그 비범한 아름다움과 달콤함에 내 심장이 뛰었는데, 급기야 나는 그 엑스터시 속에서 미쳐 버릴 것 같았다. 그렇게나 이상하고 그렇게나 멋졌다."[2]

유년기와 깨어남 상태를 같다고 여기고 영적 계발이란 사실 유년기의 회복이라고 보는 전통들이 있다. 2장에서도 보았던 『도덕경』은 "아이 상태로 돌아갈 것"을 충고하며 "도의 특성을 풍부하게 갖고 있는 사람은 아이와 같다."[3]라고도 했다. 도가에서는 아이의 즉흥성, 호기심, 열린 마음, 도를 따르는 자연스러운 삶을 되찾는 것이 영적 계발 목표 중 하나다. "어린아이가 되지 않으면 결코 천국으로 들어가지 못한다."[4]는 예수의 말도 잘 알려져 있다. 여기서 "천국"이란 영적으로 깨어난 상태의 행복감과 경이로움을 표현한 것이다.

하지만 이 모든 것은 어린아이의 상태를 너무 이상화한 것일지도 모른다. 예를 들어 철학자 켄 윌버는 아이들의 경우 "에고 생성 이전" 단계에 있기 때문에, 진짜 영적으로 깨닫는 경험은 할 수 없다고 말한다. 초개인적인 영적 상태에 이르기 위해서는 먼저 에고가 계발되어야 한다. 그러므로 성인만이 초개인적인 영적 상태에 이를 수 있다. 윌버는 유아 상태와 깨어난 상태 사이에 유사점이 없지는 않다고 인정했다. 예를 들어 에고 분계선이 없으므로 자아와 주변 환경의 구분도 없다. 하지만 윌버도 지적했듯이, 이것이 신비주의자들이 경험하는 우주와의 합일 상태라고 보기는 어렵다. 분리된 자아가 없는 상태에서 분리를 초월할 수는 없는 것이다. 아이들은 단지 안개 같은 무의식적 경험들 속에 빠져서 단순한 탈분화를 겪고 있는지도 모른다. 이것을 합일이라고 볼 수는 없다.[5]

그런데 내 생각에 윌버의 모델은 조금 계급적이고 직선적이다. 깨어남은 우리보다 훨씬 높은 그 어떤 거대한 산맥이 아니고, 그 산맥이 꼭 어른들 앞에만 있는 것도 아니다. 영성 발전의 초기 단계에도 깨어남으로의 접근은 충분히 가능하다. 비록 좀 다른 양상을 보이더라도 말이다.

깨어남 상태는 모순적이다. 한편으로는 비범하다. 세상이 갑자기 경이로울 정도로 실재하고 아름다우며 삶은 멋진 모험이 된다. 하지만 동시에 평범함 그 자체다. 이 세상 밖의 것이라기보다는 오히려 이보다 더 이 세상스러울 수가 없다. 그만큼 자연스럽고 그만큼 편하다. 쉴 수 있는 진짜 집으로 마침내 돌아온 듯하다. 그리고 우리는 생각한다. '그렇지, 바로 이래야 하는 거지!' 깨어남은 우리 존재의 가장 근본적이고 본래적인 것, 즉 우리 영혼의 요체이자 다른 모든 존재의 요체와 연결되는 것이다. 그래서 깨어남이 그렇게나 자연스럽고 평범하게 느껴진다.

그런데 깨어남이 그토록 평범하고 자연스럽게 느껴지는 이유는 어쩌면 이미 이 생에서 어린아이일 때 한번 깨어나 본 적이 있기 때문이 아닐까? 우리는 그 깨어난 상태에서 시작했지만, 어른이 되고 에고가 만들어지면서 그 상태에서 벗어났다. 그리고 어른이 되어서 깨어날 때도 그 상태로 돌아간다. 물론 더 깊고 더 완전한 형태로.

아이들의 깨어남 경험

아이들은 일시적으로 깨어나는 경험을 어른들보다 훨씬 더 흔하게 한다.(이 점이 앞 장 끝부분에서 언급했던 '영원 철학'의 근거가 되기도 한다.) 어떤 연구는 7세 이하의 아이들이 '신 경험(numinous)'을 흔하게 한다고 하고,[6] 또 어떤 연구는 십 대의 약 절반이 워즈워스 등이 경험했던 '자연 신비주의(nature mysticism)'와 유사한 경험을 한다고 말한다.[7]

나는 아이들의 깨어남에 대해 개인적으로 따로 연구하지는 않았으므로 대부분 2차적 자료에 의지해 이야기를 풀어 나가려 한다. 하지만 직접 전해 들은 이야기도 없지는 않다. 예를 들어 닉키는 11살 때 교회 합창단에서 노래를 부르다가 깨어났다고 했다. 닉키는 "우주와 하나가 되어 행복감에 빠졌지요. 세상이 온통 황금빛 아우라를 내뿜었고 모든 색들이 마치 보석처럼 선명했고 강렬했어요."라고 말했다.

현재 오십 대인 조도 처음 학교에 다니기 시작한 4살 즈음 유사한 경험을 했다.

"나는 현관문을 나와 폴짝거리며 거리로 나갔어요. 그리고 자문했죠. '내가 정말 여기에 있다는 게 믿기지 않아! 나 어디서 온 거지? 어쩌다 여기에 오게 된 거야?' 그 질문이 채 끝나기도 전에 모든 것이 해체되는 느낌이었어요. 몇 집 건너 친구 집 앞에 있던 전봇대를 봤는데 생명력과 에너지가 고동치고 있더군요. 길바닥도 마찬가지였어요. 나 자신을 봤어요. 나도 그 고동치는 에너지로 만들어져 있더군요. 시간조차 해체됐어요. 모든 것이 비현실적이고 환상 같았고, 난 모든 것을 꿰뚫어 봤어요. (……)

근처 잔디밭에 누워 하늘을 봤어요. 그리고 바로 그때 모든 것과 하나가 되었죠. 궤도를 돌고 있는 지구가 느껴졌어요. 지구를 알게 된 거죠. 그리고 땅속으로 녹아 들어갔어요. 모든 것이 더 생생하고 밝고 새롭게 느껴지긴 했지만, 보통 때의 모양을 하고 있었죠. 그 순간 나는 모든 것이 모든 순간에 새롭게 만들어지고 있다는 걸 이해했던 거 같아요. 거기에 나는 없었어요. 나는 그냥 막 웃기 시작했죠. '다른 사람들도 이걸 알 텐데 왜 다들 모르는 척하고 있었던 거지?'라고 생각했어요."

그런 의식 상태는 며칠 더 지속되었다. 그런데 조는 부모님에게 그것에 대해 말하는 실수를 하고 말았다. 부모님은 당연히 그런 상태를 이해할 수 없었고, 조를 의사에게 데리고 갔다. 의사는 조를 아동 정신과 의사에게 보냈으며, 조는 약을 먹어야 하는 비극적인 사태에 이르고 말았다.(깨어남이 어떻게 병이 되는지 잘 보여 주는 예다!) 그럼에도 조는 십 대에 잦은 유체이탈을 포함한 여러 기묘한 의식 상태를 경험했다. 그리고 그즈음에는 "물론 그런 경험에 대해 함구해야 한다는 것도 잘 알고 있었다."

아이들은 고강도 깨어남 경험을 정기적으로 하기도 하지만, 그런 상태를 안정적으로 유지하기도 한다.

아이들의 지각(감각)적 깨어남

아이들은 지각(감각) 면에서 가장 분명히 깨어난다. 강렬한 감각, 고양된 지각 상태는 아이들, 특히 어린아이들에게는 흔하다. 우리의 유년기만 돌아봐도 알 수 있다. 그때는 세상이 얼마나 밝고 휘황찬란했던가? 그리고 별거 아닌 것들이 얼마나 이상해 보이고 얼마나 대단해 보였던가?

몇 년 전 내 어머니가 손주들에게 주겠다고 내가 어릴 때 갖고 놀던 장난감들을 다락방에서 꺼내 가져온 적이 있다. 그때 나는 흥미로운 경험을 하나 했다. 어머니는 집짓기 블록 상자 하나와 내가 껴안고 자곤 하던 인형들 몇 개, 오래된 책 몇 권 그리고 축구 잡지들을 갖고 왔다. 어머니가 그것들을 보관하고 있을 줄은 몰랐고, 그것들을 마지막으로 본 지 30년이 넘은 것 같았다. 나는 그것들을 이리저리 살펴보다가 내 어린 시절의 기적 같던 세상 속으로 빠져들었다. 다시 일고여덟 살이 되어 꼭 그때처럼 그것들을 경험했다.

살아 숨 쉬는 것 같던 그 장난감들이 나를 더할 나위 없이 흥분시켰지만, 그 강력함의 정도는 사실 말로 설명할 수 없을 듯하다. 잡지들은 지금 보면 엉성하고 조잡하지만 나는 그 밝음, 풍성함, 색의 대비, 그림들에 한껏 고취되었다. 낡은 블록 상자를 열었을 때 어린 나에게 그것들이 얼마나 멋지고 탐나는 것들이었는지 생생하게 떠올랐다. 표면은 광택을 띠었고 부드러웠다. 서로 아귀가

14장 자연적인 깨어남

딱딱 들어맞는 모습은 완벽하기 그지없었으며, 찬란한 빛을 뿜어내는 색깔 등 모든 것이 놀랍기만 했다. 그 블록들로 집을 짓고 자동차를 만들면서 내가 얼마나 흥분했고 행복했는지 분명히 기억났다.

나는 단지 어린 시절의 향수에 젖어 있었던 것이 아니라, 그때처럼 그 장난감들을 실제로 경험하고 있었다. 그러는 내내 어느 정도 감각적 깨어남 상태에 있었던 듯하다. 나는 평소에도 내 주변에서 벌어지는 현상들이 얼마나 생생하고 아름답고 또 기묘한지 보고 놀라곤 하지만, 어릴 때 내가 감각적으로 얼마나 *더 깨어 있었는지* 깨닫고 나니 상당한 충격이 전해졌다.

어린아이들(혹은 당신의 아이들)과 시간을 보내다 보면 아이들의 지각 능력이 얼마나 강한지 알아챌 것이다. 나는 우리 첫째 아이 휴에게서(이 글을 쓰는 지금 휴는 열세 살이다.) 특히 그런 경험을 많이 했다. 휴는 자신이 감지한 것을 매우 시적으로 표현하는 아이였다. 한번은 비 오는 날 유치원으로 가던 중이었는데, 집마다 달린 배수관을 통해 비가 흘러내려 오다가 바닥에 부딪히며 튕겨 나가는 모습을 보더니 "아빠 보세요. 비가 춤을 추고 있어요!"라고 했다. 그 몇 달 후 여름에는 정원에서 놀다가 잔디에 놓여 있던 책의 책장이 바람에 날리는 것을 보고 "아빠 보세요. 바람이 책을 읽고 있어요!"라고도 했다.

휴가 막 걷기 시작했을 때, 나는 그 아이와 어디를 가려고만 하면 시간이 하염없이 걸리는 상황에 감탄 아닌 감탄을 하곤 했다. 걸음이 느린 것도 있지만, 그보다는 휴가 주변을 일일이 살펴보느라 걸음마다 멈추곤 했던 것이다. 골프장을 빙 둘러서 우체국에 갈 예정이라면 보통 십 분이면 되는 길이 삼십 분이나 걸리곤 했다. 휴는 큰 나무, 작은 나무, 돌, 이파리, 물웅덩이를 일일이 살펴보고 만져 보느라 앞으로 나아가지 못했다. 그럴 때면 심지어 과자 봉지나 음료수 병도 내팽개쳤다. 어린 휴에게는 모든 것이 매혹적이었다.

이것은 어린아이들과 함께할 때 좋은 점이다. 우리가 잊어버린 것들을 아이들이 알려 준다. 존재의 신비, 작은 것들에 주의를 집중하며 얻을 수 있는 기쁨, 그리고 머릿속 수다에 빠진 채 목표 지점으로 날아가는 화살처럼 달려가는 대신 시간을 내어 멈추고 볼 때 오는 기쁨 등을 알려 준다. 아이들은 우리 안에서 잠자고 있는 감각들을 깨워 준다. 사실 아이들과 시간을 보내다 보면 우리 스스로 다시 아이가 된다. 아이들의 눈으로 세상을 본다.

『잠에서 깨어나기』에서 나는 에드워드 로빈슨(Edward Robinson)의 『최초의 통찰(*The Original Vision*)』이나 에드워드 호프만(Edward Hoffman)의 『순수한 미래(*Visions of Innocence*)』 같은 책들을 소개했다. 이 책들에는 어린 시절의 강렬하고 선명한 지각을 말하는 어른들의 이야기가 많이 나온다. 어린 시절 이들은 주변 세상이 보여 주는 그 생생함과 기묘함에 늘 놀랐고, 세상이 조화롭고 자애로운 곳임을 감지했다. 발달 심리학의 세계적 권위자 앨리슨 고프닉(Alison Gopnik)도 아기들이 "실제로 우리보다 훨씬 더 많이 훨씬 더 강렬하게 지각한다."[8]고 했다. 그는 시인과 과학자들에게 영감을 주고 우리 어른들이 때로 여행이나 명상을 통해 경험하는 "경외감"을 아이들의 강렬한 지각 능력과 비교했다. "여행, 명상, 낭만적인 시가 아기들이 경험하는 감정이입에 입각한 직접 감각을 맛보게 한다."[9]는 것이다. 고프닉은 아기들과 어린이들의 지각 능력을 설명하면서 "등불 의식(lantern consciousness)"이라는 말을 썼다. 이 등불 의식이 "매일의 파노라마를 생생하게 비춰 준다." 그리고 고프닉은 그때 우리가 때로 종교적·미학적으로 경험하는 "엑스터시/희열"과 유사한 경험을 한다고 했다.[10]

아이들이 왜 그렇게 강렬한 감각 능력을 갖는지는 이미 설명한 바 있다. 아이들은 우리 성인들이 경험하는 자동 지각 메커니즘을 아직 갖고 있지 않다. 강력한 에고 중심의 자아 체계가 돌아가는 데 꼭 필요한 바로 그 메커니즘 말이다. 강한 자아 체계가 아직 계발되지 않았기 때문에 어린아이들의 지각 능력은 그렇게나 항상 강하고 직접적이다. 아이들은 (고프닉이 주장하듯) 우리 어른들이 거의 보지 못하는 풍성하고 기묘한 세상에, 그리고 그 세상 속 순간순간 벌어지는 일들에 지속적으로 열려 있다.

게다가 우리 어른들처럼 머릿속 수다에 빠져 있지 않다는 것도 의미심장하다. 아이들은 분리를 느끼지 않으므로 자기 머릿속에서 자신과 얘기하지 않는다. 그래서 어른들보다 더 직접적이고 즉각적인 경험들을 하면서 어른들보다 더 *세상 속에서* 살아간다. 그러므로 어린아이들은 현재의 자연스러운 상태에 있다고 말할 수 있다. 어디에 있든 무엇을 하든 아이들은 항상 그 순간에 집중하며, 경험의 세상에 온몸과 마음을 던진다.

다른 특징들

아이들이 분명히 깨어 있음을 말해 주는 다른 특징들도 많다. 특히 자연스럽게 행복을 감지한다는 점이 그렇다. 부모라면 누구나 알듯이 아이들은 감정이 요동친다. 특히 심리학에서 말하는 충동적인 시기에는 뜻대로 되지 않을 때 자주 불만을 표출하고 짜증을 낸다. 보호자의 학대 등으로 외상을 입어 내성적이 되거나 정신적 문제를 보이는 비극적인 경우도 있지만, 일반적으로 아이들은 강렬한 환희, 전염성 있는 긍정성, 살아 있음에 대한 흥분을 맘껏 발산한다.

이는 머릿속 수다가 만들어 내는 불화와 부정성에서 자유롭기 때문이기도 하다. 우리 어른들은 머릿속으로 온갖 부정적인 각본들을 짜내고 그 탓에 우울감, 낮은 자존감, 비통함을 느끼거나 누군가를 원망하며 괴로워한다. 그런데 아이들이 행복한 가장 큰 이유는 무엇보다 자아 체계가 단단하지 못하고 그 경계가 약하여 그들 본래의 존재적 광휘와 늘 연결되어 있기 때문이다.

앞에서 언급했듯이 우리는 본질적으로 우주적인 영적 에너지가 유입된 존재다. 작은 강줄기가 바다와 연결되어 있듯 우리 각각의 영혼은 우주의 영혼과 연결되어 있다. 어른이 되면 에고 중심의 자아 체계가 강해지고 또 그만큼 그 경계도 강해지면서, 우리는 영적인 원천으로부터 떨어져 나와 빛나는 에너지와의 관계를 끊어버린다.(1장에서 썼던 비유를 다시 들면 도시가 주변의 자연으로부터 분리되어 서로 소통하지 않는 것이다.) 하지만 어린아이들은 아직 그 원천과 연결되어 있다. 영혼이 그 본래의 자아와 연결되어 있다. 그러므로 아이들은 아직 순수한 존재 상태에 있다. 이 순수한 존재 상태가 내뿜는 에너지가 그 자연스러운 행복의 느낌과 함께 아이들의 온몸을 관통한다. 어른이 얻을 수 있는 '성숙한 깨어남' 상태도 바로 그와 똑같은 행복감을 발산한다. 자아 체계가 느슨해져 존재 전체와 통합될 때, 우리는 다시 우리 영혼의 원천과 연결된다.

자아 체계가 덜 강하기 때문에 아이들이 보여 주는 깨어남의 중요한 측면이 하나 더 있다. 바로 주변 세상과 강한 연결을 느낀다는 것이다. 어린아이들은 '여기 안'의 존재(우리 몸속 정신적 개체)가 '저 바깥' 세상을 본다고 느끼지 않는다. 아이들은 멀찍이 세상을 보는 것이 아니라 경험하는 자와 경험 사이의 구분 없이 그 세상에 참여한다. 예를 들어 어린아이들의 영적 경험을 다룬 에드워드 로빈슨의 책 『최초의 통찰』을 보면 어떤 사람이 자신의 유년기를 이렇게 회상한다. "식물과 동물들이 그 생명력을 한껏 뿜어냈고, 나는 종종 위대한 전체 중 일부라고 느꼈다."[11] 또 어떤 사람은 세 살 정도의 아이들이 얼마나 "주변의 모든 공간과 하나가 되는 희열"[12]을 느끼는지 묘사한다.

아이들과 오랫동안 놀아 본 적이 있다면 누구나 알겠지만, 아이들의 에너지는 분명 한껏 고양되어 있다. 사실 아이들의 지칠 줄 모르는 에너지는 놀라울 정도다. 아침에 일어나자마자 밤에 잠들기 전까지 믿을 수 없는 생명력이 넘쳐흐른다. 그만큼 창조성이 뛰어나 놀이 방식도 끝없이 만들어 낸다. 아이들은 상상의 세상에서 하루 종일 재미있게 놀 수 있다.(강의에서 내가 이런 말을 하자 한 청중이 "아이들이 그렇게 에너지로 넘치는데 왜 그렇게 잠을 많이 자야 하나요?"라고 물었다. 나는 농담처럼 대답했다. "아마도 진화하면서 그렇게 적응된 게 아닐까 합니다. 그렇게 자지 않으면 부모들이 자신들을 감당할 수 없을 테고, 그럼 보살핌도 잘 받을 수 없을 테니까요.") 8장에서도 언급했지만 그런 놀라운 생명력을 인도 탄트라 철학에서는 고양된/강화된 생명 에너지, 즉 프라노타나(pranotthana)라고 하고 우리는 이 에너지를 영적 계발을 통해 다시금 포착한다.

아이들이 그렇게 생명력으로 넘치는 이유는 명백하다. 바로 어른이 갖고 있는, 우리 존재의 에너지를 대거 독점하는 자아 체계를 아직 계발하지 않았기 때문이다. 성숙한 깨어남 상태에 이르러

14장 자연적인 깨어남

에너지 소모가 크지 않은 새 자아 체계를 구축할 때, 우리는 어릴 때 경험했던 그 놀라운 생명력과 그 활발한 창조성을 어느 정도 되찾게 된다. 그러므로 깨어남이란 원을 한 바퀴 돌아 잃어버린 것을 되찾는 것이라고 할 수도 있다.

아이들은 깨어남의 관념적, 행동적 특징들도 보여 준다. 먼저 우리 수면 상태의 가장 큰 특징이라고 할 수 있는 물질 축적의 필요성을 아이들은 그다지 느끼지 않는다. 아이들은 부모가 장난감을 사 주면 좋아하지만, 축적을 위한 축적을 하지 않는다. 권력, 위상, 성공은 물론 부도 축적하려 들지 않는다. 외모에 집착하지 않고 성공을 통해 삶의 의미를 찾으려 하지도 않는다. 분리와 불완전을 느끼지 않기 때문에 물질을 축적하거나 물질에 집착하고 싶은 충동을 느끼지 않는 것이다.

분리된 에고가 없다는 것은 집단 정체성도 필요 없다는 뜻이다. 어린아이들은 아직 종교적 혹은 민족적 정체성을 느끼지 않는다. 나는 영국에서 다양한 민족이 섞여 사는 맨체스터라는 대도시에 살고 있다. 내 아이들은 항상 다른 인종과 민족의 친구들과 어울리는데 그 친구들이 다르다고는 전혀 생각하지 않는다. 가끔 "갈색 피부 아이 말이에요?"라고 물으며 친구의 피부색으로 그 친구를 설명하기는 하지만, 밥 말리의 노랫말처럼, 피부색이 다르다는 것은 눈동자 색깔이 다르다는 것만큼 아무 의미가 없다.

아이들이 자라면 어른들은 아이들의 머릿속에 집단 정체성을 심어 주려 애쓴다. 어른들의 종교를 갖게 하고, 자기 '사람들'의 역사를 가르치며, 그들의 관습과 행동 양식을 따르라고 한다. 그들의 믿음을 전수하며 다른 집단에 대한 편견 혹은 적의까지 전수하려 든다. 결국 아이는 자신이 이슬람인, 유대인, 힌두교인, 미국인, 영국인 등등이라고 확신하고 그렇게 다른 집단에 속한 다른 사람들과의 사이에 선을 긋는다.(이런 정체성을 얻는 과정을 나는 내 책 『고요한 중심The Calm Center』에서 「태고의 영혼The Primal Soul」이라는 시로 표현했다.)

강도 높게 깨어나는 경험들

원래부터 깨어난 상태에 있다면 아이들은 왜 깨어나는 경험을 하는가? 깨어나려면 일단 잠들어야 하지 않을까?

하지만 이것은 정도의 문제다. 이미 살펴보았듯이 깨어남에는 많은 단계가 있다. 깨어남 정도가 낮거나 중급 정도에 있는 사람은 때에 따라 더 강도 높은 깨어남 상태로 올라갈 수 있다. 그러므로 깨어난 사람도 또 더 깨어날 수 있다. 물론 더욱 강도가 높은 깨어남이라고 해야 더 정확한 표현일 테다. 다시 말하지만 깨어나도 여전히 더 깨어날 수 있다.

아이들의 경우가 확실히 더 그렇다. 아이들은 보통 어른들보다 더 강렬하게 깨어나는 듯하다. 이른바 출발점이 더 앞에 있으므

14장 자연적인 깨어남

로 가장 강력한 깨어남에 더 쉽게 다가갈 수 있다. 에베레스트산에 오르는데, 해수면에 있는 사람보다 에베레스트 기슭의 베이스캠프에 있는 사람이 정상에 조금은 더 수월하게 오르는 것과 같은 이치다. 유년기의 깨어남은 생생하게 주변을 감지하거나 조화와 행복감을 느끼게 해 주는 낮은 강도의 깨어남보다는 합일과 융합의 경험이 수반되는 고강도의 깨어남인 경우가 많다. 아이들은 조화와 행복감, 혹은 주변 환경의 생생함은 이미 경험하고 있으므로 그 정도는 사실 깨어남이라고 할 수 없다.

에드워드 로빈슨과 에드워드 호프만은 어릴 때 깨어난 적이 있는 사람들의 예를 많이 들어 주었다. 그중 어떤 사람은 3세 즈음 "꽃, 나무, 먼지 가득한 땅의 일부가 되고, 햇살 아래 진동하는 민들레가 되고, 모든 생명체와 영원히 하나가 되는 경험을 했다."[13] 또 어떤 사람은 "시공간을 초월해, 의미로 가득한 세상의 일부가 되는 경험을 했다."[14] 심지어 더 고강도의 깨어남 상태에서 사실상 모든 것이 되는 경험을 한 사람도 있다. 그는 이렇게 말했다. "문이 열렸고 나는 태양이 되고 바람이 되고 바다가 되었습니다. '나'는 이제 없었습니다. '내'가 다른 모든 것에 함몰되어 갔으니까요. 모든 감각이 하나가 되었습니다. 소리, 냄새, 맛, 촉감, 형상…… 모두 밝은 빛 속으로 녹아들어 갔어요. 에너지가 나를 관통하며 진동했고 나는 그 에너지의 일부였습니다."[15]

성숙한 깨어남과 미숙한 깨어남

물론 아이들에게는 나타나지 않는 '성숙한 깨어남'의 측면들이 분명 존재한다.

심리학자들은 어린아이들이 공감 능력이나 이타성이 좋을 수 없다고 가정해 왔다. 유명한 발달 심리학자 장 피아제(Jean Piaget)는 아이들이 자기만의 관점이 아닌 다른 관점으로는 세상을 볼 수 없기 때문에 다른 사람에 감정이입할 수 없다고 믿었다. 유사하게 심리학자 로렌스 콜버그(Lawrence Kohlberg)도 아이들의 도덕성은 "인습 전(preconventional)" 단계라고 믿었다. 이 말은 옳고 그름, 사회적 규칙이나 법을 생각지 않는다는 뜻이다. 따라서 아이들이 도덕적으로 행동하는 것은 대가를 바라거나 벌을 받지 않기 위해서다. 달리 말하면 피아제와 콜버그 둘 다 아이들이 초도덕적(amoral)이라고 보았다. 즉 아이들은 자기중심적이고, 다른 사람의 감정을 생각할 능력도, 자신의 행동이 다른 사람에게 미칠 영향을 감지할 능력도 없다고 보았다.

하지만 최근의 연구는 이런 관점들에 반박한다. 이 연구들은 아이들이 다른 사람들과 자신을 동일시하고, 그들의 느낌을 알아차리는 능력을 거의 타고났음을 보여 준다. 한 살 정도만 되어도 아기들은 자신이 알고 한 행동과 모르고 한 행동을 구분할 수 있고, 타인의 관점에서 상황을 볼 수 있다. 14개월 된 아기에게 음식을 다른 사람에게 주는 것이 좋다고 가르치면, 아기는 다른 사람들도 자기처럼 그 음식을 좋아하고 선택할 거라고 가정한다. 하지만 18개월 정도 되면 아기는 다른 사람들이 자기와는 다른 걸 좋아하고 선택할 수도 있음을 인지한다. 이러한 사실은 분명 공감 능력이 있음을 보여 준다.[16]

한 살 난 아이들도 이타적인 행동을 한다. 여러 연구에 따르면 14개월 된 아기들도 누군가 어떤 물건을 잡지 못해 안간힘을 쓰는 것을 보면 그 물건을 대신 잡아 준다. 주변의 누군가가 힘들어하면 자신도 불안정한 모습을 보이며 키스나 손동작으로 그 사람을 위로하려 한다.[17] 앨리슨 고프닉에 따르면 "아주 어린 아기들도 남들도 자기처럼 두려워하고 슬퍼하며 기뻐한다는 것을 알아차린다. 게다가 놀랍게도 다른 사람의 두려움이나 슬픔을 줄여 줘야겠다 느끼고, 그 사람이 원하는 것을 얻을 수 있도록 도와주려 한다."[18]

그런데 피아제와 콜버그가 틀렸다고 해도, 아이들이 깨어난 어른만큼이나 높은 공감 능력과 이타성을 보인다고 단정할 수는 없을 것이다. 아이들은 욕망과 충동도 그만큼 크기 때문에 이기적으로 행동하는 경향이 있고, 또 그만큼 이기적인 충동이 공감 능력을 능가하는 경우도 많기 때문이다. 아이스크림이 먹고 싶거나 밤늦은 시간까지 놀고 싶은 아이에게는 그 욕망 외에는 아무것도 중요하지 않다. 그런 순간적 욕구가 너무 크기 때문에, 힘들어하는 부모를 포함한 다른 사람을 생각할, 혹은 공평함 같은 이성적인 개념들을 생각할 겨를이 없다.

아이들에게는 '성숙한 깨어남' 상태가 주는 모두를 향한 자비심이나 *적극적인 이상주의*도 잘 보이지 않는다. 아이들은 인류 전체에 대한 공감도, 더 나은 세상을 만들겠다는 충동도 느끼지 않는다. 다른 동료 인간들의 고통을 줄여 주고 싶다는 인류애도 없다. 깨어난 어른들의 이타주의가 자발적이고 무조건적이라면 아이들의 이타주의는 특정 상황에 대한 반응으로만 드러난다.

아이들은 깨어났다고 해도 깨어난 성인이 갖게 되는 확장된 개념이나 관점을 갖지는 않는다. 깨어난 아이는 자신의 주변에서 펼쳐지는 세계 전부를 감지하지도, 그 속에 사는 다른 인간 존재들의 고충을 감지하지도 못한다. 아이들은 일상의 즉각적인 세상 너머의 세상은 거의 알아차리지 못한다.

아이들은 깨어난 어른들이 경험하는 내면의 고요함도 (예외적인 경우를 제외하면) 거의 경험하지 않는다. 아이들은 놀이, 사람들과의 교류, 주변에서 벌어지는 일 등에 몰두하며 거의 항상 발산 상태에서 살아간다. 이렇듯 아이들이 내면의 고요를 느낄 일이 없는 것은 단지 *내면으로 향할 일*(자기 성찰의 필요성)이 거의 없기 때문이다.[19]

그리고 마지막으로 깨어난 성인과 달리 아이들은 내면이 안정되어 있지 않고 자기 확신도 없다. 오히려 충동적인 정서를 갖고 있기 때문에 갑자기 분노나 화를 터뜨리며 우왕좌왕하는 등 대단히 불안정한 모습을 보인다.(특히 피곤할 경우) 아이들은 『바가바드기타』가 권고하듯 "기쁨에든 고통에든 한결같게 반응하지" 못하며, 불교 『반야심경』이 권고하듯 "타인에 의해 모욕받을 일도, 화를 낼 일도 없는 상태에 있지"는 않다. 밥 먹기 싫다고, 혹은 형제자매가 놀렸다고 울부짖는 아이를 본 적이 있다면 잘 알 것이다.

자아 체계가 구축되기 전과 후의 깨어남은 어떻게 다른가?

그러므로 아이들은 좀 다른 깨어남, 즉 일종의 성숙하지 못하거나 기본적인 깨어남 상태를 보여 준다. 그리고 이 상태는 주로 깨어남의 지각(감각)적 특징과 행동적 특징을 보여 준다. 다시 말해 아이들은 분명 깨어 있지만, 성인의 그것과는 좀 다른 깨어남이다. 기본적으로 아이들의 깨어남은 우리 자아 체계가 계발되기 전, 더 정확히 말하면 자아 체계가 계발되는 동안 일어난다. 그리고 성인의 깨어남은 자아 체계 계발 후에 일어난다. 바로 이 점이 아이들의 경우 왜 깨어남의 어떤 특징들은 보이고 어떤 특징들은 보이지 않는지 그 이유를 모두 설명해 준다. 자아 체계가 아직 완성되지 않았기 때문에 아이들은 강한 감각 능력과 에너지를 갖고 행복감을 느낀다. 그리고 자아 체계가 아직 완성되지 않았다는 그 같은 이유 때문에 내면의 안정과 확신을 갖지 못하며, 더 넓고 보편적인 관점도 가질 수 없다.

이것은 우리 기존의 자아 체계가 깨어남에 큰 장애물이긴 하지만(그리고 우리가 평생 수면 상태에 빠져 보내는 이유이기도 하지만) 자아 체계라는 *그런 형태가* 없다면 성숙한 의미의 깨어남도 없음을 말해 준다. 정신적 기능을 수행하고 우리와 세상을 매개하는 중심 기구로서의 자아 체계는 반드시 있어야 한다. 이런 자아 체계가 없다면 우리는 이 세상에서 제대로 살아갈 수 없으므로 아기나 어린아이들처럼 다른 사람의 보살핌과 안내에 의존할 수밖에 없다. 어른이라면 누구나 문제없이 수행할 수 있는, 논리와 지성을 요구하는 일상적인 일을 해 나갈 수 없다. 예를 들어 계획을 짤 수도, 결정을 내릴 수도, 충동을 억제할 수도 없다. 그러나 깨어난 상태의 자아 체계는 우리를 위해 이 모든 것을 해 준다.

10장에서 논의했던 정신 이상과 깨어남 사이의 차이점을 떠올려 보자. 나는 안정적인 자아 체계가 있고 없고가 깨어남과 정신 질환 사이의 다른 점이라고 했다. 하지만 그렇다고 아이들의 상태가 정신 질환 상태라는 것은 아니다. 정신 질환은 우리 자아 체계가 *와해되는* 질병이다. 이때는 혼란과 문제가 커진다. 이는 자아 체계가 없는 것이나 생겨나고 있는 것과는 다르다.

유아기의 미성숙한 깨어남 상태가 성인에게도 나타날 수 있음을 잘 알아야 한다. 깨어난 어른이 충동을 통제하지 못하고 과도하게 자기중심적이 된다면, 어린아이의 상태로 퇴행한 것이다. 우리는 11장에서 이미 그런 예들을 살펴보았다. 자기도취와 과대망상에 빠진 구루들이 바로 그런 경우다. 구루라는 위치가 주는 권력과 온갖 유혹, 신봉자들의 자발적 맹신이 쉽게 그런 도취를 부른다.

아이들의 깨어남에 대해 강의할 때면, 나는 아이들이 깨어난 존재와 자기도취에 빠진 괴물을 합쳐 놓은 것 같다는 농담을 하곤 한다. 그리고 묻는다. "그런데 어떤 구루들이 꼭 그렇지 않나요?" 라고.

성인기로의 전락

초기 인류가 그 자연적인 깨어남 상태에서 벗어나 '전락'한 것처럼 우리는 유아기의 기본적 깨어남 상태에서 벗어나는 개인적 '전락'을 통과한다. 그렇게 유년기와 청년기를 통과하는 동안 수면 상태의 자아 체계가 조금씩 우리 안에서 그 형태를 만들어 간다. 견고하게 구축되어 있는 인간 정신 계발의 청사진/양상에 따르면, 인간이라면 거의 누구나 성년이 되면서 그런 경험을 할 수밖에 없다. 그렇게 에고가 조금씩 강력해지며 에너지 소비를 늘려 가는 동안 아이 때의 그 강했던 감각 능력을 조금씩 잃게 되고, 또 그만큼 모든 것을 자동적으로 감각하게 된다. 그 결과 한때 그렇게 경이롭고 아름답던 세상이 그 빛을 바래며 일상이 되어 간다. 그리고 자아 체계의 경계가 견고해지면서 세상과 연결되어 있다는 느낌과 그 세상에 참여하고 있다는 느낌도 조금씩 사라져 간다. 그럼 우리 존재의 본질이 발산하는 생명 에너지도 더는 감지하지 못하므로 행복감도 사라진다. 윌리엄 워즈워스의 말처럼 "감옥의 그림자가 덮이기 시작한다." 그리고 마침내는 유년기의 빛나던 비전이 모두 사라진다.

그것의 죽음을,
일상의 빛 속으로 바래짐을 감지한다.[20]

청소년들이 질풍노도의 시기를 보내야 하는 이유도 유년기의 깨어남 상태가 사라지는 것으로 설명할 수 있다. 청소년기는 개인적인 '전락'을 겪는 시기다. 수년 동안 티 없이 맑고 행복하게 삶을 만끽하며 살다가 이제 자신을 하나의 분리된 개체로 경험하기 시작한다. 이제 자신만의 정신적 공간 속에 갇힌 채, 끊임없이 맴도는 자기중심적 머릿속 수다가 야기하는 불협화음을 감당해 내야 한다. 그동안 자신이 세상의 일부라고 느끼며 살았는데, 이제 에고라는 새 정체성을 갖게 된다. 그리고 분리가 본성인 에고는 말할 수 없이 나약하고 취약하다고 느낀다.

청소년기에 접어든 아이들이 정체성의 위기를 겪고 소속감에 목말라하는 이유가 바로 이런 에고의 출현 때문이다. 청소년들이

14장 자연적인 깨어남

유행을 좇고 팝 음악에 몰두하거나 심지어 갱단이나 조직적인 종교 단체에 들어가는 이유가 여기에 있다.(개종이 가장 많이 이루어지는 시기가 청소년기다.) 청소년들은 에고의 출현으로 생긴 불안감을 극복해야 하므로, 어떤 단체의 일원이 되어 정체성을 부여받으며 자신이 받아들여지고 있다고 느끼는 것이 극도로 중요해진다. 내면이 불안하고 약해진 상태이기 때문에 또래에게 외면받거나 무시당하고 있다고 느끼면 커다란 좌절과 비탄에 빠진다.

유아기의 편하고 자연스러운 상태 끝에 찾아오는 이런 에고 분리와 그에 따른 내면의 불화는 정신적 외상을 초래할 수 있다. 이는 아름다운 시골에서 신선한 공기를 만끽하며 일하던 농부가 갑자기 타의에 의해 도시로 들어가 복작복작하고 시끄럽고 답답한 공장에서 일해야 하는 것과 비슷하다.

하지만 인류가 하나의 종으로 '전락'을 경험한 데에 긍정적인 측면이 있는 것처럼, 이 청소년기의 전락도 나쁘기만 한 것은 아니다. 오히려 두 경우 모두 '전락'은 어떤 면에서 곧 '상승'이다. 평생을 유년기 상태로 살기는 불가능하다. 우리는 언젠가는 세상의 한 일원으로 기능할 수 있어야 하고, 그만큼 관념적·추상적으로 생각하는 능력도 개발해야 한다. 성인의 자아 체계가 그런 능력을 길러준다. 많은 부정적인 측면들이 있지만 에고의 자아 체계는 관념적 지식, 자기반성, 충동 제어, 의지의 관철, 계획 능력, 판단 능력, 기술 습득 능력, 그리고 세상을 유용하게 바꾸는 능력과 자주적으로 살아가는 능력을 가능하게 해 준다. 바로 이런 자아 체계가 없기 때문에 아이들은 삶에서 요구되는 실질적인 일들을 할 수 없고, 그만큼 집중적인 보살핌을 받아야 한다.

성인이 갖는 자아 체계는 의심할 여지 없이 대단한 발전이고 진보다. 하지만 이 자아 체계에는 부정적인 측면들이 있으며, 이는 불행한 일이다. 이 자아 체계는 이 세상을 살아가는 데 꼭 필요한 것이지만, 극도의 일탈 상태이기도 하다.

하지만 걱정 없이 온전했던 시절, 그 행복하게 살던 시절을 영원히 잃어버린 것은 아니다. 단계적 영적 계발이나 급작스러운 깨어남을 통해 우리는 그 원시 형태의 깨어남 상태를 좀 더 성숙한 형태로 되찾을 수 있다. 어린아이의 강력한 감각 능력과 에너지, 세상과 연결되었다는 느낌, 행복감 등을 되찾고, 동시에 깨어남의 다른 성숙한 측면들도 드러내는 더 안정된 자아 체계를 가질 수 있다. 결정적으로 이 새 자아 체계는 일반적인 성인이 갖고 있는 능력들, 즉 지성, 의지, 자기반성, 계획하는 능력 등도 허락한다.

깨어난 어른은 유년기와 성인기, 양쪽 모두의 장점을 유지하고 통합한다.

15장

깨어남에 대한

신화들

이 책 서두에서 이 책을 쓰는 목적 중 하나가 깨어남의 의미를 명확히 밝혀 *깨어남*을 둘러싼 혼란들을 일부나마 없애고 싶기 때문이라고 했다. 깨어남을 둘러싼 혼란은 서로 다른 전통과 서로 다른 스승들이, 서로 다른 방식으로 깨어남을 해석해 왔기 때문이기도 하다. 이런 다양성이 그 서로 다른 해석들 근저에 놓여 있는 중요한 사실들을 보지 못하게 했다. 이 책으로 나는 영적 전통들의 문맥 밖에서 깨어남을 조명하고, 그런 전통적 해석들에 *선행하는*, 깨어남에 대한 심리적 혹은 존재론적 그림을 그려 보고 싶었다. 그렇게 함으로써 서로 다른 해석들 근저에 놓여 있는 중요한 사실들을 밝혀 보려 했다.

그런데 깨어남을 둘러싼 혼란한 상황에서 벗어나려면 깨어남에 대한 흔한 오해들도 살펴봐야 할 것이다. 오랫동안 깨어남이라는 주제를 연구해 오면서 나는 깨어난 상태를 둘러싼 흔한 가정들과 생각들이(일부는 나도 믿었던 것들이다.) 전혀 사실이 아님을 알게 되었다. 이 장에서는 그런 오해들을 집중적으로 살펴보려 한다. 그러다 보면 지금까지 살펴온 내용의 핵심들도 자연스럽게 정리가 될 것이다. 이 핵심들이 내가 바라건대 이 책을 다 읽고 난 후에 당신이 기억했으면 하는 것들이다.

그럼 이제부터 깨어남에 대한 신화들을 하나씩 살펴보고 이 신화들이 왜 틀렸는지 알아보자.

신화 1. 깨어남은 예외적이고 비범한 상태다

이는 나 또한 믿었던, 깨어남에 대한 가장 큰 착각 중 하나다. 깨어남 상태에 대해 연구를 시작하자마자 놀랐던 점이 하나 있는데, 바로 깨어난 사람을 찾기가 너무 쉬웠다는 것이다. 이 점은 지금도 나를 놀라게 한다. 정말이지 많은 사람이 나타났다. 우연 혹은 필연적으로 만나게 된 사람도 많았고, 내 글을 읽고 나에게 메일을 보내거나 강연 후 개인적으로 다가와서 자신도 깨어남 경험을 했거나 지금 하고 있다고 말해 주는 사람도 많았다. 이들은 대부분 영적 전통들과는 거리가 먼 배경의 사람들이었기에 그런 것들은 거의 알지 못했다. 자신이 통과했던 그 놀라운 전환의 정체를 알고자 했던 보통의 사람들이 대부분이었다. 그러므로 나는 이 세상에는 전환을 이루었지만(보통 극심한 정신적 혼란이 그런 전환을 부른다.) 아직 그 정체를 이해하지 못한 사람이 매우 많을 것으로 확신한다. 혹은 사람들의 오해를 살지도 모른다는 걱정에 자신의 경험을 알리지 않는 사람도 많을 것이다.

앞 장에서도 언급했듯이 깨어남은 그 상태가 오히려 더 *정상*으로 느껴지기 때문에 예외적인 상태라고도 할 수 없다. 깨어난 사람은 그 상태가 얼마나 자연스럽고 편안하고 적절하고 *평범한지*를 보고 놀라곤 한다. 깨어남은 놀랍도록 익숙한 *평범함*으로 다가온다. 처음 경험하는 깨어남인데도 말이다. 동시대 기독교 신비주의 사상가 버나뎃 로버츠는 이렇게 말했다. "에고 중심에서 나와 합일에 이른 의식은 항상 상당히 초자연적이고 신비롭고 극락의 느낌을 주지만, 일단 그곳에 다다르면 그것은 놀랍도록 익숙한 느낌으로 다가온다."[1]

사실 깨어나면 보통의 수면 상태가 더 이상하고 부자연스럽게 보인다. 수면 상태는 불화, 한계, 어둠의 상태이므로 실체의 단면일 뿐이고, 그 상태야말로 일탈이다. 깨어나면 수면 상태야말로 병적인 상태며, 그 상태가 정상으로 보였던 것은 그 외의 것을 알지 못했기 때문임을 깨닫게 된다. 깨어나면 마침내 집으로 돌아온 것 같다. 우리가 마땅히 있어야 할 그 집 말이다.

신화 2. 계속 깨어난 상태로 살 수는 없다
깨어난 사람은 일상에서 살아갈 수 없기 때문이다

사회에서 일반인을 대상으로 혹은 대학에서 깨어남에 대해 강의를 할 때면 사람들은 가끔 이렇게 묻는다. "다 좋은데요, 사실 그렇게 살 수는 없잖아요. 늘 우주와 합일된 상태나 엑스터시 상태에서 살 수는 없을 것 같아요. 그런 상태에서 어떻게 요리를 하고 은행 업무를 보고 운전을 하겠어요?"

엑스터시나 합일의 경험이 꼭 이어질 필요는 없다. 깨어난 사람도 한 가지 일에 집중해야 할 때는 집중한다. 필요할 때면 경이로운 현상 속에서 살기를 잠시 접어두고 일상의 구체적인 일들로 주의를 좁힐 수 있다. 다시 말해 운전, 요리, 은행 일 같은 실질적인 업무를 해야 할 때는 그 일에 집중하며 강력해진 감각 능력과 합일의 느낌을 일시적으로 제어할 수 있다. 그러면 깨어남 상태의 특성들이 살짝 뒷배경 속으로 물러난다.

이것은 대체로 적응의 문제다. 방금 깨어난 사람은 일상에서 제대로 기능하는 데에 곤란함을 많이 느낀다. 어떤 일에 집중하거나 사람들과 어울리는 일이 어려울 수도 있다. 심지어 말이 어눌해질 수도 있고, 시간 개념이 없어지거나, 정보를 얻고 기억하는 일을 못 하게 될 수도 있다. 하지만 적응 기간이 지나고 나면 관련된 (정신적) 능력들이 돌아온다.

적응 기간이 지나면 대개 일상도 전보다 한결 편해진다. 정신이 더 맑아졌기 때문에 사실 집중하는 일도 더 쉬워진다. 머릿속 수다가 많이 줄어들어 산만해지는 일 없이 의식적 사고 과정을 신속히 해치울 수 있다. 불필요한 활동을 하지 않으므로 시간 낭비를 줄이며, 일상이 한결 단순해지고 수월해진다. 단순한 삶을 추구하므로 꼭 필요한 일만 효율적으로 능숙하게 해치운다. 따라서 과잉 활동에 지치거나 쩔쩔맬 일이 없다.

결론적으로 깨어난 사람이 일상을 더 잘 살아갈 가능성이 더 크다.

신화 3. 깨어나거나 아니거나 둘 중 하나이지, 중간은 없다

깨어난 상태와 수면 상태를 구분하는 그 어떤 분명한 선이 있는 것은 아니다. 수면 상태와 깨어난 상태는 둘 다 넓게 펼쳐져 있는 하나의 연결체 위에 놓여 있으므로 그 정도가 다양하다. 세상에는 더 잠들어 있는 사람이 있고, 덜 잠들어 있는 사람이 있다. 더 잠들어 있다는 말은 분리감을 더 많이 느낀다는 뜻이다. 주변 세상에 대한 지각 능력이 더 무디고, 머릿속 수다가 곧 자신이라고 느끼며, 세상을 더 자기중심적으로 보고, 집단 정체성에 대한 갈망이 더 크다는 뜻이다. 세상에는 더 깨어 있는 사람이 있고, 덜 깨어 있는 사람도 있다. 더 깨어 있다는 말은 연결성이나 합일성을 더 강하게 느낀다는 뜻이다. 주변 세상을 더 강렬하게 감지하고, 내면이 매우 고요하고 평온하며, 더 넓은 시각을 갖고, 인류라는 더 깊은 의미의 정체성을 갖고 있다는 뜻이다. 그러므로 깨어남의 특징들도 여러 강도로 표출될 수 있다.

깨어남 상태와 수면 상태가 (즉 깨어난 사람과 그렇지 않은 사람이) 뚜렷하게 구분된다는 생각은 아마도 사람들이 대부분 갑자기 깨어나기 때문이 아닐까 한다. 깨어남으로의 전환이 갑자기 일어나면 그 두 상태 사이에 국경과 같은 분명한 선이 있을 것 같다. 하지만 지금까지 보아 왔듯이 깨어남은 단계적으로도 일어난다. 영적 수행의 길을 따라가거나 봉사와 알아차림의 길을 가면서, 혹은 오랜 기간 실패와 상실을 겪으면서 깨어남의 여러 등급을 천천히 이동해 갈 수도 있다. 갑자기 깨어날 때조차 여러 단계로 깨어날 수 있다. 승강기를 타고 곧장 고층으로 갈 수도 있지만, 저층으로 갈 수도 있다.

신화 4. 깨어남은 자기계발의 정점이자 끝이다

깨어남은 종종 우리 여정의 목적지, 정점이자 끝으로 묘사된다. 깨어나게 되면 우리는 분명 안전한 집에 도착한 것이고, 강의

저편에 도달한 것이다. 모든 것이 충족된 상태로 더 이상 갈 곳이 없는 상태에 도달한다. 거기서 또 더 어디를 가고 싶겠는가?

하지만 사실 깨어남은 우리 여정의 끝이 아니라 다른 여정의 시작이다. 길의 끝이 아니라 다른 길로 접어든 것이다. 깨어난 사람도 계속 발전한다. 끊임없이 자신의 새로운 역량을 발견한다. 숨어 있던 에너지와 능력을 발견하고 자신과의 관계, 사람들, 세상과의 관계를 새롭게 진화시키고 깊게 발전시킨다. 어떤 사람은 그런 전환을 이렇게 표현하기도 했다. "한 단계 올라갔어요. 전진을 위한 토대가 마련된 거죠."

이와 관련해, 내 친구 러셀 윌리엄스가 좋은 예가 될 것 같다. 내가 이 책을 쓰는 지금 러셀의 나이는 95세다. 66년 전에 깨어나는 과정을 겪었고, 깨어난 후에도 60년 넘게 변화와 발전을 거듭해왔다. 러셀에게 깨어남은 곧 유동 상태를 의미했다. 다음은 러셀의 말이다.

"그 오랜 세월 늘 새로웠지요. 난 더 깊게 보기 시작했어요. 더 심오한 영역을 보기 시작했고 전에는 결코 알지 못한 곳에 도달했습니다. 같은 것을 보지만 늘 좀 더 명확하게 보게 됩니다. 이게 다일까 싶을 때도 늘 뭔가 더 있었어요. 이제 나는 도대체 끝이라는 게 과연 있을까 싶습니다."[2]

신화 5. 깨어난 사람은 모든 고통과 문제에서 벗어나 늘 평온하고 행복하다

깨어난 사람은 일반적으로 평온하고 평안하다. 매사에 감사하고 에고가 부르는 소외감과 머릿속 수다에서 자유롭다. 하지만 그렇다고 해서 늘 행복이 넘치고 완벽한 삶을 사는 것은 아니다.

특히 이제 막 급작스럽게 깨어난 사람의 삶은 절대 완벽하다고 할 수 없다. 앞에서도 보았지만 깨어난 지 얼마 안 된 초기에는 혼란스럽기 그지없고 여기저기에서 문제가 터진다. 이런 상태를 극복하고 안정기에 접어드는 데 몇 년이 걸릴 수도 있다. 그런데 안정기에 접어들어도 문제는 생길 수 있다. 깨어났다고 해도 정신적 불협화음이 완전히 사라지는 것은 아니기 때문이다. 자신감 부족, 질투심, 죄책감 등의 부정적인 성향들이 수면 상태에서 깨어남 상태로 같이 넘어오기도 하는데, 깨어났다고 해도 이런 성향들이 완전히 사라지는 데는 시간이 걸린다. 또 깨어난 사람도 부정적으로 반응할 때가 있다. 예를 들어 가족이나 다른 사람의 어떤 행동이나 말에 혹은 인간관계의 문제로 화가 나거나 짜증이 날 수 있고, 건강이나 돈 문제로 불안감이 들 수도 있다. 깨어났다고 해서 성격적 특징과 모든 문제가 자동적으로 사라지는 것은 아니다.

물론 보통 사람과 비교했을 때 '수준'의 차이는 분명 있다. 부정적인 것들에서 완전히 자유롭지는 못해도 확실히 보통 사람들보다는 자유롭다. 깨어난 사람이 외부적인 사건들에 부정적인 영향을 받을 가능성, 나아가 부정적으로 반응할 *가능성은 사실 매우 낮다.* 물론 깨어남의 강도에 따라 정도의 차이는 있다. 더 강하게 깨어난 사람은 당연히 부정성에서 더 자유롭고, 그만큼 정신적 문제나 감정적 불화를 겪을 가능성도 낮다. 깨어남의 강도가 심지어 더 세다면 부정성이 완전히 사라질 수도 있다.

신화 6. 깨어난 사람은 절대 잘못 행동할 수 없다

이 신화는 깨어난 사람이라면 모든 괴로움에서 벗어난다는 신화 5와 연결되어 있다. 깨어난 사람이 완벽한 행복 상태에 있다는 생각만큼이나, 깨어난 사람이라면 완벽해질 것이고 따라서 늘 흠잡을 데 없이 정직하고 자비롭게 행동할 거라는 생각도 참 낭만적이다. 다시 말하지만 깨어난 사람이라면 의심할 바 없이 덜 이기적이 되고, 더 자비롭고 이타적이 될 것이다: 감정이입 능력이 좋아지고 도덕적 판단 기준이 높아지기 때문이다. 하지만 깨어났다고 해서 비도덕적인 행동을 할 가능성이 완전히 사라지는 것은 아니다. 자기도취에 빠져 신봉자들을 착취하는 수많은 구루들만 봐도 알 수 있다.(이들 중 많은 사람이 실제로 깨어난 사람들이다. 최소한 처음에는.)

신화 7. 깨어난 사람은 세속을 떠난다
세상일에 관심 두어 간섭하려 들지 않고 현실에 만족한다

13장에서도 말했듯이 일부 영적 전통들의 탈속 경향을 보면, 근거가 아주 없는 신화는 아니다. 하지만 실제로 보면 깨어난 사람들은 대부분 그렇게 살지 않는다. 깨어난 사람은 감정이입 능력이 좋아지고 도덕성이 높아지고 시각이 넓어지고 세계화되기 때문에, 타인의 고통을 더 걱정하고 세상의 불공정에 더 분노한다. 깨어난 사람은 그 누구보다도 타인의 고통을 줄여 주거나 발전을 독려하고 싶어 하고, 세상을 더 나은 곳으로 만들고 싶어 한다.

신화 8. 깨어난 사람(혹은 신비주의자)들은 수동적·소극적이다
종일 앉아서 명상하며 자신만의 행복한 상태에 빠져 산다

이 신화는 탈속 신화와 관계 있으므로 아주 근거가 없지는 않다. 대체로 기독교, 불교, 힌두교의 승가 문화/탈속 문화 탓이 크다.(흥미롭게도 유대교, 수피즘, 도가에서는 승가 전통이 없다. 이 전통들이 좀 더 세속적이고 공동체를 중요하게 생각하는 경향이 있음을 떠올리게 하는 부분이다.) 하지만 깨어난 사람이 그 자체로 존재하는 일을 더 좋아해서 일반 사람들보다 많은 시간을 '아무것도 하지 않고 보내는 것' 같아 보여도, 이들만큼 활동적인 사람도 없다.

이들의 활동은 보통 창조성이나 이타주의로 드러나고, 때로는 이 두 가지가 함께 드러나기도 한다. 깨어난 사람이 예술가라면 엄청난 다작이 가능해진다. D. H. 로렌스는 짧은 생애 동안 40권의 책을 남겼고, 월트 휘트먼과 윌리엄 워즈워스도 지칠 줄 모르는 창조 에너지로 각각 수천 작품의 시를 남겼다. 이런 굉장한 창조력은 그들의 깨어난 예술가적 정신이 창조성의 원천과 곧장 닿아 있었기에 가능했다. 생각과 관념이 창조적 흐름을 방해해 영감을 받지 못하고 아이디어가 고갈돼 곤란을 겪는 다른 예술가들과 달리, 깨어난 예술가들은 늘 활짝 열려 있는 영감의 채널을 하나 갖고 있는 것이나 마찬가지다. 다시 말해 깨어나 갖게 되는 부드럽고 미세한 자아 체계 덕분에 영감과 아이디어가 끊임없이 흘러들어오게 된다.

한편 믿을 수 없이 강한 에너지와 의지로 이타적인 활동을 끊임없이 이어 가는 깨어난 사람들도 많다. 그 가장 대표적인 예가 플로렌스 나이팅게일이다. 나이팅게일은 효과적이고 근대적인 간호 개념과 직업을 창출해 냈고, 많은 병원을 창설해 수많은 간호 인력을 배출해 냈다. 건강과 위생에 완전히 혁명적인 관점으로 접근하는 사회 개혁 운동에도 앞장섰다. 더불어 다작 작가이기도 하여 "나이팅게일의 힘"이라는 말이 생겨날 정도로 대단한 에너지의 소유자로 유명했다. 하지만 그런 그녀가 기독교 신비주의에 대해 여러 권의 책을 낸 깊은 영성의 소유자였다는 사실은 그리 많이 알려져 있지 않다. 이블린 언더힐은 나이팅게일을 두고 "19세기 가장 위대하고 균형 잡힌 사색가 중 한 명"[3]이라고 했다. 그런 나이팅게일이 이런 말을 했다. "천국은 장소에 있는 것도 시간에 있는 것도 아니다. 천국은 바로 지금 여기에 있다. 신은 어디에 있는가? 내 안에 있다. 이것이 진짜 신비주의다."[4]

　나이팅게일이 기독교 내에서 극단적인 이타주의를 보여 준 유일한 여성 신비주의자는 아니다. 14세기 이탈리아의 신비주의자 성 시에나의 캐더린은 신비주의자로 3년을 은둔하여 산 끝에 영원히 깨어났다. 은둔을 마친 다음부터 남은 생을 사회를 위해 활발하게 가르치고, 병자와 가난한 자를 위해 봉사하며, 전쟁통에 있던 이탈리아에 평화를 부르기 위해 애쓰며 보냈다. 그리고 (이름으로 보나 국적으로 보나) 그녀의 동포가 분명한 15세기 제노아의 캐더린도 은둔자로 4년을 산 후 안정된 깨어남 상태로 접어들었다. 그때부터 신학자이자 간호사로서 제노아의 가난하고 병든 자들을 보살피는 등 대단한 활동성을 보였고, 마지막에는 제노아 시립 병원의 관리자이자 회계 담당자가 되었다. 유사하게 16세기 신비주의자 아빌라의 테레사도 여러 수도원을 창설하고 책도 여러 권 쓰는 대단히 활동적인 삶을 살았다.

　깨어난 사람이 에너지가 넘치고 활동적인 것은 그들의 에너지가 초월적인 원천에서 나오기 때문이다. 이들은 애써 노력하지 않아도 된다. 다만 에너지가 자신을 통해 흐르도록 허락하기만 하면 된다. 도가적으로 말하면 무위의 삶을 사는 것이다. 이들은 도를 따르는 삶을 살고, 도는 이들을 통해 자연스럽게 표현된다. 이들은 내가 "초개인적인 목적(transpersonal purpose)"이라고 부르는 것을 드러낸다. 이들에게는 의식적으로 충족해야 하는 목적이 없다. 다른 사람들은 목적을 달성하고 사회적 위상과 성공과 부를 얻기 위해 의식적으로 노력하지만, 이들은 자신의 목적이 실제로 무엇인지조차 정확히 모를 수도 있다. 그 목적이 초월적 원천으로부터 나와 이들을 통해 흐를 뿐이다. 이들은 그저 그 목적이 방해 없이 드러나기를 허락한다.[5]

신화 9. 깨어나면 세상이 환영이었음이 드러난다

이제부터는 깨어난 상태에 대한 좀 더 미묘한 오해들을 살펴보려 한다. 깨어나면 세상이 환영이 된다는 생각은 앞의 두 신화와 관계가 있다. 세상이 환영이면 당연히 세상에 무관심해질 수밖에 없지 않은가?

힌두교의 *마야*(maya)가 '환영(illusion)'으로 번역되기도 하는데, 사실 마야의 실제 의미는 '기만이나 속임수(deception)'에 가깝다. 마야는 하나의 힘이다. 이 힘이 우리를 속여 우리 자신이 분리된 개체이고, 각자 아무 상관 없는 현상들이 일어나는 곳이 세상이라

15장 깨어남에 대한

고 믿게 만든다. 다시 말해 마야는 우리가 세상의 진짜 모습을 보지 못하게 한다. 분명한 다양성 그 배후에 있는 합일의 영혼을 보지 못하게 한다. 세상을 브라흐만이나 하나의 영혼으로 보지 못하게 하는 것이다. 그러므로 마야의 말뜻을 그대로 보면 마야는 세상이 환영이라고 말하는 것이 아니라, 세상이 보이는 그대로가 아니라고 말하는 것이다. 그리고 세상을 보는 우리의 시각이 완전하지도 객관적이지도 않다고 말하며 표면적으로 보이는 것 이상의 무엇이 있다고 말하는 것이다.

세상이 환영이라는 생각은 들여다보면 힌두교의 비이원적 베단타 철학에 근거한 경우가 종종 보인다. 이런 베단타 철학에 대한 해석도 유사한 오해에서 나온 것이다. 비이원적 베단타 철학에서 가장 영향력 있는 인물로 8~9세기의 학자 상카라(Sankara)를 들 수 있는데, 후에 라마나 마하리시 등이 재구성한 것에 따르면 상카라는 다음 세 문장을 선언했다. "우주는 실재하지 않는다. 브라흐만은 실재한다. 우주가 브라흐만이다." 문맥을 보지 않고 앞의 두 선언만 보면(많이들 그런다.) 세상과 영성 혹은 정신세계 사이에 이원성이 보인다. 세상은 환영이고 영성만이 존재한다. 하지만 자주 간과되는 세 번째 선언이 그런 생각을 완전히 뒤집는다. 세 번째 선언은 우주가 곧 영성이라고 하고, 그러므로 실제로 우주도 실재한다고 말한다. 상카라는 우주가 실재하지 않는다고 말한 것이 아니라 우주가 독립적으로 실재하지는 않음을 말한 것이다. 우주는 브라흐만에 의지해 존재한다. 우주는 브라흐만과 함께 펼쳐져 있으며 브라흐만 없이는 존재할 수 없다.

인도가 낳은 20세기의 가장 위대한 성자라 할 만한 라마나 마하리시도 비슷한 관점을 보인다. 마하리시는 기본적으로 세상이 실재하지 않는 것이 아니라고 했다. 세상은 우리가 그 본질을 이루는 정신을 보지 못한 채 형상만 볼 때, 혹은 왔다 가는 분리된 대상으로만 볼 때 실재하지 않는다고 했다. 그런 세상만이 꿈이 실재하지 않듯이 실재하지 않는다. 왜냐하면 그 세상은 환영에 기반하기 때문이다. 하지만 본질적으로 세상은 정신과 분리될 수 없다. 세상은 정신의 현현이다.[6]

깨어나서 우리가 알게 되는 것이 바로 그렇다. 깨어나면 우리는 세상이 환영이었음을 보는 것이 아니라 우리가 봐 왔던 세상이 불완전하고 부분적인 진리만 보여 주었음을 깨닫게 된다. 깨어나면 세상은 사실 더 실재하게 된다. 그 이유는 한편으로 세상이 더 생생하게 살아 있고, 더 활발하게 움직이며, 그 존재감을 더 강력하게 드러내 손에 잡힐 정도가 되기 때문이다. 그런데 또 다른 한편으로는 세상이 정신/영혼을 갖게 되기 때문이기도 하다. 깨어나면 이원성이 사라진다. 물질과 영혼의 구분, 혹은 물질과 정신의 구분이 사라진다. 물리 세상과 영적 세상이 아무런 구분 없이 하나임을 깨닫는다. 세상 속에 영혼이 멋지게 스며들고 따라서 세상이 멋지게 실재한다.

그럼에도 세상이 환영이라는 생각이 여러 가지 문제를 해결해 주기 때문에 많은 사람에게 공감을 얻고 있다. 인생에서 문제가 있다면, 혹은 세상 사람들이 모두 고통스러워하는 것이 보인다면 '아 그래, 이건 그냥 환영이야. 그러니까 걱정할 것 없어.'라고만 생각하면 편해진다. 문제를 직시하는 대신 회피하게 하는 영적인 구실을 제공받는 것이다.7(곧 살펴보게 될 자아가 환영이라는 생각도 마찬가지다.)

이런 관점은 육체를 보는 시각에도 영향을 준다. 결국 육체는 세상처럼 물질로 이루어져 있으므로 세상이 환영이라면 육체도 환영임이 분명하다. 환영이 아니라면 최소한 정신/영혼과는 다르거나 열등한 것이어야 한다. 정신과 물질처럼 그렇게 영혼과 육체라는 이원성이 생겨난다. 이런 생각은 육체에 대한 적대적이고 억압적인 자세를 부르고, 섹스를 포함한 우리 육체의 동물적인 충동과 기능을 혐오하게 만든다. 이런 자세는 예를 들어 물질은 악이고 육체는 탈출해야 하는 감옥으로 보는 초기 기독교 영지주의 주장에 잘 드러나 있다. 하지만 다시 말하지만 깨어나면 이런 이원성이 틀렸음을 알게 된다. 영혼이 깃들어 있는 우리 몸은 영혼과 하나다. 월트 휘트먼은 「나는 몸의 전율을 노래하네(I Sing the Body Electric)」라는 시에서 우리 몸의 서로 다른 부분들을 다 열거한 후에 이렇게 썼다. "오! 이것들은 몸의 여러 부분이고 몸의 시일뿐만 아니라 영혼의 시라네. 오! 아니, 이것들이 영혼이라네."8

신화 10. 깨어나면 자아가 사라진다
말 그대로 "그곳에는 아무도 없다"
깨어나면 자아 부재 상태가 된다

이 오해는 앞의 신화 9와 밀접한 관계에 있다. 이 관점에 따르면 자아도 세상처럼 환영이다. 깨어나면 우리는 아무도 아닌 것이 된다. 그동안 갖고 있던 정체성의 느낌이 사라진다. 더 이상 행동하는 사람이 존재하지 않고 그저 행동이 이루어질 뿐이다.

현대의 신불이원론자(Neo-Advaita)들이 이런 관점을 취한다. 하지만 다시 말하지만 이런 관점도 오해에 기인한다. 우리는 때로 파도와 대양의 비유로 깨어나는 과정을 묘사하곤 하는데, 수면 상태에 있는 우리는 자신을 대양과 떨어져 있는 하나의 파도로 본다. 하지만 깨어나면 자신이 대양과 하나였음을, 우리가 곧 대양임을, 우리가 대양에서 나왔고 늘 그 일부임을 깨닫는다. 하지만 그렇다고 파도로서의 정체성을 꼭 다 버려야 하는 것은 아니다. 우리는 대양의 일부로 살면서(혹은 대양으로 살면서) 동시에 파도로 살 수도 있다. 여전히 어느 정도의 자율성과 정체성을 갖고 개인으로 살면서 동시에 전체 우주와 하나로 존재할 수 있다.

깨어남을 자아의 소멸이 아니라 자아의 확장으로 보면 도움이 될 것 같다. 수면 상태에서 우리는 정도의 차이는 있지만 대개 우리만의 몸과 정신에 갇힌 편협한 정체성을 갖게 된다. 하지만 깨어나면 그 정체성이 문을 열고 밖으로 나가 확장된다. 더 많은 진리를 포용하는 더 협력적인 정체성을 갖게 된다. 이 정체성은 다른 사람들, 다른 살아 있는 존재들, 자연 세상, 이 땅 자체를 모두 포함하다가 결국에는 온 우주까지 포함하는 것으로 확장된다. 이 새 정체성은 강한 집단 정체성과 함께하는 자기중심적이고 편협한 시각에서 벗어나 세계적이고 보편적인 관점을 갖게 한다. 세계적인 문제를 걱정하게 하고 국적이나 민족의 피상적인 차이를 막론하고 모든 인간 존재와 하나임을 자각하게 한다.

깨어난 사람이 자아가 없는 것처럼 보이는 이유는 깨어난 상태의 새 자아 체계가 매우 겸손하고 우리 존재에 너무 잘 통합되어 있어 우리 자신조차 그것이 거기 있음을 깨닫지 못하기 때문일지도 모른다. 어두운 방구석에 조용히 앉아 있다 보면 그 방에 누군가 다른 사람이 있는 것을 알아차리지 못하는 것과 비슷하다. 새 자아 체계가 매우 미세한 방식으로 조용히, 하지만 효율적으로 기능하기 때문에 우리는 그것이 실제로 활동하고 있음을 알아차리지 못할 수도 있다. 새 자아 체계의 구조는 우리가 그 존재조차 알아차리지 못할 정도로 유연하고 유동적이다.

여기서 다시 3장에서 언급했던 도시의 비유로 돌아가 보자. 보통의 자아 체계는 두꺼운 벽으로 둘러싸인 도시다. 이 자아 체계는 도시 밖의 자연과 별도로 존재하며, 기본적으로 하나의 개체로 존재하는 것처럼 보인다. 그런데 깨어난 상태의 우리 자아 체계는 소박한 작은 주거지나 친환경 마을 같은 느낌이다. 이 마을은 자연 속에 무리 없이 스며들어 그 자체로 자연처럼 보인다. 자연과 똑같은 재료로 만들어졌기에 자연 속에서 전혀 튀지 않고 (분리 없이) 그 속으로 흡수된다.

우리 존재 안에는 어떤 종류든 자아 체계가 반드시 하나 있어야 한다. 이 점이 중요하다. 겸손하게 최소한의 역할만 한다고 해도 조직적·행정적 중심은 필요하다. 그리고 깨어난 자아 체계도 어느 정도의 정체성을 확보해 준다. 이런 정체성이 있기 때문에 우리는 그 어떤 존재 안에 살고 있는 '나'라는 느낌을 잃지 않는 것이다.

그러므로 깨어났다는 것은 자아가 사라지는 것이 아니라 새 자아가 생겨난 것이라고 말할 수 있겠다. 깨어났다는 것은 새 자아 체계가 나타났다는 뜻이다. 이 책에서 살펴보았던 시프터들도 대부분 과거의 자아가 소멸되고 새 자아가 나타난 것 같다고 했다. 이들은 정체성이 완전히 사라진 것이 아니라 새 정체성이 생긴 것 같다고 했다. 아무도 아니게 된 것이 아니라 누군가 다른 존재가 된 것 같다고 했다.(그렇다면 불교가 말하는 '무아'는 엄밀히 말해 '분리된 자아의 부재' 정도로 해석해야 할 듯하다.)

에고 개념도 마찬가지다. 어떤 스승들은 깨어나면 에고가 사라진다고 말하는데 엄격하게 말하면 이는 사실이 아니다. 에고 (Ego)란 라틴어와 고대 그리스어에서 단지 '나'를 의미했다. 그러므로 엄격히 말해서 깨어난 사람도 완전히 다른 종류이긴 해도 에고를 여전히 갖고 있다. 도시의 비유로 돌아가 보면 일반적인 에고는 도시의 중앙에 사는 황제 같은 것이다. 이 황제는 거대한 성에 사는데, 그럼에도 그 성을 더 확장하고 강화하며 막강한 권력을 휘두른다. 하지만 깨어난 자아 체계에는 그런 황제가 없고 단지 전체 체계에 순응하며 민주적으로 기능하는, 권력도 그다지 많지 않은 단순한 행정가나 관리자만 있다.

이른바 영성을 추구한다는 사람들 사이에는 정신적인 문제를 회피하기 위해 자아 부재 개념을 구실로 이용하는 사람들이 매우 많다. 자아가 존재하지 않는다면 자아와 관계된 모든 문제도 존재하지 않게 된다. 예를 들어 당신은 불안증과 낮은 자존감에, 원하는 직업을 갖지 못해, 동반자의 학대에 괴로울 수 있다. 그런데 자아가 환영이라고 믿고 있다면 그런 문제도 별거 아닌 듯 외면하거나 단지 아무 의미 없는 '이야기'쯤으로 치부해 버릴 수 있다.

바로 그런 이유로 많은 사람이 자아 부재 개념에 호감을 보인다. 물론 그만큼 자아 부재 개념이 많은 사람을 혼란에 빠트리기도 한다. 사람들은 자신의 정신적인 문제들부터 해결해야 진정한 영적인 길을 안정적으로 갈 수 있다고 직감한다. 그래서 깨어나기 위한 준비 차원에서 정신적인 치유나 재건의 과정을 밟아야 한다고 생각한다. 그러므로 그렇게 치유하고 성장해야 할 것 같은 자아가 있지도 않다는 말은 그다지 신빙성 있게 들리지 않는다. 사실, 자아를 단지 환영으로만 보며 수행하게 되면 도움이 되지 않는 것은 물론 역효과도 일어날 수 있다. 다시 말해, 분리된 자아의 고통을 없애는 것이 아니라 실제로 더 강화하고 확장할 수 있다.

신화 11. 깨어나는 것은 노력해서 될 일이 아니다

이 관점에 따르면 수행은 그다지 효과적이지 않다. 수행의 길을 따라가다 보면 목표를 달성하기 위해 노력을 하게 되기 때문이다. 노력이란 어쨌든 그 본성이 자기중심적이다. 노력이란 무언가를 원한다는 뜻이므로 에고를 강화하게 되고, 에고가 강화되면 우리는 그만큼 더 깨어나기 어려워진다. 즉 깨어남을 추구하는 것은 헛된 짓이고 자기 기만적이라는 얘기다.

깨어남을 목표로 삼으면 시간이라는 환영도 강화된다. 에고는 원래 시간 개념 안에서 번창한다. 목표를 정한다는 것은 미래를 상정하는 것인데, 미래란 사실 존재하지 않는다. 깨어남은 시간을 초월한다. 그러므로 시간을 상정하고 어떻게 깨어남에 이르겠는가? 바로 지금 여기서 그런 노력을 그만두어야만 깨어날 수 있다.

이는 분명 틀린 말은 아니다. 에고를 위해 영적인 길을 추구하는 사람도 분명히 있다. 이들은 사람들이 사회적 성공이나 부를 추구하듯 깨어남을 추구한다. 이들에게는 깨어남도, 획득하여 자신의 자산 목록에 추가해야 하는 그 무엇에 지나지 않는다. 쵸감 트룽파(Chogyam Trungpa) 린포체가 "영적 물질주의"라는 말을 쓴 것도 그런 이유에서다. 그 어떤 상실감을 상쇄하는 수단이 될 때 깨어남의 추구는 더 없이 물질적이 된다. 극단적인 예로 그런 사람은 이런 결심을 하곤 한다. "좋아. 가능한 한 많은 영성서를 읽고, 영적 스승들도 최대한 많이 찾아가 보고, 하루에 최소한 다섯 시간은 명상해 보자. 그럼 서른다섯 살이 될 때까지는 깨닫겠지." 이런 사람들은 피곤하고 우울하거나 심지어 아플 때도 억지로 명상할 것이다. 세상에서 가장 복잡하고 이상한 영적 가르침들을 이해하기 위해 몇 시간이고 고심할 테고, 결국에는 대체 언제쯤 깨어났다는 신호가 올지 궁금해할 것이다. 이런 철저한 에고에 의한 노력은 진정한 영적 발전을 부르기 어렵고 부작용만 낳을 가능성이 크다.

하지만 모든 구도자가 다 에고 때문에 영적인 길을 가는 것은 아니다. 우리 마음속에는 에고가 아니라 우리 존재의 가장 깊은 곳에서 우러나오는, 깨어나고 싶어 하는, 훨씬 더 깊고 자연스러운 충동 같은 게 있다. 이런 성장과 확장에의 충동은 사실 개인적인 충동이 아니라 수백만 년 된, *진화를 위한* 충동이다. 너무도 많은 사람을 영적인 길로 이끌었고 지금도 이끌고 있는 이 충동은 사실 지구상에 생명체가 탄생한 이래 모든 살아 있는 생명체를 더 복잡하고 더 의식적인 존재로 만들었던 그 역동적인 충동과 별반 다르지 않다. 진화 과정을 통해 우리 이전의 수백만 년 동안 모든 생명체에게 일어났던 정확히 바로 그것, 더 고기능의 더 통합된 상태로 진전하고픈 충동, 확장되고 더 강화된 의식을 갖고 싶어 했던 바로 그 충동 말이다.

다시 말해, 영적 수행자 대부분은 목표를 추구하고 뭔가를 얻으려는 것이 아니라 그런 진화적 충동을 자연스럽게 표출하고 있는 것이다. 영적 추구란 진화의 과정이 우리를 통해 진행되게 하고, 우리 스스로 진화의 더 높은 상태를 기꺼이 구현해 보이는 것이다. 적어도 이상적으로는 그렇다. 이런 추구는 에고를 강화하는 것이 아니라 에고를 초월하게 한다.

자아가 의미 없는 환영이라는 신화처럼, 깨어나기 위해 할 수 있는 일이 아무것도 없다는 신화도 우리를 혼란스럽게 한다. 당연하다. 우리의 가장 깊은 충동을 저지하기 때문이다. 아니, 자연과 우주의 가장 깊은 충동을 저지하기 때문이다.

영적 수행이 부작용을 낳는다는 관점은 대체로 깨어남의 본성, 특히 단계적 깨어남의 과정을 잘못 이해했기 때문이기도 하다. 앞에서도 보았듯이 단계적 깨어남은 자아 체계의 개조, 즉 옛 자아 체계에서 새 자아 체계로 단계적으로 전환해 들어가는 일이다. 모든 영적 수행의 목적은 그런 전환을 만들어 내는 것이다. 영적 수행의 길을 가다 보면 옛 자아 체계가 조금씩 와해되고, 경계가 유연해지며, 불화들이 치유되고, 그 결과 잠자고 있던 깨어난 상태의 자아 체계가 조금씩 깨어나게 된다. 이런 전환은 (영적 수행 없이) 우연히 일어나지도, 이런저런 일반적인 깨달음이나 '일견(seeing)'으로 일어나지도 않는다. 이런 전환을 위해서는 내면의 구조적인 변화가 있어야 하고, 그런 구조적인 변화는 (보통 극심한 스트레스와 혼란에 의해) 갑자기 극적으로 일어날 수도 있고 영적 수련을 통해 단계적으로 일어날 수도 있다.

'깨어나는 것은 노력해서 될 일이 아니다.'라는 관점은 때로 우리가 이미 깨어나 있다는 주장으로 합리화되기도 한다. 진정한 영혼이 우리의 진짜 본성이라면 당연히 우리는 우주와 이미 하나이지 않을까? 그러므로 중요한 것은 진정한 본성을 받아들이느냐 아니냐다. 그리고 진정한 본성을 받아들이기 위해서는 노력하기를 그만두어야 한다.

이 말 자체만 놓고 본다면 틀린 말은 아니다. 다시 말해 우리는 기본적으로 우주의 영성과 하나이므로 그 우주에 존재하는 모든 것과도 하나다. 그러므로 우리는 깊은 곳에서 이미 깨어나 있다. 하지만 그것이 사실이라고 해서 우리가 실제로 그것을 경험할 수 있는 것은 아니다. 사실 수면 상태의 자아 체계 구조와 경계 때문에 그 진정한 본성으로부터 분리되어 있다는 것이 더 보편적이다. 이것은 마치 영국에서도 비가 많이 오기로 유명한 맨체스터에 사는 사람에게 "하늘이 구름에 덮여 있다고 문제될 게 뭐람. 구름 너머에 파란 하늘이 있잖아. 하늘이 기본적으로 파랗다는 걸 그냥 받아들이기만 하면 돼."라고 말하는 것과 같다. 하늘은 항상 파랄지도 모르지만, 구름이 덮여 있는 한 나는 그 파란 하늘을 볼 수도, 햇

빛을 받을 수도 없다.

깨어나기 위해 할 수 있는 일이 없다는 생각은 분명 오해이기는 하지만 맞는 부분도 있다. 영적인 길을 가다 보면 수행 방식이 굳어지고 목표 지향적이 될 위험은 언제나 있다. 깨어나고 싶은 깊은 충동이 에고의 욕망으로 오염될 가능성이 언제나 존재한다. 그런 일이 일어나면 깨어나고자 하는 진화적 충동을 의식적으로 저지하고 방해하게 될지도 모른다. 그것은 마치 글을 쓰거나 시를 짓고자 너무 애쓴 나머지 창조성이 고갈되는 것과 마찬가지다. 작가가 글이 막힐 때가 있듯이 영성을 추구하는 사람도 '영성이 막힐 때'가 있다. 자의식이 강해지고 목표 지향적이 될 때가 그렇다.

바로 그때 깨어나고자 하는 노력을 멈추면 뭔가 속이 뻥 뚫리는 느낌이 들 수도 있다. 갑자기 대단한 영적 진화가 이루어지고 심지어 그렇게 바라던 대로 깨어날 수도 있다. 그리고 이 시점에서만 보면 노력을 하지 말아야 깨어나는 것처럼 보일 수도 있다. 하지만 물론 그 이전 수년간의 발전이 없었다면 그런 갑작스러운 깨어남도 일어나지 않을 것이다.(그러므로 영적 추구를 그만두라고 함부로 충고할 수 없다. 그 사람이 그 깨어난 사람처럼 깨어남 직전에 있지 않는 한, 영적 추구를 당장 그만두어서 좋을 건 없을 것이다.)

깨어나고자 하는 충동이 진화론적인 본성을 갖고 있다는 말은 깨어남이 단지 개인적인 문제만은 아님을 말해 준다. 사실 깨어남에 개인적인 의미만 있는 것은 아니고, 깨어남을 각자가 선택할 수 있는 것도 아니다. 물론 깨어나면 더 건강하고 더 활발한 삶을 살 수 있고 이것은 개인적으로도 의미 있는 일이다. 하지만 깨어남에는 그것보다 훨씬 더 많은 중요한 의미들이 있다. 깨어남을 온 우주만큼 방대하고 큰 맥락으로 볼 필요가 있다. 깨어남을 지구에서 살아가는 모든 생명체의 진화라는 문맥 속에서 살펴봐야 한다. 바로 이것이 이 책의 마지막 주제다.

집단 깨어남

그 전환적 도약

물리적 관점에서 진화란 생명체들이 점점 더 복잡하고 난해한 조직으로 발전해 가는 것이다. 최신 과학은 지구가 막 형성된 약 40억 년 전부터 이미 생명체 진화가 시작되었다고 말한다. 세포 하나로 이루어진 박테리아의 출현이 그 시작이었다. 이 박테리아가 수십억 년에 걸쳐 조금씩 더 복잡한 생명체로 변화했다. 핵이 만들어졌고, 광합성 능력이 생겼으며, 마침내 성별의 구분과 생식이 가능해졌다. 먼저 해면동물, 균류, 산호, 말미잘 같은 다세포 생명체들이 출현했고, 곤충, 어류, 식물, 숲, 포유류가 그 뒤를 이었다.

진화가 계속됨에 따라 더 많은 세포들이 서로 만났다. 함께 더 복잡한 과정들을 거치며 서로 다른 역할을 하게 되었고, 그만큼 상세한 분화와 파생이 일어났다. 그 결과 마침내 편형동물에서 지구

16장 집단 깨어남

상 최초의 뇌가 만들어졌다. 세월이 흐르면서 이 뇌는 점점 더 커졌고, 그 안의 세포들은 더 상호 긴밀해졌다. 수천 년 동안 그렇게 조금씩 복잡해지더니 지금으로부터 약 20만 년 전 호모 사피엔스가 출현했다. 인간은 천억 개의 뇌세포를 가진, 지구상에 출현한 생명체 중 가장 난해한 존재다. 인간의 뇌세포는 그 상호 연결성과 기능이 너무 복잡하기 때문에 현대의 신경과학자들도 그 협력 방식을 거의 이해하지 못할 정도다.

그런데 그러는 동안 내면 차원의 진화도 같이 일어났다. 물리적으로 복잡해졌다는 것은 자각 능력과 의식 능력도 그만큼 강화되고 확장되었다는 뜻이다. 그런 의미에서 진화란 생명체들이 자신과 세상을 점점 더 많이 자각하고 의식하게 되는 과정이라고 할 수도 있다.

지구상에서 가장 복잡하게 기능하는 육체를 가진 인간은 그래서 가장 강하게 자각하고 의식하는 생명체다. 확신할 수는 없지만 인간은 다른 동물들에 비해 세상을 더 상세히 그리고 더 폭넓게 자각하고 수준 높은 자의식을 갖고 있을 가능성이 크다.

세 종류의 자각

이쯤에서 서로 다른 세 종류의 자각(awareness)에 대해 살펴보는 게 좋을 것 같다. 사실 이 자각 중에 둘은 이미 12~13장에 언급한 바 있다. 바로 지각(감각)적 자각과 관념적 자각이다. 지각(감각)적 자각이란 주변 세상의 현상을 좀 더 생생하게 경험하는 것을 뜻한다. 그런데 이 장에서는 관념적 자각을 13장에서와 달리 깨어남의 특성에 한정하지 않고, 좀 더 일반적인 의미로 사용해 보려고 한다. 13장에서 나는 깨어남이 관념(인식)적인 면에서 좀 더 폭넓은 관점, 집단 정체성의 부재 등으로 나타난다고 했다. 하지만 좀 더 보편적인 의미에서 관념적 자각이란 시간, 과거와 미래, 죽음 같은 개념들, 더 세세하게는 도덕성, 정의(justice) 같은 개념들을 알아차리는 것을 뜻한다. 그러므로 관념적 자각이란 범주에 맞게 생각하여 서로 다른 현상 사이의 차이점과 유사점을 알고 상호관계를 인식할 수 있다는 뜻이다. 이런 관념적 자각이 가능했기에 인간은 알파벳, 문자, 숫자, 수학, 법체계 같은 개념과 상징들을 개발해 낼 수 있었다.

그리고 앞에서 특별히 언급하지 않았던 세 번째 종류의 자각이 있는데, 바로 주관적인 자각이 그것이다. 주관적인 자각이란 우리 자신 혹은 우리 자신의 존재 상태를 알아차리는 것을 말한다. 감각적 자각은 가장 간단한 형태의 생명체도 할 수 있다. 예를 들어 세포 하나로 이루어진 박테리아도 빛, 열기, 음식이 있는 쪽으로 움직일 수 있고, 이것은 기본적인 형태지만 자각 능력이 있다는 뜻이다. 그리고 최소한 특정 분야에서는 인간보다 더 예민한 감각 능력을 보이는 동물들도 있다. 예를 들어 개는 우리보다 후각이 훨썬 예민하고, 우리가 들을 수 없는 영역의 소리도 듣는다. 하지만 인간은 관념적 자각과 주관적 자각에서만큼은 다른 동물들에 비해 월등하다. 주관적 자각 능력을 어느 정도 갖춘 동물도 있다.(예를 들어 까치는 거울에 비친 자신의 모습을 알아채는 듯하다.) 유인원의 경우 기본적인 숫자나 범주들을 배울 수 있는 등 관념적 자각 능력을 일부 보여 준다. 하지만 인간의 관념적, 주관적 자각 능력이 분명 다른 동물들에 비해 월등한 것 같다. 동물들이 사용하는 단순한 언어들과 비교할 때 놀랍도록 난해하고 복잡한 인간의 언어만 봐도 그렇다. 인간만큼 자기만의 주관적인 내면 세상을 깊이 탐색하고, 인간만큼 자신이 살고 있는 이 세상에 대해 폭넓고 깊게 이해하는 동물은 없어 보인다.

그런데 우리는 현 인류가 진화의 끝인 듯 살아가는 경향이 있다. 우리도 당연히 진화 중임을 보지 못하고, 진화가 우리 앞 세대에서 이미 끝났다고 가정하는 것 같다. 참으로 비논리적이다. 자각 능력이 확장되고 강화되는 진화는 의심할 바 없이 앞으로도 계속될 것이다.

그리고 내가 보기에 사람들이 현재 영적으로 깨어나고 있는데, 이는 진화의 과정이 바로 지금 우리 사이에서도 일어나고 있음을 시사한다.

깨어난다는 것은 이 세 종류의 자각이 모두 강력해진다는 뜻이다. 즉 감각적으로 더 많이 더 깊이 알아차리고 (폭넓은 관점, 집단 정체성 초월, 도덕적 보편성 등과 함께) 더 많은 관념을 자각하며, 자신에 대해 더 많이 더 깊게 자각하게 된다. 다시 말해 내면의 삶이 얼마나 풍성하고 충만할 수 있는지 깨닫게 된다. 나에게는 이것이 세상의 진화가 이제 우리 인간 집단을 통해 이루어지고 있는 것처럼 보인다. 인간은 다른 동물들보다 더 확장적인 의식을 갖고 있다. 그리고 그 인간이 이제 예전의 존재 상태보다 더 확장적인 계발 단계로 나아가고 있다. 현재로선 깨어난 사람들이 상대적으로 드문 편이지만 (인류가 살아남는다는 가정하에) 언젠가는 깨어남 상태가 인류 보통의 상태가 될 것이다. 그런 의미에서 현재 깨어난 사람들은 이를테면 미식축구의 변칙 전방 패스 같은 것으로, 미래 인류의 모습을 보여 준다. 아직 그 모습이 완전하다고 할 수는 없지만.[1]

진화에 대해 다시 생각하다

진화는 돌연변이나 자연 도태에 의해 마구잡이식으로 일어나지 않는다. 진화란 더 복잡하고 위대한 물질, 더 확장적인 의식으로 나아가고 싶은 것인데, 그 배후에는 어떤 본능이나 추동력이 있다. 다시 말해 모든 생명체는 *내면적으로* 더 강력한 감각적, 관념적, 주관적 자각 능력을 계발하고 싶어 하는 *경향*을 갖고 있다.

이것은 생명체가 목적 지향적이라는 말이기도 한데, 우리 시대의 표준에 해당하는 신다윈설 진화론에 익숙한 사람들에게는 이 말이 이상하게 들릴 수도 있다. 하지만 신다윈설에는 사실 문제가 많다. 이 책에서 그런 문제를 다 논하기는 어렵지만(다른 책으로 자세히 논의할 수 있기를 희망한다.) 다윈의 무작위 변이 진화설에 대한 가장 큰 반박 논리 하나쯤은 제시하고 가는 게 좋을 듯하다. 다윈은 무작위로 생겨나는 돌연변이를 통해 진화가 일어난다고 했는데, 이토록 놀랍도록 긍정적이고 창조적인 진화의 과정이 순수하게 유전적 돌연변이 같은 부정적인 현상에 의해서만 일어날 수 있음은 이치에 맞지 않아 보인다. 신다윈설에 따르면 유전적 돌연변이는 거의 항상 부정적이다. 돌연변이 생명체는 대개 생식 능력이 없고, 따라서 금방 멸종하게 된다. 그런데 매우 드물게 생존에 용이한 유용한 변이도 일어난다. 이런 변이가 유전자에 의해 선택되고 안정되면 변종이 생기고, 마침내 완전히 새로운 종이 생겨난다.

이런 변이들이 수백만 년 지난 후 새 종으로 등장하는 것은 맞다. 하지만 그런 우연히 발생하는 부정적인 변이 과정이 아무리 오랜 세월에 걸쳐 일어난다고 하더라도, 그런 창조적인 발전 과정을 이루어 낼 수 있을까? 이렇게 의심하는 철학자와 과학자가 많다. 문제는 긍정적인 변이가 드물게 일어난다는 것에만 있지 않다. 종의 탄생은 차치하더라도 최소한 의미 있는 종의 변화라도 생기려면 유용한 변이가 오랜 시간 연이어 일어나야 한다. 즉 이전의 돌연변이와 정확하게 똑같은 돌연변이가 똑같은 시간과 장소에서

계속 일어나 축적이 되어야 한다.[2]

그러므로 생명체 자체에 더 완벽한 물질로, 더 강렬한 자각으로 나아가려는 충동이 있다고 보는 편이 더 타당할 것 같다. 나는 태아에서 성인으로 자라는 우리의 발전 과정을 진화와 비교하곤 한다. 태아는 두 개의 세포가 만나 하나가 된 가장 단순한 형태에서 출발한다. 그 세포가 자연스럽게 그리고 불가피하게 쪼개지고 다시 만나기를 반복하며 몸의 조직들을 형성한다. 그 조직들이 점점 더 복잡해지는 여러 단계를 거친 후 비로소 어른으로 성장한다. 이 과정은 우리 인간 종에 맞게 이미 정해져 있는 틀/청사진에 따라 이루어진다. 수백만 년에 걸친 엄청나게 긴 시간을 통해 이루어진다는 것만 다를 뿐 진화 과정도 이와 비슷하다. 진화의 경우 우리 개인의 성장 과정처럼 그 방향이 정해져 있지는 않다는 것이 유일하게 다른 점이 아닐까 한다. 더 복잡하고 완벽한 물질로, 더 강렬한 자각 능력으로 가려는 경향은 분명 있지만, 그 과정에 충분한 자율성이 주어진다.

그러므로 내 생각에는 진화가 우연히 이루어진다는 말은 태아가 성인으로 어쩌다 성장하게 된다는 말만큼이나 이치에 맞지 않다. 우리 개체의 성장 과정은 간단한 세포 구조에서 더 복잡하고 특별한 구조로 옮겨 갔던 지난 40억 년의 생명체 진화 과정과 아주 유사하다. 두 발전 과정 모두 우연히 일어나지 않고 방향성을 갖고 있다는 점에서 특히 더 그렇다.

16장 집단 깨어남

진화적 도약의 예

진화가 방향성을 갖고 있다고 보면 깨어남은 불가피해진다. 깨어남은 수백만 년 동안 진행된 한 과정의 자연스러운 전개다. 그동안 깨어나고자 하는 충동이 우리 내면에서 그 때를 기다리고 잠복해 있었다. 어쩌면 그런 충동이 세포 하나로 이루어진 박테리아 때부터 언제나 우리 속에 잠재해 있었을지도 모른다. 모든 저등동물 속에 고등동물이 잠재해 있다고 가장 먼저 공공연히 주장한 사람은 그리스 철학자 아리스토텔레스였고, 그 후 다른 철학자들도 그런 주장을 받아들였다. 아리스토텔레스는 진화란 처음부터 내재해 있던 잠재성이 펼쳐져 고등 생명체로 나아가는 것이라고 보았다.[3] 사실 현재 인류는 깨어나고 싶은 충동이 강력하며, 이미 깨어날 준비가 다 되어 있다. 우리 안에서는 이미 집단 깨어남이 일어나고 있다. 인류는 조금씩 존재의 고기능 상태로, 더 확장적이고 더 강력한 자각 상태로 나아가고 있다. 우리는 지금 진화적 도약을 목전에 두고 있는 것이다. 어떻게 그럴까?

인류에게 지금 진화적 도약과 집단적 깨어남이 일어나고 있음을 보여 주는 징후들이 많다. 먼저 개인적인 깨어남 경험과 관계하는 징후들 네 가지부터 살펴보자.

자연적 깨어남

앞에서도 보았듯이 자연적으로 깨어나는 사람이 많아졌다. 물론 다른 방식으로 깨어나는 사람들과 비교해 봤을 때, 자연적으로 깨어나는 사람은 아직 소수에 속한다. 이들은 깨어나고자 하는 충동을 이미 충족시킨 사람들로, 앞서 얘기했듯이 미식축구에서 일어나는 변칙 전방 패스 같은 사람들이다. 다시 말해 집단적 변형을 예고하는 선구자들이다.

물론 자연스럽게 깨어난 사람은 역사를 통틀어 늘 있어 왔다. 예를 들어 붓다, 인도의 철학자 상카라, 중세 기독교 신비주의자 마이스터 에크하르트, 18세기 유대인 신비주의자 바알 셈 토브(Baal Shem Tov) 같은 사람들이 그렇다. 하지만 이들의 정확한 일생을 알지 못하기 때문에 그 깨어남이 자연스러운 것이었는지, 영적 수행을 통해 단계적으로 일어난 것인지, 아니면 갑작스런 변형을 겪었기 때문인지 사실 정확히 알 수 없다. 그에 반해 지금 사람들이 자연스럽게 깨어나고 있다는 것은 분명해 보인다.

일시적으로 깨어나는 경험

깨어난 상태로 태어난 사람이 아니라고 해도 깨어나는 경험을 하게 되는 경우가 많아졌다. 긴장을 푼 채 쉬고 있어서 마음이 고요하고 평안해지는 동안 잠깐씩 깨어남 상태를 일견하는 사람이 많다. 그 몇 분 동안 수면 상태의 자아 체계가 빠져나가고, 깨어난 상태의 자아 체계가 마침내 구름이 걷히자 드러나는 해처럼 그 고개를 내미는 것이다. 이것은 우리 수면 상태의 장악력이 헐거워져서 이제 쉽게 제거될 수 있음을 암시한다. 비록 다시 원 상태로 돌아온다고는 해도 말이다.

깨어나고 싶은 충동

현재 깨어나고 싶은 충동을 느끼는 사람이 많다. 한계가 많고 기만적인 보통의 존재 상태가 틀렸음을 본능적으로 느끼는 사람이 점점 늘어나고 있다.

이들은 자신이 수면 상태에 있음을 알고 깨어나고 싶어 한다. 따라서 영적 전통을 따르고 나름의 수행을 하며 수면 상태를 초월하려 한다. 이것 또한 인류 집단정신 속 우리 수면 상태의 장악력이 무너지고 있음을 암시한다. 다시 말하지만 이런 깨어나고자 하는 개인적 충동들은 곧 인류의 진화 충동이 발현된 것이다. 자각의 확장과 강화를 향한 개인적인 충동과 집단적인 충동이 둘 다 우리를 통해 드러나고 있다.

심리적 격변을 통한 깨어남

개인적인 깨어남과 관련해서 인류에게 지금 집단적 도약이 일어나고 있음을 보여 주는 징후 그 마지막 네 번째는 바로 심리적 격변의 시기에 깨어남이 아주 즉흥적으로 쉽게 일어난다는 사실이다. 나는 이것이 인류의 깨어남이 임박했음을 알려 주는 가장 분명한 징후가 아닐까 한다. 이런 방식으로 깨어남을 경험하는 시프터들은 새 자아 체계가 나비가 될 날만 손꼽아 기다려 온 번데기처럼 그 모습을 활짝 드러낸다. 옛 자아가 사라지고 새 자아가 형성됨에 따라 이런저런 문제들이 생겨나는 혼란스러운 기간이 뒤따르지만, 이 과정도 자연스럽고 불가피하다.

앞에서도 여러 번 지적했듯이 이런 전환이 생각보다 훨씬 더 흔하게 일어나고 있으며, 점점 더 흔한 일이 되어 가고 있다. 이 또한 깨어난 자아 체계가 인간 집단정신 안에서 그 모습을 드러낼 준비가 다 되어 있음을 시사한다. 새 자아 체계는 이미 그 형태를 다 갖춘 채 안정적인 상태로 존재하지만, 아직까지는 옛 자아 체계를 없애 버린 사람들에게만 그 모습을 드러낼 수 있다.

이 모든 징후는 인류가 깨어나는 속도에 가속도가 붙었음을 말해 준다. 그리고 생명체 진화의 다음 단계가 시작되었음을 말해 준다. 그렇기 때문에 깨어나는 방식이 다양해진 것이다. 수면이 올라가 강과 호수가 범람하던 것이 이제 그 지류와 연못과 개울까지 범람하게 되는 양상이다. 깨어남의 수면이 올라가고 있고 모든 곳에서 그 부상(emergence)의 징후들이 보인다.

문화적 전환

깨어남의 징후는 간접적이기는 하지만 문화적인 변화에서도 나타난다.

나는 그런 문화적인 변화가 지난 약 250년 동안 두드러졌다고 믿고 있다. 18세기 후반은 최소한 서구 유럽인들에게는 매우 흥미로운 시대였다. 그 전 4000년 동안 유럽은 나머지 세상이 그랬듯 억압, 고통, 잔인성이 만연한 세상이었다. 대다수 사람에게 삶이란 16세기 철학자 토머스 홉스의 말처럼 "괴롭고 잔인하며 짧았다." 예를 들어 18세기 초 영국으로 시간 여행을 할 수 있다면 당시 그 잔혹하고 부당한 세상에, 그리고 사람들이 서로에게 보여 주는 냉정함에 충격을 금치 못할 것이다. 영주와 귀족들이 농민들을 얼마나 잔인하게 다루는지 보고, 아이들이 얼마나 학대를 받는지 보고, 죄인들이 어떤 야만적인 처벌을 받는지 보고(주로 광장에서 군중들의 환호 속에서 처벌이 이루어졌다.) 동물 학대의 현장들을 보며 공포에 질릴 것이다. 그리고 교육을 받을 수 없고 직업도 가질 수 없는, 정치적·사회적 문제에 참여할 길이 막혀 있는 여성의 위상을 보고 끔찍하다고 느낄 것이다.

그런데 18세기 후반에 전환이 시작되었다. 『자아폭발-타락』에서 나는 이때의 전환을 제2의 물결이라고 불렀다. 제1의 물결은 지금으로부터 약 3000년 전 '전락한' 문화에 살던 전 세계의 사람들이 자신들이 수면 상태에 있다는 것과 깨어남이 가능하다는 것을 깨닫기 시작할 때를 말한다. 이때 사람들이 대거 영적 탐구를 시작했고 그 수행법들을 계발-고수하는 것을 통해 일상 상태의 제한적인 자각 능력을 능가하고 더 확장적이고 조화로운 상태를 경험할 수 있었다. 그러나 수 세기가 지나면서 이런 영적 탐구는 이슬람의 수피들, 기독교의 신비주의자들, 힌두교의 요기들, 불교의 스님들, 유대교의 카발라 추종자들 같은, 주류 종교들과는 거리가 좀 있는(따라서 논쟁의 대상이 되기도 하는) 소수의 뛰어난 신비주의자들에게만 해당되는 일이 되었다.

하지만 제2의 물결은 제1의 물결과 비교해 더 폭넓고 더 두드러지는 깨어남의 징후들을 보여 준다. 예를 들어 타인에 대한 동정심이 큰 물결을 이루었는데, 특히 정의의 중요성과 다른 사람과 집단의 권리를 존중해 주는 것이 얼마나 중요한지 자각하게 되었다. 이것이 그 후 수십 년 동안 여성 권리 확보, 동물 권리 확보, 노예제 폐지, 민주주의와 평등주의, 좀 더 관용적인 처벌 등의 여러 사회적·문화적 변화로 이어졌다.

18세기 후반은 프랑스 혁명과 미국 국가 수립이 이루어진 때이기도 하다. 둘 다 인간의 평등권에 기초해 봉건 제도의 잔혹한 불공정에 대응한 사건이었다. 예술 쪽에서는 낭만주의가 유행이었다. 시인, 예술가, 음악가들이 내면 및 자연 세상과 새로운 관계를 발전시켜 나갔다. 그 전의 예술가들이 결코 하지 않았던 방식으로 내면 세상을 탐구했고, 자연의 아름다움과 장엄함에 열광하며 감탄했다.(진화적으로 보면 이것은 주관적 지각과 감각적 지각의 확장을 시사한다.)

마침내 인간은 수면 상태의 자아 체계가 부르는 분리감을 초월하는 새로운 능력들을 계발하기 시작했다. 그리고 자기만의 정신적 공간에서 나와 다른 존재들의 정신적 공간으로 들어가 그들의 고통에 공감하고 동정할 수 있는 능력을 계발하는 데까지 이르렀다. 이제 인간은 타인, 다른 생명체들, 그리고 일반적인 자연 세상까지 헤아리기 시작했다.

동시에 이런 변화들은 새로운 관념들을 낳고 정의와 도덕성에 대한 새로운 원칙들을 발전시켰다. 에고 중심적인 이기적인 도덕성에서 이제 인간은 좀 더 보편적인 관점으로 나아가기 시작했다. 집단 정체성에 목말라하던 인간이 이제 보편적인 인류애를 감지하기 시작했다.

이런 과정은 19세기까지 이어져 사회주의와 민주주의 같은 새로운 종류의 정치 평등 철학들을 낳았다. 여성 권리 운동이 그 효과를 보면서 여성은 마침내 남성 보호자 없이도 부동산을 소유하고 대학을 가고 직업을 가질 수 있게 되었다.(1897년 뉴질랜드가 처음으로 여성의 투표권을 인정했고, 그 후 20~30년에 걸쳐 다른 많은 나라들이 그 선례를 따랐다.) 문학에서는 찰스 디킨스, 에밀 졸라, 표도르 도스토옙스키 같은 작가들이 우리 사회의 가장 가난하고 멸시받는 계층들을 묘사하며 감정이입과 동정의 감정들이 대거 생겨나고 있음을 반증했다.

이 제2의 물결은 20세기에 들어와 더 강력해지고 더 다양한 방식으로 드러났다. 에고-분리감의 초월은 그 자체로 몸과의 연결성을 점점 더 많이 자각하게 하였고, 따라서 사람들은 섹스를 공공연히 말하기 시작했다. 자연과의 더 깊은 교감과 더 넓어진 시각들이 생태 운동과 환경 운동을 낳았다. 이와 유사하게 동물들에 대한 동정심이 늘어나면서 (동물 권리에 대한 인식이 넓어진 동시에) 채식주의가 유행하기 시작했다.

지난 몇십 년 동안 일어난 이런 정신적인 변화는 (주장하건대) 세계적으로 갈등과 전쟁이 전반적으로 줄어드는 양상을 낳았다. 신문을 읽거나 TV 뉴스를 보면 그렇지 않은 것처럼 보이기도 하지만, 역사학자들은 2차 대전 후 지난 70년이 인류 역사상 가장 평화로운 시대였다는 데 대부분 동의한다. 국가 간 갈등도 줄었고 혁명과 내전 같은 나라 내의 갈등도 줄었다. 동시에 소비지향적 생활 습관이 행복의 원천이 아니라 오히려 행복을 방해한다는 자각이 생겼고, 다운시프팅과 다운사이징이라는 명목 아래 물질주의적인 삶에서 단순한 삶으로 바꾸는 운동이 일어났다.

그리고 마지막으로 지난 몇십 년 동안 일어난 가장 큰 문화적 변화(깨어남으로 향하고 있는 집단적 움직임을 보여 주는 가장 강력한 문화적 징후)가 하나 더 있다. 바로 영성 철학에 대한 관심이 대단위로 급증했고, 여전히 급증하고 있다는 사실이다. 명상, 요가를 비롯한 여러 자기계발 기술들과 수행법들이 사람들 사이에서 급속도로 번져 나갔다. 무엇보다 이런 영성에 대한 부쩍 커진 관심이 기존 종교들의 쇠퇴와 함께 일어났다는 것이 매우 의미심장하다. 앞에서도 보았듯이 전통 종교들은 사실 수면 상태가 야기하는 고통을 위로하려는 시도 정도의 역할만을 해 왔다. 그런데 이제 그런 수면 상태가 야기하는 문제들을 단순히 피하려는 것이 아니라 초월하려는 운동이 점점 더 커져 가고 있다.

모든 것이 연결되어 있다는 자각, 공감 능력, 더 넓은 시각에 기초한 관념들이 자라나고 있음이, 그리고 단절과 에고 중심주의를 초월하고자 하는 움직임이 일어나고 있음이 도처에서 보인다. 동시에 물질주의와 기존 종교 같은 수면 상태와 관계 있는 행동적 특징들이 많은 부분 (우리 사회 일부에서나마) 분명 약해지고 있다.

이런 징후들이 앞에서 언급했던 깨어남의 개인적인 징후들과 동시에 일어나고 있기 때문에, 인류가 더 확장적이고 더 고기능의 상태로 향한 집단적인 전환 그 한가운데에 있음을 더욱더 확신할 수 있다. 이 과정이 더디고 단발적이라 하더라도(초기 단계에는 심지어 여전히 아무 일도 일어나지 않는 것처럼 보일 수도 있다.) 우리는 분명 깨어나는 과정에 있는 듯하다.

인류 진화의 궤적: 원주민의 깨어남

그런데 잠깐, 나는 이 책에서 일찌감치 초기 인류와 현재의 원주민들이 이미 자연적인 깨어남 상태에서 살았고 또 살아가고 있다고 하지 않았던가? 그리고 그런 자연적인 깨어남 상태에서 분리와 개인성을 갖는 상태로 '전락'한 결과가 바로 수면 상태라고 하지 않았던가? 깨어남이 옛날에 잃어버린 것을 되찾는 것이라면 과연 그것을 진화라고 할 수 있을까?

나는 초기 인류와 현재 세상의 일부 원주민들이 분명 '자연적으로 깨어난 상태'였다고 지금도 믿고 있다. 지금 계발되고 있는 집단적 깨어남은 그러므로 부분적으로는 '전락하지 않았던' 상태로 돌아가는 것이 맞다. 지금 우리는 그런 의미에서 원을 돌아 원래 지점으로 가고 있는 것이다.

하지만 현재 일어나는 집단적 깨어남은 회귀 그 이상의 의미가 있다. 이 깨어남으로 우리는 그 옛날 잃었던 것을 되찾지만 동시에 새로운 것을 얻기도 한다. 현재 우리가 계발하고 있는 깨어남은 그런 의미에서 사실 초기 인류의 그것과는 다른 상태다. 이 깨어남은 회귀를 뜻하기도 하지만 동시에 진보를 뜻한다. 수면 상태로 '전락'했을 때 우리 조상들은 초기 인류가 가졌던 세상과의 연결성과 자연 현상의 신성함과 생생함을 자각하는 능력을 잃어버렸다. 그런데 그런 '전락'조차 실은 일종의 진보였다. 그 후 우리 조상들이 고도의 지성 능력을 계발할 수 있었고, 그 지성을 이용해 복잡한 개념들을 만들어 낼 수 있었기 때문이다.

그럼에도 초기 인류가 유아기 같은 상태에서 살았다고 보지는 않는다. 그들이 경험했던 깨어남은 우리가 아이들에게서 보는 미성숙한 깨어남보다는 성숙한 영적 깨어남 쪽에 더 가깝다.[4] 아이들과 달리 초기 인류와 원주민들은 분명 어느 정도 개인성을 갖고 있었고, 실용적인 일들을 조직하는 능력과 추상적·논리적 사고 능력도 갖고 있었다.(사실 『자아폭발-타락』에서 지적했듯이 선사시대가 기술적으로 생각보다 발달한 시대였다는 증거들이 많다.) 하지만 전락 후 우리 조상들은 그런 능력들을 초기 인류보다 훨씬 더 많이 발달시켰다. 전락 후 인간은 추상, 논리, 집단적 힘을 강화해 왔고 덕분에 세상을 더 이성적으로 이해하게 되었다. 그 결과 대단한 과학 기술적 진보를 이뤄 냈다. 전락이 있었으므로 인간은 복잡한 문자와 수학을 계발해 낼 수 있었고, 바퀴, 금속, 쟁기 같은 중요한 발명품들을 만들어 낼 수 있었다. 이성의 발달은 '전락'으로 나타난 매우 개인적인 에고의 긍정적인 측면이었다.

사실 고도의 지성 능력을 계발하는 것, 이것이 전락이 일어난 주요 원인이라 할 만하다. 전락의 원인이 정확히 무엇이었는지는 말하기 어렵지만 『자아폭발-타락』에서 나는 일단 환경의 변화가 그 원인이지 않을까 추정해 보았다. 기원전 4000년경 시작된 방대한 사막화가 중앙아시아와 중남부 유럽의 생태계에 큰 타격을 입

혔다. 살아남기 힘들어진 인류는 생존을 위해 실용적이고 지적인 능력들을 계발해야 했고 자신부터 먼저 생각해야 했다. 이것이 인간 정신세계의 재편성을 수반했다. 그 결과 개인적인 에고가 만들어졌고 추상과 논리의 힘이 세졌다.

하지만 이렇게 생겨난 에고는 너무 강력해 점점 더 많은 에너지를 요구했다. 그 결과 초기 인류가 지각(감각)에 이용했던 에너지가 에고에게로 넘어갔다. 1장에서도 설명했듯이 그 결과 우리 조상들은 에고에게 필요한 에너지를 조달하며, 그 강력한 구조와 인식적 기능을 유지하기 위해 에너지를 보존하는 방식의 하나로 세상을 자동적으로 인식하게 되었다. 그렇게 우리 조상들은 특별할 것 없이 그저 그런 회색의 그늘진 세상 속으로 '전락'했고 의미 없고 정적인 세상 안에 고립되었다.(에고가 조용하고 생각이 사라질 때 깨어남을 경험하는 이유가 바로 여기에 있다. 에고가 독점하던 에너지가 풀려 세상을 지각하는 데 사용되면 우리는 다른 세상을 보게 된다.)

그렇다면 지금은 무슨 일이 일어나고 있는 걸까? 지금 우리가 겪고 있는 것이 회귀가 아니라 진화라면 왜 그럴까? 지금 우리는 전락 후 계발해 온 고도의 지성과 개념화 능력을 보유하는 동시에, 초기 인류가 감지했던 연결성과 고도의 감각적 자각 능력까지 *되찾으려 한다*. 사실 관념에 관한 한 우리는 지금 우리 조상들의 관념화 능력을 단지 되찾는 것만이 아니라, 더 폭넓고 깊은 개념적 자각 능력을 계발하는 것으로 그 능력을 *확장*하는 중이라고 할 수 있다. 그리하여 세상과 더 분리되는 것이 아니라 세상과 재결합하게 된다. 우리는 동굴 벽에 비친 바깥세상의 그림자만 보다가 이제 몸을 돌려 빛이 들어오는 쪽으로 나아가 전락 후 수천 년 동안 본 적 없는 광경을 보려 하고 있다.

이 장 처음에 설명했던 세 종류의 자각을 놓고 보면, 전락이 관념적 자각(지성 능력) 능력을 높였고 그 탓에 감각적 자각 능력이 떨어지게 되었다고 말할 수 있겠다. 하지만 '도약(Leap)'으로 다시 균형을 찾을 수 있다. 관념적 자각 능력의 감소 없이(사실은 이 능력이 오히려 더 커진다.) 감각적 자각 능력도 이전과 유사한 수준으로 올라갈 것이다.

이 모든 것은 기본적으로 생명 에너지와 관계가 있다. 프랑스 철학자 피에르 테야르 드 샤르댕(Pierre Teilhard de Chardin)은 생명체 진화의 과정에는 반드시 '영적 에너지'의 점진적인 강화가 따라올 수밖에 없다고 했는데,[5] 나는 영적 에너지라는 말보다 *생명 에너지*란 말을 선호한다. 생명체는 물리적으로 더 복잡해질수록 그 의식도 더 발달하고 따라서 더 생생한 삶을 살게 된다. 다시 말해 생명 에너지가 강화된다. 일부 현대 철학자들이 말하듯이 우리 뇌는 의식을 만들어 내지는 못하지만, 의식을 나르고 받아들이는 역할은 분명히 하고 있는 것 같다. 이 관점에 따르면 의식은 우주의 근본 힘이며, 모든 곳과 모든 것 안에 존재하게 된다. 뇌는 그런 의식을 받아들이는 라디오 수신기 같은 것이다. 뇌가 그렇게 우주의 의식을 잡아내 전달해야 비로소 우리도 개인적인 존재로 살아갈 수 있다. 뇌는 보편 의식을 특정 시공간에 잡아 두는 역할을 한다. 그래야 우리가 개인적인 존재로서 우리 삶의 순간들을 경험하며 살아갈 수 있다. 뇌 신경세포가 많을수록, 그 기능이 복잡할수록 우리 각 개인은 더 강력한 보편 의식을 잡아낼 수 있다.[6] 하지만 여기서도 나는 의식보다는 생명 에너지란 말을 쓰고 싶다. 세포가 더 많아지고 복잡해질수록 생명체는 더 많은 생명 에너지를 만끽하게 된다. 다시 말해 더 원기 왕성해진다.

그리고 바로 그런 일이 지금 우리에게 벌어지고 있는 것이다. 우리는 지금 더 많은 생명 에너지를 느끼고, 더 의식적이 되어 가고 있으며, 더 원기 왕성해지고 있다. 그리고 정확하게 바로 그래서 우리의 관념적 자각 능력을 희생시키지 않고도 수준 높은 감각적 자각 능력도 되찾을 수 있는 것이다. 지금 우리가 제2의 물결과 함께 공감 능력과 고도의 자각 능력을 경험하고 있는 것은 기본적으로 바로 이 대단한 생명 에너지, 혹은 샤르댕에 따르면 영적 에너지 때문이다.

물론 강화된 생명 에너지가 육체, 특히 뇌가 더 복잡해진 것과 연관이 있다는 말이 논쟁을 불러일으킬 수 있다. 나는 여기서 이 시대의 인간이 이 생명 에너지의 새로운 유입이 있기 전, 예를 들어 500년 전 사람들보다 육체적으로 더 복잡해졌다고 말하고 있는 것일까?

16장 집단 깨어남

물론 그렇지는 않다. 내가 우리 뇌가 더 복잡해졌다고 말하는 것은, 개인의 뇌나 육체가 아니라 하나의 종으로서의 우리 인류의 육체를 말하는 것이다. 산업 혁명 이래 지난 300년이 넘는 동안 인류는 점점 더 복잡한 방식으로 서로 더 많이 연결되어 왔다. 거리감이 무너졌고, 국경과 경계 개념이 많이 사라졌다. 인구가 많아졌고, 서로 더 많이 섞이게 되었으며, 기술의 발달로 사람들 사이의 소통과 교류가 지속적으로 늘어나고 있다. 샤르댕은 이런 증가하는 상호연결이 완전히 새로운 세상(이것을 샤르댕은 '정신권nonspere'이라고 부른다.)을 부를 만큼 의미심장하다고 믿었다. 이 새 세상에서는 인류 전체가 하나의 상호사고(interthinking) 하는 집단으로 묶인다. 물론 매우 실험적인 생각이라는 것은 인정한다. 하지만 범지구적인 상호 연결성이 늘어나고 있는 지금의 상황을 볼 때 집단 생명 에너지가 유례없이 강화될 것은 분명해 보인다.(최소한 이 둘의 관계는 부정할 수는 없을 것이다.)

위기의 시대, 도약할 것인가 붕괴할 것인가

그렇다면 현재의 상황을 보지 않을 수 없다. 우리는 지금 어디에 있는가?

지금까지 주장한 이 모든 긍정적인 흐름에도 불구하고 우리는 지금 위기의 시대를 살고 있음이 분명하다. 전례 없이 서로 연결되어, 전례 없는 동정심으로, 전례 없이 영적으로 깨어나는 시대를 살고 있기는 하다. 하지만 그만큼 전례 없이 위험한 시대를 살고 있다. 우리는 지금까지 살펴본 전략에서 벗어나려는 움직임이 부정적인 흐름의 극단과 대치하는 양극화의 세상에 살고 있다. 물질주의에서 벗어나고자 하는 사람이 많기는 하지만, 그 어느 때보다 많은 사람이 물질주의적 이상향에 빠져 있다. 연예인과 패션, 물건과 사회적 위상에 집착하는 경향이 그 어느 때보다 우리 사회 전반에 침투해 있고, 세계적으로 확산되는 추세다. 더 많은 사람이 자연 세상과의 연결을 감지하고 있어 그 어느 때보다 환경 문제에 대한 염려가 크기는 하지만, 각국의 정부들과 세계적 기업들이 여전히 지구를 자원 착취 대상으로만 보고 있어 지구의 생명 유지 장치가 계속해서 빠른 속도로 파괴되고 있는 것도 사실이다. 그 어느 때보다 다른 종들의 복지를 중시하고는 있지만, 여전히 인간들 때문에 지구상에는 매일 150~200여의 동식물군이 멸종하고 있다. 집단 정체성과 기존 종교에서 벗어나 모두를 포함하는 영성을 추구하는 사람들이 늘고 있지만, 많은 사람이 기존 종교와 국적에 이전보다 더 강하게 집착하고 있다.(예를 들어 테러리즘이 강해지고 독립을 주장하는 여러 기구와 민족주의자들의 반이민 정책이 인기를 끌고 있는 것만 봐도 그렇다.)

하지만 이런 반대 징후들이 강해지는 것에 놀랄 필요는 없을 것 같다. 새 국면이 도래하면 붕괴의 위협에 처한 이전 세상의 특징들이 대개 더 강해지고 집요해진다. 이민 사회 구성원들이 자신들의 문화가 주변의 더 큰 문화에 의해 위협받고 있다고 느끼는 것과 비슷하다. 그러므로 이민자들은 자신이 속한 문화의 가치들에 더 강하게 집착하며 그 어떤 변화도 거부한다. 지금 우리가 경험하고 있는 문화적 갈등들은 본질적으로 수면 상태와 연결되어 있는 구시대의 가치/특징들과 깨어남 상태와 연결되어 있는 새로운 가치/특징들 사이의 갈등이다. 위협 받고 있는 구시대의 특징들이 그 정당성을 더 강하게 주장하고 있다. 새 자아 체계로 조금씩 대체되고 있는, 우리의 집단정신 속 수면 상태의 자아 체계가 자신의 권력을 꼭 쥐고 놓지 않으려 하는 것이다.

한편, 지금 우리가 겪고 있는 위기가 곧 깨어남을 부를 수도 있다. 지금의 사회적 격변(생태계 붕괴, 경제적 불안, 횡행한 물질주의, 기아 탈출 혹은 복지를 원해서 벌이는 대중 집회 등등)은 우리 개인들이 급작스러운 깨어남 직전에 겪는 심리적 격변과 크게 다르지 않다. 예를 들어 7장에서 살펴본 죽음에의 직면을 생각해 보자. 자신이 죽을지도 모른다는 생각은 강한 변형을 촉구한다. 우리는 하나의 종으로서 집단적 붕괴에 직면하고 있다. 이런 위협이 집단적 변형을 촉구할지도 모른다. 문제가 심각하지 않을 때부터 이미 진화적 도약은 시작된다. 하지만 이제 그 모든 문제들 때문에 그 도약의 과정이 빨라지고 있는지도 모른다.

제시간에 깨어나기

커다란 질문 하나. 우리는 제때에 집단적으로 깨어날 수 있을까? 현재의 위기가 재난으로 바뀌기 전에 깨어남의 긍정적인 특징들이 수면 상태의 부정적인 특징들을 이길 수 있을까?

여기서 우리 개인의 정신이 인류의 그것에 연결되어 있으므로 인류에게 영향을 준다는 것을 기억해야 한다. 개인적으로 깨어나는 과정을 밟아 나갈 때 인류의 깨어남에 공헌한다. 우리 자신의 도약이 인류의 도약에 일조한다. 더 많은 사람이 깨어남으로 향해 갈 때 다른 사람들도 그렇게 하기 쉽다. 깨어난 자아 체계의 청사진이 우리 집단정신 안에서 구축되어야 한다. 마침내 그것이 수면 상태의 자아 체계를 대체하여 인류가 자연스럽게 성년이 될 때까지.

그런 의미에서 깨어남에 대해 잘 이해한 후 급작스러운 전환을 겪는 사람들에게 걱정하거나 그런 상태를 억압하지 않아도 된다고(혹은 정신병이 아니라고) 말해 줄 수 있어야 한다. 깨어난 상태를 쉬쉬하지 않아야 한다. 그래야 그 긍정적인 효과가 해당 개인은 물론 인류 전체에서 드러날 것이다.

그런 의미에서 우리 각자도 우리만의 깨어나고자 하는 충동을 기꺼이 허락할 필요가 있다. 그런 충동을 억압하지 말고(예를 들어 깨어나려고 노력하는 것이 오히려 깨어나지 못하게 한다고 잘못 믿는 것 등등) 영적 수련의 길을 따라가는 것이 중요하다. 자의식이 강해서 영

471

적 수행에 너무 완고한 자세(이 경우야말로 수행이 수행에 방해가 된다.)를 취하지만 않으면 조금씩 깨어나는 과정에서 인류의 깨어남에도 공헌한다. 깨어나고자 하는 충동을 자연스럽게 따라갈 때 우리는 이미 시작된 전환을 가속화하는 데 도움을 주며, 진화의 에이전트로 활동하게 된다. 우리 자아의 진화가 진화 과정 자체에 공헌하는 것이다.

단계적으로 깨어나려면 물론 명상과 알아차림 수행을 하고 봉사하는 이타적인 삶을 살아야 한다. 그리고 단순하고 조용한 삶을 살며 내면과 함께 편안하게 존재하는 법을 배워야 한다. 이 말은 곧 제멋대로 지껄이는 머릿속 수다를 잠재우고, 그것이 내가 아님을 안다는 것이다. 그 결과 내면의 고요가 얼마나 평화로운지 알고, 우리 가장 깊은 본성과 하나가 되어야 한다는 뜻이다. 에고의 철두철미한 경계선을 뚫고 동료 인간들, 자연, 그리고 온 우주와 만나야 한다는 뜻이다. 그리고 이 말은 정신적 집착들을 버려 그 집착 때문에 보지 못했던 본질들을 보고, 우리의 잠자고 있던 더 고귀한 자아를 드러내야 한다는 뜻이다. 가장 기본적으로는 6장에서 보았듯이 수면 상태의 자아 체계를 깨어난 상태의 자아 체계로 바꿔야 한다. 즉 정신적 틀을 개조해야 한다.

인류의 도약에 왜 개인적인 노력이 요구되는지는 알 수 없다. 이것은 사실 노력이나 분투의 문제가 아니라, 이미 시작된 흐름과 함께 하느냐 하지 않느냐의 문제다. 마치 거친 강물 위를 잘 타고 내려가느냐 그렇지 않느냐의 문제와 같다. 수영을 할 필요는 없다. 단지 강의 물살에 우리 몸을 잘 맡기기만 하면 된다. 그럼 공생 관계에 따라 우리만의 가속도가 전체 과정 자체의 가속도를 높일 것이다. 우주는 우리가 깨어나길 바라기 때문에 우리가 적절한 상황만 만들어 준다면 기꺼이 우리를 깨어나게 해 줄 것이다.

깨어난 새 세상

기본적으로 분리와 부조화를 조장하는 '전락'한 정신은 수천 년 동안 세상에 점점 더 큰 갈등과 혼돈을 불러왔으며, 이제 분명 그 과정의 끝이 보이는 듯하다. 그 과정이 혼돈과 격변의 종말로 치달을지 아니면 새로운 시작을 부를지는 현재 분명하지 않다. 하지만 우리가 제때 집단적 변형을 이루어 내어 하나의 종으로서 생존한다면, 그때 세상은 분명 지금과는 다른 세상일 테다. 지난 수천 년 동안 수많은 정신적·사회적 고통을 낳았던, 수면 상태의 어둡고 절망적인 세상이 깨어남의 밝은 새 세상에 그 자리를 내어 줄 것이다. 인류는 만연한 물질주의, 권력욕, 집단 정체성, 전쟁, 억압을 초월할 것이다. 인류는 밝게 빛나는 새 세상을 보고 내면의 행복, 온전함, 모든 존재로 향한 감정이입, 인류애, 자연 세상/온 우주로 향한 연결성을 느낄 것이고, 내외적으로 평화롭게 될 것이다.

갈등과 고통이 만연했던 악몽에서 마침내 깨어날 것이다. 그리고 대단히 안도하며 조화와 편안함의 새 시대를 맞이할 것이다. 그 세상이 환영이 아니라 사실은 환영에서 벗어난 것이고, 더 깊고 진실한 실체를 깨달은 것임을 알게 될 것이다.

인류가 생존하지 못한다고 해도 지구는 결국 회복될 것이다. 그리고 진화는 계속될 것이다. 진화의 길에 역행은 없다. 단지 일시적으로 느려지고 답답해질 수는 있다. 결국 깨어나 확장성과 명료함을 경험할 새 생명체가 탄생할 것이다. 진화는 심지어 그 너머로까지 나아갈 것이고, 그때 얼마나 더 강력하고 확장적인 지각 능력이 생겨날지는 우리로서는 상상하기도 힘들다. 결국 우리가 깨어남 상태라고 알고 있는 것이 진화의 끝이라고 할 근거는 하나도 없다. 마찬가지로 지금 우리의 상태가 진화의 끝이라고 할 근거도 없다.

다만 바로 지금 집단적 깨어남이 임박했으므로, 조금만 노력하면 이 과정의 전모가 드러나고 도약이 완수될 거라 확신할 수는 있다. 그 근거는 도처에 널려 있다.

인류는 다시 일어날 것이다

스티브 테일러

인류는 다시 일어날 것이다.

혼돈은 피할 수 있다.

불화는 끝나게 되어 있다.

악마를 불러내기는 쉽지만, 그 악마가 우리는 아니다.

무질서는 뒤틀린 것일 뿐 오래가지 못한다.

질병의 징후들이 언젠가는 치료될 것이다.

끝없는 갈등을 겪으려고,

생존하려고,

인정받으려고,

압제에서 벗어나려고 태어난 게 아니다.

불안에 마음이 좀 먹히고

비통함에 영혼이 부패하려고 태어난 것도 아니다.

우리는 기뻐하려고 태어났다.

얼어붙은 겨울이 지나면 봄이 오고 생명력과 햇살이 터지듯 기쁨도 언젠가는 돌아올 것이다.

인류는 다시 일어날 것이다.

차갑고 냉정한 남자의 마음이

따뜻하고 부드러운 여자의 영혼에 열리듯,

얼어붙고 단단한 자아가 녹아 다시 자연이 될 것이다.

이기성이 연민으로 바뀌고 계급이 평등하게 바뀔 것이다.

연결의 욕구가 통제의 욕망을 극복할 것이다.

인류는 다시 일어날 것이다.

수천 년 잠자던 감각들이 깨어날 때

자연이 다시 신성하게 빛날 때

태초의 그 황홀한 아름다움에 감탄하게 될 때

낡고 지루한 현실의 표면을 뚫고 깊은 의미들이 드러날 때.

인류는 다시 일어날 것이다.

아니 벌써 천천히 일어나고 있다.

전환의 시기가 조금씩 안정되고 있다.

균형 감각이 돌아오고 새 구조가 드러나고 있다.

새 차원의 조화로 무장한 강렬한 색과 모양의 새로운 패턴들이,

혼돈에 응하지 않아서 더 강력해진 질서가,

광기를 거쳐 더 강력해진 분별심이 일어나고 있다.

인류는 다시 일어날 것이다.
전쟁이 사라질 것이고
치유가 이루어질 것이며
더는 오직 살아남기 위해 스트레스와 두려움 속에서 미친 듯 살지
않아도 될 것이다.
대신 대단히 즐거운 모험과 은총이 넘치는 가운데 편안하게 살아갈
것이다.
이제 참아 낼 벌도, 탐욕할 특권도 없을 것이다.

우리는 다시 온전해지기 위해 태어났고, 곧 그렇게 될 것이다.
우리는 기뻐하기 위해 태어났고, 곧 기쁨으로 돌아갈 것이다.

인류는 다시 일어날 것이다.

감사의 말

나에게 깨어남 경험을 공유해 준 모든 분들에게 제일 먼저 깊은 감사의 마음을 전한다. 특히 내 박사 논문 연구를 위해 흔쾌히 긴 인터뷰를 허락해 준 분들에게 깊이 감사한다. 내 박사 논문 지도 교수님이자 지난 수십 년 동안 초개인 심리학 분야에 혁혁한 공헌을 하신 레스 랭카스터 교수님께 감사한다. 인내심 많고 너그러운 내 기술 조수 앰버 팔런에게 고맙다. 마지막으로 뉴 월드 라이브러리와 에크하르트 톨레 에디션 팀원들에게 진심으로 감사한다. 특히 편집자 제이슨 가드너에게 감사한다. 그리고 먼로 마그루더, 마크 앨런, 킴 엥그에게도 감사한다. 마지막으로, 에크하르트 톨레에게 감사의 마음을 전한다.

종교적/일반적 깨어남 특성 항목표

이 항목표는 깨어난 사람들에 대한 연구를 바탕으로 나(스티브 테일러)와 내 동료 연구자 캘리 킬레아가 함께 만들었다. 더불어 심리학 연구 도구 표준 기준을 만족시키기 위해 다른 우수한 연구자들(우리의 '전문가 증인들')에 의해 연구 및 개정되었고 실험, 수정되었음을 알려 둔다.

진술 1부터 28까지 하나씩 읽으며 다음 중 한 가지를 선택해 답한다

◎ 강하게 동의한다
○ 동의한다
△ 중립/잘 모르겠다(동의도 부인도 하고 싶지 않을 때 혹은 어느 쪽인지 판단할 수 없을 때)
✕ 아니다
✗ 절대 아니다

	◎	○	△	✕	✗
1. 나는 늘 내면이 편하고 만족스럽다.					
2. 일상 활동에서 심오한 기쁨을 느낀다.					
3. 내 생각이 내가 아님을 깊이 감지하고 분명히 안다.					
4. 기대하지 않았던 일이 일어나도 쉽게 받아들이고 계속 나아갈 수 있다.					
5. 내 삶에 강한 연대의식을 느낀다.					
6. 과거와 미래가 내 현재를 방해하지 않는다.					
7. 나를 둘러싼 세상의 '존재(is-ness)'에 경외감을 느낀다.					

		◎	○	△	✕	✕
8. 내 외모는 내 자존감이나 정체성에 아무런 영향도 미치지 못한다.						
9. 정기적으로 생각 없는 정신적 고요를 경험한다.						
10. 감각적으로 강렬하고 생생한 느낌을 받는다.						
11. 나는 현재를 깊숙이 느낀다.						
12. 의도적으로 타인이나 물건을 해칠 수 없다.						
13. 깊고 진실한 관계를 만들기가 어렵다.						
14. 집단, 공동체, 사회에 소속될 필요성을 느끼지 않는다. 그것들에 순응하고 싶지도 않다.						
15. 모든 감각이 살아 있음을 강하게 느낀다.						
16. 성공해서 두각을 나타내는 것이 나에게는 중요하다.						
17. 아무것도 할 필요성을 못 느낀다. 나는 이 자체로 만족한다.						
18. 감정이 일어날 때 그것에 함몰되지 않고 알아차린다.						
19. 죽음이 무섭다.						
20. 물건, 나무, 사람들 같은 나와 분리된 것 같은 존재들이 실은 편재하는 의식의 부분들이므로, 모두 나와 같다고 느낀다.						
21. 문화, 국적, 나와 얼마나 가까운지에 상관없이 모든 사람과 똑같이 연결되어 있다고 느끼고 모든 사람에게 똑같이 공감한다.						
22. 나를 통해서 더 큰 목적이나 어떤 임무가 발현되고 있다고 느낀다.						
23. 마음속으로 다른 사람의 행동을 판단한다.						
24. 무언가를 결정해야 할 때면 내 느낌과 직관을 신뢰해야 바른 결정을 내릴 수 있음을 잘 안다.						

	◎ ○ △ × ✕
25. 주변 세상이 살아 있고 강렬하게 진동하고 있음을 느낀다.	
26. 성공과 실패가 내 자존감에 영향을 주지 않는다.	
27. 종종 시간 감각이 사라진다.	
28. 받아들여지려면 특정 방식으로 행동해야 한다는 압박을 받는다.	

29. 당신 세계관과 현실 인식에서 가장 중요한 점을 짧게 적어 본다.

위의 진술들에 답했다면 그중 13번, 16번, 19번, 23번, 28번을 제외한 23개 대답 각각에
1~5점씩 부여한다. '절대 아니다'에 1점, '아니다'에 2점, '잘 모르겠다'에 3점, '동의한다'에
4점, '강하게 동의한다'에 5점을 준다.
13번, 16번, 19번, 23번, 28번 대답에는 점수를 반대로 준다. 즉 '절대 아니다'에 5점,
'아니다'에 4점, '잘 모르겠다'에 3점, '동의한다'에 2점, '강하게 동의한다'에 1점을 준다.
모든 점수를 합산한다. 점수가 높을수록 깨어남 정도가 더 강하다. 29번은 이 테스트의
타당성을 증명하기 위한 항목이다. 여기서 적은 것들이 테스트 결과에도 부합하면 테스트가
맞다는 뜻이다.

주

들어가는 말

1. McGinn, 1999.
2. Matthew 18:3, New International Version.

1장 잠에 빠지다, 깨어나길 열망하다

1. Taylor, 2012b, p. 74.

2장 다양한 문화에서 말하는 깨어남

1. Suzuki, 2000, p. 34.
2. In Spenser, 1963, p. 101.
3. Matthew 18:3, New International Version.
4. Lao-tzu, Chapters 28 and 55.
5. Lenski, 1978.
6. In Spenser, 1963, p. 321.
7. Lancaster, 2005; Hoffman, 2007.
8. In Underhill, 1911/1960.
9. In Underhill, 1911/1960, p. 389.
10. In Spenser, 1963, p. 241.
11. In Happold, 1986, p. 86.
12. In Spenser, 1963, p. 254.
13. Bhagavad Gita, 1988, p. 53.
14. Carpenter, 1906.
15. Brunton, 1972, p. 141.
16. Meister Eckhart, 1996, p. 11.
17. Upanishads, 1990, p. 103.

18. In van de Weyer, 2000, p. 7.

19. Bhagavad Gita, 1988, p. 68.

20. In van de Weyer, 2000, p. 8.

21. In Spenser, 1963, p. 200.

22. In Scharfstein, 1973, p. 28.

23. Upanishads, 1990, p. 111.

24. 현학적으로 들릴 수도 있겠지만 '영원의 현상학(perennial phenomenology)'이
    더 정확한 표현일지도 모르겠다. 서로 다른 전통들 사이의 유사성은 기본적으로
    경험적이고, 현상학은 경험을 연구하는 학문이기 때문이다. 이 문제에 대해서는 곧 나올
    다른 책에 더 자세히 언급해 두었다.

3장 자연적 깨어남, 깨어난 예술가

1. Whitman, 1980, p. 52.

2. Bucke, 1901.

3. Ibid.

4. 같은 책. 흥미롭게도 내가 박사 논문 준비를 하면서 인터뷰했던 영적으로 깨어난 사람
   25명은 평균 35살에 깨어났다. 하지만 그중 여성이 15명이었고 남성은 단 9명이었다.
   그러므로 이러한 버크의 여성 차별은, 단순히 당시가 남성 지배적인 사회라 여성들의
   깨어남 경험이 거의 기록되지 않았기 때문일 수도 있다.

5. Ibid.

6. Ibid.

7. "Leaves of Grass", 1881. 장난기가 돈 휘트먼이 소로우에게 동양 철학에 대한
   자신의 지식이 미천하다고 (사실과 다르게) 말한 것이라고 보는 사람들도 있다. 하지만
   그렇다고 해도 휘트먼이 불교나 힌두교에 대해 깊고 자세한 지식을 갖고 있었을
   가능성은 낮다.

8. Bucke, 1901.

9. Whitman, 1980, p. 68.

10. Ibid., p. 95.

11. Ibid., p. 51.

12. Ibid., p. 220.

13. Ibid., p. 53.

14. Maslow, 1970, p. 163.

15. Whitman, 1980, p. 68.

16. Ibid., p. 348.

17. Ibid., p. 95.

18. Lawrence, 1923.

19. In Zang, 2011, p. xix.

20. Huxley, 1962, p. 1256.

21. Lawrence, 1994, p. 651.

22. Ibid., p. 578.

23. Ibid., p. 652.

24. Ibid., p. 700.

25. Huxley, 1962, p. 1265.

26. Lawrence, 1994, p. 676.

27. Jefferies, 1883, p. 86.

28. Ibid., p. 25.

29. Wordsworth, 1994, p. 205.

30. Ibid., p. 587.

31. Ibid., p. 511.

32. Blake, 2002, p. 88.

33. Shelley, 1994, p. 12.

4장 자연적 깨어남, 혼란과 통합의 과정

1. Peace Pilgrim, 1994, p. 2.

2. Ibid., p. 4.

3. Ibid.

4. Ibid., p. 7.

5. Ibid.

6. Piechowski, 2009. 나는 이 논문에서 처음으로 피스 필그림에 대해서 읽었다.

7. Peace Pilgrim, 1994, p. 21.

8. Ibid., pp. 22-23.

9. Ibid., p. 73.

10. Ibid., p. 83.

11. 앞에서도 보았듯이 리처드 M. 버크는 "우주적 의식"의 도래가 대부분 30~40세에
일어난다고 했고, 내 박사 학위 논문에 표기된 깨어나는 사람들의 평균 연령도
35세다. 그러므로 피스 필그림이 서른 살 즈음에 깨어남 상태가 안정되었다는 것과
나도 그랬다는 점이 흥미롭다. 에크하르트 톨레와 내 지인 러셀 윌리엄스도 29세에
깨어났다.

5장 전통 안에서의 단계적 깨어남

1. 이와 관련해 나는 『잠에서 깨어나기』에서 진행 중인 깨어남과 이미 영구적으로 깨어난
경우의 차이점을 정리해 보았다. 깨어남이 진행 중일 때는 틈틈이 일어나는 깨어남
경험들이 영구적인 깨어남을 지속적으로 자극하고 깨어남 경험들도 서로 합병된다.
명상, 자연과의 접촉, 침묵 지키기, 혼자만의 시간 보내기 같은 활동들이 깨어남 경험을
자극할 확률이 높다. 그러므로 (예를 들어 스님들처럼) 이런 활동들을 규칙적으로 한다면
깨어남 경험을 틈틈이 하게 될 가능성이 높아진다. 하지만 그런 상태는 깨어남의 실제
상태와는 다르다. 예를 들어 진행 중인 깨어남 상태가 집은 그대로 있는 상태에서 집
외관을 돌보는 것이라면 깨어남 상태는 집 자체가 없는 것이다. 그러므로 자아 체계의
단계적 리모델링을 통해 진행 중인 깨어남 상태가 지속적인 영구적 깨어남 상태로 바뀔
가능성이 매우 높다.

2. Udana sutta, 1998.

3. Dhammapada, 2005.

4. Yoga Kundalini Upanishad, 2013.

5. 쿤달리니도 브라흐마차르야(brahmacarya, 절개 혹은 금욕) 수행을 통해 통제하면
단계적으로 상승할 수 있다. 쿤달리니 요가의 브라흐마차르야는 (기독교의
금욕주의처럼) 몸을 적대시하며 섹슈얼리티를 억압하는 기술이 아니라 변형을 위한
역동적인 과정을 뜻한다. 우르드바 레타스(urdhva-retas, 정액 순환법) 수련 시 낮은
차크라들에 있는 본능적 에너지가 상승하며 더 높은 영적 에너지, 즉 오자스(ojas,
생명력)로 변한다. 이것은 에너지가 더 순수하고 더 고도의 형태로 바뀌는 내면의
연금술이라 할 만하다. 도가에서도 정신 계발(보통 '양생'이라고 한다.)을 내면의 연금술과

비교하는 유사한 개념이 있다.

6. Metta sutta, 2004.

7. Deikman, 1980.

8. Moore and Malinowski, 2009; Sauer, Walach, Offenbächer, Lynch, and Kohls, 2011; Tang, et al., 2007; Valentine and Sweet, 1999.

6장 전통 밖에서의 단계적 깨어남

1. Williams, 2015, p. 76.

2. In Taylor, 2011, p. 25.

3. Ibid., p. 24.

7장 급작스러운 깨어남, 혼란 끝의 변형

1. Taylor, 2012a, p. 36.

2. Grof, 2000.

3. Ibid., p. 137.

4. Stanton, Bower, and Low, 2006.

5. 목숨을 위협하는 경험이 외상 후 성장을 부른다고 알려져 있다. 전쟁(Maguen, Vogt, King, Litz, 2006), 사고(Snape, 1997), 그리고 암을 포함한 다른 만성 질병(Abraido-Lanza, Guier, and Colon, 1998)이 그 예들이다.

6. Bray, 2011; Calhoun, Tedeschi, Cann, and Hanks, 2010.

7. van Lommel, 2004, p. 118.

8. Sabom, 1998.

9. In Taylor, 2011, p. 145.

10. Ibid., pp. 143-44.

11. "Wilko Johnson: 'Terminal cancer has made me feel alive.'" (2013, January 25).

12. 그레이엄은 책을 출간했다. 뒤편의 '자료'를 보라.

13. 영성서를 읽는 것이 때로 변형의 문을 열어 주며 치료를 부르기도 한다. 6장에서 우리는 영성서가 단계적 깨어남에 중요한 요인임과 심리적 격변의 시기에는 급작스러운 변형도 야기할 수 있음을 보았다. 예를 들어 아기를 돌봐야 하는 일을 감당할 수

없어 피곤해하다 우울증에 빠진 모이라는 『지금 이 순간을 살아라』를 읽다가 그 방의 공간들을 보았는데 바로 그때 갑자기 정신이 맑아지고 모든 문제가 사라진 듯 가벼워졌다고 했다.

흥미롭게도 나는 심리적 격변 후 일어나는 변형에 영적 수행이 주요 요인이라는 근거는 찾지 못했다. 이론적으로는 영적 수행이 심리치료가 불러일으키는 정도의 변형을 불러와야 할 것 같다. 하지만 그렇지 못한 이유는 아마도 심리적 격변기에 있는 사람이 영적 수행을 따라가기가 힘들기 때문일 수도 있다. 영적 수행은 안정기에 상대적으로 정신이 고요할 때 하기 쉽다. 스트레스와 불안으로 가득할 때 명상하기는 매우 어렵다.

14. 외상 후 변형된 경우와 그동안 억압되었던 자연적 깨어남이 드러난 경우의 차이를 뚜렷이 구별하기가 어려울 때도 있다. 이미 깨어났지만 억압된 자아 체계는 종종 강한 불만에 휩싸인다. 자연스런 과정을 억압하거나 압제하면 긴장과 분노를 불러일으킨다는 것, 이는 모든 존재에게 기본 법칙에 해당한다. 깨어나고자 하는 충동은 진화에 따른 것이고 따라서 지금까지의 진화 과정 그 전체가 온 힘을 다해 밀고 있는 충동이므로 그 불만이 아주 강력해질 수 있다. 따라서 깨어남 이전 심리적 격변을 겪는 사람이 부정적인 삶의 사건들 때문에 그런 격변을 겪는지 아니면 자연스럽게 깨어난 상태가 억압된 데서 오는 좌절감 때문에 그런 격변을 겪는지 구분하기 어려울 때도 있다.(물론 두 경우 모두로부터 나온 격변일 가능성도 매우 높다.)
   에크하르트 톨레가 그 하나의 예다. 톨레는 29세에 갑자기 영적으로 깨어났다. 그의 표현을 빌리자면 수년간 "엄청난 불안감과 우울증과 존재론적 좌절감과 고뇌"를 겪고 난 뒤였다. 톨레는 삶과 미래에 대한 불안, 무엇보다 무의미한 삶에 대한 두려움이 컸지만 그런 무의미함에 온전히 대면해 그 배후에 무엇이 있는지 보고 싶지는 않았다.(Taylor, 2011, p.105) 거기에는 부모님의 이혼 등 가정사가 불행했던 것, 고립감 같은 외부적인 요인도 한몫했을 것이다. 하지만 에크하르트 톨레의 우울감과 좌절감이 표현되지 못한 내면의 깨어남에 기인했을 가능성도 있다. 그것이 결국 갑작스러운 깨어남의 형태로 드러났을 수도 있다.
15. Williams, 2015, pp. 76~77.

8장 급작스러운 깨어남, 쿤달리니 각성

1. Greyson, 1993.
2. Greenwell, 1995; Ring and Rosing, 1990.

3. Jnaneshvar, 1986, p. 130.

4. In Silburn, 1988, p. 42.

5. 내가 연구를 위해 만난 사람들 중에는 에너지 폭발이 구체적으로 척추 아래 끝(혹은 그 근처)에서 시작되었다고 말하거나 그 에너지가 척추를 타고 올라왔다고 설명하는 사람은 거의 없었다. 대부분 몸을 통과하는 에너지가 커졌거나 강렬해졌다며 좀 더 일반적으로 말했다. 단 두 사람 정도가 "몸을 관통하며 에너지가 몰아쳤다." "무서운 양의 에너지가 몸을 관통했다."라고 했다. 그 외에 쿤달리니 각성과 유사한 특징들을 보고한 사람도 몇 명 있었지만, 꼭 에너지가 내면에서 솟아올랐다고 말한 것은 아니다. 열기 혹은 빛에 대해 말했을 뿐이다. 예를 들어 어떤 사람은 명치로부터 " 황금빛의 크고 환한 원이 올라왔다."고 했다. 그 원이 빙글빙글 돌며 점점 밝아지다가 "몸을 통해 움직이더니 몸을 가득 채웠고 기쁨이 온몸을 관통해 흘렀다."고 했다. 이것은 쿤달리니 에너지가 척추 아래 똬리를 틀고 있다가 척추를 따라 올라간다는 전통적 개념이 꼭 말 그대로는 아닐 수도 있음을 시사한다.

6. Greenwell, 1995.

7. In Taylor, 2010, pp. 145-46.

8. In Taylor, 2012c.

9. Wade, 2004, p. 27.

10. 같은 책. 그런데 내가 수집한 성적 깨어남은 모두 그 당사자가 여성이었다는 점이 흥미롭다. 웨이드 또한 성적 깨어남 경험이 여성들에게 더 흔한 것 같다고 했다. 어쩌면 이것이 여성과 남성이 느끼는 오르가슴의 근본적인 차이 때문은 아닐까? 도가에 따르면 여성과 남성은 음양이라는 원형적 힘의 표현이기 때문에 성을 다르게 경험하고 다른 종류의 오르가슴을 느낀다. 남성의 오르가슴은 표면적이고 에너지의 발산 및 분산과 관계하며 생명력을 줄인다. 여성의 오르가슴은 내면적이며 에너지를 강화하고 돋우는 힘이 있다.(de Souza 2011) 이 관점에서 보면 성을 통한 깨어남 경험이 여성에게 더 흔한 것이 그리 놀랄 일은 아닌 것 같다.

11. Washburn, 1995, p. 82.

9장 급작스러운 깨어남, 향정신성 약물이나 테크놀로지

1. 스타니슬라프 그로프 또한 영적 비상(emergency)이 대부분 강렬한 심리적·감정적 격변과 관련 있지만 때로는 영적 수행, 강력한 성적 경험, 향정신성 약물 경험 혹은

극단적인 육체적 고행에 대한 반응으로 일어날 수도 있다고 했다.

2. In Wong, 1998, p. 108.

3. Suzuki, 1964, p. 65.

4. Parsons, 1995, p. 20.

5. Ibid., pp. 20-21.

6. Zaehner, 1972.

7. In Shaw, 2015, p. 301.

8. Grof, 2000.

9. 일시적 깨어남 경험으로 2차적 전환이 일어나는 경우가 많다. 일시적 깨어남 경험이 낙관, 신뢰, 편안함 혹은 확신의 느낌을 준다. 예를 들어 내가 인터뷰한 어떤 사람은 심리적 격변기 끝에 강력하게 깨어나는 경험을 했고 "세상 가장 강력한 사랑과 평화를 느꼈고 모두가 안전하다고 느꼈다."(Taylor, 2011, p.4) 그 경험은 몇 분밖에 지속되지 않았지만, 그 여파로 이 사람은 좀 더 긍정적인 세계관과 관점을 갖게 되었고 전에 없이 감사할 줄 알게 되었다. 그는 다음과 같이 말했다. "주위를 둘러보며 내 인생과 미래의 모든 좋은 것들에 대해 생각했어요. 긍정적이 되었고 탄력성이 좋아졌어요."(같은 책) 깨어나는 경험은 영적인 새로운 차원을 알아차리게 한다. 이전에 몰랐던 차원이지만 이제 한 번 일견했으니 그곳으로 다시 돌아가기를 강하게 열망하게 된다. 그리고 그곳에 도달할 방법을 찾기 위해 영적 전통들과 수행법들을 살피기 시작한다. 예를 들어 심리적 격변으로 인해 깨어남을 경험했던 엠마는 "깨달음의 순간"을 "내 모든 문제와 고통이 순식간에 무의미해지고 어리석어 보이고 나와 내 주변의 진정한 본성을 알지 못한 것임이 분명해지는 순간"이라고 했다.(Taylor, 2011, p.8) 그 경험으로 엠마는 영적으로 새로운 자각을 하게 되었고 자기계발에 평생토록 관심을 갖게 되었다. 엠마는 다음과 같이 말했다. "어떻게 보면 그때 이후로 살아온 25년을 어떻게 다시 그곳으로 돌아갈 수 있을까 고민하며 보낸 것이나 마찬가지예요."(같은 책)

10. Huxley, 1988, p. 64.

11. Doblin, 1991. 2006년에 있었던 실로시빈의 효과에 대한 한 유사한 연구에서도 자발적 참여자 60퍼센트가 신비한 경험을 했고 그중 3분의 1은 그 경험이 첫아이의 탄생과 같은 인생에서 가장 중요하고 영적인 경험이었다고 했다. 그 두 달 후 있었던 후속연구에서도 대부분의 참가자들이 기분, 태도, 행동이 더 긍정적이 되었다고 보고했으며, 심리테스트에서도 같은 실험에서 플라시보만 복용한 사람들에 비해 행복 지수가 상당히 높게 나왔다.(Griffiths et al., 2006)

12. McKenna, 2004, p. 122.

13. Hoffer, 1966.

14. Chalmers (1996), Nagel (2012), Kastrup (2014).

15. Healy, 2015. Also Taylor, 2016a.

10장 깨어난 후 찾아오는 영적 위기

1. Upanishads, 1990, p. 86.

2. Roberts, 1993, p. 13.

3. Williams, 2015, pp. 114 – 15.

4. Ibid., p. 115.

5. Ibid., p. 116.

6. In Taylor, 2011, p. 170.

7. Spiritual Crisis Network, n. d.

8. Ibid.

9. Clarke, 2010, pp. 110 – 11.

10. Grof, 2000.

11. Phillips, Lukoff, & Stone, 2009, p. 8.

11장 폭풍 뒤에도 남아 있는 특성과 문제적 스승

1. Forman, 2011, p. 13.

2. Forman, 2012, p. 12.

3. Ibid.

4. Burkeman, 2009.

5. Cohen, 1992, p. 128.

6. In Benjamin, 2016.

12장 깨어남의 의미: 새 세상, 새 자아

1. Huxley, 1988. p. 121.

2. Williams, 2015, p. 94.

3. Ibid., p. 76.

4. In Taylor, 2011, p. 110.

5. Bhagavad Gita, 1988, p. 68.

13장 깨어남의 의미: 새 정신, 새 인생

1. 이것을 켄 윌버는 "에고 중심적"과 "사회 중심적"에 반하는 개념으로 "세상
   중심적(worldcentric)" 혹은 "보편적" 관점이라고 부른다. 에고 중심적일 때 우리는
   자신의 안녕에만 집중하고, 사회 중심적일 때 자신과 자신이 속한 집단의
   일원들만 걱정하고 염려한다. 하지만 보편적 관점을 가질 때는, 윌버도 썼듯이
   "더 이상 내가 속한 집단이나 부족 혹은 국가에만 국한해 보지 않고
   열린 마음을 갖고 보편적, 지구적, 세계 중심적으로 본다. 이때 모든 사람이
   인종, 성별, 종교, 신조에 상관없이 공평하고 정당한 대우를 받게 된다."
   (Wilber 2000, p. 158)

2. Adiswarananda, n. d.

3. 심리학자 로렌스 콜버그(Lawrence Kohlberg)는 이런 깨어난 사람의 도덕성을
   "후인습적(post-conventional)" 도덕성이라고 불렀다. 수면 상태의 사람은 콜버그가
   "전인습적(pre-conventional)" 혹은 "인습적(conventional)"이라고 부르는 수준의
   도덕성을 훨씬 더 많이 보일 것이다. 전인습적 도덕성은 자신의 행동이 타인에게 어떤
   영향을 줄지 고려하지 않고 자신의 욕망만을 따른다. 여기서 행동 원칙은 어떻게든 얻고
   싶은 것은 얻고 처벌은 피하는 것이다. '좋다'는 말은 '나'에게 좋을 때만 좋은 것이다.
   인습적 도덕성은 사회적 규칙과 법률, 도덕적 규범은 지킨다. 그리고 자신의 나라에 옳은
   일을 하고 동포들 대다수가 기대하는 일을 한다. 하지만 후인습적 도덕성은 옳고 그름을
   넘어선다.

4. Lawrence, 1994, p. 610.

5. 에이브러햄 매슬로우는 이런 자율성을 "자아실현자"의 특징이라고 보았다. 매슬로우에
   따르면 자아실현자는 "문화와 환경으로부터 독립적으로 살아가며 문화와 환경에
   적응하기를 거부하며 살아간다. 그리고 모든 구체적인 문화를 초월하며 살아가는"
   특징을 보인다. (Maslow, 1971, p.120)

6. Taylor, 2012b.

7. Robinson, 1977; Hoffman, 1992.

8. 에이브러햄 매슬로우도 전통적, 영적, 신비적 경험과 관련된 "지고(至高) 경험(peak experience)"에 대하여 말하며 유사한 점을 지적했다. 매슬로우는 지고 경험을 "원재료"에 비교한다. "똑같은 벽돌, 시멘트, 판재라도 그것을 이용하는 사람이 프랑스인이냐 일본인이냐 타히티인이냐에 따라 전혀 다른 스타일의 구조물이 나올 수 있다." (Maslow, 1994, p.73)

14장 자연적인 깨어남 상태에 있는 아이들

1. Wordsworth, 1994, p. 587.
2. In Happold, 1986, p. 368.
3. Lao-tzu, Chapters 28 and 55.
4. Matthew 18:3, New International Version.
5. Wilber, 1997. 어린아이의 깨어남에 대한 이상화는 윌버가 "전초 오류(pre/trans fallacy)"라 불렀던 것의 한 예다. 전초 오류는 "전-합리적(pre-rational)" 발달 상태와 "초-합리적(trans-rational)" 발달 상태를 혼동하는 것이다. 윌버는 어린아이의 깨어남에 대한 이상화가 "레트로 로만티시즘(retro-romanticism, 소급 낭만주의)"의 한 예라고도 했다. 윌버는 사람은 초기 발달 단계를 낭만화하는 경향이 있다고 보았다. 이런 윌버의 관점은 문화적 발전에도 적용된다. 우리는 초기 인류의 문화를, 지금보다 훨씬 더 미개했음에도 낭만화하는 경향이 있다.
6. Bindl, 1965.
7. Pafford, 1973.
8. Gopnik, 2009, p. 125.
9. Ibid., p. 131.
10. Ibid., p. 129.
11. Robinson, 1977, p. 53.
12. Ibid., p. 96.
13. Ibid., p. 49.
14. Ibid., p. 55.
15. Hoffman, 1992, pp. 38-39. 어릴 적 영적 경험에 대한 보고는 기억에 의존하고(예를 들어 때로 다 큰 어른이 네 살 때 경험을 말하기도 한다.) 어른의 언어로 말해지기 때문에 그 신빙성에 의심이 들 수 있다. 하지만 미하엘 피에초브스키(Michael Piechowski

2001)는 영적 경험들이 너무 강력하고 비범해서 그 기억이 다른 경험들에 비해 왜곡 없이 더 생생하게 남을 수 있다고 했다. 게다가 아이들의 기억은 일반적으로 믿고 있는 것보다 훨씬 더 믿을 만하다. 예를 들어 세인골드(Sheingold)와 테니(Tenney 1982)는 3~4세 아이들이 1년 전 일을 대단히 정확하게 기억하고 있음을 보여 주었다. 그런 기억력은 8세 아이만큼이나 정확했다. 그리고 언어에 관해서라면 영적 경험은 그 본성상 어차피 초언어적이다. 성인들조차 주체/객체의 이원성, 시제가 있는 언어로 그 경험을 묘사하는 데 어려움을 느낀다. 게다가 어휘도 한정적이라 강렬하고 미세한 알아차림 상태를 묘사하는 데 적합한 어휘를 찾기가 어렵다. 아이보다는 어른이 분명 더 잘 설명하겠지만 단지 어휘력이 그나마 좀 낫고 비유 능력이 있기 때문이다. 하지만 언어에 선행하고 언어를 초월하는 깨어남 경험을 하는 데 성인의 언어 능력이 특별히 도움이 되는 것은 아니다.

16. Gopnik, 2009.

17. Warneken, 2013, 2015.

18. Gopnik, 2009, p. 212.

19. 이것이 어린아이의 깨어남 경험이, 신비주의 학자 월터 스테이스(Walter Stace 1964)의 용어를 빌리자면, "내향적(introvertive)"인 경험인 경우가 거의 없는 이유일 것이다. 어린아이들은 외부 세상으로부터 물러나 내면의 거대함과 안녕을 느끼거나 강도 높은 순수 의식/무아 상태에서 영적 본질, 그 실체와 닿는 경우는 거의 없다. 아이들은 거의 항상 "외향적(extravertive)"이라서 깨어날 경우 대체로 연결 혹은 합일을 경험하고 감각적 알아차림 능력이 좋아진다.

20. Wordsworth, 1994, p. 587

15장 깨어남에 대한 신화들

1. In Caplan, 1999, p. 517.

2. Williams, 2015, p. 149.

3. In Dossey, 2010, p. 10.

4. Ibid., p. 11.

5. Taylor, 2016b.

6. Ramana Maharshi, 1991.

7. 이 개념은 존 웰우드(John Welwood)의 1983년 책 『가슴 깨우기(Awakening the

heart)』에서 처음 소개되었다.

8. Whitman, 1980, p. 105.

16장 집단 깨어남, 그 진화적 도약

1. 영적 진화는 결코 내가 처음 말한 개념이 아니다. 헤겔, 피히테 같은 독일 철학자,
베르그송, 샤르댕 같은 프랑스 철학자, 켄 윌버 같은 미국의 철학자 등 많은 철학자가
이미 인류의 진화를 의식의 확장과 강화라는 목적이 있는 하나의 과정이라고 말해 왔다.
헤겔은 인류 역사를 정신이 점진적으로 발전해 이성 국가 건설에 다다르는 과정으로
보았다. 이성 국가는 인간 계발의 정점으로, 그곳에서는 주체와 객체 사이의 구분이
사라지고 모든 것이 하나로 병합한다. 샤르댕은 진화를 물질의 영성화 과정으로 보았고
그 진화는 결국 "오메가 점"으로 발전해 간다. 진화 과정의 정점이라 할 수 있는 오메가
점에서는 모든 물질에 영적 에너지가 온전히 스며들고 인간을 포함한 모든 현상이
하나가 된다.
3장에서 소개했던 책 『우주적 의식: 인간 정신 진화에 대한 연구』에서 리처드 버크는
우주적 의식이 인류 집단이 앞으로 나아갈 발달 단계라고 확신했다. 버크는 의식에는
우주적 의식 외에도 두 종류가 더 있다고 했다. 그 첫째는 동물들이 보여 주는 단순한
의식으로 초기 인류도 그런 의식을 갖고 있었다. 이들은 주변을 알아차리고 환경의
변화에 반응할 수 있다. 둘째는 인간 존재의 자의식으로, 이 자의식은 버크에 따르면
계발된 지 몇천 년밖에 되지 않았다. 그때 처음으로 인간은 주변만 알아차리는 데에서
나아가 자기 자신도 알아차리게 된 것이다. 그리고 지금 우리는 우주적 의식의 도래를
목격하고 있다. 버크에 따르면 지금은 우주적 의식이 잘 눈에 띄지 않지만, 언젠가는
점점 더 흔해지고 결국에는 인간 모두에게 퍼져 나갈 것이다. 미래에는 우주 의식이
우리 인간이 성인이 되면서 자연스럽게 갖게 되는 인간 존재의 일상적인 상태가 될
것이다.

2. 신다윈주의의 한계에 대한 강도 높은 비판은 철학자 토머스 네이글의 『마인드와
코스모스(Mind and Cosmos)』(2012)를 참고하기 바란다.

3. O'Rourke, 2004.

4. 좀 더 구체적으로 말해 12, 13장에서 말한 깨어난 사람의 특징들 중에 "집단 정체성
결여(관념적 특징)"와 "폭넓은 관점/보편적 관점"이 초기 인류에게 부재했던 유일한
특성들이었던 것 같다. 전락 이전 초기 인류는 부족 정체성을 강하게 갖고 있었다. 하지만

현대 인류의 경우처럼 소속감이나 안전 보장을 느끼고 싶어서가 아니라 단순히 다른 문화들을 알지 못했기 때문이었던 듯하다. 마찬가지로 보편적인 관점이 부족했던 것도 세상과 다른 문화에 대한 경험이 거의 전무했었기 때문으로 보아야 할 듯하다.

5. Teilhard de Chardin, 1961.
6. Chalmers (1996), Forman (1998), Kastrup (2014)

참고 문헌

Abraido-Lanza, A. F., Guier, C., and Colon, R. M. (1998). Psychological thriving among Latinas with chronic illness. *Journal of Social Issues*, 54(2), 405 – 24.

Adiswarananda, Swami. (n. d.). Sri Ramakrishna. Retrieved from http://www.ramakrishna.org/rmk.htm.

Benjamin, E. (2016). Andrew Cohen's apology. Retrieved from http://www.integralworld.net/benjamin79.html.

Bhagavad Gita. (1988). (J. Mascaro, Trans.). London, England: Penguin.

Bindl, M. (1965). *Religious experience mirrored in pictures: A developmental psychological investigation*. Freiburg, Germany: Herder.

Blake, W. (2002). *Collected poems* (W. B. Yeats, Ed.). London, England: Routledge.

Bray, P. (2011). Bereavement and transformation: A psycho-spiritual and post-traumatic growth perspective. *Journal of Religion and Health*, 52(3), 890 – 903.

Brunton, P. (1972). *A search in secret India*. London, England: Rider.

Bucke, R. M. (1901). *Cosmic consciousness: A study in the evolution of the human mind*. Retrieved from http://www.sacred-texts.com/eso/cc/.

Burkeman, O. (2009). The bedsit epiphany. Retrieved from http://www.theguardian.com/books/2009/apr/11/eckhart-tolle-interview-spirituality.

Calhoun, L. G., Tedeschi, R. G., Cann, A., and Hanks, E. A. (2010). Positive outcomes following bereavement: Paths to posttraumatic growth. *Psychologica Belgica*, 50(1), 125 – 43.

Caplan, M. (1999). *Halfway up the mountain*. Chino Valley, AZ: Hohm Press.

Carpenter, E. (1906). *Days with Walt Whitman: With some notes on his life and work*. London, England: George Allen & Unwin. Retrieved from http://www.whitmanarchive.org/criticism/interviews/transcriptions/med.00571.html.

Chalmers. D. (1996). *The conscious mind: In search of a fundamental theory*. Oxford, England: Oxford University Press.

Clarke, I. (Ed.). (2010). *Psychosis and spirituality: Consolidating the new paradigm*. Chichester, England: Wiley–Blackwell.

Cohen, A. (1992). *Autobiography of an awakening*. Corte Madera, CA: Moksha Press.

Cryder, C. H, Kilmer, R. P., Tedeschi, R. G., and Calhoun, L. G. (2006). An exploratory study of posttraumatic growth in children following a natural disaster. *The American Journal of Orthopsychiatry*, 76(1), 65 – 69.

Deikman, A. (1980). Deautomatization and the mystic experience. In R. Woods (Ed.), Understanding mysticism (pp. 240 – 60). London, England: Athlone Press.

Dhammapada. (2005). Retrieved 14/4/16 from http://www.accesstoinsight.org/ptf/ dhamma/sacca/sacca4/samma–samadhi/jhana.html.

Doblin, R. (1991). Pahnke's "Good Friday experiment": A long–term follow–up and methodological critique. *The Journal of Transpersonal Psychology*, 23(1), 1 – 28.

Dossey, B. M. (2010). Florence Nightingale: A 19th century mystic. *Journal of Holistic Nursing*, 28(1), 10 – 35.

Forman, R. (1998). What does mysticism have to teach us about consciousness? *Journal of Consciousness Studies*, 5(2), 185 – 201.

Forman, R. (2011). *Enlightenment ain't what it's cracked up to be*. Ropley, England:O– Books.

Forman, R. (2012). Enlightenment ain't what it's cracked up to be. *The Network Review*, 109, 12 – 14.

Gopnik, A. (2009). *The philosophical baby*. London: Bodley Head.

Greenwell, B. (1995). *Energies of transformation: A guide to the kundalini process*. Cupertino, CA: Shakti River Press.

Greyson, B. (1993). Near–death experiences and the physio–kundalini syndrome. *Journal of Religion and Health*, 32(4), 277 – 90.

Griffiths, R. R., Richards, W. A., McCann, U., and Jesse, R. (2006). Psilocybin can occasion mystical–type experiences having substantial and sustained personal meaning and spiritual significance. *Psychopharmacology*, 187, 268 – 83. doi: 10.1007/s00213–006–0457–5.

Grof. S. (2000). *The psychology of the future*. Albany, NY: New York Press.

Happold, F. C. (1986). *Mysticism: A study and anthology*. London, England: Pelican.

Healy, D. (2015). Serotonin and depression: The marketing of a myth.

Hoffer, A. (1966). *New hope for alcoholics*. New York, NY: University Books.

Hoffman, E. (1992). *Visions of innocence*. Boston, MA: Shambhala.

Hoffman, E. (2007). *The way of splendour: Jewish mysticism and modern psychology*. New York, NY: Rowman and Littlefield.

Huxley, A. (1962). Introduction by Aldous Huxley to the letters of D. H. Lawrence. In H. T. Moore (Ed.), *The letters of D. H. Lawrence* (pp. 1247 – 68). London, England: Heinemann.

Huxley, A. (1988). *The doors of perception and Heaven and hell*. London, England: Penguin.

Jefferies, R. (1883). *The story of my heart: An autobiography*.

Jnaneshvar, Sri. (1986). *Jnaneshvari*. Albany, NY: State University of New York Press.

Kastrup, B. (2014). *Why materialism is baloney*. Southampton, England: Iff Books.

Kohlberg, L. (1981). *Essays on moral development, Vol. I: The philosophy of moral development*. San Francisco, CA: Harper.

Lancaster, L. (2005). *The essence of Kabbalah*. London, England: Arcturus.

Lao-tzu. (n. d.). *Tao teh king*. (J. Legge, Trans.).

Lawrence, D. H. (1923). Chapter 12: Whitman. *Studies in American literature*. Retrieved from http://xroads.virginia.edu/~hyper/lawrence/dhlch12.htm.

Lawrence, D. H. (1994). *Complete poems*. London, England: Penguin.

"Leaves of grass." (1881). (Commentary on the book *Leaves of grass*). The Boston Globe. Retrieved from http://www.whitmanarchive.org/criticism/reviews/leaves1881/anc.00209.html.

Lenski, G. (1978). *Human societies* (2nd ed.). New York, NY: McGraw-Hill.

van Lommel, P. (2004). About the continuity of our consciousness. In C. Machado and D. A. Shewmon (Eds.), *Brain death and disorders of consciousness* (pp. 115 – 32). New York, NY: Kluwer Academic/Plenum Publishers.

Lukoff, D., Lu, F., and Turner, R. (1998). From spiritual emergency to spiritual problem: The transpersonal roots of the new DSM–IV Category. *Journal of Humanistic Psychology*, 38(2), 21 – 50.

Maguen, S., Vogt, D. S., King, L. A., King, D. W., and Litz, B. T. (2006). Posttraumatic growth among Gulf War I veterans: The predictive role of deployment-related experiences and background characteristics. *Journal of Loss and Trauma*, 11(5), 373–88.

Maslow, A. (1970). *Motivation and personality* (2nd ed.). New York, NY: Harper and Row.

Maslow, A. (1971). *The farther reaches of human nature*. New York, NY: Viking.

Maslow, A. (1994). *Religious, values and peak experiences*. New York, NY: Arkana.

McGinn, C. (1999). *The mysterious flame: Conscious minds in a material world*. New York, NY: Basic Books.

McKenna, D. J. (2004). Clinical investigations of the therapeutic potential of ayahuasca: Rationale and regulatory challenges. *Pharmacology & Therapeutics*, 102(2), 111–29.

Meister Eckhart. (1996). *Meister Eckhart: From whom God hid nothing*. (D. O'Neal, Ed.). Boston, MA: Shambhala.

Metta sutta. (2004). (Amaravati Sangha, Trans.). Retrieved 13/2/16 from http://www.accesstoinsight.org/tipitaka/kn/snp/snp.1.08.amar.html.

Moore, A., and Malinowski, P. (2009). Meditation, mindfulness and cognitive flexibility. *Consciousness & Cognition*, 18(1), 176–86.

Nagel, T. (2012). *Mind and cosmos*. Oxford, England: Oxford University Press.

O'Rourke, F. (2004). Aristotle and the metaphysics of evolution. *The Review of Metaphysics*, 58(1), 3–59.

Pafford, M. (1973). *Inglorious Wordsworths: A study of some transcendental experiences in childhood and adolescence*. London, England: Hodder & Stoughton.

Parsons, T. (1995). *The open secret*. Shaftesbury, England: Open Secret Publishing.

Phillips, R., Lukoff, D., and Stone, M. K. (2009). Integrating the spirit within psychosis: Alternative conceptualization of psychotic disorders. *Journal of Transpersonal Psychology*, 41, 61–80.

Peace Pilgrim. (1994). *Her life and work in her own words*. Santa Fe, NM: Ocean Tree Books.

Piechowski, M. (2001). Childhood spirituality. Journal of *Transpersonal Psychology*, 33, 1–15.

Piechowski, M. (2009). Peace Pilgrim, exemplar of level V. *Roeper Review*, 31(2), 103 – 12.

Ramana Maharshi. (1991). *Be as you are: The teachings of Ramana Maharshi*. (D. Godman, Ed.). London, England: Arkana.

Ring, K., and Rosing, C. (1990). The omega project: An empirical study of the NDEprone personality. *Journal of Near-Death Studies*, 8(4), 211 – 39.

Roberts, B. (1993). *The experience of no-self*. Albany, NY: SUNY.

Robinson, E. (1977). *The original vision: A study of religious experience of childhood*. Oxford, England: Religious Experience Research Unit.

Sabom, M. (1998). *Light and death: One doctor's fascinating account of near-death experiences*. Grand Rapids, MI: Zondervan.

Sauer, S., Walach, H., Offenbacher, M., Lynch, S., and Kohls, N. (2011). Measuring mindfulness: A Rasch analysis of the Freiburg Mindfulness Inventory. *Religions*, 2(4), 693 – 706.

Scharfstein, B. (1973). *Mystical experience*. Oxford, England: Basil Blackwell.

Shaw, G. (2015). Platonic siddhas: Supernatural philosophers of Neoplatonism. In E. F. Kelly, A. Crabtree, and P. Marshall (Eds.), *Beyond physicalism: Toward reconciliation of science and spirituality* (pp. 275 – 314). Lanham, MD: Rowman & Littlefield.

Sheingold, K., and Tenney, Y. (1982). Memory from a salient childhood. In U. Neisser (Ed.), *Memory observed*. New York, NY: W. H. Freeman.

Shelley, P. B. (1994). *The selected poems and prose of P. B. Shelley*. Ware, England: Wordsworth Editions.

Silburn, L. (1988). *The energy of the depths: A comprehensive study based on the scriptures of nondualistic Kashmir Shivaism* (V. J. Pradhan, Trans.). Albany, NY: State University of New York Press.

Snape, M. C. (1997). Reactions to a traumatic event: The good, the bad and the ugly? *Psychology, Health & Medicine*, 2(3), 237 – 42.

de Souza, E. (2011). Health and sexuality: Daoist practice and Reichian therapy. In L. Kohn (Ed.), *Living authentically: Daoist contributions to modern psychology*. St. Petersburg, FL: Three Pines Press.

Spenser, S. (1963). *Mysticism*. London, England: Pelican Books.

Spiritual Crisis Network. (n. d.). Our Description. Retrieved from http://spiritualcrisisnetwork.uk.

Stace, W. (1964). *Mysticism and philosophy*. Los Angeles, CA: J. P. Tarcher.

Stanton, A. L., Bower, J. E., and Low, C. A. (2006). Posttraumatic growth after cancer. In L. G. Calhoun and R. Tedeschi (Eds.), *Handbook of posttraumatic growth: Research and practice* (pp. 138 – 75). Mahwah, NJ: Lawrence Erlbaum Associate Publishers.

Suzuki, D. T. (1964). *An introduction to Zen Buddhism*. New York, NY: Grove Press.

Suzuki, D. T. (2000). *The awakening of Zen*. Boston, MA: Shambhala.

Tang, Y. Y., Ma, Y., Wang, J., Fan, Y., Feng, S., Lu, Q., and Posner, M. I. (2007). Shortterm meditation training improves attention and self-regulation. *Proceedings of the National Academy of Sciences*, 104(43), 17152 – 56.

Taylor, S. (2009). Beyond the pre/prans fallacy: The validity of pre-egoic spiritual experience. *The Journal of Transpersonal Psychology*, 41(1), 22 – 43.

Taylor, S. (2010). *Waking from sleep: The sources of awakening experiences and how to make them permanent*. London, England: Hay House.

Taylor, S. (2011). *Out of the darkness: From turmoil to transformation*. London, England: Hay House.

Taylor, S. (2012a). Transformation through suffering: A study of individuals who have experienced positive psychological transformation following periods of intense turmoil and trauma. *The Journal of Humanistic Psychology*, 52(1), 30 – 52.

Taylor, S. (2012b). Spontaneous awakening experiences: Exploring the phenomenon beyond religion and spirituality. *The Journal of Transpersonal Psychology*, 44(1), 73 – 91.

Taylor, S. (2012c). Transcendent sex: How sex can generate higher states of consciousness. Retrieved from https://www.psychologytoday.com/us/blog/out-the-darkness/201201/transcendent-sex.

Taylor, S. (2016a). Chemical lobotomy: The madness of the mass prescription of psychotropic drugs. Retrieved from https://www.psychologytoday.com/us/blog/out-the-darkness/201603/chemical-lobotomy.

Taylor, S. (2016b). A model of purpose: From survival to transpersonal purpose. *Transpersonal Psychology Review*, 18(1), 12 – 25.

Taylor, S. (in press). From philosophy to phenomenology: The argument for a "soft" perennialism. *The International Journal of Transpersonal Studies*.

Teilhard de Chardin, P. (1961). *The phenomenon of man*. New York, NY: Harper.

Udana sutta. (1998). (J. D. Ireland, Trans.). Retrieved from http:// www.accesstoinsight.org/tipitaka/kn/ud/ud.5.05.irel.html.

Underhill, E. (1960). *Mysticism*. London, England: Methuen. (Original work published in 1911.)

Upanishads. (1990). (J. Mascaro, Ed. and Trans.). London, England: Penguin.

Valentine, E. R., and Sweet, P. L. G. (1999). Meditation and attention: A comparison of the effects of concentrative and mindfulness meditation on sustained attention. *Mental Health, Religion & Culture*, 2(1), 59 – 70.

Wade, J. (2000). Mapping the course of heavenly bodies: The varieties of transcendent sexual experiences. *Journal of Transpersonal Psychology*, 32(2), 103 – 22.

Wade, J. (2004). *Transcendent sex: When lovemaking opens the veil*. New York, NY: Paraview Pocket Books.

Warneken, F. (2013). Young children proactively remedy unnoticed accidents. *Cognition*, 126(1), 101 – 8.

Warneken, F. (2015). Precocious prosociality: Why do young children help? *Child Development Perspectives*, 9(1), 1 – 6.

Washburn, M. (1995). *The ego and the dynamic ground*. Albany, NY: SUNY Press.(Originally published in 1980.)

Welwood, J. (1983). *Awakening of the Heart*. Boston: Shambhala.

van de Weyer, R. (Ed.). (2000). *366 readings from Buddhism*. Cleveland, OH: Pilgrim Press.

Whitman, W. (1980). *Leaves of grass*. New York, NY: Signet Books.

Wilber, K. (1997). *The eye of spirit: An integral vision for a world gone slightly mad*. Boston, MA: Shambhala.

Wilber, K. (2000). *Integral psychology*. Boston, MA: Shambhala.

"Wilko Johnson: 'Terminal cancer has made me feel alive.'" (2013, January 25). Retrieved from http://www.bbc.co.uk/news/entertainment-arts-21187740.

Williams, R. (2015). *Not I, not other than I: The life and teachings of Russel Williams*. Ropley, England: O-Books.

Wong, K. K. (1998). *The complete book of Zen*. London, England: Vermillion.

Wordsworth, W. (1994). *The works of William Wordsworth*. Ware, England: Wordsworth Editions.

Yoga Kundalini Upanishad. (2013). Retrieved from http://www.purna-yoga.ru/en/library/text/ancent/Yoga-Kundalini_Upanishad.pdf.

Zaehner, R. C. (1972). *Drugs, mysticism and make-believe*. London, England: Collins.

Zang, T. (2011). *D. H. Lawrence's philosophy of nature: An Eastern view*. Bloomington, IN: Trafford Publishing.

자료

지금 급작스러운 깨어남(혹은 영적 위기)으로 어려움을 겪고 있다면 다음 웹사이트들이 도움이 될 것이다.

Spiritual Crisis Network
http://spiritualcrisisnetwork.uk
Spiritual Emergence Network
http://spiritualemergence.info
EmmaBragdon.com
http://emmabragdon.com

내가 인터뷰했던 사람들 중에는 자신만의 웹사이트를 운영하거나 책을 써서 깨어남 경험을 나누는 사람들도 있다.

게빈 와이트(Gavin Whyte) - 4장
게빈은 *The Girl with the Green-Tinted Hair*(Huddersfield, UK: Being Books, 2015)를 비롯해 관련 책을 여러 권 출판했다.

셰릴 스미스(Cheryl Smith) - 6장
Being Mrs. Smith: A Very Unorthodox Love Story(Ropley, UK: O-Books, 2016)

JC 맥(JC Mac) - 7장
The Anatomy of a Spiritual Meltdown(jcmacsbook.blogspot.co.uk)

그레이엄 스튜(Graham Stew) - 7장
Too Simple for Words: Reflections on Non-Duality(Ropley, UK: O-Books 2016)

킴벌리 존스(Kimberley Jones) – 8장

www.kimberleyjones.com

윌리엄 머사(William Murtha) – 10장

Dying for a Change: Survival, Hope, and the Miracle of Choice(Bloomington, IN: Transformation Media Books, 2009)

깨어남에 대한 당신만의 경험도 나누고 싶다면 내 웹사이트로 연락 주기 바란다. www.stevenmtaylor.com

옮긴이 | **추미란**

동국 대학교와 인도 델리 대학교에서 인도 역사와 철학을 공부했다. 현재 독일에 거주하며
요가, 명상 등의 수행을 하는 동시에 독어, 영어 출판 전문 기획자 및 번역가로 활동하고 있다.
정신세계, 영성, 종교, 인문, 자기계발 분야에서 40여 권의 책을 번역했다.
옮긴 책으로는『당신도 초자연적이 될 수 있다』『어느 날 갑자기 무기력이 찾아왔다』
『마음의 평안과 성공을 위한 4가지 신성한 비밀』『나로 살아가는 기쁨』『당신이 플라시보다』
『원네스』『빅 마인드』『자각몽, 또 다른 현실의 문』『달라이 라마의 고양이』등이 있다.

보통의 깨달음

1판 1쇄 펴냄 2020년 11월 18일
1판 3쇄 펴냄 2023년 9월 29일

지은이 | 스티브 테일러
옮긴이 | 추미란
발행인 | 박근섭
책임 편집 | 강성봉
펴낸곳 | 판미동

출판등록 | 2009. 10. 8 (제2009-000273호)
주소 | 06027 서울 강남구 도산대로 1길 62 강남출판문화센터 5층
전화 | 영업부 515-2000 편집부 3446-8774 팩시밀리 515-2007
홈페이지 | panmidong.minumsa.com

도서 파본 등의 이유로 반송이 필요할 경우에는 구매처에서 교환하시고
출판사 교환이 필요할 경우에는 아래 주소로 반송 사유를 적어 도서와 함께 보내주세요.
06027 서울 강남구 도산대로 1길 62 강남출판문화센터 6층 민음인 마케팅부

한국어판 © ㈜민음인, 2020. Printed in Seoul, Korea
ISBN 979-11-5888-824-4   03180

판미동은 민음사 출판 그룹의 브랜드입니다.